Jörg Becker

Mittelstand mit ganzheitlichem Strategiedenken und wertorientierter Erfolgsplanung

Projekte – Finanzen - Personen

Bibliografische Information der Deutschen Nationalbibliothek

Die deutsche Nationalbibliothek verzeichnet die Publikation in der Deutschen Nationalbibliografie; detaillierte bibliografische Daten sind im Internet über http://dnb.d-nb.de abrufbar.

© 2017 Jörg Becker

Herstellung und Verlag: BoD - Books on Demand, Norderstedt
ISBN: 9-783-743-196407

www.beckinfo.de

Wandel ist ein ständiges Fließen von Umgestaltung und ist nicht die Folge irgendeiner Kraft, sondern eine nahezu natürliche Tendenz, die allen Dingen und Situationen schon von Vornherein innezuwohnen scheint. Genauso wie das Rationale und das Intuitive komplementäre, sich ergänzenden Formen des Denkens sind. Rationales Denken ist linear, fokussiert, analytisch. Analyse hat die Funktion, zu unterscheiden, zu messen, zu kategorisieren. Für eine strategische Betrachtung sind alle Phänomene miteinander verbunden und voneinander abhängig. Man hat ein integriertes Ganzes vor sich, wenn dessen Eigenschaften nicht mehr auf die seiner Teile reduziert werden können. Man könnte meinen, komplexe Sachverhalte dadurch verstehen zu können, wenn man sie auf ihre Grundbausteine reduziert und nach dem Mechanismus sucht, der diese Einzelteile zusammenwirken lässt. Diese Denkweise der Reduktion ist für den Mittelstand in vielen Lösungsansätzen fest verankert.

INHALTSÜBERSICHT

In betriebswirtschaftliche Konzepte eingebettete Decision Support Denkprozesse - strategischer Zukunftsblick als vorweggenommene Gegenwart

Am Rande bemerkt ein Projektbeispiel mit strategischem Ziel, frei erzählt: ein Alphatier muss gegen Luftschlösser gut geerdet sein – es zu sein, lässt sich nur schwer lernen: man wird es nicht, man ist es

Eine ausgewogene Balance herausfinden zwischen Beherrschung der Zunahme an Komplexität und Optimierung der Informationsauswahl zur Reduktion von Komplexität - im unausweichlichen Sog der Digitalwirtschaft - Trennlinie zwischen ausufernden Datensammlungen und relevanten Informationen

Wettbewerbsvorteile in einem hochkomplexen Wissensumfeld erringen - die immer mehr zunehmende Dynamik der Märkte verstärkt gleichzeitig den Druck auf eine perspektivisch ausgerichtete Entscheidungsbasis

Zusammenhang zwischen Krise und Wandel - Volatilität des Umfeldes als Herausforderung: nicht nur in vergangenheitsbezogenen Daten denken, sondern Szenario- und Sensitivitätsanalysen nutzen

Virtuell und real, bei allen Entwicklungen gibt es nicht nur Chancen, sondern auch Risiken zu bedenken. Information ist Macht – Datenflut im Netz mit verzerrten Signalen – Algorithmen und Scheinbilder

Wirkungszusammenhänge zwischen Geschäftsmodell und Umfeld – Zielverknüpfung im strategischen Zusammenhang. Ein Strategie-Check bestimmt den „kritischen Weg", denn wenn man nicht weiß, wohin man geht, landet man sehr leicht anderswo

Wer rational entscheidet, steht zumindest in der Welt der Finanzen auf der Gewinnerseite. Wissensressourcen durch Gebrauch vermehren - Handlungsspielräume erweitern. Konsistente Entscheider sind die besseren

Wissensmanagement erfordert auf der Führungsebene die Bewertung von zirkulierenden Informationen. Die Zukunft ist unsicher – „Was wäre, wenn"-Erkenntniszuwachs für Projekte -Simulation von Szenarios – Komplexität von Ursache-Wirkungsgeflechten

Big Data und Predictive Analytics : radikale Veränderungen sind im Gange, haben uns schon erfasst: nichts bleibt mehr so, wie es einmal war. Veränderungen gehören zum Tagesgeschäft des Managements – offene statt straffe Regelsteuerung steht an

Eine Volkswirtschaft und ihre digitalen Geschäftsmodelle Dynamisch veränderte Qualifizierungsinhalte - neue Interaktionsformen der informationsbasierten Arbeitswelt

Entscheidungsunterstützer IT – neue Art des Arbeitens – intelligente Nutzung von Daten - der Erwerb von Wissen ist ebenso zu behandeln wie eine Investition im materiellen Vermögensbereich

Born to learn: Lernkompetenz für lebenslanges Lernen – Erfahrungswissen mit Potenzial zur besten Version seiner selbst

Der Homo informaticus im Spiegelkabinett der Fähigkeiten und Wirkungsbeziehungen von Personaleigenschaften

Virtuelles Individuum uns persönliche Identität: gerade bei der Begutachtung von Personalfaktoren ist nichts oder nur wenig so wie es auf den ersten Blick aussieht – Data-Profiling und Transparenz

Soziotechnische Zukünfte - kommende Gegenwarte - bei Potenzialen wird Dynamik und Offenheit gehandelt

Managementkultur im Spannungsfeld zwischen Einfachheit und Komplexität – Ressourcenlenkung und erfolgsentscheidende Handlungsfelder - Dinge einfach gestalten statt sie kompliziert zu konzipieren oder wie das Einzelne auf das Gesamte wirkt

Mittelstand Wissenstransfer: viele können von einer leicht verständlichen Darstellung, einheitlichem Aufbau, durchgängig bruchfreier Systematik, klar strukturierten Bewertungsansätzen und Vollständigkeit profitieren

Wissenstransfer und Präsentationsfolie – Freie Rede und Spickzettel – Panikängste und begnadete Redner – Von der Berater-Domäne zur Folie für jedermann. Soziale und kommunikative Kompetenz oder mit welcher Effizienz das Gelernte transferiert wird

Eine Volkswirtschaft ist ein sich ständig veränderndes und entwickelndes System, abhängig von den sich wandelnden ökonomischen und gesellschaftlichen Systemen, in die es eingebettet ist - Intellektuelles Wissenskapital des Standortes mit Kompetenznetzwerken

Kontraproduktive Entscheidungsfähigkeit – Ganzheitliches contra selektives Denken – Decision Support: das Ideal nach dem Konzept von Business Intelligence ist die Gewinnung von Erkenntnissen, die im Hinblick auf bestimmte Ziele bestmögliche operative und strategische Entscheidungen unterstützen

Zeiten der Unsicherheit ohne Patenrezepte: Je mehr Experten am Tisch sitzen, desto mehr Details kommen zur Sprache. Dann wird nur beschlossen, sich noch mehr Informationen zu beschaffen und die Entscheidung zu vertagen

Internetgläubige, Cyber-Utopisten und mögliche Arbeitswelten von morgen Einschwörung auf Geist und Ziel –Vernetzung total: warum überhaupt Multitasking, sich gleichzeitig mit zwei oder mehr Sachen beschäftigen wenn die gehetzte Gesellschaft sich selbst hetzt

Eine entscheidende Frage lautet: wie rentabel sind die von einem Unternehmen investierten Gelder angelegt? Dabei sind es die Aktiva, mit denen ein Unternehmen operiert, mit ihnen wird gearbeitet und Gewinn erwirtschaftet. Sie charakterisieren gewissermaßen die Infrastruktur.

Ein geplantes Projekt kann erst einen strategischen Ergebnisbeitrag leisten, wenn ein Geschäftsproblem auf Beschreibungs- oder Vorhersageproblemen beruht

Das durch Analysen freigelegte Wissen gewinnt erst dadurch an Wert, dass die relevanten Entscheider Zugang zu den Informationen erhalten - Mustererkennung mit Datentransformation, -exploration

Strategie-Check und Wissensbilanz –Wissensintensive Märkte – Management of Change mit Controller-Toolbox. Für strategiebezogene Projekte (Beispiel Customer Relation Management CRM) wird ein ganzheitlicher Ansatz gebraucht

Entscheidungsfelder gemäß Vorsichtslinie, Wertstellungseigenschaften und Risikoneigung: es gibt Situationen, in denen Entscheidungen unter Zeitdruck schlechter sind als die in gelassener Stimmung getroffenen Entscheidungen

Identifizierung der Werttreiber - erkennbar machen, wo im Unternehmen einerseits Geld erwirtschaftet wird und wo andererseits Handlungs- und Verbesserungsbedarf besteht

Im Vorfeld Schieflagen und „worst-case"-Situationen begegnen - Strategie ist nicht alles, aber ohne Strategie ist alles nichts – den „Wert" einer Investition mit einer weit in die Zukunft gerichteten Cashflow-Rechnung sicherstellen

Schwachstellen und Potenziale aufdecken, strategische Räume erkennen: Ermittlung der Geschäfte mit hohem Cash-Beitrag - Übergewinngrösse Cash Value Added (CVA)

Symbiose zwischen Management der Chancen und Management der Risiken optimieren: Konzept der zukunftsorientierten Entscheidungsrechnung: Economic Value Added (EVA) als Maßgröße für den Wertzuwachs

Daten kombinieren, selektieren, ausblenden – Informationsmüll und Kommunikationsrauschen - Cash Flow als Maß für die Selbstfinanzierungskraft

Für die Verankerung der schnellen Leistungsbereitschaft wird Big Data zur neuen Realität, geschäftsfeldspezifische Erfolgspositionen werden zu einer gemeinsamen Potenzialposition

Risikomodelle liefern Informationen für die risikoorientierte Steuerung, machen aber die bewusste Entscheidung der Verantwortlichen nicht überflüssig - kritische Risikoschwellen im Blickfeld

Dauerhafter Erfolg wird zunehmend nur noch dem beschieden sein, der sich den ständig komplexer werdenden Problemen, ihrer wachsenden Dynamik und Vernetzung proaktiv stellt

Die vernetzte Welt scheint komplexer geworden: es bedarf intellektueller Anstrengungen, um wenigsten einige der Zusammenhänge noch zu begreifen, als Voraussetzung um überhaupt etwas gestalten zu können.

Auf kritische Wissensbestände achten: statistische Daten alleine liefern noch keine sicheren Aussagen, auch Immaterielles Kapital muss berichtet werden

Führungskompetenzen sind nicht alltäglich: Wissensgesellschaft, Personalwesen und Lernkultur - nur wer weiß, wo er steht, kann richtig entscheiden

Ohne regelnde Strukturen, Filterfunktionen oder Suchmaschinen ist die große Menge an Informationen in der Praxis nicht zu bewältigen: Wissensmanagement ist das Sammeln, Speichern und Verteilen von Informationen

Ganze Geschäftsmodelle hängen am Tropf von anonymen Algorithmen - virtuelle Reality Doppelgänger des eigenen Ich - Homo Mobilis mit Verschiebung im Denken - Hüten sollte man sich vor der Illusion einer Automatisierung des Geistes, d.h. der Ablösung menschlicher Hirntätigkeit durch Software und Algorithmen

Anreicherung der Wissensbilanz durch mehrdimensionale Datenanalyse mit Beschreibung der Abbildungsregeln, Partitionierung der Datenbestände und vergrößertem Aktionsradius von Analysefunktionen

Zusammenfassung ähnlicher Eigenschaften über Parameter der Ähnlichkeitsfunktion oder
Moore´s Law an den Grenzen der Physik

Analyse Lebensmuster und neue Realitäten - Regime Big Data unantastbar ? Wissen, was Daten tun - Personalbilanz identifiziert Hebel- und Rückeffekte - Wissensmanagement ist „der" Stellhebel für Zukunftsfähigkeit

In betriebswirtschaftliche Konzepte eingebettete Decision Support Denkprozesse - strategischer Zukunftsblick als vorweggenommene Gegenwart

Vergleiche als Indikatoren für Veränderungen: Vergleichen ist ein permanenter Prozess, ständig vergleicht man: sich selbst mit anderen, mein Einkommen mit dem des Kollegen mit dem des Chefs mit dem was andere Firmen zahlen, den heutigen Partner mit dem den man einmal geheiratet hat, also die Vergangenheit mit der Zukunft oder das Wirkliche mit dem Möglichen oder dem Erträumten. Nichts scheint davor sicher, verglichen zu werden. Die Gesellschaft heute ist eben eine Vergleichsgesellschaft, nur Tradition macht Vergleiche überflüssig: alles war schon immer so, ist auch gut so und soll so auch bleiben.

Das Gegenstück ist die Idee des Fortschritts: nichts wird je so gut, dass man es nicht noch verbessern kann. Das aber setzt wirklich alles und jeden unter Druck, als unaufhörlich weiter an der (Selbst-)Optimierung zu arbeiten. Die deutschen Schulen stehen unter Stress, weil sie dank Pisa jetzt mit denen in Japan verglichen werden können. Universitäten sind gestresst, weil sie exzellenter sein sollen (müssen) als andere. Aber für die Vergleichsmanie gibt es auch Grenzen: „so würde man es als geradezu anstößig empfinden, nach den Betriebskosten des Bundes Verfassungsgerichtes zu fragen und dann festzustellen, dass ein privater Anbieter vergleichsweise günstiger wäre". Vergleichen kann (darf) man also nur innerhalb von Funktionssystemen. Anders sieht die Sache allerdings aus, wenn gesellschaftliche Veränderungen dazu führen (zwingen), die Grenzen solcher Funktionssysteme zu verschieben. Und sich dann einmal fragen müssen, warum ein Fußballspieler für einmal wöchentlich neunzig Minuten auf dem Platz Millionen Euro mehr erhält als ein Facharbeiter für immerhin dann auch sogar noch vierzig Stunden pro Woche.

Komplexität ist eine Herausforderung: es wäre einfach zu schön, wenn es für komplexe Probleme einfache Lösungen gäbe. Im Gegenteil: mit zunehmender Komplexität sinken Wahrscheinlichkeit und Potenzial, jederzeit richtig zu handeln. Der Versuch, fehlendes Wissen, durch Berücksichtigung von immer mehr Informationen zu kompensieren, führt in eine Endlosschleife. Wir sind mitten drin im Gewitter des digitalen Fortschritts. Und müssen uns die Frage stellen: Computer und Mensch, wer programmiert hier wen? Computersysteme bestimmen menschliches Verhalten, unsere Biographien u.a. und behandeln Menschen somit als Objekte. Damit wir in ein Raster berechenbarer Größen passen sind wir Reduktionen und Abstraktionen unterworfen: der Mensch wird auf die Summe seiner messbaren Attribute reduziert.

Die digitale Denkart und Ökonomie sind hierbei einen Pakt eingegangen, aus dem es kaum ein Entrinnen zu geben scheint. Nicht wenige fühlen, das alles, was in zahllosen Rechnern an Daten wahrgenommen und verarbeitet wird, nicht ausreichen wird, um für die Welt, in der wir uns bewegen, benötigtes Entscheidungswissen zu erzeugen. Was nötig ist, sich Grenzen des Wissens einzugestehen und sich nicht mit immer mehr Informationen über dessen Fehlen hinwegzutäuschen.

Um wichtiges Wissen über Märkte, Mitbewerber, Innovationen und Veränderungen im Umfeld des Unternehmens zu erhalten müssen die in einer Datenbasis abgelegten Informationen in Zusammen-hänge, d.h. Relationen gebracht werden. Dabei bilden Business Intelligence-Konzepte eine in betriebswirtschaftliche Managementkonzepte eingebettete Einheit. Das Business Intelligence-Spektrum reicht von der Analyse einfacher Excel-Tabellen bis hin zu komplexen Data Mining-Analysen. Die mit Business Intelligence-Instrumenten gewonnenen Erkenntnisse erweitern ihrerseits den Datenbestand im Data Warehouse. Sie erzeugen das Wissen, das Unternehmen brauchen, um sich in immer komplexeren Märkten zu behaupten.

IT- und Wissens-Landschaften müssen heutzutage mit starken analytischen Applikationen ausgerüstet sein.

Diese müssen in erster Linie in gesamtstrategischer und weniger in rein technischer Hinsicht entwickelt werden. Hierunter verstanden werden vorgefertigte Anwendungen, die bereits entsprechendes Business-Knowhow enthalten und mit ausgefeilten analytischen Komponenten auch konkrete Geschäftsproblemstellungen praxisnah nachvollziehbar adressieren können. Mit einer derartigen Analysepower gewinnen Unternehmen Einblick in bis dahin unentdeckte oder unbeachtete Zusammenhänge, die ihnen u.a. bei Umstrukturierungen, der Entwicklung neuer Geschäftsmodelle und -strategien, u.a. mit vorgefertigten Lösungsmethoden und Implementierungsmodellen dienen können. D.h. ein Business-Intelligence-Modell muss die einzelnen Schritte einer Wertschöpfungskette abbilden. Die höchste Stufe wird mit Analytical Intelligence (analytische Intelligenz). Insgesamt gesehen geht es also um die zukunftsorientierte Optimierung komplexer Prozesse innerhalb eines in sich geschlossenen Feedback-Kreislaufs.

Zudem erfordert die tägliche Betriebspraxis immer mehr vernetzte Informationen, was Business Intelligence noch schwieriger zu handhaben macht. Im Sinne einer umfassenden Business Intelligence-Plattform mit zentralem Leitbild müssen die Daten für die Durchführung der Analyseprozesse daher zunächst meist aus operativen Systemen extrahiert, transformiert oder heruntergeladen werden. Der Business Intelligence Denkprozesse sollte daher weg vom reinen Reporting hin zu einem gesamtstrategischen Verständnis führen. Denn nur dann erhalten Entscheidungsträger auch die Informationen, die sie brauchen, um ihr Unternehmen in eine erfolgreiche Zukunft steuern zu können.

Analytisches Reporting - zielgruppengerechtes Informationsmanagement bedeutet: strategische Entscheidungen auf Basis aktueller und maßgeschneideter Informationen treffen zu können, Marktwissen und Fachkenntnis müssen auch in einem schnelllebigen Marktumfeld mit genauen Analysen unterstützt werden können. Professionelle Datenanalyse und individualisierte Informationsgenerierung spielen eine immer bedeutsamere Rolle: die zielgruppengerechte Distribution und flexible Generierungsmöglichkeit für entscheidungsrelevante Ergebnisinformationen sind ein immer wichtigerer Bestandteil erfolgreichen Wirtschaftens. Die besten Analysen verlieren jedoch an Wert, wenn ihre Aussagen im Unternehmen nicht verbreitet und umgesetzt werden können. Dazu müssen: a) Daten aus verschiedenen Quellen zusammengeführt und angepasst werden, b) mit diesen Daten situations-spezifische Berichte generiert werden, c) vertiefte statistische Analysen (bis hin zu Data Mining-Verfahren) erstellt werden, d) die damit gewonnenen Informationen zeitnah und kosteneffizient an die relevanten Zielgruppen verteilt werden sowie e) Reports, Analysen auch aktuell mit externen Zusatzinformationen angereichert werden.

Leben mit der steigenden Informationsflut: bei allen genannten Entwicklungen gibt es nicht nur Chancen, sondern auch Risiken zu bedenken. Der Übergang von der Industrie- zur Informationsgesellschaft hängt auch davon ab, ob auch die nichttechnischen Bedingungen erfolgreich beherrscht werden können. D.h. auch mit dem Wandel zur Informationsgesellschaft verbundene mögliche Problemfelder wie beispielsweise die Gefahren der Verwechslung virtueller Realität mit Realität oder die der Informationsüberflutung müssen ernst genommen werden. „Information ist, was man braucht zu handeln" (Peter F. Drucker), d.h. gerade jetzt, wo die Möglichkeiten der Informationsgewinnung beträchtlich gestiegen sind, muss sich der Mittelstand verstärkt auf die produktive Nutzung des Rohstoffes „Information" als für seinen geschäftlichen Erfolg ausschlaggebendes Arbeitsmittel einstellen. Datenreich, aber informations-arm?: denn Information ist nicht immer unbedingt das, was von den Computern auf den Schreibtisch gelangt. Vielmehr gilt in diesem Sinn als Information immer nur das, was man braucht, um handeln zu können: die aus den Datenverarbeitungssystemen gewonnenen Informationen stellen oft nur wenige Prozent des geschäftsspezifischen Wissens eines Unternehmens dar. D.h. Speichern von Informationen, das durch die technischen Quantensprünge unglaubliche Dimensionen angenommen hat, sollte nicht mit ihrer Verarbeitung gleichgesetzt werden.

Durch die technischen Möglichkeiten begünstigt wird auch oft ein zu hoher Detaillierungsgrad verfolgt, der die personellen Informationskapazitäten überbeansprucht und damit Lernprozesse und Kreativität hemmt. Dies führt zwangsläufig zu der Erkenntnis, dass neben dem Datenschutz auch eine menschlich machbare Verwertbarkeit der Datenflut gewährleistet sein muss. Denn Datenmüll, ungenaue oder inkonsistente Daten werden auch immer nur falsche Informationen liefern. Diese wiederum würden mehr oder weniger zwangsläufig falsche Entscheidungen verursachen. Von einer Informationsverarbeitung in diesem Sinne wird deshalb besonders die Entwicklung von Filter- und Selektionsfunktionen zu erwarten sein, damit die Zunahme der Informationsschwemme nicht zu isolierter Kompliziertheit, sondern statt dessen zu entscheidungs-relevanten Informationen führt. Denn solche sind für den Mittelstand wichtiger denn je. D.h. es geht um nicht mehr oder weniger als die planvolle Erstellung und Verteilung der Ressource „Information" aus der Perspektive von Entscheidungsträgern. Das heißt: weg von Papier und Informationsflut; statt dessen Informationen selektieren, Verdichtungskalküle einsetzen und nur auf den jeweils erforderlichen Aggregationsebenen anzeigen. Während in der Vergangenheit der Mittelstand eher passives Opfer als aktiver Träger bei der Einführung von Informationstechnologien war, hat sich hier im Wege der Entwicklung auch ein Wandel in der Rollenverteilung vollzogen: mit dezentralisierten Informationssystemen begann eine Reise, auf deren Weg jeder „Informationskunde" an seinem jeweiligen Aufenthaltsort flexibel auf die von ihm benötigten Informationen zugreifen kann - und dies so selbstverständlich wie beim Griff zum Telefon.

Auch heute verfügen die Unternehmen bereits über gewaltige Mengen an Detailinformationen über ihre Kunden. Es gilt jedoch, diese durch optimierte Zusammenführung und Verknüpfung mehr als bisher mit Hilfe entsprechender Technologien in Intelligenz zu verwandeln. Hier unterstützt das Data Mining mit gezieltem „Datenbergbau" die geschäftsfördernde Kundenorientierung. Hochleistungscomputer mit großen Speicherkapazitäten und Transaktionsgeschwindigkeiten können schnellstens und mit hoher Wahrscheinlichkeit die richtigen Ansprechpartner für ein Direct Mailing selektieren oder die Profitabilität eines Kunden errechnen. Daten können über Jahre hinweg gesammelt, kategorisiert und in andere Zusammenhänge integriert werden. Die Gleichung „Mehr IT = Weniger Kosten" lässt sich durch Data Mining erweitern zu „Mehr IT = Mehr Business". Im Wege des dabei möglichen Umbaus vom „Gießkannen-Marketing" hin zum maßgeschneiderten „One-to-one- Marketing" können beispielsweise auch die Antwortraten auf Mailings erhöht, das Cross Selling ausgebaut und Kosten eingespart werden. E-Mail-Systeme bilden dabei die Infrastruktur für unternehmensweit verteiltes Wissen. Bei abnehmender Kundenloyalität muss die Kundenbindung über das Angebot individueller Produkte ausgebaut werden.

Der dynamische Wandel von wechselnden Umfeldbedingungen zwingt zum strengen Überdenken der Unternehmensziele, der Geschäftserwartungen und der Handlungsspielräume. In diesem Kontext kann für den Mittelstand eine konsequent gehandhabte Wissensbilanz zu einem hohen strategischen Gut reifen. Strategische Kernkompetenzen bilden die Wurzel für den Geschäftserfolg. Für den praktischen Alltag kommt es darauf an, die vorhandenen Kernkompetenzen nicht nur zu beschreiben und zu analysieren, sondern aus diesen Ergebnissen auch Konsequenzen für das konkrete Geschäft zu ziehen: das Umfeld fährt mit auf dem Karussell des Wandels. Insofern ist es auch hilfreich, wenn bei einem (ohnehin regelmäßig fälligen) Strategie-Check mit einer Wissensbilanz gleichzeitig die hierin eingebauten Beziehungsfaktoren zwischen Unternehmen und Umfeld mit einbezogen werden. Von einem Strategie-Check auf Basis einer Wissensbilanz wird besonders die Entwicklung von Filter- und Selektionsfunktionen zu erwarten sein, damit die Zunahme der Informationsschwemme nicht zu isolierter Kompliziertheit, sondern stattdessen zu entscheidungsrelevanten Informationen führt. Im Strategie-Check werden dynamische, ansonsten kaum überschaubare Wirkungsbeziehungen erfasst und danach gefragt, zwischen welchen Erfolgsfaktoren kommt es zu Wirkungsbeziehungen? wie stark sind jeweils solche Wirkungsbeziehungen? wie lange dauert es, bis ein Faktor seine Wirkung auf einen anderen ausübt? Dabei kommt es weniger darauf an, nach Antworten mit dem Millimetermaß des Finanzcontrolling zu suchen: nicht alles, was wichtig ist, muss deshalb auch zu messen sein.

Am Rande bemerkt ein Projektbeispiel mit strategischem Ziel, frei erzählt: ein Alphatier muss gegen Luftschlösser gut geerdet sein – es zu sein, lässt sich nur schwer lernen: man wird es nicht, man ist es

In der Geschäftsführung eines fiktiven mittelständischen Betriebes fragte man sich: „Sind nicht Wissenschaftler so etwas wie die Dichter der modernen Welt?" Einer der Gesprächsteilnehmer bemerkte hierzu: „Leider liegen die Dinge noch nicht so. Es fehlt noch viel. So ist auch die Mathematik nicht die Dichtkunst, die Dichtkunst ist nicht die Mathematik der Phantasievorstellungen. Und Ingenieure sind auch nicht die Dichter der Wirklichkeit. Denn Dichtkunst ist noch immer das, was sie schon immer war: ein langsames, wenig präzises Mittel, das Unausdrückbare auszudrücken, ein oft mühsamer Prozess der Annäherung und Verallgemeinerung. Und so ist auch die Wissenschaft zuerst einmal ein Mittel, sich der Wirklichkeit zu nähern. Ein Projekt Wissen ist damit stark strategiebezogen und erfordert einen ganzheitlichen Ansatz aus Funktionen, Verantwortlichkeiten, Prozessen und Technologien. Unser Projekt hier weist aufgrund der Strategiebezogenheit eine im Vergleich zu anderen Projekten höhere Komplexität auf. Das Projekt Wissen erfordert deshalb eine längere Zeitdauer, intensivere Inanspruchnahme der Mitarbeiter, höheren Aufwand, stärkere Einbeziehung und Beteiligung des Managements und höhere Veränderungsbereitschaft (Change

Management). Bereits vor dem Start des Projektes sollte deshalb auch das Management über die wesentlichen Ziele und zu erwartenden Projektschritte informiert werden. Während der gesamten Projektlaufzeit sollte sich das Projektteam sowohl auf die Information der betroffenen Mitarbeiter als auch auf die Einbeziehung gegebenenfalls der verschiedenen Geschäftsbereiche konzentrieren. Möglicherweise unterschiedliche Informationssysteme sollten soweit wie möglich in einer einheitlichen Softwarelösung integriert werden. Der Start des Projektes sollte nach dem „Quick-Win"-Konzept auf ein priorisiertes Teilprojekt beschränkt/ konzentriert werden. Das Projekt Wissen unterscheidet sich in wesentlichen Punkten von anderen Projekten: es ist keine Insellösung, es ist immer abteilungsübergreifend umzusetzen. Die Kundensicht steht im Zentrum und erfolgt als Differenzierung gegenüber dem Wettbewerb vorrangig über Prozesse (weniger über Produkte)."

Environmental Scanning: Mit Unterstützung durch das Projekt Wissen lassen sich gleichzeitig sowohl Qualität als auch Aussagekraft von Analyse-Datenmaterialien verbessern. Durch eine entsprechende Korrelation mit aggregierten operativen Daten kann ein erhebliches Informationsmehrwert-Potenzial erschlossen werden. In dem Projekt Wissen müssen immer auch genau die betrieblichen Umfeldfaktoren beobachtet werden. Dieses

„environmental scanning" ist besonders dann unerlässlich, wenn wir länderübergreifend agieren, um eine Vielzahl von Daten in aktuelle Informationen zur Entwicklung von strategierelevanten Umfeldfaktoren auszuwerten. Neben quantitativen indexbasierten Informationen muss auch eine große Anzahl qualitativer Informationen in das Wissenssystem eingespeist werden.

In einer der regelmäßig zum Verschnaufen eingelegten Kaffeepausen sagte der Senior Manager in einer nun mehr privaten Atmosphäre zu seinem Kollegen: "Wie ist das eigentlich in deiner Familie? Meine Eltern sind jetzt in dem Alter, dass sie langsam über ein altersgerechtes Haus nachdenken. Möglicherweise wollen sie den Schritt wagen und in ihrem dritten Lebensabschnitt noch ein Haus bauen, das besser zu ihren veränderten Bedürfnissen passt. Je älter Menschen werden desto mehr Zeit verbringen sie zu Hause und in ihrem unmittelbaren Umfeld". Der Kollege: „Altersgerechte Häuser sind gefragt und haben einen guten Wiederverkaufswert. Statt 150 oder 200 Quadratmeter reichen älteren Paaren meist 100 Quadratmeter oder sogar noch weniger. Soll ein Gästezimmer eingeplant werden? Brauchen deine Eltern Rückzugsmöglichkeiten, zum Beispiel getrennte Schlafzimmer, Hobbyraum oder Lesezimmer? Sparen könnte man, wenn man auf einen Keller verzichtet. Waschmaschine und Trockner sind ohnehin besser im Erdgeschoss aufgehoben, wo sie stufenlos erreicht werden können. Zwei Bäder: auch mehrgeschossige Häuser können für das Leben im höheren Alter durchaus attraktiv und angenehm sein. Im Bedarfsfall sollte es aber immer möglich sein, nach unten zu ziehen. Dazu gehört, dass es oben und unten ein vollwertiges Badezimmer gibt. Möglichst mit bodengleichen Duschen. Grundsätzlich gehören zu einem altersgerechten Gebäude kurze Wege, wenig Ecken und Kanten, breite Türrahmen. Neben dem Bad sollte auch die Küche möglichst barrierefrei sein".

„Aber übrigens: Wie ist eigentlich so der Chef von Eurem Mandanten?" „Nun: Alphatiere sind doch wohl Führungskräfte, die von sich selbst eingenommen sind, sehr ehrgeizig, wenig kooperativ, die Verantwortung an sich ziehen und gut delegieren können. sind intelligent und können gut mit Verantwortung umgehen, steigen durch ihr klare Fokussierung auf messbare Ergebnisse schneller auf. Wer niemals zuvor auch Mannschaftskapitän, Schulsprecher oder ähnliches war, strebt eher eine Spezialistenkarriere als eine Führungslaufbahn an. Das Peter-Prinzip nach dem man immer so lange befördert wird, bis man überfordert ist könnte so außen vor bleiben. Alphatier zu sein, lässt sich nur schwer lernen: man wird es nicht, man ist es (wie Beispiele aus Wirtschaft und Politik deutlich machen). Immer schön positiv denken verhilft auch nicht jedem zum Erfolg: „Indem man bereits als erreicht vorwegnimmt, was erst noch durch Arbeit erreicht werden muss, kann die Motivation zur Verfolgung des Ziels gelähmt werden". Phantasieerfolge können dazu verführen, die erwünschte Zukunft schon zu genießen, statt den Erfolg (durch mühsames Planen) tatsächlich zu erarbeiten. Sollen Ziele realistisch machbar sein, reicht es nicht aus, sich die Zukunft nur in schönsten Farben auszumalen. Wer bereit ist, auch mögliche Hindernisse vorwegzunehmen, gelangt vielleicht schon im Vorfeld zu konkreten Lösungen (und könnte am Ende seine Wünsche erfolgreicher realisieren). Sachlich-problemorientierte Menschen können von einem solchen Zukunftsdenken profitieren: „Die Stärken liegen im analytisch-kritischen Denken. Phantasien alleine sind keine Karrieregarantie. Es geht darum, sich zunächst den Weg vorzustellen und nicht schon Zukunft zu erträumen, die reale Situation nicht aus den Augen zu verlieren, die Vision immer mit der Realität zu kontrastieren: gut geerdet ist man gegen (verpuffende) Luftschlösser gefeit. Alles dies trifft wohl auch auf unseren Mandanten zu".

Der Kollege bemerkt hierzu weiter: „Auch für Führungskräfte gibt es Entwicklungspausen im Leben. Beziehungsmanager sind oft diejenigen, die alles für einen Aufstieg mitbringen, aber genau schauen, was er für sie bedeutet. Familie, soziales Engagement, private Netzwerke sind für solche Menschen so wichtig, dass sie solches ungern für einen weiteren Karriereschritt aufgeben würden. Führungskompetenz heißt immer auch Beziehungskompetenz (Teamarbeit, Mitarbeitergespräche). Motivieren heißt nichts anderes, als Menschen in Bewegung zu setzen. Die Qualität von Beziehungen der Mitarbeiter untereinander und zu den Vorgesetzten ist ausschlaggebend für Arbeitszufriedenheit und Bindung an das Unternehmen. Das „lustvolle Gefühl von Zugehörigkeit", so Experten, wird gefährdet durch Misstrauen und Intoleranz, Aggressivität und Bunkermentalität. Eine gute Führungskraft kann und muss die Beziehungen auch am Arbeitsplatz managen, muss ein guter Beziehungsmanager sein. Führungskompetenz erschöpft sich nicht darin, nur der Verwalter von Prozessen (Ziele setzen, Entscheidungen treffen, planen, organisieren, kontrollieren) zu sein."

Frisch gestärkt stellt der Senior Manager der Gesprächsrunde nun die für die Gesamtbewertung Humankapital „Unternehmerische Kompetenz" von ihm zugeordneten Indikatoren vor, nämlich Bekanntheitsgrad Leitbild extern, Akzeptanzgrad Leitbild extern, Wirkungsgrad Leitbild extern, Eigenkapitalrendite, Innovationsstärke, Entwicklung des Marktanteils, Zufriedenheit mit Unternehmen und Vorgesetzten, Pressekonferenzen pro Jahr, Kritikfähigkeit, Durchsetzungsvermögen, verständliche

Anweisungen und Aufgabenübertragungen Überzeugungs- und Argumentationsstärke. Für die Ist-Situation des Mandanten heißt dies nun: „Das Schwergewicht verlagert sich von fachlichen mehr und mehr zu überfachlichen Kompetenzen. 50 bis 70 Prozent der Arbeitszeit entfällt auf zwischenmenschliche Situationen wie Kundenverhandlungen, Mitarbeitergespräche, Meetings oder Telefongespräche. Hinzu kommt die leistungs- und budgetorientierte Planung und Kontrolle der im jeweiligen Verantwortungsbereich liegenden Abteilungen sowie die Erarbeitung von strategischen Planungen und Zielen. Zum Selbstverständnis der Führungsfunktionen gehören: es den Mitarbeitern ermöglichen, sich entsprechend ihren Stärken zu entfalten, Ergebnis- und Leistungserwartungen an die Mitarbeiter konkret formulieren (Zielvereinbarungen), auf Negativentwicklungen kurzfristig reagieren, den eigenen Verantwortungsbereich konsequent anhand der strategischen Geschäftsfeldplanung steuern, Vorbildrolle wahrnehmen, eine wertschätzende Leistungskultur aufbauen, eindeutige Prioritäten setzen, gegenüber Mitarbeitern glaubwürdig sein, im Bedarfsfall Hilfestellung für Mitarbeiter geben, auf soziale Distanz und statusorientiertes Verhalten verzichten, Potenzialträger und Nachwuchsleute gezielt aufbauen, überzeugend kommunizieren, persönlich Veränderungsbereitschaft zeigen, Verantwortung in Veränderungsprozessen übernehmen."

Der Consultant referiert ergänzend zur Gesamtbewertung „Aus-/Weiterbildung, Fachqualifikation" mit den zugeordneten Indikatoren Weiterbildungszeit pro Mitarbeiter, Weiterbildungsrendite/ -faktor, Struktur der Weiterbildungsmaßnahmen, Struktur der Prüfungsergebnisse: „Zu den strategischen Instrumenten des Qualifizierungsmanagements zählen qualitative Bedarfsschätzungen, Trendexplorationen, personalwirtschaftliche Technologiefolgeabschätzungen, Stärken-Schwächen-Analysen, Chancen-Risiken-Analysen, Kennzahlenanalysen, Szenario-Techniken, Frühwarnsysteme und Mitarbeiter-Portfolios. Die Anwendung von Szenariomethoden ermöglicht eine ganzheitliche Problemsicht und zeigt die Handlungsbedarfe in den verschiedenen Teilbereichen auf. Unter Berücksichtigung der relevanten Faktoren im Bereich der Planung können spezifische Personalszenarios entwickelt werden. Die Qualifikationsbedarfsanalyse ist gleichzeitig Bestandteil der umfassenden Unternehmensplanung. Auf der strategischen Ebene ist es daher sinnvoll, eine enge Verknüpfung zwischen Personalentwicklungs- und Unternehmensplanung herbeizuführen. Anhand von Personal-Portfolios geht es um die Fragen: wie sieht das aktuelle Leistungsverhalten aus? wie soll das zukünftige Entwicklungspotential aussehen?"

Während einer Auszeit von der allgemeinen Grundsatzdiskussion zum laufenden Projekt unterhalten sich die beiden Manager auch vor dem Hintergrund ihrer privaten Situation über Bildungswege und Bildungskarrieren. Der Manager meint: „Bei immer kürzeren Innovationszyklen wird auch die Qualität der Ausbildung zum strategischen Erfolgsfaktor. Die Wettbewerbsfähigkeit einer Gesellschaft hängt nicht zuletzt von der Fähigkeit der Menschen ab, wie schnell diese in der Lage sind, auf neue Entwicklungen zu reagieren. Generelles Ziel für das Bildungsmanagement ist die Sicherung einer qualifizierten Nachwuchssicherung, Verbesserung der Qualifikation zur kompetenten Aufgabenerfüllung und Erhöhung des Qualifikationspotentials".

Der Senior Manager ergänzt ihn: „Vor der Jahrtausendwende, beispielsweise in den sechziger Jahren, sah manche Bildungsbiographie in etwa so oder ähnlich aus: mit sechs Jahren eingeschult, mit zehn Jahren Aufnahme in die Sexta eines Gymnasiums, mit neunzehn oder zwanzig Jahren (bei vielleicht einer Ehrenrunde) Abitur, mit zweiundzwanzig Jahren Ableistung des Wehrdienstes und dann Beginn eines Studiums, nach etwa zwölf Semestern, das heißt mit achtundzwanzig Jahren Erwerb eines Diploms, nach weiteren zwei Jahren Aufbaustudium, Orientierung oder Studium Generale mit dreißig Jahren Einstieg in den Beruf. Aus der Sicht heutiger Bildungsökonomen wäre solches eher einem lange andauernden Horrorszenario zuzurechnen. Das heutige Ideal wird hiervon abweichend eher so definiert: mit fünf Jahren eigeschult, nach nur acht Jahren auf dem Gymnasium, mit etwa siebenzehn Jahren Zeugnis der Reife (obwohl weder volljährig noch unterschriftsberechtigt) als G8-Studierender auf die Universität und mit dreiundzwanzig Jahren Studienabschluss und Start der Karriere"

Der Manager erwähnt in diesem Zusammenhagn V. Ladenthin, der an der Universität Bonn Historische und Systematische Erziehungswissenschaft lehrt, und hierzu allerdings einige Anmerkungen in der FAZ machte, die so gar nicht in dieses auf den ersten Blick so schöne Bild passen wollen: „So hätten nach seinen Erfahrungen G8-Studierende Verständnisprobleme mit etwas komplexeren Texten, Schwierigkeiten bei der Wiedergabe etwas komplexerer Gedankengänge, einen Mangel an authentischer Lebenserfahrung, durch ihr bisheriges Leben nur in Klassenzimmern und Kursen eine eingeschränkte Sicht der Dinge, einen Mangel an Urteilskraft. Oder Schwierigkeiten, multikausale Prozesse aufzunehmen und ganzheitlich zu analysieren. Neben solchen Fähigkeiten fehle es im G8-Zyklus an Bereitschaft und Problemverständnis."

In den Augen des Senior Manager lassen sich altersabhängige Reifeprozesse auf einem Bildungsweg wohl doch nicht negieren oder beliebig umschiffen: „Der nachholbedürftige Erwerb notwendiger Fähigkeiten, Erfahrungen und Kompetenzen könnte somit auch längere Studienzeiten bedingen. Spätestens im harten Berufsalltag werde man von solchem Mangel an Eigenschaften und Fähigkeiten (dann umso schmerzhafter) eingeholt. Veränderte Inhalte von Qualifizierungsmaßnahmen stellen Personalverantwortliche ebenfalls vor veränderte Herausforderungen. Mehr denn je werden Anleitung und Hilfe zum Selbstlernen im Mittelpunkt stehen. Die neuen Arbeitswelten stellen den Menschen einen Wandel „von der Muss-Arbeit zur Lust-Arbeit" in Aussicht. Bildungsmaßnahmen erfüllen nur dann voll ihren Zweck, wenn durch das Gelernte auch das Aufgabenspektrum im beruflichen Kontext besser gelöst werden kann, es geht darum, mit welcher Transferquote die Lernerfolge auch in die Praxis umgesetzt werden können".

„Womit wir wieder bei unserem Projekt „Wissen" angelangt wären und ich für eine Gesamtbewertung von Humankapital „Mitarbeiterzufriedenheit, Motivation" folgende Indikatoren zugeordnet habe: Fluktuationsrate, Quote der effektiven Arbeitszeit, Krankheits- Ausfallquote, Zufriedenheit mit Unternehmen und Vorgesetzten,

Zufriedenheit mit Arbeit und beruflichen Anforderungen, Zufriedenheit mit Gehalt und Nebenleistungen, Zufriedenheit mit persönlicher Weiterentwicklung, Motivator motiviert Team/ Mitarbeiter. Bei unserem Mandanten habe ich festgestellt: Kundenorientierung wird für ihn immer mehr zum zentralen Strategiethema. Das Unternehmen hat aber nicht nur externe Kunden, sondern auch interne Kunden, nämlich die Mitarbeiter. Diese Human-Ressourcen sind der einzige Produktionsfaktor, der aus sich selbst heraus wachsen kann, alle anderen unterliegen einem ständigen, abzuschreibenden Werteverzehr. Die Selbsteinschätzung der Vorgesetzten und ihre Bewertung durch die Mitarbeiter driften oft auseinander. Der hohen Diskrepanz zwischen Selbstbild und Fremdbild liegt ein Kommunikationsdefizit zugrunde, das mit Hilfe von Mitarbeiterbefragungen abgebaut werden kann. Ein gutes Betriebsklima gehört zum wichtigen Kapital eines Unternehmens, das allerdings in keiner bisherigen Bilanz aufgeführt wird."

Ergänzt wird dieser Blick durch eine Gesamtbewertung des Humankapitals „Wissensmanagement" mit zugeordneten Indikatoren wie Weiterbildungszeit pro Mitarbeiter, Weiterbildungsrendite/ -faktor, Struktur der Weiterbildungsmaßnahmen, Identifikation Intellektuelles Kapital, Bewerten und Messen Intellektuelles Kapital, Analyse Entwicklungspotentiale, Analyse Wirkungsstärke, Analyse Wirkungsdauer, Erstellung Wissensbilanz. Bewertung-Zusammenfassung des Ist-Zustandes: Wissensmanagement umfasst alle Maßnahmen, die auf eine Ausweitung von Wissen oder auf eine verbesserte Nutzung gerichtet sind. Denn im Unternehmen verfügbare Wissensbestände erfüllen nur dann ihren Zweck, wenn durch sie das Aufgabenspektrum im beruflichen Kontext besser gelöst werden kann. Das Unternehmen ist nicht nur an positiven Wissenszuwächsen sondern vielmehr daran interessiert, dass dieses Wissen auch an den Arbeitsplatz transferiert wird. Hierbei geht es um die Frage, welchen Beitrag zum Unternehmenserfolg der Erwerb von zusätzlichem Wissen erbringt. Wissensmanagement soll die Problemlösungskapazität des Unternehmens aufgrund der vorhandenen Fähigkeiten und Praktiken erhöhen und durch gezielte Beeinflussung die Wissensbasis verbessern."

Eine ausgewogene Balance herausfinden zwischen Beherrschung der Zunahme an Komplexität und Optimierung der Informationsauswahl zur Reduktion von Komplexität - im unausweichlichen Sog der Digitalwirtschaft - Trennlinie zwischen ausufernden Datensammlungen und relevanten Informationen

Der extern zur Unterstützung angeforderte Consultant ganz in seinem Element: „Über eine Million (pro Tag!) Malware-Programme (Anzahl hat sich innerhalb nur eines Jahres verneunfacht!) geistern durch das Netz und greifen sowohl private Nutzer als auch Firmenrechner an. Besonders die sogenannte Ransomsoftware (Erpressungssoftware, die Daten verschlüsselt und diese nur gegen Zahlung eines Lösegeldes aufhebt) ist zu einem echten Problem geworden. Besonders gefährdet sind nach Aussagen von Experten auch mobile Geräte: „Mitarbeiter verursachen eine von fünf Netzwerkpannen in Unternehmen – durch mobile Malware oder schädliche W-LAN-Verbindungen. Die Angriffe auf Unternehmen erfolgen meist über die Endpunkte, sie sind die kritischsten Elemente bei der Cyberabwehr geworden. Angreifer nutzen in fünfundsiebzig Prozent der Fälle E-Mails als Angriffswaffe". Jeder zehnte Nutzer öffnet arglos jeden E-Mail-Anhang.

Auch der Senior Manager weiß: „Selbst die Leiter von Unternehmen werden zunehmend zu einem Angriffsziel erkoren (da sie meist viele Zugriffsrechte in der Unternehmens-IT besitzen). Unter anderem versucht man (beispielsweise mit Windows 10) mit einer Machine-Learning-Technik den Problemen von arglosen Nutzern und aggressiven Schädlingen beizukommen. Dabei versucht ein Algorithmus zu verstehen, wie sich ein Computer typischerweise im Firmennetz verhält und erzeugt automatisch Hinweise bei auffälligen Abweichungen hiervon: „Ziel ist es, unentdeckte Zero-Day- Schwachstellen und Social-Engineering-Angriffe, die sich Anwenderfehler zunutze machen, wirksamer bekämpfen zu können. Die Kombination von Mensch und Maschine könnte damit aus künstlicher Intelligenz eine wirksame Cyberwaffe formen. Denn solche Machine-Learning-Algorithmen können Malware-Bedrohungen auf Basis großer Datenanalysen wohl besser als Menschen bewerten."

Auch der Informationsmanager plaudert aus dem Nähkästchen: „Nahezu jeder IT-Anwender ist wohl schon mit Trojanern und Pishing-Mails konfrontiert worden. Gefährdet scheinen insbesondere Mittelständler, wenn ihre Kundendaten verschwinden, zerstört oder manipuliert werden. Dabei gibt es in jeder Branche Besonderheiten, die für die IT-Sicherheit relevant sind: eine Schutztechnologie für ein Online-Shopping-Portal sieht daher anders aus als in einer Arztpraxis oder in einem

Maschinenbaubetrieb. Es kommt somit auf ein ganzheitliches Verständnis der jeweils eingesetzten Technologien an. Dabei müssen die jeweiligen IT-Sicherheitsrisiken im engen Zusammenhang mit den jeweiligen spezifischen Geschäftsrisiken gesehen werden: wie wirken sich definierte Gefahren auf das jeweilige Geschäft und dessen Umsatz aus? Welche Sicherheitsmaßnahmen haben höchste Priorität, damit der Betrieb immer aufrechterhalten bleibt? Und was darf sowas kosten (Kosten- Nutzen-Relation)?"

Neuralgische Punkte sind nach Expertenmeinung heterogene Netzwerke: je mehr unterschiedliche Rechner, Laptops, Tablets und Smartphones im Einsatz sind, umso unübersichtlicher wird die Gesamtstruktur und umso komplizierter das Security-Handling. Für Private und Mittelständler ist es fast nicht möglich, mit dem technischen Knowhow und den Ressourcen der Angreifer mitzuhalten: sie werden auf externe Unterstützung angewiesen sein. Wobei sich der Kampf gegen Cyber-Kriminalität mit Technik allein wohl nicht gewinnen lässt. „Die größte Schwachstelle eines jeden Sicherheitssystems sind die Menschen".

Für sein Projekt hat der Senior Manager für die Gesamtbewertung Strukturkapital „Informationssysteme und Softwareanwendungen" die Indikatoren Systemverfügbarkeit, IT-Investitionsgrad, IT-Durchdringung zugeordnet und kommt auf dieser Grundlage zu folgender Bewertung des Ist-Zustandes: „Mein Mandant steht vor der Herausforderung, eine ausgewogene Balance herauszufinden zwischen a) einerseits Beherrschung der Zunahme an Komplexität von IT-Systemen und b) andererseits Optimierung der Informationsauswahl zur Reduktion von Komplexität. Die Trennlinie zwischen ausufernden Datensammlungen und relevanten Informationen lässt sich immer nur speziell auf das jeweilige Unternehmen hin bestimmen. Mit Instrumenten der Vernetzung lassen sich Abstimmungsprozesse, Wissensmanagement, Kommunikation mit Kunden, Kommunikation mit Lieferanten, Auftragsbearbeitung oder Produktionsplanung erheblich effizienter, flexibler, gezielter und kostengünstiger gestalten und miteinander verzahnen. Die Geschwindigkeit der elektronischen Kommunikation hat die Wirtschaft weit mehr verändert, als man es sich noch wenigen Jahrzehnten hätte vorstellen können: elektronische Übertragungstechniken haben das den Globus überziehende Geflecht von Handelsbeziehungen revolutioniert. Alle Stationen einer klassischen Wertschöpfungskette lassen sich inzwischen auch elektronisch verknüpfen."

Stimmt genau, sagt der Informationsmanager: „Im Jahr 1400 trug ein Regensburger Kaufmann noch in sein Geschäftsbuch ein: Am Montag in der Karwoche sandte ich meinen Boten gegen Venedig. Er soll mit Gottes Hilfe am letzten Feiertrag vor Ostern dort sein. Eine ganze Woche brauchte ein Kaufmannsbrief zur mittelalterlichen Jahrhundertwende für seinen Weg über die Alpen. Heute erreicht Geschäftspost ihren Empfänger elektronisch in Sekunden, egal an welchem Ort der Erde er sich befindet."

Der Senior Manager lächelt und fährt fort: „Um seine Marktposition zu stärken „verwebt" sich der Mandant mit anderen zu virtuellen Unternehmen. Es entstehen Netzwerke von kleinen, global agierenden Geschäftseinheiten: kleine und selbständige Geschäftseinheiten bauen auf wenigen Kernkompetenzen auf, übrige Geschäftsfunktionen werden entweder in selbständige Einheiten ausgelagert oder von spezialisierten Unternehmen (Logistik) bezogen. Man kombiniert die Beweglichkeit und Effizienz von Kleinunternehmen mit den Synergien (economies of scale) großer Unternehmen. Auf der Basis der Kommunikationstechnik kann beispielsweise der Verkauf durch eine breitere Zusammenarbeit mit dem Kunden (Partnering) ersetzt werden (Vorauftragsinformationen, Einblick in den Auftragsstatus). Große Teile der bisher rein innerbetrieblichen Kommunikation (Intranet) werden im Sinne der „Extended company" auch auf Kunden und Lieferanten (Extranet) angewendet. Die

Funktionen von Intranet und Extranet ermöglichen die Verselbständigung von Unternehmenseinheiten, ohne die Integration der Prozesse aufgeben zu müssen. Die Orientierung erfolgt grundsätzlich am Business und nicht an Legal Entities oder an Business Functions. Für die konkrete Gestaltung müssen folgende Fragen analysiert werden: wie werden globale Geschäftsstrategien in einer verteilten Prozesswelt abgebildet? nach welchen Kriterien soll das Informationssystem verteilt werden? wie hoch ist der optimale Grad der zentralen Regulierung? wie zentral müssen IT-Planung und Customizing durchgeführt werden? worin unterscheiden sich verteilte von integrierten Prozessen? welche Aufgaben werden in welcher Geschäftseinheit durchgeführt? wie werden verteilte Prozesse koordiniert? koordinieren sich die Teilprozesse dezentral oder werden sie zentral gesteuert? wie wird effektiver Customer Access realisiert?"

Project-Member 2 hat für eine Gesamtbewertung zum Strukturkapital „Planungs- und Controlling-Tool-Box" die Indikatoren Vorausschauen und Denken in Alternativen, Perspektiven und Facetten der Unternehmensplanung, Planung der Prozesse nach Werterhaltung, Liquiditäts- und Cash Flow-Planung, Korrelations- und Regressionsanalysen, Cluster-Analyse-Segmentierung der Datenbestände, Umweltbilanz mit Kennzahlen, Mikrogeographische Analyseinstrumente zugeordnet. Die Analyse des Ist-Zustandes hat ergeben: „Es gibt keine Instrumente für What-if- und How-to-achieve-Analysen, für Sensitivitäts- und Zielwertberechnungen. Unter anderem werden nachfolgende Möglichkeiten nicht genutzt. Mit Hilfe von "Goal-seeking- oder What-to-do-achieve- Funktionen" könnten Rückrechnungen von einzugebenden Markt-Zielwerten (Marktanteil, Break-even oder Deckungsbeiträge) auf konforme Werte unabhängiger Größen durchgeführt werden (welche Absatzmengen werden benötigt, um bei einen bestimmten Produkt-Deckungsbeitrag im dritten Jahr unter sonst gleichen Bedingungen eine bestimmte Rendite zu erzielen?). Diese Form der Lösungsfindung erfolgt iterativ und bezieht den Planer aktiv in den Prozess der Lösungsgenerierung mit ein. Eine solche Funktion unterstützt die schnelle Vermittlung der Konsequenzen und benötigten Stellwerte für die beeinflussbaren Steuerungsparameter."

Den Informationsmanager interessieren weniger die rein betriebswirtschaftlichen Fragen. Für ihn steht das Grundsätzliche im Vordergrund: „Die Mehrzahl der Menschen ist auch nach den Enthüllungen des Herrn Snowden fest der Meinung, dies alles betreffe sie persönlich nicht im Geringsten. Jedoch sind mit der Kommerzialisierung des Internet neue Machtzentren entstanden, die Einfluss auf jedermann, ob nun bewusst oder unbewusst, haben. Mit der digitalen Revolution des

Netzes stehen alle an einem Wendepunkt technologischgesellschaftlichen Wandels: es geht um den Eintritt in die Risikozone digitaler Technologien. Die Hürden der klassischen Programmierung von Computern sind hoch und nach wie vor wohl eher IT-Spezialisten vorbehalten. Trotzdem ist Programmieren eigentlich nicht mehr als das Lösen von Aufgaben und die hierbei vorgenommene Übersetzung eigener Gedanken. IT- und Programmierwissen eröffnet Möglichkeiten darüber nachzudenken, welche Dienste man wie nutzen könnte oder sollte. Und schützt davor, zu sorglos mit IT-Geräten, Apps und Daten umzugehen, stärkt das Bewusstsein, wo welche Daten wie anfallen und gespeichert werden könnten. Auch um im Leben eigenständig entscheiden zu können, muss man wissen, welche Daten es über einen gibt und was diese Daten wirklich tun und bewirken können. Grundkenntnisse der Programmierung, auf welche Weise auch immer zu erlangen, machen Informationstechnologien und deren Arbeitsweise eher verstehbar. Hierauf sollten wir in Zukunft unser Augenmerk stärker richten".

Project Member 3: „Um die Eignung generierter Problemlösungen im Zeitablauf bezüglich Zielerreichung und Verlässlichkeit zu überprüfen, können im Rahmen einer Sensitivitätsanalyse zusätzlich entsprechende "What-if-Abfragefunktionen" bereitgestellt werden. Damit können eine oder mehrere Steuerungsgrößen der

Planung innerhalb vorgegebener Bandbreiten schrittweise variiert und dann jeweils in ihren Auswirkungen auf ausgewählte Zielgrößen (z.B. Rendite, Break-even) beobachtet werden. Beispielsweise RoI-Rechnung mit Bandbreiten von What-if-Schätzdaten: Chancen und Risiken lassen sich nie mit nur einer einzigen Zahl oder Kenngröße darstellen: immer sind es daher ganze Bandbreiten von Chancen und Risiken. Neben einer geeigneten Abbildung realer Zusammenhänge -meist in einem vereinfachten Modell- kommt es auf die richtige Quantifizierung der Einflussvariablen an."

Der Informationsmanager fährt mit seinem Thema fort: „Die nicht vorhandene, unsichtbare Wahrnehmung wird gefühlt durch die Maschine Zufall ersetzt. Am Anfang steht das Unbekannte, Unzugängliche. Um von der Unsicherheit zum Zufall zu gelangen, muss der Blick innehalten, muss einen in Erstaunen versetzen. Außerhalb der gelebten Wirklichkeit gibt es keinen Zufall. Mit dem Bild des Zufalls wird versucht, die Wirklichkeit begrifflich zu erfassen, sie irgendwie begreiflich zu machen. So soll der Zufall eine Vorstellung vermitteln, ohne etwas der sinnlichen Wahrnehmung oder der reinen Intuition verdanken zu müssen. In der Theorie der Wahrscheinlichkeiten geht es darum, was am Unvorhersehbaren formalisierbar und quantifizierbar sein könnte. Im antiken Griechenland gab es hierfür extra den Gott Chaos, der das repräsentieren sollte, was nicht organisierbar ist. Der Zufall eröffnet uns eine Welt der Möglichkeiten. Wie das Universum selbst, scheint diese (fast) unendlich. Die erste Regel der Wahrscheinlichkeiten lautet, dass die Wahrscheinlichkeit eines Ereignisses die Summe der Wahrscheinlichkeiten aller Möglichkeiten ist, die es realisieren".

Mit diesen Gedanken im Hinterkopf liegt dem Senior Manager die Gesamtbewertung Strukturkapital „Frühwarn- und Risikokontrollinstrumente" besonders am Herzen und ordnet die Indikatoren 360-Grad Umfeld-Radar, Identifikationsgrad Risikofaktoren, Beobachtungsgrad Frühwarnsignale und Anteil "weicher" Informationen zu. Seine Bewertung des Ist-Zustandes: „Es muss immer die Regel gelten, dass auch oder gerade in Erfolgssituationen niemals Sicherheit herrscht. Gefahren nicht ernst nehmen oder die Dinge einfach sich selbst überlassen kann bereits den Nährboden für zukünftige Misserfolge schaffen. Oft wird übersehen, mit welch einfachen Mitteln bereits -beispielsweise mit Hilfe von Excel-Funktionen- existierende Modelle durch die Hinterlegung einer Wahrscheinlichkeitsverteilung aufgewertet werden können.

Zukunft = vorweggenommene Gegenwart: da Strategien immer Zukunft sind, ergibt sich hieraus die Frage nach

Mess- und Quantifizierbarkeit von Zukunft. Zukunft beinhaltet aber auch immer die Komplexität mit zahlreichen finanziellen und nichtfinanziellen Aspekten. Zukunft entwickelt sich in Prozessketten aus dem heute, das heißt zur Quantifizierung von Zukunft müssen die in diese Zukunft führenden Prozessentwicklungen und deren Ursachen analysiert werden: durch Messung der früher gelegenen Faktoren die Zukunft der später folgenden Faktoren messen. Um eine Wahrscheinlichkeit zu ermitteln, verknüpft man jedes Ereignis mit einer Eintrittsmöglichkeit zwischen 0 und 1: ein Ereignis ist umso wahrscheinlicher, je mehr seine Wahrscheinlichkeit sich dem Wert 1 annähert."

Der Senior Manager ergänzt nahtlos: „Für unseren Mandant ist jede Art der Entscheidungsfindung immer auch ein Abwägen von Chancen und Risiken. Es gilt die Formel: Erfolg = Summe richtiger Entscheidungen. Während in den Strukturen der Gegenwart Störereignisse meist noch keine Rolle spielen, nehmen mit zunehmender Erweiterung dieses Zukunftstrichters gleichzeitig die Ungewissheit von Informationen und damit auch die Unsicherheit hinsichtlich des Eintreffens von Voraussagen zu. Dabei müssen für komplizierte Strukturen in der Abfolge der Prozessketten die zwischen ihnen bestehenden Zusammenhänge definiert und transparent gemacht werden."

An dieser Stelle hält er kurz inne und denkt nach, welcher wichtige Einflussfaktor ihm bei der Besprechung des Strukturkapitals noch fehlt. Nach kurzer Überlegung ist er sich sicher: „Es ist die Frage des Standortes im Spannungsfeld zwischen Kontinuität und Wandel. Das Befassen mit der Geschichte des Standortes bietet zwar keine Patentrezepte für schnelle Problemlösungen, kann im Sinne einer generationsübergreifenden Ausrichtung aber durchaus Anhaltspunkte für künftige Weichenstellungen liefern. Die Geschichte des Standortes lenkt die Aufmerksamkeit auf das, was bleiben kann (muss), und schärft den Blick auf Optionen, das Spannungsfeld zwischen Wandel und Kontinuität zielführend zu gestalten. Es kommt vor, dass Standorte es versäumt haben, aus den Fehlern der Vergangenheit zu lernen oder die Erfolge der Vergangenheit als Ausgangspunkt für eine neue Erfolgsgeschichte zu nutzen (wo liegen die großen Brüche und Umbrüche des Standortes, wo hat sich Kontinuität bewährt?). „Zukunft braucht Herkunft": die Geschichte des Standortes zeigt beispielsweise auf, welche Verhaltensweisen sich in welchen Situationen nicht bewährt haben (bei schwierigen Problemen können sich daraus Orientierungshilfen anbieten). Die Entwicklungslogik eines Standortes wird besonders anhand seiner Geschichte sichtbar. In ihr lassen sich Entscheidungen erkennen, welche die Entwicklung beeinflusst (bestimmt) haben. In der Geschichte ist ein großes Erfahrungswissen gebündelt, eine Ressource, die man getrost nutzen sollte. Nicht selten gibt es Situationen, in denen wissenschaftliche Expertise nur bedingt weiterhilft, jedoch Erfahrungswissen strategische Weichenstellungen unterstützen kann. Es gilt, gesammelte Erfahrungsschätze einer produktiven Verwendung zuzuführen, die Welt der Zahlen mit Erfahrungen zu verknüpfen (im Zeitvergleich beginnen Zahlen zu sprechen, werden die Erfolge und Misserfolge des Standortes deutlicher). Das Image eines Standortes speist sich nicht zuletzt aus seiner Fähigkeit, Erwartungen in der Vergangenheit erfüllt zu haben. Manchmal offenbart sich das komplexe Zusammenspiel verschiedener Erfolgsfaktoren erst rückblickend. Die Geschichte des Standortes kann Aufschluss darüber geben, welche Faktoren in der Vergangenheit bestimmten Standortfaktoren zum Durchbruch verholfen haben und somit als Ideenlieferant die Strategie der Zukunft befruchten. Schönfärberei, Verschleierungsmanöver und persönliche Selbstinszenierungen sind im Hinblick auf die Geschichte des Standortes eher ungeeignet: es geht um kritische Selbstreflexion und Eigenbildanalyse. Umfangreiches Erfahrungswissen ist ein Fundus für zukunftsgerichtetes Orientierungswissen. Man braucht solide Nähte, die auch Gegenwart und Zukunft zusammenhalten und dadurch Identität schaffen. Die Geschichte des Standortes ist quasi der Plausibilitätstest, ob die Erfahrungen der Vergangenheit mit den Entscheidungen der Gegenwart und den zukünftigen Erwartungen im Einklang stehen. Insgesamt betrachtet ist die Geschichte des Standortes eine kreative Kombination unterschiedlicher Wissensressourcen (eine Quelle, auf die man nicht verzichten sollte)."

Konkret möchte er für eine Gesamtbewertung Strukturkapital „Standortfaktoren" folgende Indikatoren zuordnen: Arbeitskostenbelastung, Steuerquote, Arbeitskräfte-Verfügbarkeit, Bevölkerungsanteil Jugend, Bevölkerungsanteil Alter, Kaufkraft Privathaushalte, Autobahnnähe, Flughafennähe, Wohnqualität, Grundstückspreise, Kriminalität. Als Ist-Zustand fasst er zusammen: „Unter zunehmendem Wettbewerbsdruck kann die Standortfrage für den Mandanten zu einer Existenzfrage werden. Grundsätzlich aber gibt es keine schlechten Standorte, sondern nur solche, die im konkreten Fall nicht geeignet sind. Einerseits weist jeder Standort spezifische Bedingungen auf, die beispielsweise von geographischen, klimatischen, sozio-ökonomischen Faktoren geprägt sind. Andererseits stellt auch das Projekt-Unternehmen jeweils ganz individuelle Anforderungen an einen Standort, die von dem Produkt, den Beschaffungs- und Absatzmärkten abhängen. Mit kaum einer anderen unternehmerischen Entscheidung werden Kosten und Erlöse derartig nachhaltig beeinflusst. Bei Investitionen im

Zusammenhang mit der Standortwahl sind dies beispielsweise Baulandpreise, regional unterschiedliche Baukosten. Im laufenden Betrieb sind dies u.a. Löhne und Gehälter, Steuern oder kommunale Abgaben. Die erzielbaren Erträge hängen ab von der regionalen Kaufkraft, von der Einwohnerzahl in einer Region oder von der Nähe zu einem Großabnehmer."-

Der Partner saß nach dem Verlassen seines Büros bei einem vertraulichen Gespräch noch mit dem Senior Manager zusammen. Beide gönnten sich nach einem anstrengenden Tag ein kühles Bier. Der Partner fixierte sein Gegenüber mit seinen blauen Augen und sagte mit seiner ruhigen, ja fast sanften Stimme: „Was haben wir beide eigentlich sonst noch für Alternativen? Für unser Beratungsgeschäft muss man aus hartem Holz geschnitzt sein. Zwei Drittel von dem, was wir machen, wird von anderen kritisiert. Vor allem von jenen, die als Ergebnis unserer Arbeit, vielleicht von Einschnitten in ihrem persönlichen Arbeitsumfeld betroffen sind. Wir funktionieren nicht wie „normale" Mitarbeiter einer Firma. Wir lächeln, hören zu – wir müssten fast schon Schwielen an den Ohren haben vom ewigen Zuhören. Wir brechen uns einen ab, um es unserem Auftraggeber recht zu machen, um möglichst bald an Nachfolgeaufträge zu kommen. Und wenn das nicht hinhaut, mogeln wir uns irgendwie durch. Wir sagen den Leuten, was sie hören wollen. Und wenn wir mal was sagen, was sie nicht hören wollen, dann meistens, weil wir uns ausgerechnet haben, dass es genau das ist, was sie eigentlich doch hören wollten. Wir leben unser Leben mit einem falschen Lächeln im Gesicht. Weil das der Preis dafür ist, im Big Business an der Spitze mitspielen zu dürfen. Die meisten von uns wollen gewinnen und sonst gar nichts. Und manche sind dafür sogar bereit, ihre Seele zu verkaufen".

Wettbewerbsvorteile in einem hochkomplexen Wissensumfeld erringen - die immer mehr zunehmende Dynamik der Märkte verstärkt gleichzeitig den Druck auf eine perspektivisch ausgerichtete Entscheidungsbasis

Die durch Digitalisierung maximierten Möglichkeiten stellen die Gesellschaft vor neue Anforderungen. Denn vernetzte Lebensweisen sind nicht nur flexibel und grenzüberschreitend, sondern auch anspruchsvoll (anstrengend). Wenn wir immer online sind, so ermächtigt diese Konnektivität nicht nur, sie (über-) fordert auch. Vernetzung macht die Welt nicht nur schneller, sonder auch komplexer. Diese digitalisierte Welt kann man nur richtig verstehen, wenn man lernt, selbst komplexer (vernetzter) zu denken. Die Vernetzung muss man als sozialen Wandlungsprozess (der neue Verbindungen und Beziehungen schafft) begreifen, man braucht eine neue Perspektive, so etwas wie einen „synthetischen Blick" des ganzheitlichen Denkens. Mit zunehmender Vernetzung wächst aber gleichzeitig der Wunsch, das Hier und Jetzt wieder bewusster und intensiver zu erfahren. Der Gegentrend zur Multitasking-Gesellschaft sind daher Achtsamkeit und Entschleunigung. Eine humane Digitalisierung, die diesen Ansprüchen gerecht wird, reflektiert eine neue, ganzheitliche Perspektive auf die Welt (als fluktuierendes System): eine Sowohl-als-auch-Sicht, die nicht nur Quantitäten sondern auch Qualitäten mit einschließt.

Es geht darum, sich schneller als die Konkurrenz auf das zukünftige Umfeld einstellen zu können, d.h. in Zeiten des schnellen Wandels wird Früherkennung immer mehr zum Königsweg: Gefahren und Risiken werden dadurch aufgespürt, bevor sie für das Unternehmen bedrohliche Folgen zeigen, Gelegenheiten/ Potenziale können erfasst werden, bevor sie verlorengehen. Die Personalbilanz ist auf dem Weg zu einer zahlenmäßigen Erfassung inzwischen ein gutes Stück des Weges vorangekommen und hat hierfür auch praxistaugliche Instrumente, Verfahren und Software entwickelt. Diese ermöglichen es dem Personalcontrolling nicht nur, sich in einem hochkomplexen Wissensumfeld Wettbewerbsvorteile zu verschaffen, sie machen durch ihre gängige Zahlenwelt auch eine Nachvollziehbarkeit für außenstehende Dritte möglich. Gegenüber der üblichen Bilanzierung materieller Wirtschaftsgüter hätte das Instrumentarium der Personenbilanz bereits einen entscheidenden Vorteil: es werden auch die zwischen einzelnen Faktoren bestehenden Beziehungen hinsichtlich ihrer Wirkungsstärke und Wirkungsdauer sichtbar gemacht. Aus diesem ohne entsprechende Instrumente kaum durchschau-baren Beziehungsgeflecht lassen sich diejenigen Maßnahmen herausfiltern, die aufgrund ihrer hohen Hebelwirkung das größte Potential erwarten lassen. Es sollten möglichst die vorhandenen Wertstellungsprofile und Risikoneigungen der Entscheidungsträger erfasst werden. Dabei geht es auch um die Möglichkeiten zur Quantifizierung der einzelnen Risiken: obwohl fast immer eine Vorstellung existiert, was risikobehaftet ist, ist es ungleich schwieriger, dieses Risikobewusstsein im Detail mit konkreten, quantitativen Daten zu operationalisieren. Es geht um: Personalbilanz bündelt Potenziale, Träger von Fähigkeiten und Besitzer von Erfahrungen, Erfolg = Summe richtiger Entscheidungen, Strukturen der Gegenwart und mögliche Störereignisse der Zukunft, Tsunami-Effekte kopierter Personal-Auswahlkriterien, Planungskompetenz Fremdbild- und Eigenbildanalyse, Planungskompetenz komplexe Kaufentscheidungsprozeduren, Planungskompetenz Reputationsmanagement, Planungskompetenz Kundenwahrnehmung, Planungskompetenz Frühwarninformationen, Planungskompetenz Marktausschöpfung, Planungskompetenz Bestimmung Wettbewerbsposition, Planungskompetenz Konkurrenzanalyse, Planungskompetenz Berechnung Kaufkraftkennziffern, Planungskompetenz Branchenanalyse, Planungskompetenz Kundenverhalten, Planungskompetenz Umfeldbeobachtung, Planungskompetenz Economic Value Added EVA-Konzept, Planungskompetenz Return on Capital Employed (ROCE), Planungskompetenz Potenzialanalyse, Planungskompetenz Außenorientierung der Unternehmensplanung, Planungskompetenz kundenwert-bezogene Strategie, Planungskompetenz Servicequalität und Durchlaufzeit, Planungskompetenz Qualitäts-Reifegrad Konzept, Planungskompetenz der Ressource „Zeit", Ideenmanagement und Erfahrungsaustausch, kritische Risikoschwellen, Konzept der Vorsichtslinie, dem Absturz einer „worst-case"-Insolvenz vorbeugen, offensiv oder defensiv agieren? Option, um sich Zeit kaufen zu können.

Eine Personalbilanz bündelt Potentiale. Trotz zahlreicher Einzelaktivitäten im Zusammenhang mit dem Zukunftsrohstoff „Wissen" gibt es oft noch Lücken, die eine bestmögliche Ausschöpfung der in ihm steckenden Entwicklungspotentiale behindern. Insbesondere fehlt vielfach noch ein in sich schlüssiges Konzept bzw. Instrument, mit dem sich alle Einzelkomponenten des Intellektuellen Kapitals vollständig und mit einheitlicher Systematik abbilden lassen. Eine der Hauptursachen, warum der Rohstoff „Wissen" trotz seines rasant steigenden Anteils an der Herstellung heutiger Produkte und Dienstleistungen bislang so wenig sicht- und greifbar gemacht wurde, liegt in der komplizierteren Bewertung und Messung immaterieller sogenannter „weicher" Faktoren begründet.

Die Personalbilanz ist auf dem Weg zu einer zahlenmäßigen Erfassung inzwischen ein gutes Stück des Weges vorangekommen und hat hierfür auch praxistaugliche Instrumente, Verfahren und Software entwickelt. Diese ermöglichen es dem Personalcontrolling nicht nur, sich in einem hochkomplexen Wissensumfeld Wettbewerbsvorteile zu verschaffen, sie machen durch ihre gängige Zahlenwelt auch eine Nachvollziehbarkeit für außenstehende Dritte möglich. Gegenüber der üblichen Bilanzierung materieller Wirtschaftsgüter hätte das Instrumentarium der Personalbilanz bereits einen entscheidenden Vorteil: es werden auch die zwischen einzelnen Faktoren bestehenden Beziehungen hinsichtlich ihrer Wirkungsstärke und Wirkungsdauer sichtbar gemacht. Aus diesem ohne entsprechende Instrumente kaum durchschaubaren Beziehungsgeflecht lassen sich diejenigen Maßnahmen herausfiltern, die aufgrund ihrer hohen Hebelwirkung das größte Potential erwarten lassen.

Träger von Fähigkeiten und Besitzer von Erfahrungen. Menschliche Arbeit wird zunehmend als Quelle für betriebliche Wertschöpfung erkannt, sie ist jedoch nicht von den Personen, die sie leisten, zu trennen. Die Ressource "Humankapital" weist eine Reihe charakteristischer Merkmale auf. Die kleinste Einheit des Wissensmanagements ist das Individuum als Träger von Fähigkeiten und Besitzer von Erfahrungen. Häufig ist der Organisation nur ein Teil dieser Fähigkeiten (z.B. Ausbildung, Sprachkenntnisse) bekannt. Diese bekannten Daten bilden aber nur einen Teil der Mitarbeiterfähigkeiten ab: wer die Fähigkeiten der Mitarbeiter nicht kennt, verpasst die Gelegenheit, sie zu nutzen (mangelnder Zugriff auf internes Experten-wissen).

Erfolg hängt zuerst immer von Mitarbeitern ab. Diesen ist wichtig, dass sie sich ernst genommen und gerecht behandelt fühlen. Als Mitarbeiter sind sie dann motivierter, engagierter und fester in das Unternehmen eingebunden. Sie fühlen sich auch für den Erfolg verantwortlich. Menschen in Organisationen sind keine passiven Gestaltungsobjekte, sondern Träger von Zielen, Bedürfnissen, Wertvorstellungen und der Möglichkeit des (re-)aktiven Handelns, was sich u.a. in der Aversion gegenüber (zusätzlicher) Steuerung und Kontrolle manifestiert. Erfolge = Summe richtiger Entscheidungen - Scanning mit 360-Grad-Suchverfahren. Die Frühwarninstrumente müssen informations- und datenmäßig sehr eng sowohl mit der eigenen strategischen Ausrichtung als auch mit der externen Unternehmensumwelt verknüpft werden. Es müssen auch schwache Signale, d.h. nur unscharf strukturierte Informationen, heraus-gefiltert werden. Mögliche kritische Ereignisse sind meist das Ergebnis eines längeren Prozesses, der lange Zeit vorher oft nur durch schwache Signale auf sich aufmerksam zu machen beginnt:

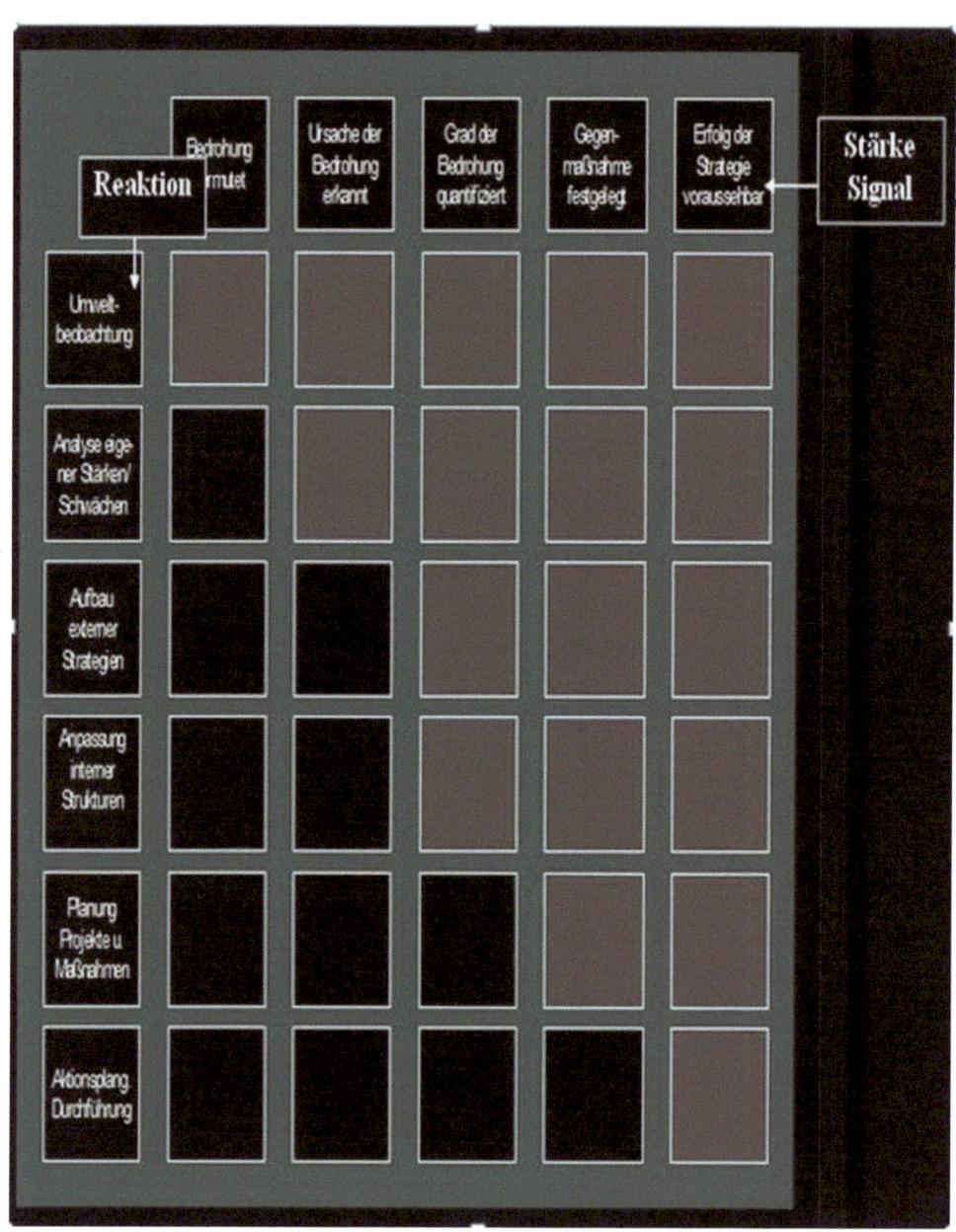

Mit der Methode des Scannings werden wie mit einem „strategischen Radar" quasi mit einem 360-Grad-Suchverfahren bestimmte Raster im Umfeld nach schwachen Signalen abgetastet. Hat man mit diesem Scanning schwache Signale empfangen, die Hinweise auf kritische Ereignisse sein könnten, schließt sich im zweiten Schritt ein Monitoring an. Hierbei handelt es sich um einen analytischen Diagnoseprozess, um zusätzliche und tiefergreifende Informationen zum dem georteten Signal dazugewinnen zu können:

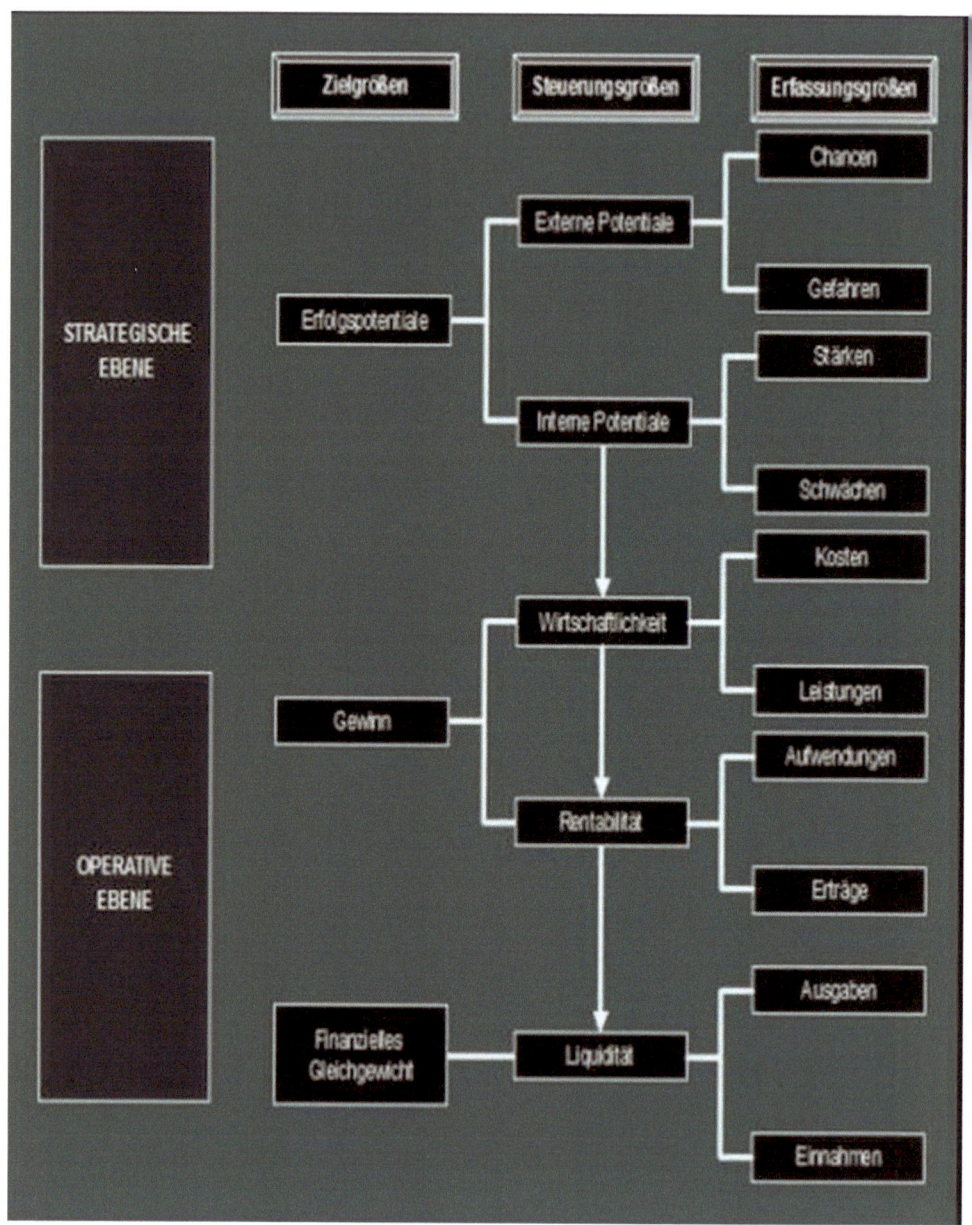

Die Methode der „leading indicators" versucht mögliche Nachteile rein statistischer Verfahren dadurch zu umgehen, indem „Anzeiger" Informationen über Ereignisse aufnehmen und dann in Signale umsetzen sollen. Die jeweils als Frühwarnindikatoren ausgewählten Beobachtungsfelder müssen flexibel an sich ändernde Rahmenbedingungen angepasst werden.

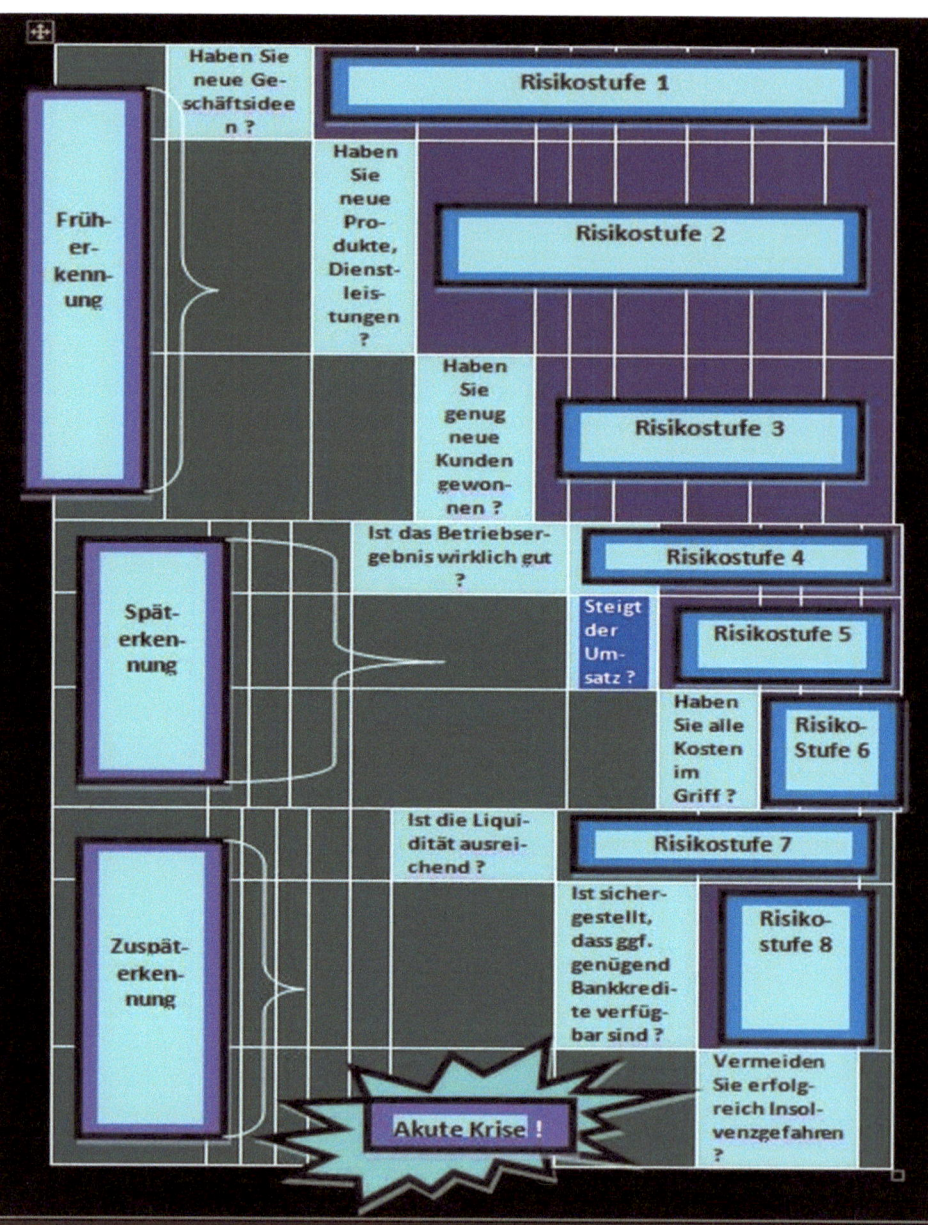

Strukturen der Gegenwart und mögliche Störereignisse der Zukunft. Zukunft = vorweggenommene Gegenwart: da Strategien immer Zukunft sind, ergibt sich hieraus die Frage nach Mess- und Quantifizierbarkeit von Zukunft. Zukunft beinhaltet aber auch immer die Komplexität mit zahlreichen finanziellen und nichtfinanziellen Aspekten. Zukunft entwickelt sich in Prozessketten aus dem Heute, d.h. zur Quantifizierung von Zukunft müssen die in diese Zukunft führenden Prozessentwicklungen und deren Ursachen analysiert werden, d.h.: durch Messung der früher gelegenen Faktoren die Zukunft der später folgenden Faktoren messen. Um eine Wahrscheinlichkeit zu ermitteln, verknüpft ein Entscheider jedes Ereignis mit einer Eintrittsmöglichkeit zwischen 0 und 1, d.h.: ein Ereignis ist umso wahrscheinlicher, je mehr seine Wahrscheinlichkeit sich dem Wert 1 annähert.

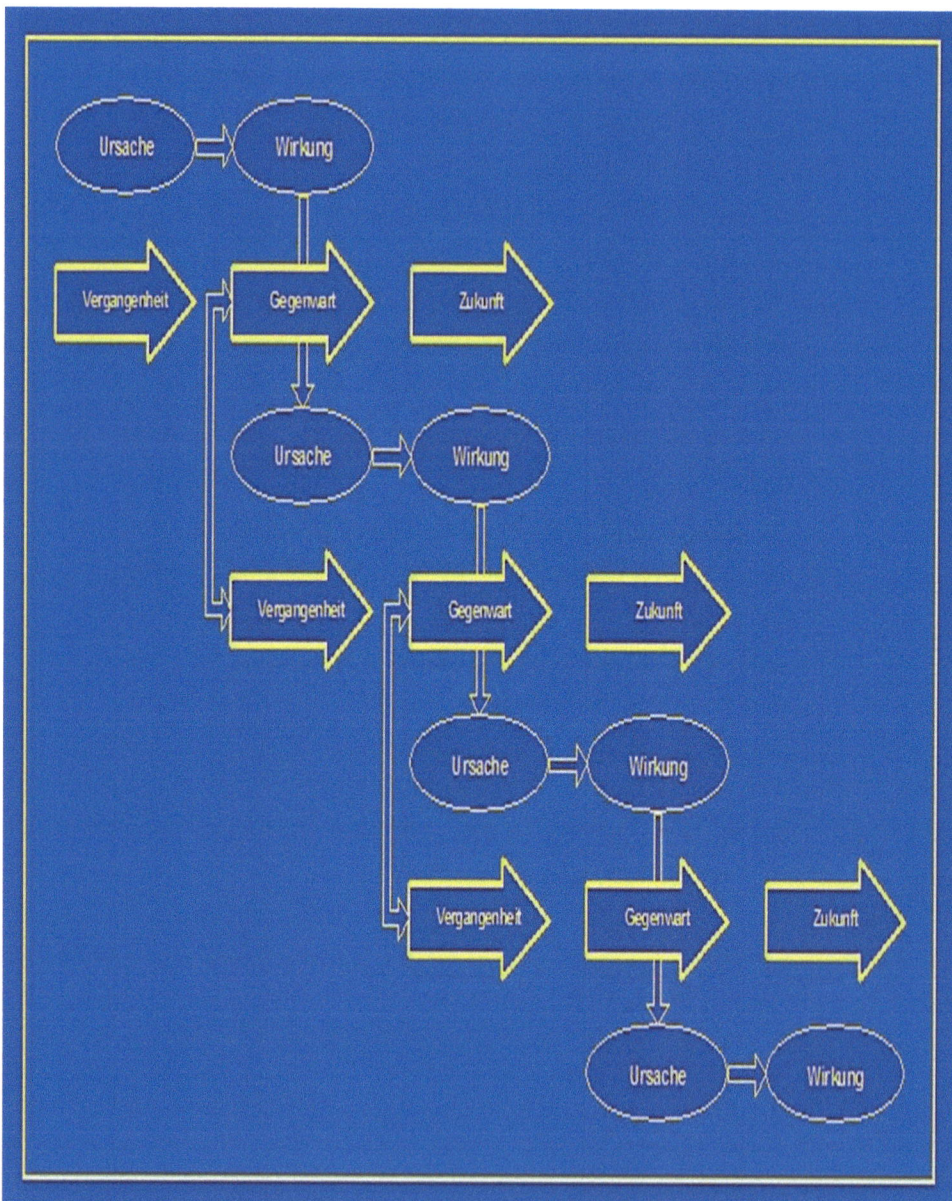

In der Geschäftswelt ist jede Art der Entscheidungsfindung immer auch ein Abwägen von Chancen und Risiken. D.h. es gilt die Formel: Erfolg = Summe richtiger Entscheidungen. Während in den Strukturen der Gegenwart Störereignisse meist noch keine Rolle spielen, nehmen mit zunehmender Erweiterung dieses Zukunftstrichters gleichzeitig die Ungewissheit von Informationen und damit auch die Unsicherheit hinsichtlich des Eintreffens von Voraus-sagen zu. Dabei müssen für komplizierte Strukturen in der Abfolge der Prozessketten die zwischen ihnen bestehenden Zusammenhänge vom Entscheider definiert und transparent gemacht werden:

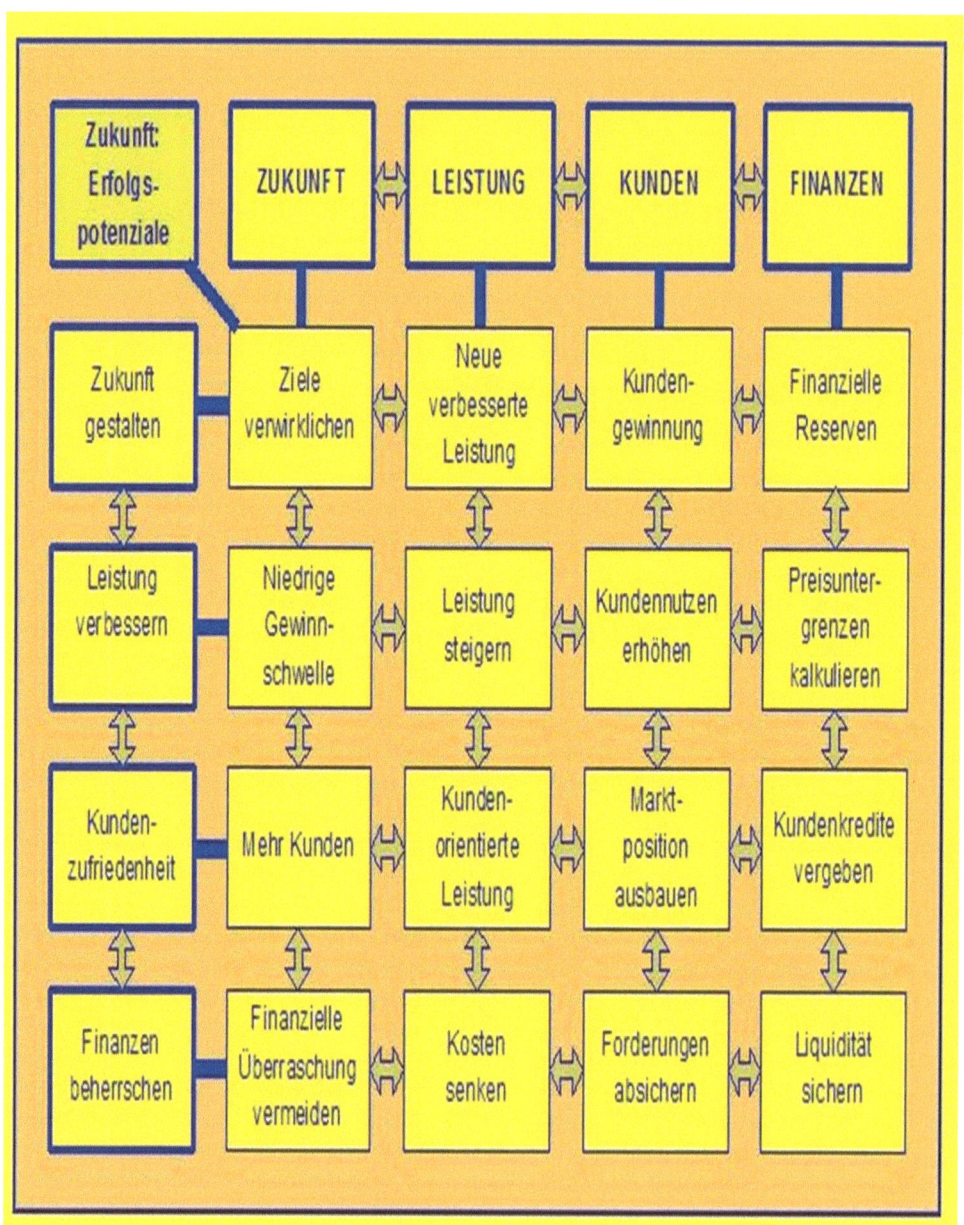

Tsunami-Effekt kopierter Personal-Auswahlkriterien. Das Band zu den individuellen Leistungen und Fähigkeiten eines Managers ist oft so locker, dass es kaum noch wahrnehmbar ist, manchmal gibt es überhaupt keines. Wenn beispielsweise der Vorstand eines Konzern innerhalb eines Jahres Millionenbeträge im hohen zweistelligen Bereich einstreichen darf. Und das nur aufgrund von Finanzspekulationen und Wetten, d.h. ohne Zusammenhang mit realwirtschaftlichen Leistungen. In einem System, in dem Manager mit Verantwortung für ein Weltunternehmen einen höheren Jahresgewinn als -umsatz ausweisen können, liegt im Grundsatz viel im Argen.

Nicht selten und nicht zuletzt in der Krise können die für die Managerbeurteilung ausgewählten Marktindikatoren auch das genaue Gegenteil von dem anzeigen, was die wirklichen Qualitäten einer Person ausmacht. Alles in allem hat die Krise schonungslos deutlich gemacht, dass ein Davonlaufen vor Evaluierungsschwierigkeiten nicht eine der vielen menschlichen Schwächen offenbart, sondern aufgrund der damit verursachten Verwerfungen einer weltweiten Finanzordnung schlimme Folgen für alle, dazu meistens noch Unbeteiligte haben kann.

Geht man durch die Büroviertel einer Wirtschaftsmetropole wie beispielsweise Frankfurt am Main, so drängt sich oft der Eindruck von einem konformen Typus der dort Arbeitenden auf. Dies mag vielleicht an der in dieser Stadt vorherrschenden Bankenwelt liegen. Trotzdem wird man den Gedanken an ein vielleicht dahinter liegendes Einheitsschema nicht los. Schaut man Personalanzeigen, so zeigen auch diese ein immer wiederkehrendes, nahezu deckungsgleiches Formulierungs-muster. Für Führungskräfte scheint als oberstes Auswahlkriterium die erhoffte Fähigkeit zur kurzfristigen Gewinnmaximierung zu gelten. Die Formel der kurzfristigen Gewinnmaximierung enthält gleich mehrere Gefahren der Fehl- bzw. Falscheinschätzung:

kurz: d.h. es soll alles möglichst schnell, am besten gleich sofort erledigt werden. Auch wenn das Leben des Menschen kurz ist, so dauert es in der Regel doch länger als ein paar Quartals- oder Saisonergebnisse. Wie ein Wirtschaftsleben auf Dauer funktionieren soll, wenn die in ihm Handelnden und Verantwortlichen einem Zeithorizont von gerade einmal 3-6 Monaten folgen sollen, bleibt rätselhaft.

Gewinn: dessen Erzielung ist zwar die Triebfeder wirtschaftlichen Handelns, bleibt aber als oberstes oder vielleicht gar einziges Auswahlkriterium für Führungskräfte nicht nur zweifelhaft, sondern mit Blick auf die Finanzkrise eindeutig falsch.

Maximierung: Das Ziel der Maximierung ist bereits für sich alleine betrachtet schon fragwürdig genug. In Verbindung mit den beiden anderen Elementen des hier besprochenen Auswahlkriteriums, nämlich dem Gewinn und der gleichzeitigen Kurzfristigkeit, wird es zu einer Zeitbombe. Nämlich dann, wenn alle Führungskräfte bei der Auswahl durch die gleiche Schablone gesiebt werden und dann mit dementsprechend gleichen Eigenschaften auch auf die gleiche Weise denken, entscheiden und handeln.

Zusammenhang zwischen Krise und Wandel - Volatilität des Umfeldes als Herausforderung: nicht nur in vergangenheitsbezogenen Daten denken, sondern Szenario- und Sensitivitätsanalysen nutzen

Angesichts sich immer schneller und immer höher auftürmender wirtschaftlicher und gesellschaftlicher Probleme sind manche Denker und Experten der Meinung, dass ihr Ideenschrank mittlerweile leer sei, dass ihr Hauptstrom von Ideen sich für eine umfassende Lösung in Dutzende von kleinen Bächen und Bächlein so sehr aufgesplittert hat, dass er an einigen Stellen bereits ausgetrocknet ist. Als Ursache ihrer Verwirrung nennen Intellektuelle neue Umstände oder den unvorhersehbaren Lauf der Geschehnisse. Auch manche Akademiker haben nur noch eher eng begrenzte Anschauungen von der Wirklichkeit und sind daher nicht fähig, mit den großen Problemen der Gegenwart fertig zu werden, es fällt ihnen zumindest immer schwerer, schlüssige und nachhaltige Lösungswege zu finden oder aufzuzeigen. Handelt es sich hierbei doch um systembedingte Probleme, was bedeutet, dass sie eng miteinander verknüpft und voneinander abhängig sind. Und, dass ihnen mit einer fragmentarischen Herangehensweise nur schwer beizukommen ist. Fragmentarisches Vorgehen löst nicht alle Schwierigkeiten, sondern schiebt diese im komplexen Gewebe gesellschaftlicher und wirtschaftlicher Beziehungen nur hin und her. Einer Lösung kommt man näher, wenn die Struktur des Gewebes selbst geändert wird, was wiederum aber tiefgreifenden Umwandlungen nötig machen würde.

Um vielfältige Krisen zu verstehen, muss man sich eine extrem breit angelegte Anschauungswiese zu eigen machen und Situationen immer aus einem ganzheitlichen Zusammenhang heraus analysieren. Um von statischen Strukturen hin zu dynamischen Strukturen des Wandels zu gelangen. Aus dieser Perspektive betrachtet, erscheinen Probleme oder Krisen als ein Aspekt der Umwandlung: es gibt einen Zusammenhang zwischen Krise und Wandel. In aufeinanderfolgenden Wachstumsphasen wiederholt sich ein Muster von Herausforderung und Antwort, das Konzept der fluktuierenden Strukturen. Ganzheitliches oder auch strategisches Denken fördert den schöpferischen Prozess von Herausforderung und Antwort, einen zyklischen Rhythmus von Wechselwirkungen und Rückkoppelungen, verhindert Stillstand ohne Lösung. In diesem Zusammenhang taucht öfters auch die Bemerkung vom „Paradigmen-Wechsel" auf, eines Wandels des Denkens und der Wahrnehmungen, die eine besondere Sicht der Wirklichkeit bewirken. Die derzeitigen Umwälzungen könnten tiefergreifender als manche vorangegangenen ablaufen, weil das Tempo des Wandels schneller als je zuvor ist, weil die Veränderungen heue umfassender ausfallen und im Rahmen der Globalisierung den ganzen Erdball betreffen können.

Nicht das Erkennen von Veränderungen, sondern die hierauf zu treffenden Entscheidungen und vor allem deren zu langsames Umsetzen können zum Problem werden. Der Schlüsselfaktor für die Zukunft ist ein proaktives Change Management, d.h. die Bereitschaft zur Veränderung von Spielregeln. Dazu kommt die Qualität der Umsetzung durch eine gezielte Entwicklung der inneren Schlagkraft des Unternehmens in Menschen bzw. deren Fähigkeiten und abgeleitet daraus in Strukturen, Systeme und Prozesse. Es genügt nicht, nur besser zu sein: ohne herausragende Antizipations- und Reaktionsfähigkeit ist vieles fraglich. Vielmehr müssen die Grundrichtungen und Konzepte mit dem festen Willen zur positiven Veränderung gezielt verfolgt und mit gestalterischem Denken genutzt werden. Die Produktzyklen haben sich verkürzt, die Wertschöpfungsketten werden immer vernetzter. Ziele sind u.a.:

Verankerung der schnellen Leistungsbereitschaft des Unternehmens,

Suche nach zeitorientierten Wettbewerbsfaktoren für die Planungsunterstützung,

organisatorische Planung hin zu beweglichen und am Markt direkt messbaren Leistungseinheiten,

Vereinfachung der Planungs- und Konsensprozesse auf der Entscheidungsebene,
Verkürzung der Zyklen für Produkt- und Verfahrensinnovationen,
Flexibilisierung der Produktion,
Konzentration auf Leistungsschwerpunkte.

Die allgemeine Entwicklung ist gekennzeichnet durch weltweite Vernetzung durch Massenmedien, Image und Kommunikation als Erfolgsfaktoren, zunehmende Veränderungsgeschwindigkeit, Potentialausschöpfung über schnelle Kommunikation, Schlüsselrolle der Medien für Unternehmensperspektiven. Die Entwicklung neuer Informationstechniken hat unsere Welt schneller gemacht, was zeitnahe Anpassungen erfordert. Aus dieser Entwicklung folgt u.a.
Zukunftsorientierung: der rein vergangenheitsorientierte Umgang mit Steuerungsinformationen bietet keine ausreichende Basis für die Zukunftssicherung,
Komplexitätsreduktion: erfordert aktive Unterstützung durch Analyseprozesse,
Szenarien: die Fähigkeit, alternative Szenarien interaktiv zu modellieren, ermöglicht die Simulation von optionalen Zukunftsstrategien,
Soft Facts: Neben Kennzahlen ist auch die Integration von „weichen" Informationen notwendig. Das Hüten einer immer weiter verfeinerten Controlling-Toolbox

hilft nicht, wenn nicht gleichzeitig Status quo, Geschäftsmodell und Instrumente ständig hinterfragt und überdacht werden.

Planungskompetenz Fremdbild- und Eigenbildanalyse. Ziel, Ergebnis: Fremdbild-/ Eigenbildanalysen dienen als Grundlage zur Entwicklung eines marktgerechten Leistungsspektrums wie auch zur Feststellung genutzter und ungenutzter Potentiale. Vorgehen: es werden entsprechende Markt- und Leistungsprofile aus der Sicht des eigenen Unternehmens erstellt und diese mit analogen Profilen aus der Sicht der Marktteilnehmer verglichen. Fremdbilderhebung – wie stehen wir aus der Sicht Dritter bzw. des Zielpublikums da: wie wird das Leistungsprofil des Unternehmens gesehen, wie die Leistungsprofile der Konkurrenz? wo ergeben sich beim direkten Vergleich Diskrepanzen? was sind die Gründe hierfür, welches sind die Auswirkungen? nach welchen wesentlichen Kriterien wählen die Kunden ihre Lieferanten bzw. Produkte aus? wie wird das Unter-nehmen in diesen Kriterien im Vergleich zur Konkurrenz bewertet? wo liegen derzeit und zukünftig welche Erwartungen der Marktpartner beim Unternehmen selbst und wo bei der Konkurrenz? wie werden diese Erwartungen erfüllt?

Eigenbilderhebung – wer sind wir und was wollen wir: welche Qualitäten und Haltungen will man selbst intern und extern widerspiegeln? wenn das Unternehmen eine Person wäre, wie sollte dann die Persönlichkeit beschaffen sein? wo liegen nach eigener Meinung besondere Stärken bzw. Schwächen? sollte das Unternehmen sein Leitbild, seine Identität ändern? wo liegen nach eigener Meinung in den nächsten 5 Jahren die größten Chancen bzw. Risiken? welche Botschaften sollte das Unternehmen an sein Zielpublikum kommunizieren? welche Zielgruppen und Segmente sind für die Zukunft besonders wichtig? Wirkungsprognose: Kernstück der Fremdbild-/Eigenbildanalyse ist die Ermittlung der internen und externen Markt- bzw. Leistungsprofile, die Feststellung von Schnittstellen und das Heraus-kristallisieren von genutzten und freien Potentialen.

Planungskompetenz Entscheideranalyse. Ziel, Ergebnis: Werbung soll denjenigen erreichen, der für den Kauf des zu bewerbenden Produkts in Frage kommt oder zumindest eine Rolle für die Kaufentscheidung spielt. Entscheider-Strukturanalysen und Entscheidungsablaufmodelle zeigen, dass professionelle Kaufentscheidungen sehr komplexer Natur sind und über Vorbereitung, Beratung, Gremienstrukturen von unterschiedlichsten Personenkreisen geprägt und beeinflusst werden. Die Zeichnungsberechtigten für Aufträge stehen nicht selten erst am Ende einer Kette von Entscheidungsdeterminanten, für die gut informierte Spezialisten die Verantwortung tragen. In der komplexen Welt von Kaufentscheidungsprozeduren geht es darum genau dorthin zu gelangen, wo die Weichen gestellt werden, wo Werbung auch wirklich etwas bewirken kann. Vorgehen: Je nach nachdem, ob Kaufentscheidungen professionell (z.b. Zentraleinkäufer) oder privat (als Endverbraucher) getroffen werden, müssen sie nach Qualität und Charakter sehr unterschiedlich beurteilt werden: bei professionell beruflichen Kaufentscheidungen geht es in der Regel um erheblich größere Umsatz-Volumina, professionelle Kaufentscheidungen stehen deshalb unter einem höheren Entscheidungsrisiko und Legitimationsdruck. Professionelle Entscheidungen werden in aller Regel gründlicher vorbereitet und geplant; sie erfordern damit einen höheren Zeit-, Kompetenz- und Absicherungsbedarf. Fazit: Professionelle Kaufentscheidungen sind nicht nur auf Investitionsgüter beschränkt, sondern finden auf einer Vielzahl von Angebotsmärkten statt. Risiko, Verantwortung und Legitimationsbedarf professioneller Entscheider erzeugen zwangsläufig auch höheren Informationsbedarf. Sobald Entscheidungsbedarf anfällt, zieht quasi ein „Pull-Effekt" unmittelbar wie mittelbar Beteiligte zu entscheidungsabsichernden Informationsquellen hin. Wirkungsprognose: Solche Analysen helfen ebenfalls, Werbe- und Vertriebskosten zu optimieren: z.B. brauchen Kunden, die mit großer Sicherheit nur Gelegenheitskäufer bleiben, kostengünstigere Werbeansprachen als Stammkunden. Die operativen Einzelmaßnahmen der Werbestrategie, d.h. „wem werden wann welche Angebote gemacht", müssen sich auch immer stärker an den insgesamt über bestehende und potenzielle Kunden verfügbaren Informationen orientieren. Die beschränkten Zeitbudgets der Kunden haben bei diesen eine zunehmend selektivere Wahrnehmung zur Folge. Jeder eingesetzte Werbeeuro bietet einen immer kleineren Gegenwert, da die stark wachsenden Werbeaufwendungen um die gleiche Wahrnehmungszeit des Kunden konkurrieren müssen. Die Marktbeobachtung muss sich immer mehr in die kundenorientierten Bereiche mit seinen hierfür marktrelevanten Daten verlagern.

Planungskompetenz Reputationsmanagement. Ziel, Ergebnis: Auch wenn Reputation einen erheblichen Vermögenswert darstellt und sich dieser Sachverhalt der Quantifizierbarkeit in der Unternehmensbilanz entzieht, lässt sie sich im Rahmen der hier angesprochenen Bilanzierungskonzepte konkret darstellen (bewerten, messen, vergleichen). Vorgehen: es wird direkt bei jener Anspruchsgruppe angesetzt, bei welcher sich die Reputation des Unternehmens am unmittelbarsten auswirkt, d.h. beim Kunden (durch Verbesserung der Leistungserbringung). Imageförderung zielt auf jene Anspruchsgruppen, deren Meinungsbildung primär durch Medien beeinflusst wird (zunächst keine direkte Interaktion mit dem Unternehmen). Es ist wichtig, dass ein optimales Gleichgewicht zwischen aktiver Imageförderung einerseits und der Wahrung der bestehenden Reputation andererseits gefunden wird. Wirkungsprognose: Es ist sicher, dass sich ein heraus-ragender Ruf letztlich bezahlt macht, eine schlechte Reputation das Unternehmen dagegen an den Rand des Abgrunds (und darüber hinaus) führen kann. Insbesondere im Licht eines zunehmend volatileren Geschäftsumfeldes wird der Reputation- Vermögens-wert daher zu einem der kritischen Erfolgsfaktoren. Das Unter-nehmen kann ggf. sogar eine Prämie auf seine Marktpreise realisieren, wenn die Kunden bereit sind, für die mit einer starken Reputation einhergehenden Informationssignale zu zahlen. Eine erstklassige Reputation kann sich in Kreditgesprächen in Form einer besseren Bonitätseinstufung bezahlt machen, eine überdurchschnittliche Reputation erleichtert die Anwerbung qualifizierter Mitarbeiter.

Planungskompetenz Kundenwahrnehmung. Kunden, die mit großer Sicherheit nur Gelegenheitskäufer bleiben, brauchen kostengünstigere Werbeansprachen als Stammkunden. Die operativen Einzelmaßnahmen der Werbestrategie, d.h. „wem werden wann welche Angebote gemacht", müssen sich auch immer stärker an den insgesamt über bestehende und potentielle Kunden verfügbaren Informationen orientieren. Die beschränkten Zeitbudgets der Kunden haben bei diesen eine zunehmend selektivere Wahrnehmung zur Folge. Jeder eingesetzte Werbeeuro bietet einen immer kleineren Gegenwert, da die stark wachsenden Werbeaufwendungen um die gleiche Wahrnehmungszeit des Kunden konkurrieren müssen. Die datenmäßige Analyse der Werbehistorie eines Kunden lässt wichtige Rückschlüsse auf dessen Rentabilität zu: z.b. ob er teure Haupt- und Spezialkataloge, eine Nachfasswerbung oder ein Neukunden-Mailing erhalten hat. Erfasst und gespeichert werden ebenfalls telefonische Kontakte sowie die gesamte pesonen- und unternehmensbezogene Kommunikation einschließlich der in diesem Zusammenhang angefallenen Kosten. Die Werbeausgaben werden je Kundengruppe bis hin zu Einzelkunden ausgewertet und in Relation zu den erzielten Umsätzen gesetzt. Vorteile sind: die Kundenansprache kann gezielter gestaltet werden, bei bestehenden Kunden können zusätzliche Umsatzchancen herausgefiltert werden, es können neue potentielle Zielgruppen erkannt werden und das Timing von Werbemaßnahmen kann verbessert werden. Ergänzt werden die Daten zur Werbehistorie der Kunden durch entsprechende Reaktionsdaten: d.h. zu konkreten Werbeimpulsen werden Daten zu Anforderungen von Informationsmaterial, Teilnahme an Umfragen, Teilnahme an Gewinnspielen, Bestellungen, Vertriebsweg über den der

Kunde gewonnen wurde, Folgeverhalten: wann, wie häufig und mit welchen Auftragswerten hat der Kunde gekauft. Welche Dienstleistungen hat der Kunde in Anspruch genommen, Zahlungsverhalten, Retouren und Reklamationen in Beziehung gesetzt.

Planungskompetenz Frühwarninformationen. Ziel, Ergebnis: Es soll ein radarähnliches System entwickelt werden, welches Störgrößen frühzeitig signalisiert. Je weniger Zeit verbleibt, desto geringer der Spielraum für Gegenmaßnahmen, d.h. es ist günstiger den zu erwartenden Wandel offensiv anzugehen anstatt unter Druck externer Störereignisse nur noch reagieren zu können. Der Zweck für den Einsatz von Frühwarntools: Trendwenden nicht erst dann bemerken, wenn diese entstanden sind. Frühwarntools sind nicht auf Daten aus Geschäftsaktivitäten gerichtet, die bereits stattgefunden haben. Vielmehr geht es um Analyse und dadurch Erkennen von Ereignissen, deren Wirkungen mit einem zeitlichen Versatz wichtig für die spätere Ergebnis- und Wachstumssicherung des Unternehmens sind. Deshalb sind Frühwarntools auch Bestandteil der strategischen Planung mit der Maßgabe, mit zeitlichem Vorlauf mögliche Störereignisse für die Unternehmensentwicklung zu signalisieren. Vorgehen: Für die Früherkennung erlangen sog. „weiche Faktoren" -beispielsweise Auftragseingang der Branche, Inflationsrate, Kundenzufriedenheits-Index,

Cash Flow, innerbetriebliche Krankheits- und Fluktuationsquote- eine zunehmende Bedeutung. Bilanz und BWA liefern nur vergangenheitsbezogene Daten. Daraus nicht ableiten lassen sich u.a. Trends und Innovationen, die sich nicht im Produkt- oder Dienstleistungsangebot des Unternehmens wiederfinden und damit wichtige Signale einer aufziehenden Krise sein können. Neben vergangenheitsbezogenen Finanzzahlen wichtig sind u.a. Daten zu Alter des Maschinenparks, Ausfallzeiten, Reparaturkosten, F+E-Kosten im Vergleich zur Konkurrenz oder Patentanmeldungen. Zinsstruktur als Frühindikator der Wirtschaftsentwicklung: vor einem Wirtschaftsaufschwung ist die Zinsstruktur meist steil. Vor einem Abschwung ist sie typischerweise flach oder invers. Der Verlauf der Zinsstrukturkurve hängt eng mit den Erwartungen über den künftigen geldpolitischen Kurs der Zentralbank zusammen: wenn der Aufschwung an Fahrt gewonnen hat und ein Anstieg der Inflationsrate droht, betreiben Zentralbanken typischer-weise eine restriktive Geldpolitik. In Abschwungphasen dagegen lockern sie die Geldpolitik. Eine normale bzw. steile Zinsstrukturkurve deutet somit an, dass die Marktteilnehmer eine Expansionsphase und damit verbundene restriktive Geldpolitik der Zentralbank antizipieren. Umgekehrt zeigt eine flache oder inverse Zinsstrukturkurve, dass eine Lockerung der geldpolitischen Zügel durch die Zentralbank wegen geringer oder negativer Wachstumsraten in der Zukunft erwartet wird. Wirkungsprognose: Frühwarnindikatoren sind ein Instrument, um sich Zeit einkaufen zu können. Dabei lassen sich für Vorlaufzeiten, d.h. die Zeitspanne, in der aus einem schwachen Signale ein „hard fact" wird meistens nur grobe Anhaltspunkte finden. Erfolgversprechend sind insbesondere integrative Ansätze, die quantitative Verfahren wie Korrelationsanalysen, Trendextrapolation, Glättungs-verfahren mit qualitativen Methoden wie Portfoliotechnik, Szenariotechnik oder Expertenbefragung verknüpfen und integrieren. Spezifische Schwächen einzelner Verfahren und Methoden können durch einen kombinierten Einsatz vermieden oder durch Stärken anderer Verfahren jeweils ausgeglichen werden.

Planungskompetenz Marktausschöpfung. Ziel, Ergebnis: Es soll ein Koeffizient für die vom Unternehmen erreichte Marktausschöpfung errechnet werden. Vorgehen: Notwendige Daten: Gebietsspezifische Umsatz- Kennziffern. Aus dem Vergleich mit dem Firmenumsatz errechnet sich der Marktanteilskoeffizient: Firmenumsatz in % vom Bundesgebiet dividiert durch Kaufkraftkennziffern in % vom Bundesgebiet. Wirkungsprognose: Der Marktanteilskoeffizient dient der Aufdeckung von regionalen Schwachstellen in der Verkaufsleistung: bei Wert > 1 wurde das Potenzial überdurchschnittlich, bei Wert < 1 unterdurchschnittlich ausgeschöpft. Ein Wert von 1,18 sagt aus, dass die Potenzialausschöpfung in einem Verkaufsgebiet 18 % über dem Durchschnitt des Gesamtgebietes liegt. Festlegung eines Marktausschöpfungsfaktors: beispielsweise werden alle Gebiete mit einem Marktausschöpfungsgrad > 90 % für die Errechnung von Zielvorgaben mit dem Faktor 1,0 multipliziert, da dieses Gebiet nur noch geringe Ausschöpfungsreserven hat. Alle Gebiete mit einem Marktausschöpfungsgrad von 80 - 90 % werden für die Errechnung von Zielvorgaben mit dem Faktor 1,1 multipliziert, das dieses Gebiet noch Ausschöpfungsreserven hat. Alle Gebiete mit einem Markt-ausschöpfungsgrad von weniger als 80 % werden bei der Errechnung von Zielvorgaben mit dem Faktor 1,2 multipliziert, da dieses Gebiet noch sehr hohe Ausschöpfungsreserven hat.

Planungskompetenz Marktattraktivität und Wettbewerbsposition. Ziel, Ergebnis: Als Kriterien für die Marktattraktivität können u.a. der Umsatz, die Wachstumsrate der nächsten Jahre, die Gewinnrate der vergangenen Jahre, die Konkurrenzstruktur, die Gefahr der Substitution, die Markteintrittsbarrieren für neue Wettbewerber, die Abnehmerstruktur, die technologischen Entwicklungen oder die saisonalen/ konjunkturellen Schwankungen analysiert werden. Vorgehen: Die Bestimmung der Wettbewerbsposition kann anhand folgender Kriteriengruppen vorgenommen werden. Allgemein: Unternehmensimage, Prozessorientierung, Innovationspotential,

Finanzkraft, Kundenorientierung, Wissensmanagement, Potentialausschöpfung, Mitarbeiterorientierung. Absatz: Marktanteil, Wachstumsrate der letzten Jahre, Kundenservice, Markentreue, Produktbeurteilung. Produktion: Fertigungskapazitäten, Technologiekompetenz, Prozessfähigkeiten, Produktionsflexibilität, „Cost-Improvement"-Potential. Qualitätssicherung: Total Quality Konzept, Null-Fehler-Strategie, Qualitätsstandards, Qualitätsbewusstsein, Quality-Engineering, Q- Kontrollsysteme. Logistik: Lieferzuverlässigkeit, Lieferflexibilität, Termintreue, Bereitschaft Lagerhaltung, JiT-Fähigkeit, Standort, Kommunikationskoordination. Entwicklung: Entwicklungskapazität, F+E-Imageprofil, Mitarbeiterpotential. Wirkungsprognose: Unter Verwendung dieser Kriterien kann die eigene Wettbewerbsposition/-stärke des Unternehmens -relativ zu den Hauptkonkurrenten- detailliert beziffert werden. Um zusätzlich an Aussagekraft zu gewinnen, können die Kriterien für die Wettbewerbsposition für Planungszwecke zusätzlich in einem mehrstufigen Verfahren gewichtet werden

Virtuell und real, bei allen Entwicklungen gibt es nicht nur Chancen, sondern auch Risiken zu bedenken. Information ist Macht – Datenflut im Netz mit verzerrten Signalen – Algorithmen und Scheinbilder

Leben mit der steigenden Informationsflut – Wissensmanagement und Informationsgesellschaft – Produktivität Nutzung des Rohstoffs „Information" – Informationen sind noch nicht Wissen. Der Übergang von der Industrie- zur Informationsgesellschaft hängt auch davon ab, ob auch die nichttechnischen Bedingungen erfolgreich beherrscht werden können. D.h. auch mit dem Wandel zur Informationsgesellschaft verbundene mögliche Problemfelder wie beispielsweise die Gefahren der Verwechslung virtueller Realität mit Realität oder die der Informationsüberflutung müssen ernst genommen werden. Es geht um die aktive Bewirtschaftung von Daten, ihre Qualität bei der Entstehung und bei der Verwendung. „Information ist, was man braucht zu handeln" (Peter F. Drucker), d.h. gerade jetzt, wo die Möglichkeiten der Informationsgewinnung beträchtlich gestiegen sind, müssen sich die Führungskräfte verstärkt auf die produktive Nutzung des Rohstoffes „Information" als für ihren geschäftlichen Erfolg ausschlaggebendes Arbeitsmittel einstellen.

Die Menge an Daten, die jeder Mensch produziert, nimmt dramatisch zu: alle digital erfassbaren Lebensäußerungen werden gespeichert. Datenreich, aber informationsarm?: denn Information ist nicht immer unbedingt das, was von den Computern auf den Schreibtisch der Führungskräfte gelangt. Vielmehr gilt in diesem Sinn als Information immer nur das, was diese brauchen, um handeln zu können. Die aus den Datenverarbeitungssystemen gewonnenen Informationen stellen oft nur wenige Prozent des geschäftsspezifischen Wissens eines Unternehmens dar. D.h. Speichern von Informationen, das durch die technischen Quantensprünge unglaubliche Dimensionen angenommen hat, sollte nicht mit ihrer Verarbeitung gleichgesetzt werden.

Wenn im Begleitprogramm der digitalen Revolutionen Unternehmen, Institutionen u.a. zu Clearingstellen persönlicher Identitäten werden heißt dieses, dass Macht sich an zentralen Stellen konzentriert: Mächte also, die transparent, regelbar und kontrollierbar sein müssen. Das Internet ist u.a. mit dem Phänomen Google zu einem solchen Drehkreuz von Informationen geworden, dass viele Unternehmen ohne dieses Instrument überhaupt nicht existenzfähig wären. Wer in solcher Weise vom Internet abhängig ist, muss zudem bizarre Verrenkungen anstellen, um den Google-Algorithmen zu gefallen und in den Ergebnislisten möglichst weit vorne wahrgenommen zu werden. Entscheidend ist hierbei nicht etwa noch das hunderttausendste Suchergebnis, sondern einzig und allein jenes, das auf den vordersten eins bis zehn Plätzen der Ergebnisliste auftaucht.

Fatal nur, dass jene im Verborgenen wirkenden Algorithmen ihre Beschaffenheit mit schöner Regelmäßigkeit ändern und es für die Weltgemeinde der Internetnutzer immer wieder auf ein Neues heißt: neues Spiel, neues Glück, Ihren Einsatz bitte. Alle Anstrengungen und Investitionen in eine versuchte Suchmaschinenoptimierung also vergebens: eine Gruppe anonymer kalifornischer Techniker, Mathematiker u.a. entscheidet also darüber, wer wie in der digitalen Welt sichtbar und damit vielleicht überhaupt erst existent ist. Diametral entgegengesetzt zu diesem Streben nach Internet-Präsenz steht nunmehr deutlicher artikuliert das Streben danach, im Dunkeln des digitalen Vergessenwerdens zu verharren. Hier dreht sich alles um den Kern, von jenen geheimen Google-Algorithmen nicht erkannt oder besser überhaupt nicht erst erfasst zu werden: Ziel ist die Unsichtbarkeit im Netz.

Diskussionen zwischen wirklichen oder manchmal auch nur selbsternannten Netz-Spezialisten machen eines deutlich: die Welt für Otto Normalverbraucher liegt realistischerweise irgendwo zwischen diesen beiden Extrempunkten. Insofern ist die Informationsqualität des Netzes an vielen Stellen auch eher beschränkt: es gibt eine gewaltige Flut der Informationsverschmutzung, die das Netz mit falschen Daten zumüllt. Denn jedermann ist darauf bedacht, aufrichtige Informationen und Meinungen zurückzuhalten, um von sich ein möglichst positives Scheinbild zu erzeugen, dass auch noch Anerkennung bei fernen Algorithmen-Technikern findet. Statt Informationen zu dem „so sind wir" gibt es mehr verzerrte Informationen zu dem „so wollen wir sein": alles wird dem Bild untergeordnet, dass man online abgeben möchte.

Planungskompetenz Konkurrenzanalyse. Ziel, Ergebnis: Erfassen von Informationen über die wichtigsten Mitbewerber: welche Marktanteile haben die Konkurrenten? wie entwickeln sich deren Marktanteile mengen- und wertmäßig? was lässt sich aus dem derzeitigen Verhalten der Konkurrenten für die Zukunft schließen? wo sind die Konkurrenten stark, wo haben sie Schwächen? an welcher Stelle wäre für das Unternehmen gegenüber Konkurrenten ggf. am günstigsten der Hebel mit der größten Wirkungen anzusetzen? Vorgehen: Auswertung von Geschäftsberichten und Besuch von Jahrespressekonferenzen (Kontakt zu Pressestellen der Konkurrenten). Zahlen über Konkurrenten sollten immer über mehrere Jahre hinweg verglichen werden, damit Trends sichtbar werden. Auswertung von Lokalen Tageszeitungen und Prospekten (z.B. Referenz- und Preislisten). Messen und direkte Kontakte. Was die Konkurrenz an

Neuheiten zu bieten hat, erfährt man am ehesten auf Messen: welche Neuheiten bietet die Konkurrenz? welche anderen Angebote (Service, Finanzierungserleichterungen, Schulungen u.a.) hat sie? wie sieht die Preispolitik der Mitbewerber aus? wie ist das Interesse der Messebesucher an den Mitbewerbern? Vertriebsbefragung: kann entscheidend zur Aussagekraft der Konkurrenzanalyse beitragen. Das Unternehmen erfährt aus erster Hand, ob Wettbewerber beispielsweise gezielt Preise senken, regionale Märkte forcieren, neue Produkte lancieren, welche Argumente sie in Verkaufsgesprächen nutzen. Firmenhandbücher: sind eine wertvolle Quelle für die Konkurrenz-Informationsbeschaffung. Sie werden von spezialisierten Verlagen jährlich aktualisiert herausgegeben (z.B. Daten über Eigentümer, Führungskräfte, Kapitalausstattung, Produktionsprogramm, Niederlassungen, Mitarbeiter, Umsätze). Wirkungsprognose: Je mehr das Unter-nehmen über die Ist-Situation und die Trends bei seinen Konkurrenten weiß, umso sicherer kann es seinen eigenen Standort beurteilen.

Planungskompetenz Kaufkraftanalyse. Ziel, Ergebnis: Die Anwendung von Kaufkraftkennziffern erfolgt im Wesentlichen für Standortforschung, Kontrolle der regionalen Potentialausschöpfung, Vertriebsplanung, Marktreservenanalyse oder Umsatzplanung. Vorgehen: Durchschnittliche Pro-Kopf-Umsätze lassen sich mit der Bevölkerungszahl multiplizieren und mit der Kaufkraft gewichten, Verkaufsgebiete lassen sich hinsichtlich unterschiedlicher Absatzchancen besser vergleichen. Weiter lassen sich lohnende Zielgebiete für verstärktes Marketing festlegen und die Werbe-Belegung von Medien besser planen: d.h. die Ressourcen des Unternehmens können in Gebiete in Gebiete mit hoher Umsatzerwartung gelenkt werden. Grundsätzlich ist bei der Verwendung von Kaufkraftkennziffern als Indikatoren zu prüfen, ob der Absatz eines Produktes oder einer Dienstleistung auch tatsächlich primär vom verfügbaren Einkommen der Wohnbevölkerung abhängt. Gegebenenfalls sind noch weitere Einflussfaktoren zu berücksichtigen. In vielen Fällen empfiehlt sich die Berechnung einer speziellen Absatzkennziffer. Wirkungsprognose: Die Kaufkraft ist die wichtigste Kennziffer zur regionalen Potentialbestimmung. Kaufkraft alleine sichert noch keinen Markterfolg, aber ohne Kaufkraft sind alle Marketingmaßnahmen umsonst: der Umsatz mit höherwertigen Verbrauchs- und Gebrauchsgütern sowie mit Reisen und Dienstleistungen, Immobilien, die Nutzung von Freizeitangeboten, der Kauf von Neuwagen etc. sind unmittelbar abhängig von der Höhe der Kaufkraft. Deshalb eignet sich die Kaufkraft zur regionalen Potentialberechnung für alle Unternehmen, die direkt oder indirekt an den Endverbraucher verkaufen.

Planungskompetenz Branchenanalyse. Ziel, Ergebnis: Für den Euroraum werden beispielsweise in Monatsabständen regelmäßig von der Europäischen Zentralbank Daten zu allgemeinen Branchenindikatoren herausgegeben (Industrieproduktion, Einzelhandelsumsätze, Vertrauensindikatoren). Diese sollen im Hinblick auf die eigene Geschäftstätigkeit bewertet werden. Vorgehen: Analyse Industrieproduktion: Vorleistungs-, Investitions-, Gebrauchsgüter, Energie, Baugewerbe, verarbeitendes Gewerbe. Analyse Einzelhandelsumsätze: Nahrung-, Getränke-, Tabakwaren, Bekleidung, Schuhe, Textil, Haushaltswaren. Vertrauensindikator für die konjunkturelle Lage insgesamt: Kapazitätsauslastung, Auftragsbestand, Beschäftigungserwartung, Lagerbestand, Nachfrageentwicklung, Geschäftsklima. Zusätzlich zu den allgemeinen Euroland-Branchenindikatoren können für spezielle Branchenindikatoren des Inlandsbereiches die Veränderungen gegenüber Vorjahr jeweils für Produktion, Erzeuger-preise u. Beschäftigte gegen-übergestellt werden, jeweils für Industrie, Vorleistungsgüterproduzenten, Investitionsgüterproduzenten, Gebrauchsgüterproduzenten, Verbrauchsgüterproduzenten, Verarbeitendes Gewerbe, Energie, Bauhauptgewerbe, Bergbau + Gewinnung Steine/Erden, Ernährungs- u. Tabakgewerbe, Textil- u. Bekleidungsgewerbe, Holzgewerbe (o. Hersteller Möbel), Papier- und Druckgewerbe, Kokerei, Mineralölverarbeitung, Chemische Industrie, Gummi- u. Kunststoffwaren, Glas, Keramik, Verarbeitung Steine/ Erden, Metallgewerbe, Maschinenbau, Erweiterte Elektrotechnik, Herstellung Büromaschinen/DV, Geräte Elektrizitätserzeugung/ -verteilung, Rundfunk-/Fernseh-/ Nachrichtentechnik, Medizin-/ Mess-/Regel-/Steuertechnik, Optik, Fahrzeugbau, Herstellung. Kraftwagen u. -teile, Möbel, Schmuck, Musikinstrumente u.a., Energieversorgung, Produzierendes Gewerbe. Wirkungsprognose: Aus den Zeitreihen Vorjahr, lfd. Jahr, Prognose könne der jeweils höchste (Max-) Wert, niedrigste (Min-)Wert und Mittelwert errechnet werden. Es können hieraus weiterhin errechnet werden a) der Abstand jeweils zwischen Min- und Max-Wert, b) der Abstand von Mittelwert einerseits zum Max-, andererseits zum Min-Wert. Abstandanalyse Einzelbranche zum MAX-Wert: in einem nächsten Schritt kann für jede Einzelbranche der Abstand der jeweiligen Veränderungsrate gegenüber dem MAX-Wert errechnet werden. Abstandanalyse Einzelbranche zum MIN-Wert: zusätzlich kann für jede Einzelbranche der Ab-stand der jeweiligen Veränderungsrate gegenüber dem MIN-Wert errechnet werden. Brancheninterne Vergleichsrechnungen: zur Steigerung der Unternehmenseffizienz geht es um das Erkennen und Beseitigen von Leistungslücken. Die Leistungslücken müssen auf ihre unternehmensspezifischen Ursachen hin untersucht werden. Im Rahmen dieser branchen-internen Vergleichs- und Leistungslücken-Rechnung kann es ggf. zu einer Überprüfung und falls erforderlich zu einer Neu-Festsetzung von Unternehmenszielen/ -strategien kommen. Detaillierte Vergleichskennzahlen: für wichtige Wettbewerber innerhalb einer Branche können zusätzlich zu allgemeinen Branchenindikatoren spezifische GuV-Kennzahlen, Kapitalrentabilitäts-Kennzahlen, Produktivitätskennzahlen, Bilanz- und Bewertungskennzahlen wie beispielsweise EBITDA-Rendite, EBIT-Rendite, EBT-Rendite, Nettorendite, Investitionsquote, F+E- Quote, Durchschn. Umsatz-/ Ergebniswachstum nächste 5 Jahre, Eigenkapitalrendite, Betriebskapitalrendite, Umsatz/Mitarbeiter, Eigenkapitalquote, Anlagendeckungsgrad, Liquidität, Forderungen/Umsatz, Investitionen/Abschreibungen, Working Capital-Quote, Enterprise Value/Umsatz, Enterprise Value/ EBITDA oder Enterprise Value/EBIT gegenübergestellt werden.

Planungskompetenz Kundenverhalten. Messung der Kaufreihenfolge: hierbei wird die Markentreue eines Konsumenten anhand der Abfolge der von ihm innerhalb eines bestimmten Zeitraumes gekauften Marken gemessen: ungeteilte Markentreue = der Kunde kauft innerhalb einer bestimmten Periode nur eine Marke gekauft, geteilte Markentreue = der Kunde kauft in zwei aufeinanderfolgenden Perioden unterschiedliche Marken, instabile Markentreue = nach dem mehrmaligen Wiederkauf einer Marke in der untersuchten Periode kauft der Kunde wiederholt auch eine andere Marke, ohne Markentreue = der Kunde kauft nach dem Zufallsprinzip. Messung des Marken-Anteils am gesamten Einkaufsvolumen: als Maßgröße der Kundenbindung/Markentreue wird hierbei der Anteil der von einem Kunden in einer bestimmten Zeit am häufigsten erworbenen Marke an seinem Gesamt-einkaufswert dieser Produktkategorie gemessen. Schätzung der Wiederkaufwahrscheinlichkeit: hierbei wird Kundenbindung durch das Maß an Wahrscheinlichkeit definiert, mit der ein Kunde ein von ihm in der Vergangenheit gekauftes Produkt auch beim nächsten Mal wieder kaufen wird. Dabei wird die chronologische Folge der in der Vergangenheit getätigten Käufe als Stichprobenfunktion eines stochastischen Prozesses angesehen. Warenkorbanalyse: Die Warenkorbanalyse beschäftigt sich im Rahmen des Category Management mit der Frage, welche Produkte gleichzeitig mit den eigenen Produkten gekauft werden, d.h. man erhält warengruppenübergreifende Aussagen über das Kaufverhalten und Informationen zum Einfluss durch-geführter Aktionen auf die Kundenfrequenz. Analyse der Käuferkumulation und -penetration: Für die Beurteilung einer Marke wird untersucht, ob diese bei Neueinführung oder Relaunch genügend Käufer dazu bringt, diese zumindest einmal zu kaufen (ein Käufer, der in einer Periode gekauft hat, kann in den folgenden Perioden nicht mehr als Käufer gezählt werden).

Planungskompetenz Umfeldbeobachtung. Ziel, Ergebnis: Identifizierung und Ausschöpfung von Potentialen. Entscheidungen basieren einerseits auf unternehmensinternen Informationen (Kunden, Produkte, Zulieferer), andererseits müssen auch externe Informationen (Konjunktur-, Markt-, Konkurrenzdaten, demographische und geographische Daten) mit einbezogen werden. Dabei müssen diese Daten in verständliche, entscheidungsorientierte Informationseinheiten transformiert, Aggregationen vorgenommen und zugleich Daten aus mehreren, heterogenen und inkonsistenten Datenquellen zusammengespielt werden. Vorgehen: Im Wege der Sekundärforschung (Desk-Research) können die benötigten Informationen über die Verwertung von bereits vorhandenem Material (z.B. betriebsinterne Daten, amtliche Statistiken, Veröffentlichungen aus Verbänden) beschafft werden. Die Primärforschung, d.h. eine Umfrageforschung kommt dort zur Anwendung, wo die Sekundärquellen zur Deckung des Informationsbedarfs nicht mehr ausreichen. Zu den Instrumenten der Konsumentenforschung zählen Produkttests (Kauf- bzw. Verbrauchsintensitäten), Werbepretests (Verbrauchs- bzw. Verwendungsgewohnheiten), Werbespottests (Anschaffungsabsichten), Copy-Tests (Markentreue vs. Markenwechsel), Einstellungen (Markenbekanntheit und Markenpräferenz), Reichweitenermittlungen (Marken- bzw. Firmen-Images) oder Greiftests (Produkterwartung und -bewertung). Wirkungsprognose: Beobachtungsfelder für externe Umfelddaten: Konjunkturelle Entwicklung (Auftragseingänge Gesamtindustrie, Branchen), Technologische Entwicklung (Informationen über Verfahrens- und Produkttechnologieänderungen), Umsatzentwicklung (Auftragseingänge, Auftrags-bestände), Kunden (Bestell-/Einkaufsverhalten, Auftragseingänge Key Accounts, Zahlungsverhalten, Kundenzufriedenheit), Konkurrenz (Preispolitik, Produktpolitik), Lieferanten (Preise, Konditionen), Kapitalmarkt (Zinsen, Kapitalkosten), Portfolio(Verhältnis von Cash-, Star-, Nachwuchs- und Problemprodukten), Mitarbeiter (Personalkosten, Fehlzeiten, Fluktuationsquote), Liquiditätsgrad, F+E (Innovationsgrad, F+E-Quote im Vergleich zur Konkurrenz), Produktion (Durchlaufzeit, Ausschussquote, Reklamationen, Lohnkostenanteile, Beschaffungspreise).

Planungskompetenz Economic Value Added EVA- Konzept. Ziel, Ergebnis: Als Maßgröße für den Wertzuwachs gewinnt das „Economic Value Added (EVA)"-Konzept als unternehmensinterner Leistungsmaßstab zunehmend an Bedeutung. Grundlage für die Ermittlung der in einer Periode geschaffenen Wertänderung ist die Differenz aus operativem Gewinn nach Steuern und Finanzie-

rungskosten des betrieblich gebundenen Vermögens.
Vorgehen: Economic Value Added = operativer Gewinn nach Steuern ./. Finanzierungskosten des betrieblich gebundenen Vermögens. Gebildet wird EVA als Produkt aus: a) dem Gesamtkapital und der Differenz aus den Rückflüssen aus dem eingesetzten Kapital „Return On Capital Employed (ROCE)", und b) den gewichteten Kapitalkosten „Weighted Average Cost of Capital (WACC)".
EVA = NOPAT ./. Kapitalkosten
EVA = (ROCE - WACC) x Capital Employed
ROCE = Return on Capital Employed
WACC = Weighted Average Cost of Capital
NOPAT = Net Operating Profit After Tax
Cost of Capital = WAAC x Capital Employed.
EVA als ein Konzept der zukunftsorientierten Entscheidungsrechnung diskontiert auch zukünftige Cash Flows und ergänzt damit vergangenheitsgerichtete Kontrollrechnungen. Da neben den Abschreibungen auch Kapitalkosten von Eigen- und Fremdkapital abgezogen werden, misst EVA einen periodischen Übergewinn. Aus der Diskontierung von EVA kann unmittelbar ein Netto-Barwert errechnet werden. Im Kapitalkostensatz WACC wird angezeigt, wie hoch die Rendite ist, die von den Kapitalgebern auf den Marktwert des eingesetzten Kapitals gefordert wird. Diese Renditeforderungen müssen deshalb mit den anteiligen Marktwerten des Eigen- und Fremdkapitals gewichtet werden. Wirkungsprognose:

Ein positiver EVA drückt aus, dass in der betreffenden Periode auch die Kapitalkosten erwirtschaftet wurden. Entscheidend ist nicht die absolute Höhe von EVA, sondern dessen Veränderung im Zeitablauf. Im Gegensatz zu klassischen Renditezahlen wie Return on Investment (ROI) oder Cashflow Return on Investment (CFROI) handelt es sich beim Economic Value Added (EVA) um einen Absolut-wert. Economic Value Added spiegelt Wertänderung einer Periode wider: Economic Value Added > 0 = in der betreffenden Periode wurde ein Wert erwirtschaftet, der größer ist als die Summe aus betriebsbedingten Kosten + Finanzierungskosten des eingesetzten Kapitals. Wenn ein Unternehmen genau seine Kapitalkosten erwirtschaftet, heißt das, dass kein zusätzlicher Wert geschaffen werden konnte und somit der Unternehmenswert dem investierten Kapital entspricht. Die Summe der diskontierten EVAs wird daher auch als Market Value Added (MVA) bezeichnet. Dieser MVA drückt die Einschätzung des Marktes hinsichtlich des Netto-Barwertes eines bestehenden Geschäfts aus.

Planungskompetenz Return on Capital Employed (ROCE). Ziel, Ergebnis: Die Kennzahl ROCE drückt als Beurteilungsmaß für das Wirtschaften mit der Ressource Kapital die periodenbezogene Verzinsung des eingesetzten Kapitals aus. Als Ergebnis einer ständig betriebenen Optimierung können somit die Erträge eines Unternehmens kontinuierlich gesteigert werden. In dem hierbei verfolgten Konzept hat dies nicht nur etwas mit der Schaffung von Unternehmenswert zu tun, sondern auch mit dem Eindämmen von Risiken, die zu Wertvernichtung führen können. Im Rahmen einer Optimierung können beispielsweise die Geschäftsfelder eines Unternehmens in verschiedene Risikoklassen mit unterschiedlichen Renditeanforderungen eingeteilt werden. Die Mindestverzinsung pro Einheit ergibt sich aus dem Kapitalmarktzins zuzüglich eines Zuschlages je nach Risikoklasse, d.h. je grösser in einem Geschäftsfeld potenzielle Schwankungen sind, desto mehr muss dort erwirtschaftet werden. Vorgehen: ROCE = Rendite auf das eingesetzte Kapital = Betriebsergebnis nach Steuern : verzinslich investiertes Kapital. Weist eine Unternehmenseinheit eine niedrige Rentabilität des eingesetzten Kapitals auf, werden Kapitalressourcen nicht optimal eingesetzt. Dabei entspricht ROCE dem betrieblichen Return-on-Investment (ROI) - bereinigt um Finanz- und Steuerpositionen- bezogen auf die in Frage kommende Geschäftseinheit. ROCE Erträge auf das eingesetzte Kapital (Return-on-Capital-Employed) ./. WACC Gewichtete durchschnittliche Kosten für das eingesetzte Kapital = Wertmarge, die multipliziert mit dem eingesetzten Kapital den zusätzlich geschaffenen Wert (Economic Value Added) in einem Bilanzzeitraum ergibt, d.h. ROCE > WACC = Wert wurde generiert, ROCE < WACC = Wert wurde vernichtet. Wirkungsprognose: Der Return-on-Capital-Employed ermöglicht durch die Relativierung des Mitteleinsatzes den Vergleich von Geschäften unterschiedlicher Größenordnungen. Zieht man die ermittelten Kapitalkosten eines Geschäfts (= WACC) vom jährlich ermittelten ROCE (Return on Capital Employed) ab, so würde ein sich dabei errechnender positiver Saldo (Spread) anzeigen, dass mehr als die Kosten des eingesetzten Kapitals verdient wurden und somit der Wert gesteigert wurde. Ein negativer Spread würde Wertvernichtung bedeuten und somit entsprechende operative oder strategische Maßnahmen erfordern. Als Maßzahl der jährlichen Wertveränderung unterstützt ROCE somit die Optimierung des Ressourceneinsatzes.

Wirkungszusammenhänge zwischen Geschäftsmodell und Umfeld – Zielverknüpfung im strategischen Zusammenhang. Ein Strategie-Check bestimmt den „kritischen Weg", denn wenn man nicht weiß, wohin man geht, landet man sehr leicht anderswo

Grundsätzlich lassen sich ganzheitliche Managementberichte dadurch kennzeichnen, dass sie unterschiedliche Perspektiven nicht nur berücksichtigen, sondern sich auch mit diesen sehr konkret auseinandersetzen. Dahinter steht die sinnvolle Einsicht, dass die Erreichung finanzieller Ziele letztlich immer nur bei ganzheitlicher Sichtweise, d.h. unter Einbeziehung auch des immateriellen Vermögens, möglich ist. Integriertes Denken und Handeln berücksichtigt bei Entscheidungen sowohl die Wirkungszusammenhänge innerhalb des Geschäftsmodells als auch mögliche Auswirkungen auf das Umfeld im jeweiligen Beziehungsgeflecht. Die Auswertung von Indikatoren und das Entdecken von "Weak Signals" ist komplizierter als die traditionellen Verfahren. Aber der Aufwand lohnt sich: mögliche Ursachen für Turbulenzen können früher entdeckt und entsprechende Gegenmaßnahmen getroffen werden. Herzstück ist die Zielverknüpfung hinweg über sämtliche Unternehmensbereiche. Probleme bei der Umsetzung von Strategien können nicht zuletzt auch dadurch entstehen, dass eine Strategie so unklar formuliert ist, dass die für die Umsetzung Verantwortlichen nicht immer genau wissen, was überhaupt umgesetzt werden soll. Damit eine Strategie die durch sie erwünschten und erhofften Veränderungen aber überhaupt auslösen kann, muss sie auch nachvollziehbar an diejenigen kommuniziert werden, die sie umsetzen müssen. Im Kern geht es um das Management des Geschäftsmodells.

Unabhängig von Größe, Branche oder Geschäftsfeld muss sich ein Unternehmen mit den gleichen „3-W"-Fragen auseinandersetzen: Wo steht es heute? Wo will es hin? Wie kommt es dorthin? Wichtig ist, diese Reihenfolge einzuhalten. Denn: erst wenn das Reiseziel genau feststeht, sollte eine Entscheidung über geeignete Transportmittel getroffen werden, mit denen man am besten dorthin gelangen kann. Für einen Strategie-Check sollen in diesem Buch die vor allem die ersten beiden dieser W-Fragen im Blickpunkt stehen. Und, strategisches Denken weckt auch das Denken in Alternativen. Ein Strategie-Check kann dabei Hilfestellung bieten, diese zu erkennen und mit ihren Potenzialen auszuloten. Da der Rohstoff „Wissen" zum wertvollsten gehört, was ein Unternehmen besitzt, muss dieser auch mit seinen strategischen Inhalten identifiziert und ausgeschöpft werden. Dabei gelingen wirksame Strategien besonders dann, wenn ihre Wurzeln im „Unternehmens-Gedächtnis" fest verankert sind. In Verbindung mit einer

Wissensbilanz können mit dem Strategie-Check Freiräume für neue, kreative Lösungswege gefunden werden.

Branchenspezifische BSC-Architektur: die „klassische" Basis-Balanced Scorecard basiert auf vier Perspektiven (1. Finanzen, 2. Markt & Kunden, 3. Prozesse und 4. Mitarbeiter & Entwicklung), mit denen alle wesentlichen Bereiche eines Unternehmens abgebildet und die jeweils wichtigsten strategischen Ziele definiert werden sollen: a) in der Finanz-perspektive finden sich insbesondere klassische Controlling-Ziele der Wertschaffung, Kostenreduktion oder Umsatz-/ Ergebnissteigerung wieder; b) in die Markt- und Kunden-Perspektive gehen sowohl quantitative Ziele wie Marktanteil/ -ausschöpfung als auch qualitative Komponenten wie Kundenbindung/ -zufriedenheit ein; c) die Prozessperspektive fokussiert dagegen interne Abläufe, die sowohl direkt mit der Leistungserbringung in Verbindung stehen (Durchlauf-zeit, Fehlerrate) als auch indirekt die Unternehmensleistung unterstützten (Logistik, Fertigungsabläufe); d) im Bereich Mitarbeiter und Entwicklung gilt das Augenmerk der Ausschöpfung von Wissens-potenzialen (Vorschlagswesen, Ideenmanagement) und einer besseren Mitarbeiterbindung (Mitarbeiterzufriedenheit). In der nachfolgen-den Grafik werden die Ursache-Wirkung- Beziehungen zwischen diesen vier Perspektiven dargestellt. Die Komponente Servicequalität ist beispielhaft ebenfalls nach Ursache-Wirkung-Beziehungen weiter untergliedert:

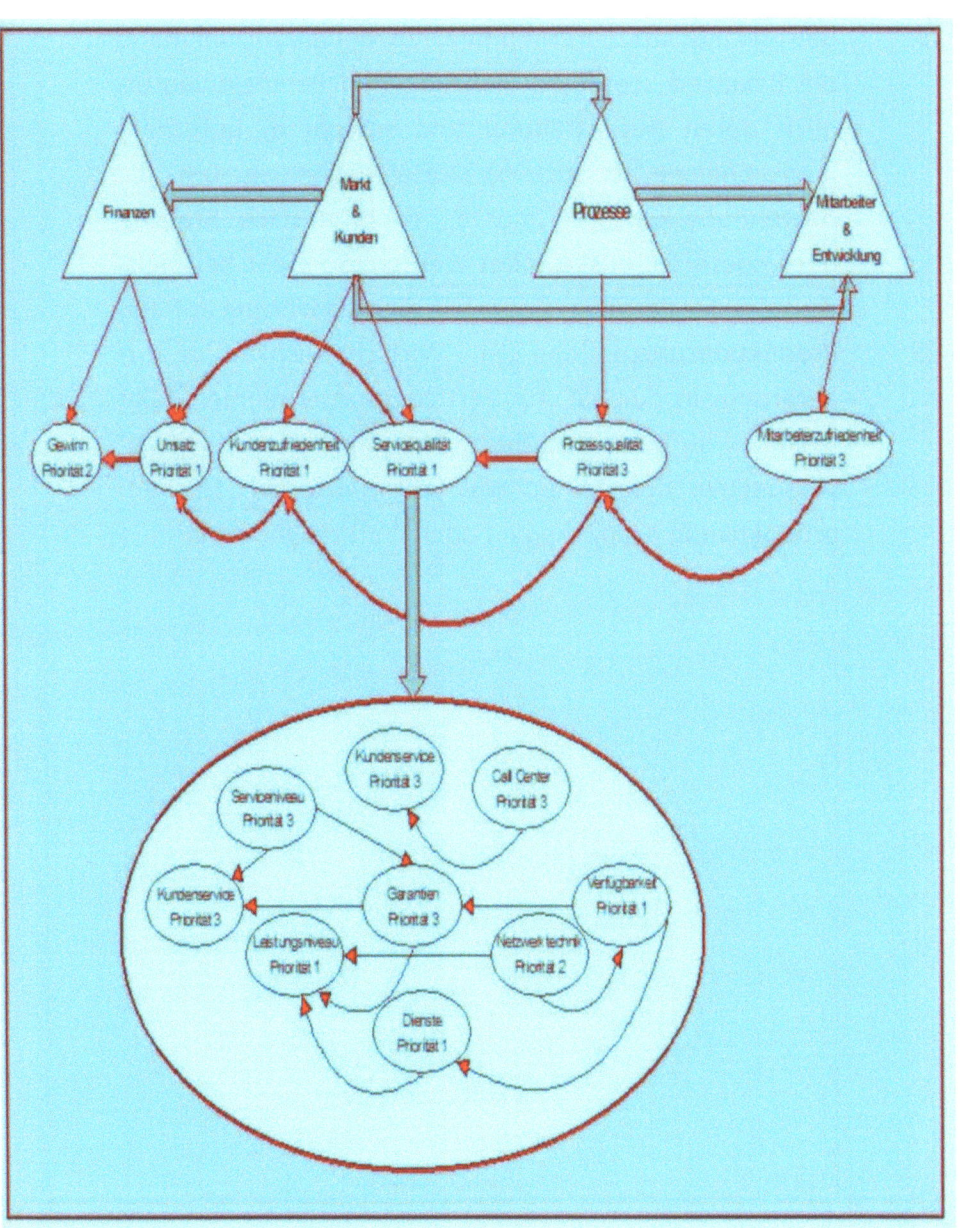

Beispiel Industrieunternehmen: sowohl die Anzahl der in die Balanced Scorecard einbezogenen Perspektiven als auch deren Ausgestaltung sind sowohl a) unternehmensabhängig als auch b) strategieabhängig. D.h. die Anwendungskonzepte müssen auch je nach Branche noch spezifisch ausgestaltet werden. So steht beispielsweise in der Fertigungsindustrie die Ausrichtung auf den Produktionsprozess und seine Wirtschaftlichkeit im Vordergrund. In der BSC für Fertigungsunternehmen zeigt deshalb in der nachfolgenden Grafik die Finanzperspektive Kennzahlen wie Stillstandzeiten, Flächenproduktivität, Krankenstand oder Werkzeugkosten:

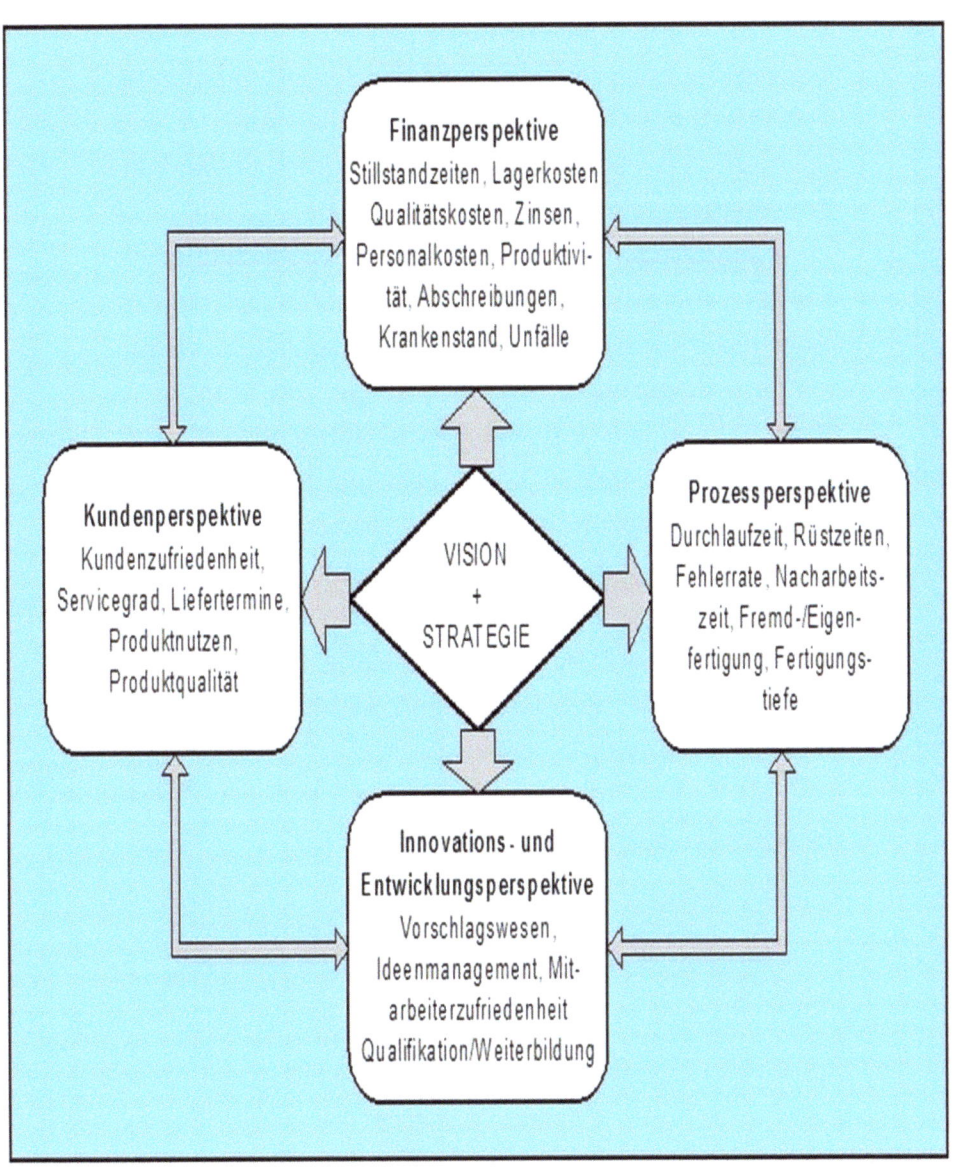

Beispiel Handelsunternehmen: wichtig für das BSC-Konzept ist in diesem Fall, dass die Besonderheiten des Handels ausreichend berücksichtigt werden, so beispielsweise die Sortiments- und Lieferantenauswahl, die Sortimentsattraktivität (Fast-Seller-Quote), die Leistungsbereitschaft der eingesetzten Informationstechnologien oder die Qualität der Lieferantenbeziehungen. Aber nicht nur die Auswahl der Kenn-zahlen ist wichtig, sondern auch deren Gewichtung, die von Branche zu Branche (und von Unternehmen zu Unternehmen unterschiedlich sein dürfte. D.h. es geht um die Relevanz der spezifischen Leistungstreiber des Unternehmens. So ist in der nachfolgenden Grafik beispielsweise zusätzliche eine fünfte Perspektive eingefügt. Nämlich die Perspektive „Sortiment/ Lieferanten) mit DB je qm, Fast-Seller-Quote, Anzahl Reklamationen, Lieferantenqualitäts-Index u.a. Hier wurde als Beispiel in der Kundenperspektive die Kennzahl Kundenzufriedenheit mit detaillierten Messgrößen aufgeschlüsselt:

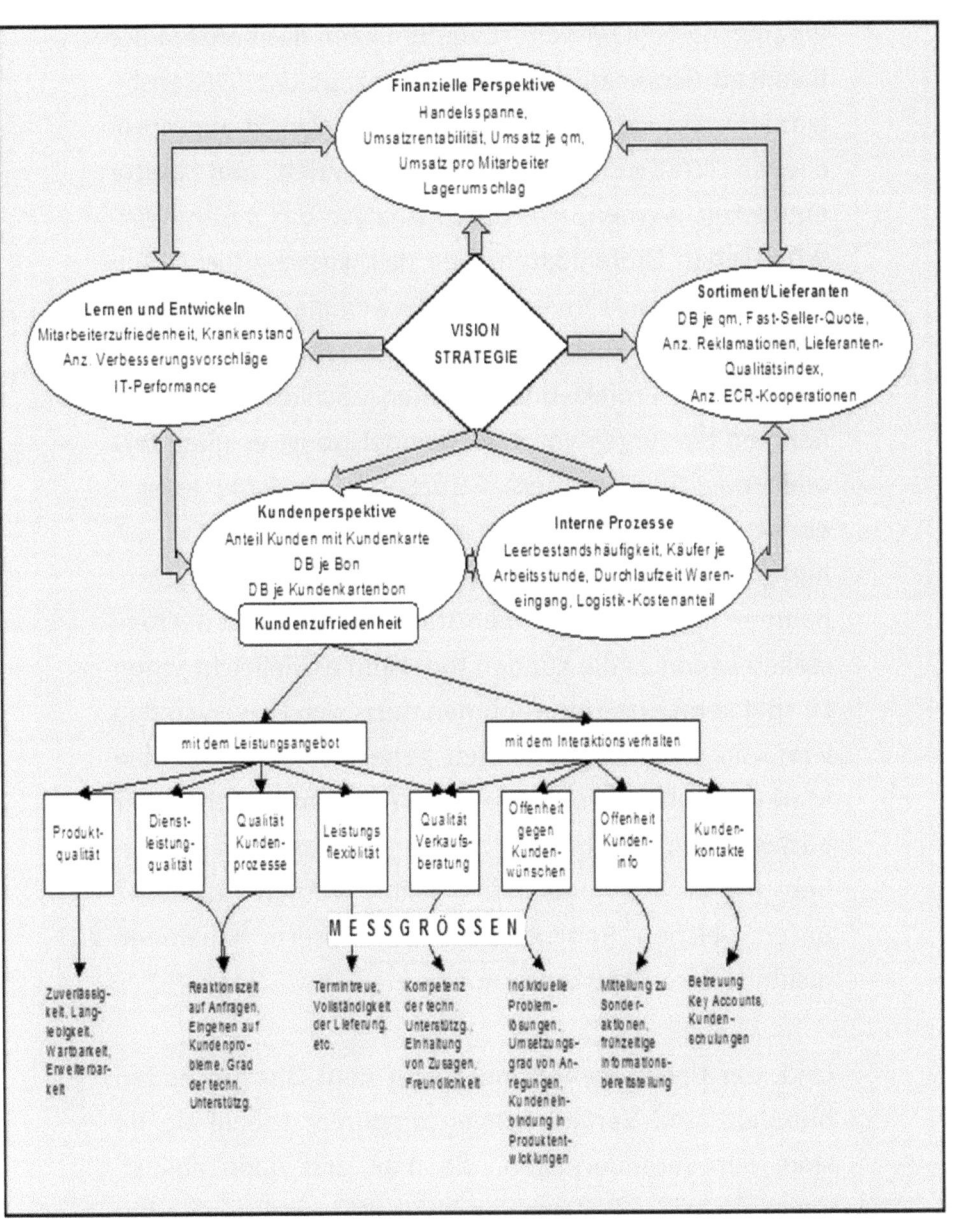

Ergänzt und ggf. erweitert werden kann das Konzept der Balanced Scorecard durch das Konzept der Wissensbilanz. Hierbei können auch die hier vorrangig angesprochenen strategischen Aspekte behandelt und weiter entwickelt werden, u.a. durch Analyse der gesamtwirtschaftlichen Umfelddaten. Dee das wirtschaftliche Umfeld befindet sich in ständiger Bewegung. Diese Veränderungen beeinflussen auch das Wachstum und die Zielrichtung des Projekt-Unternehmens. Schließt ein Unternehmen die Augen vor dem Wandel, so ist es über kurz oder lang zum Scheitern verurteilt. Man kann es sich einfach nicht mehr leisten, auf dem Status-quo zu verharren. Daraus folgt: Das Unternehmen muss seine Annahmen und Einschätzungen ständig auch selbst in Frage stellen (wenn es die Kunden tun, kann es vielleicht schon zu spät sein). Das Unternehmen muss sich Fragen stellen wie: von welchen Annahmen gehen wir aus, was den Markt anbelangt? von welchen Annahmen gehen wir aus, was den Wettbewerb anbelangt? was muss geschehen, um unsere Annahmen Realität werden zu lassen? unter welchen Bedingungen sind unsere Annahmen nicht mehr realitätskonform?

Und, ein Unternehmen muss "mit dem Ohr am Boden horchen" und Veränderungen erspüren, sobald sie da sind. Für Veränderungen, die man erst dann abliest, wenn sie ihren Niederschlag in Statistiken gefunden haben, kann es dann bereits zu spät sein. Denn die Einstellung von Kunden zu einem Unternehmen oder Produkt bildet sich nicht durch ein einzelnes Ereignis oder Werbeanzeige aus, sondern entwickelt sich in einem allmählichen Prozess, der sich ständig verändert und erweitert. Psychologische Hemmnisse in den Köpfen sind beispielsweise zweifelnde Fragen: wird das Unternehmen, von dem ich das Produkt oder die Dienstleistung beziehe, noch länger leben, am Markt sein? kann ich sicher sein, nach dem Kauf noch entsprechenden after-sales-Service zu erhalten? wird der Hersteller in der Lage sein, auch später noch neue Produktgenerationen zu liefern? gerate ich jetzt möglicherweise in ein Hintertreffen, wenn ich jetzt kaufe und nicht doch auf ein vielleicht besseres Produkt der Konkurrenz warte?

D.h. das Unternehmen muss den Kunden davon überzeugen, dass es sich auch für die Zukunft um die Bedürfnisse der Kunden kümmert und diese befriedigen wird. Der Wert, den der Kunde einem Produkt oder einer Dienstleistung zumisst, steht im Verhältnis zu der vermuteten Fähigkeit, hiermit Problem lösen oder Bedürfnisse befriedigen zu können. Eigenbilderhebung - wer sind wir und was wollen wir: welche Qualitäten und Haltungen will man selbst intern und extern widerspiegeln? wenn das Unternehmen eine Person wäre, wie sollte dann die Persönlichkeit beschaffen sein? wo liegen nach eigener Meinung besondere Stärken bzw. Schwächen? sollte das Unternehmen sein Leitbild oder seine Identität ändern? wo liegen nach eigener Meinung in den nächsten 5 Jahren die größten Chancen bzw. Risiken? welche Botschaften sollte das Unternehmen an sein Zielpublikum kommunizieren? welche Zielgruppen und Segmente sind für die Zukunft besonders wichtig?

Prognosen und Trends: worauf muss sich das Unternehmen einstellen und achten? wie sehr wird das Unternehmen von den zukünftig zu erwartenden Veränderungen betroffen? Markt-Informationssystem: welche Marktinformationen werden vom Unter-nehmen benötigt, um die heutige/zukünftige Situation fundiert analysieren zu können? welche Chancen oder Gefahren bestehen für die Produkte des Unternehmens? Beschreibung von Szenarien: wie werden für das Unternehmen die Handlungsspielräume am Ende des Planungshorizontes aussehen? Stärken und Schwächen: welche Stärken kann das Unternehmen einsetzen/aus-bauen? welche Schwächen muss das Unternehmen abbauen? Ertragspotenziale: in welchen Produkt-/ Markt- Kombinationen ist das Unternehmen tätig? wie gut sind diese Märkte? wie gut ist die Position des Unternehmens? Strategische Geschäftseinheiten: welche Einheiten bearbeiten die Ertragspotenziale? welche Ziele sollen die SGE´s auf welche Weise erreichen? Wachstum: welche Wachstumsstrategie verfolgt das Unternehmen? Voraussetzungen im Unternehmen: können wir das überhaupt? was muss das Unternehmen zunächst sicherstellen, um seine Strate-gien auch umsetzen zu können? wie wird die Balance zwischen Wünsch- und Machbarem hergestellt? Maßnahmen-Katalog: mit welchen Schritten und Maßnahmen will das Unternehmen seine Strategien umsetzen und hinsichtlich ihrer Erfüllung kontrollieren?

Informationen aus dem Umfeld des Unternehmens müssen mit Blick nach vorne interpretiert werden. Um sich gegen konjunkturelle Schwankungen wappnen zu können, müssen Informationen aus dem Umfeld des Unternehmens müssen mit Blick nach vorne interpretiert werden: Unternehmen brauchen ein radarähnliches System, welches Störgrößen frühzeitig signalisiert. Je weniger Zeit verbleibt, desto geringer der Spielraum für Gegenmaßnahmen, d.h. es ist günstiger den zu erwartenden Wandel offensiv anzugehen anstatt unter Druck externer Störereignisse nur noch reagieren zu können. Oft sind es gerade jene außerhalb des eigenen Entscheidungsbereiches liegende Risikoeinflüsse wie beispielsweise wirtschaftspolitische, sozialpolitische, soziologische und demographische Daten, die neben dem internen Erfolgspotenzial den Gesamterfolg wesentlich mitbestimmen und den eigentlich vorhandenen Handlungsspielraum festlegen. Eine Vorsichtslinie markiert zunehmende Risikointensität, beispielsweise durch Fragezeichen = Verlassen des Knowhow-Bereiches.

In Verbindung mit dem Konzept einer umfassenden Wissensbilanz könnten u.a. folgende Entscheidungs-punkte eingehender geprüft werden: Wissens-, Personal-, Standortbilanz im Hintergrund, Kombination von Qualität und Stärken, Ausgangslage: Entscheiderprofil, Weites Entscheidungsfeld des Mittelstandes, Entscheidungsmatrix schafft Übersicht, Technik der Polarprofile, Entscheidungsbaumtechnik, Risiko-Entscheidungsrechnung mit Quantilen, Entscheidungshilfen von Auftragsinformationen, Entscheidungshilfen von Liquiditätsinformationen, persönliche Potentialfaktoren des Entscheiders, Business Intelligence – Entscheidungspotentiale, Durchblick im Entscheiderfaktoren-Wirkungsnetz, Wirkungsanalyse für Einzelfaktoren, Aktiv- und Passivsummen der Faktorwirkungen, Wahrnehmung des wahrscheinlichen Risikos, Risikoanalyse statt Kristallkugel, Entscheidungs-Tool Customer Retention, Szenariotechniken für mehrere Zukünfte, Konzept der Vorsichtslinie, Entscheidung: Offensiv agieren oder defensiv reagieren? Scanning mit 360-Grad-Suchverfahren, RoI-Entscheidungsrechnung, RoI- Sensitivitätsrechnung, Entscheidungstechnik Gewichtsverfahren.

Es geht um Risikobewusstmachung bei allen Entscheidungen und Handlungen: je nach Unternehmensphilosophie müssen möglichst die vorhandenen Wertstellungsprofile und Risikoneigungen der Entscheidungsträger erfasst werden: die Extrempunkte bilden einerseits risikofreudige sowie andererseits risikoscheue Einstellungen. Beeinflusst werden diese u.U. durch die sich als Gegenpol bietenden Chancenprofile. Ausgelotet werden sollte, ob und wo unter Umständen Unsicherheiten im Datenkranz der Planung liegen bzw. welcher Art diese Risiken sind. Dabei geht es auch um die Möglichkeiten zur Quantifizierung der einzelnen Risiken: obwohl fast immer eine Vorstellung existiert, was risikobehaftet ist, ist es ungleich schwieriger, dieses Risikobewusstsein im Detail mit konkreten, quantitativen Daten zu operationalisieren. Ziele hierfür sind: Erkennen von Gefahren, die durch Strategieanpassungen zu vermeiden sind oder umgangen werden können, Herausfiltern von strategischen Schlüsselproblemen.

Neue Technologien beschleunigen rasant das Innovationstempo. Eine Vielfalt nicht kalkulierbarer oder vorhersehbare Ereignisse ist komplex. Es sind Fähigkeiten gefragt, unübersichtliche Situationen auf das Wesentliche zu reduzieren. Ein Ausblenden des Unübersichtlichen und Unbekannten führt vor dem Hintergrund von Globalisierung und Digitalisierung in eine Sackgasse. Meist ist

eine wirkliche Lösung ähnlich komplex wie das zu lösende Problem. Bei Komplexität geht es immer um den richtigen Umgang mit Wissen, um das Bündeln von vielen Daten- und Informationsfragmenten, um das Identifizieren von relevanten Einfluss- und Erfolgsfaktoren, um das Setzen der richtigen Prioritäten. Komplexe Entscheidungsprozesse werden von Polaritäten geprägt, wie beispielsweise:
Kurzfristig versus langfristig
Strategisch versus situativ
Innensicht versus Außensicht
Zentral versus dezentral
Stabil versus dynamisch
Spontan versus nachhaltig
Vorhandenes versus neues
Autokratisch versus partizipativ
Begrenzung und Erweiterung
u.a.

Solche und viele andere Wertepaare liefern Anhaltspunkte und Orientierungsrahmen für Entscheidungen: in ihrem Spannungsfeld lassen sich Einseitigkeit und blinde Flecken eher vermeiden. Die diametral entgegengesetzten Pole können das benötigte Wissen befördern und Lernprozesse beschleunigen, um zu einer Ausgewogenheit (ökonomische, soziale, technische, individuelle Aspekte) der Erfolgskriterien zu kommen. In einer Welt der Echtzeitkommunikation und Vernetzung ohne Grenzen Braucht es eine Machete im Dschungel der Komplexität: um Lichtungen zu schlagen, von denen man eine Rundumblick hat. In die gleiche Richtung zielen auch Worst-Case-Szenarios: d.h., darauf vorbereitet zu sein, dass man nicht auf alles vorbereitet sein kann, den Umgang mit dem Unerwarteten zu üben. Um auch Krisensituationen mit unkalkulierbaren Konsequenzen zu durchstehen. Es lohnt sich: bereits mit der Ausarbeitung von Szenarien werden das Vorstellungsvermögen geschult und Sensoren für Wahrnehmungen geschärft. Wer die Kunst beherrscht, eine begrenzte Anzahl von Modulen immer wieder neu zu kombinieren, kann Vielfalt erzeugen. „Die Kunst der Modularisierung besteht darin, Schnittstellen zu ermitteln, entlang deren sich komplexe Produkte sinnvoll zerlegen lassen – und so möglichst viele Spielarten der Zusammensetzung zu ermöglichen." Wer in der Big Data-Welt statistische Zusammenhänge erkennt, kann daraus Nutzen ziehen (auch wenn man die mathematischen Algorithmen im Einzelnen nicht kennt oder gar versteht). Es geht darum, Zusammenhänge zu erkennen und durch intelligente Logik Transparenz zu schaffen: die Wahrheit könnte irgendwo tief verborgen in den Daten liegen.

Wer rational entscheidet, steht zumindest in der Welt der Finanzen auf der Gewinnerseite. Wissensressourcen durch Gebrauch vermehren - Handlungsspielräume erweitern. Konsistente Entscheider sind die besseren

Wissens- und Personalbilanz als Basis: auf den ersten Blick mögen diese Bilanztypen nichts oder wenig miteinander zu schaffen haben. Trotzdem gibt es als starke Klammer einen gemeinsamen Nenner: In einer Welt der angeblich so harten Wirtschaftsfakten mit ihrer Scheingenauigkeit von Nachkommastellen richten sie ihr Augenmerk verstärkt auf sogenannte „weiche" Faktoren. In vielen Entscheidungssituationen sind es nämliche gerade solche, die nicht nur das Salz in der Suppe, sondern ganz wesentliche Entscheidungskriterien ausmachen. Entscheidungsprozesse durchlaufen verschiedene Entwicklungsstufen: von der Daten- über die Informations- bis hin zur höchsten Wissensstufe. Den Schwierigkeitsgrad einer Entscheidung erfasst man u.a. dadurch, indem man auf das Verhältnis von Daten, Informationen und Wissen schaut. Informationsbasierte Entscheidungen sind eher besser als solche, die ohne Informationen auskommen müssen. Wissensmanagement erfordert auf der Entscheidungsebene die Bewertung von zirkulierenden Informationen.

Im Vergleich zu gut strukturierten Daten werden Wissen und Erfahrungen in der Regel nicht explizit dargestellt. Genau diese Informationen sind aber für den Entscheidungserfolg von Bedeutung. Schwach strukturierte Prozesse, deren Ablauf nicht genau vorhersehbar ist, werden meist nur einmal in der gleichen Form durchgeführt.. Während bei der Vermittlung von Wissen zunächst kognitiven Fähigkeiten im Vordergrund stehen, werden bei der praktischen Umsetzung dieses Wissens in Entscheidungen auch persönliche, soziale und kommunikative Kompetenz benötigt. Alle Stufen der Entscheidungsfindung sollten daher verstärkt auf diese „softfacts" eingehen. Wissen und Erfahrungen sind an Personen gebunden und daher können nur die Knowhow-Träger selbst diese Potenziale erschließen. Die Halbwertzeit des Wissens sinkt dramatisch ab: d.h. ohne regelmäßiges Aktualisieren könnte wertvolles Knowhow in kürzester Zeit für wichtige Entscheidungsprozesse nur noch die Hälfte wert sein.

Entscheidungsprozesse ruhen auf einem komplizierten und manchmal schwer durchschaubarem Gerüst von Personalfaktoren. Neben messbaren Personalfaktoren gibt es viele andere, sogenannte „weiche" Faktoren, die für den Erfolg einer Entscheidung ausschlaggebend sein können. Die Grenzlinien zwischen beiden Faktorenqualitäten verlaufen nicht immer eindeutig. Ein sogenannter wichtiger „Hauptfaktor" muss diese Einordnung nicht für alle denkbaren Situationen beibehalten. D.h. je nach Sachlage können „Hauptfaktoren" und scheinbar unwichtige „Nebenfaktoren" ihre Wertigkeitsposition auch tauschen. Ein Personalfaktor ist nicht schon allein deshalb wichtig, weil er gemessen werden kann. Umgekehrt ist ein Personalfaktor nicht schon deshalb weniger bedeutsam, weil über ihn keine exakten Bestimmungen vorliegen. Auch für die sogenannten „weichen" Faktoren gilt: sie sind weit häufiger auch nachvollziehbar quantifizierbar als üblicherweise angenommen. In einem zunehmend dynamischer und wettbewerbsintensiver agierenden Umfeld nimmt die relative Bedeutung der „weichen" Faktoren gegenüber den üblicherweise gemessenen harten Faktoren weiter zu.

Schlaue Ökonomen haben sich mit der Frage befasst, wie Menschen was entscheiden und dabei darauf abgestellt:
Qualität der Entscheidungen.
Zusammenhänge zwischen Entscheidungen und persönlichen Eigenschaften.
Wie auf allen anderen Gebieten auch verfügen Personen über unterschiedliche Fähigkeiten: hier Entscheidungen zu treffen. Ebenso wenig kann das grundsätzliche Ergebnis solcher Untersuchen verwundern: rationalere Entscheidungen bringen zumindest längerfristig gesehen

mehr Vorteile. Was aber ist nun rational und was eben nicht? Können hierfür eindeutige Kriterien vermessen werden? Und wenn - welche wie? Allein die Bewertung des jeder Entscheidung direkt oder indirekt innewohnenden Risikos ist ein großes Problem: was dem einen noch als Haltung eines Sicherheitsfanatikers gelten mag, könnten andere bereits als Tun eines Hasardeurs betrachten (die Börse lässt grüßen). Wer im experimentellen Test konsistente = rationale Entscheidungen treffe, würde vermutlich auch im realen Leben die besseren Entscheidungen treffen, d.h. Erfolg würde sich mit der Summe richtiger Entscheidungen einstellen.

Die besseren Entscheider hätten also über einen längeren Zeitraum hinweg auch mehr Geld oder Vermögen auf ihrem Konto. Aber: nicht Reichtum macht schlau, sondern schlaue Leute werden reicher als die weniger guten Entscheider. Aber die Formel: Konsistente Entscheidungen = gute Entscheidungen = mehr Erfolg (Reichtum) mag zwar Tendenz und Richtung bestimmen, muss aber nicht für jeden in jeder Situation gelten: so dürfen denn auch Kriterien wie „konsistent" und „prinzipientreu" nicht mit persönlichen Eigenschaften wie etwa „wenig anpassungsfähig", „wenig flexibel" oder „wenig lernfähig" umgesetzt werden.

Wissen ist die einzige Ressource, die sich durch Gebrauch vermehren lässt: nur wer schnell und einfach auf Vorhandenes zurückgreifen kann, gewinnt Freiräume für kreative neue Lösungswege. Je besser es jemandem gelingt, sein Wissen zu lokalisieren und gezielt einzusetzen, desto mehr kann er sich gegenüber seinen weniger wissensbewussten Konkurrenten absetzen. Es geht um: Datenhunger und seine Auswüchse, Wissen gehört zum wertvollsten Besitz, Mainstreamdenker, die in der Masse mitschwimmen, Wissensmanagement ist Chefsache, das Hilfreiche vom Sinnlosen unterscheiden können, neue Interaktionsformen der informations-basierten Arbeitswelt, Investitionen in Intellektuelles Kapital, Erfahrungswissen – Potenzial zur besten Version seiner selbst, Fähigkeiten und Wirkungsbeziehungen von Personaleigenschaften, Informationen aus den Linien von Netzrahmen ableiten, mit Potenzialen wird die Zukunft gehandelt, wie das Einzelne auf das Gesamte wirkt, auch das Personalmanagement profitiert, Personalcontrolling als Berichtswesen, mit welcher Effizienz das Gelernte transferiert wird, Intellektuelles Wissenskapital des Standortes – Kompetenznetzwerke.

Mainstream-Denken ist durchaus nicht neu. Da mögen sich die heute Älteren noch so stolz an ihre rebellische Jugendzeit erinnern. Denn: alle rebellierten damals, also rebellierte man eben auch in der Masse schwimmend mit. Und jetzt tut man es eben nicht mehr: also tut man es also auch nicht mehr. Für Manager und Schüler scheint gleichermaßen zu gelten: Erwartungen sind etwas, dem man zu folgen und die man (ohne wenn und aber) zu erfüllen hat. Hierbei funktioniert eine Personalbilanz quasi als 360-Grad-Radarschirm für verschiedene Beobachtungszwecke und -ebenen, mit dem insbesondere auch „weiche" Personalfaktoren umfassend identifiziert, differenziert abgebildet sowie systematisch bewertet werden können.

Gradlinigkeit oder heiße Eisen anpacken stehen auf der Rangskala der begehrtesten Managerqualifikation nicht an oberster Stelle. Dort zählen wie in der Politik ganz andere Maßstäbe: Geschmeidigkeit, äußerlich wie innerlich. Unangenehme Wahrheiten werden nicht (oder nur so, dass sie niemand versteht) ausgesprochen. Empörung tritt nur in Grenzen und wenn überhaupt, dann nur gefiltert und zeitverzögert ein. Günstiger ist es allemal, keine Entscheidung zu fällen als eine fatale. Wen sollte es daher wundern, wenn bereits viele Jugendliche möglichst konform sein wollen: es ist bequem und tut nicht weh. Man hat Angst, zu versagen, Angst aufzufallen, anzuecken, anders zu sein. Will man sich in der sicheren Masse bewegen, darf Selbständigkeit nicht den Rahmen sprengen. „Die Masse lebt geradezu davon, dass niemand von der Norm abweicht, niemand widerspricht, niemand einen anderen übertrifft. Sie hält alle klein. Das macht sie so angenehm."

Kritische Reflexion der „Amazonisierung": Digitalisierung und Vernetzung haben zwei Gesichter. Fortschrittlichen Elementen des Internets steht eine ungehemmten Ausspähung und Vermarktung privater Daten gegenüber. Licht und Schatten der Digitalisierung könnten in ein schädliches Ungleichgewicht gelangen. Idealtypische Betrachtungen dürfen eine dringende Risikoanalyse nicht verdecken oder gar blockieren. Denn Big Data ist unter uns, tagtäglich unser Leben beeinflussend, wenn nicht sogar bereits bestimmend. Einen wirksamen Schutz davor gibt es wohl nicht.

Also braucht es Wachsamkeit gegen die Gefahren des vielfachen Missbrauchs. Potenziale und Gefahren müssen identifiziert und gegeneinander gewichtet werden. Die Wege zu intelligenten Fabriken und smarten Büros verlangen nach Unmengen von Daten und gehen mit gravierenden Umbrüchen und massiven Veränderungen einher. Die technische Machbarkeit des lückenlosen Tracking von Bewegungen und Tätigkeiten muss auf das hinterfragt werden, was gewollt oder hinnehmbar sein soll. Wissen ist die einzige Ressource, die sich durch Gebrauch vermehren lässt: nur wer schnell und einfach auf Vorhandenes zurückgreifen kann, gewinnt Freiräume für kreative neue Lösungswege. Je besser es jemandem gelingt, sein Wissen zu lokalisieren und gezielt einzusetzen, desto mehr kann er sich gegenüber seinen weniger wissensbewussten Konkurrenten absetzen: das für Problemlösungen benötigte Wissen soll zur richtigen Zeit am richtigen Ort verfügbar sein.

Trotz zahlreicher Einzelaktivitäten im Zusammenhang mit dem Zukunftsrohstoff „Wissen" gibt es oft noch Lücken, die eine bestmögliche Ausschöpfung der in ihm steckenden Entwicklungspotentiale behindern: insbesondere fehlt vielfach noch ein in sich schlüssiges Konzept bzw. Instrument, mit dem sich alle Einzelkomponenten des Intellektuellen Kapitals voll-ständig und mit einheitlicher Systematik abbilden lassen. Eine der Hauptursachen, warum der Rohstoff „Wissen" trotz seines rasant steigenden Anteils an der Herstellung heutiger Produkte und Dienstleistungen bislang so wenig sicht- und greifbar gemacht wurde, liegt in der komplizierteren Bewertung und Messung immaterieller sogenannter „weicher" Faktoren begründet. Ein plan- und zielloser Umgang mit Wissen und Fähigkeiten würde Ressourcen vergeuden und zur Demotivation führen. Der Erfolg hängt auch davon ab, wie effizient der Rohstoff Wissen nutzbar gemacht werden kann. Die Organisation von gespeichertem Wissen ist die Basis für Innovationen aller Art. Server, Datenautobahnen und Datenbanken ermöglichen den permanenten Zugriff auf Informationen. Informationen alleine haben weder einen besonderen Wert, noch einen Zweck an sich: sie dienen lediglich als Mittel der Wissenserweiterung; gleichzeitig aber muss dieses Wissen archiviert und nachvollziehbar kategorisiert werden.

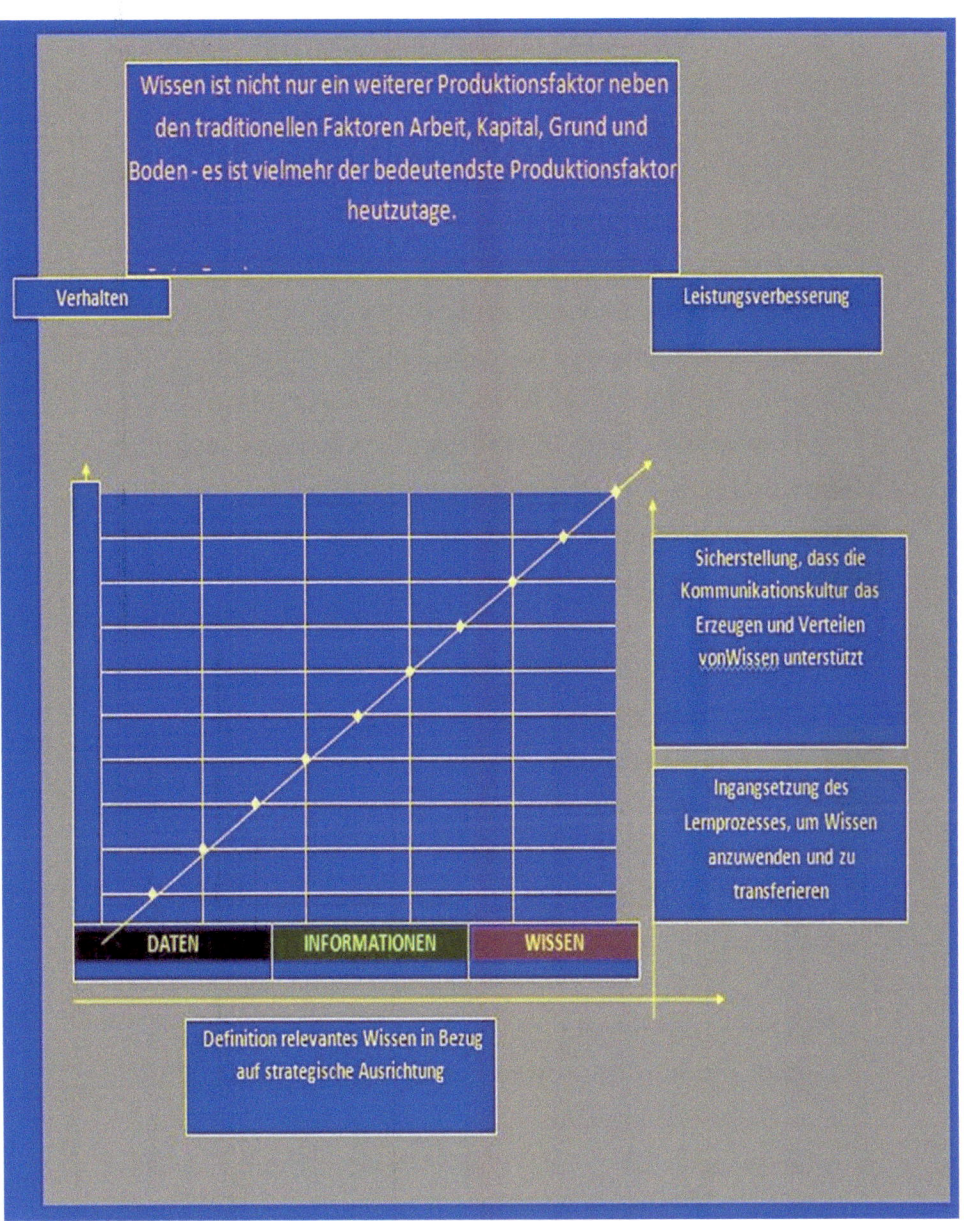

Pisa – Messungen mit normativen Wirkungen – Zeiteffizienz – Schulqualität – Bildungsarmut – Integration – Staatliche Bildungspolitik - Lebensumwelt und Tradition – Messen und Gemessenwerden – Legitimation und Kontrolle. Beim bildungsökonomischen Output geht es um Fragen wie beispielsweise: in welchem Maß geht im Bildungssystem ökonomisch kostbare Zeit durch verspätete Einschulungen, Wiederholungen, Ausbildungsabbrüche, nichtgestufte Hochschulstudiengänge u.a. verloren? Handlungsfeld: Zeiteffizienz. Wie hoch sind die durchschnittlichen Kompetenzen der Schüler in Mathematik, den Naturwissenschaften sowie beim Textverständnis? Handlungsfeld: Schulqualität. Wie hoch ist der Anteil derjenigen Schüler, für die aufgrund mangelnder Kompetenzen oder fehlender Abschlüsse zu befürchten ist, dass ihnen ein Einstieg ins Arbeitsleben und in eine erfolgreiche berufliche Laufbahn misslingt? Handlungsfeld: Bildungsarmut. Wie eng sind dabei Kompetenzen und Abschlüsse mit dem soziökonomischen Hintergrund der Bildungsteilnehmer verknüpft? Wie gerecht sind die Bildungschancen verteilt? Handlungsfeld: Integration.

Pisa-Messungen bewerten nicht nur staatliche Bildungspolitik, sondern üben auch Druck auf deren Gestaltung aus. In der Öffentlichkeit werden Pisa-Ergebnisse mehr oder weniger ohne kritische Reflexionen zur Kenntnis genommen. Ohne Rücksicht auf tradierte Vorstellungen und Lebensumwelten ist man folgsam bemüht, Pisa-Ergebnisse ohne weitere Diskussionen möglichst zeitnah in konkrete Handlungsempfehlungen umzusetzen. Kaum oder nicht gemessen werde aber Ausmaß und Tiefe der Eingriffe in das, was in der Vergangenheit Lebensweise und Lebensmilieu von Millionen Menschen bestimmte. Man mag zu Pisa-Ergebnissen stehen wie man will: über die Prozesse des Messens und Gemessenwerdens wird Macht ausgeübt. Ohne weiteres Nachdenken und Hinterfragen werden die alltäglichen Welten der Lehrer und Schüler proaktiv verändert. Damit stellt sich zwangsläufig die Frage nach den Kriterien sowie der Legitimation und Kontrolle derartiger Machtausübung

Wissensmanagement erfordert auf der Führungsebene die Bewertung von zirkulierenden Informationen. Die Zukunft ist unsicher – „Was wäre, wenn"- Erkenntniszuwachs für Projekte -Simulation von Szenarios – Komplexität von Ursache-Wirkungsgeflechten

Für Projekte müssen Entscheidungen in ihrer Vielzahl in einem Umfeld der Unsicherheit getroffen werden. Je besser die Vorbereitung auf Unsicherheiten desto höher kann auch die Reaktionsgeschwindigkeit sein. Es geht darum, sich proaktive Entscheidungsgrundlagen zu erarbeiten. Der Planungsprozess sollte weg vom rein Formalen hin zu einem gesamtstrategischen Verständnis führen. „Was wäre, wenn"-Szenarioanalysen erhöhen die Transparenz von möglichen Ursache- Wirkungsgeflechten. Je größer Komplexität und Entscheidungsunsicherheit sind, desto intensiver sollte die Auseinandersetzung mit den Auswirkungen veränderlicher Parameter des Umfeldes sein. Es kommt darauf an, Ausmaß und Richtung möglicher Veränderungen zu erkennen. Entscheidungen können mit Hilfe von Simulationsinstrumenten unterstützt werden, die für einen bestimmten Zeitraum mögliche Entwicklungen zumindest angenähert abbilden können. Für die grundsätzliche Entscheidungsfindung kommt es weniger auf eine Präzision bis in die Nachkommastelle hinein an. Das Augenmerk liegt in der Praxis mehr auf dem Erkennen von Trends und Relationen

Leicht handhabbare Instrumente der „Was-wäre,wenn"-Analyse ermöglichen Arbeitserleichterungen und Zeitvorteile. Bereits die intensive Beschäftigung mit kausalen Zusammenhängen ermöglicht einen Erkenntniszuwachs, u.a. hinsichtlich Chancen, Risiken oder Prioritäten. Man erhält eine Kommunikationsplattform für den breiten Meinungsaustausch zu relevanten Erfolgsfaktoren. Die Entwicklung strategischer Ziele ist ein Kernelement, dieses wiederum die Grundlage für alle operativen Umsetzungsaktivitäten. Für das Umfeld erkannte Möglichkeiten und Risiken sollten zur Vision und Strategie in Bezug gesetzt werden. Die Strategie sollte beschreiben, wie künftig am Markt agiert werden soll, welche Investitionen sowie Maßnahmen hierfür vorgesehen sind. Marktsignale, auf die man ein Auge haben sollte:

Trend zur Vereinheitlichung von Produkten und abnehmendes Differenzierungspotenzial,

abnehmende Kundentreue, Veränderungen der Kundenstruktur,

mehr Wettbewerber und Überkapazitäten, Zunahme des Preiswettbewerbs,

immer kleiner werdende Marktnischen werden von einer zunehmenden Zahl von Wettbewerbern besetzt.

Das Personalmanagement unterliegt vor diesem Hintergrund einem dynamischen Wandel und Anpassungsdruck: insbesondere der Umgang mit Wissen als Ressource wird für die Zukunft immer mehr zum entscheidenden Erfolgsfaktor, d.h. die Wettbewerbsfähigkeit wird vom bewussten und gezielten Umgang mit diesem immateriellen Rohstoff abhängen.: es wird immer mehr darauf ankommen, dass man wissensgestützte Produkte und Dienstleistungen fortlaufend weiterentwickelt, denn deren Marktwert basiert zu einem immer größeren Teil auf dem in ihnen steckenden Informationsgehalt. Dabei werden verschiedene Entwicklungsstufen durchlaufen: von der Daten- über die Informations- bis hin zur höchsten Wissensstufe. Den Wert eines Unternehmens ermittelt man immer mehr dadurch, indem man auf das Verhältnis von Daten, Informationen und Wissen schaut. Auf der strategischen Ebene ist es sinnvoll, eine enge Verknüpfung zwischen Personalentwicklungs- und Unternehmensplanung herbeizuführen. Anhand des nachfolgenden Personal-Portfolios geht es um die Fragen: wie sieht das aktuelle Leistungsverhalten aus? wie soll das zukünftige Entwicklungspotential aussehen?

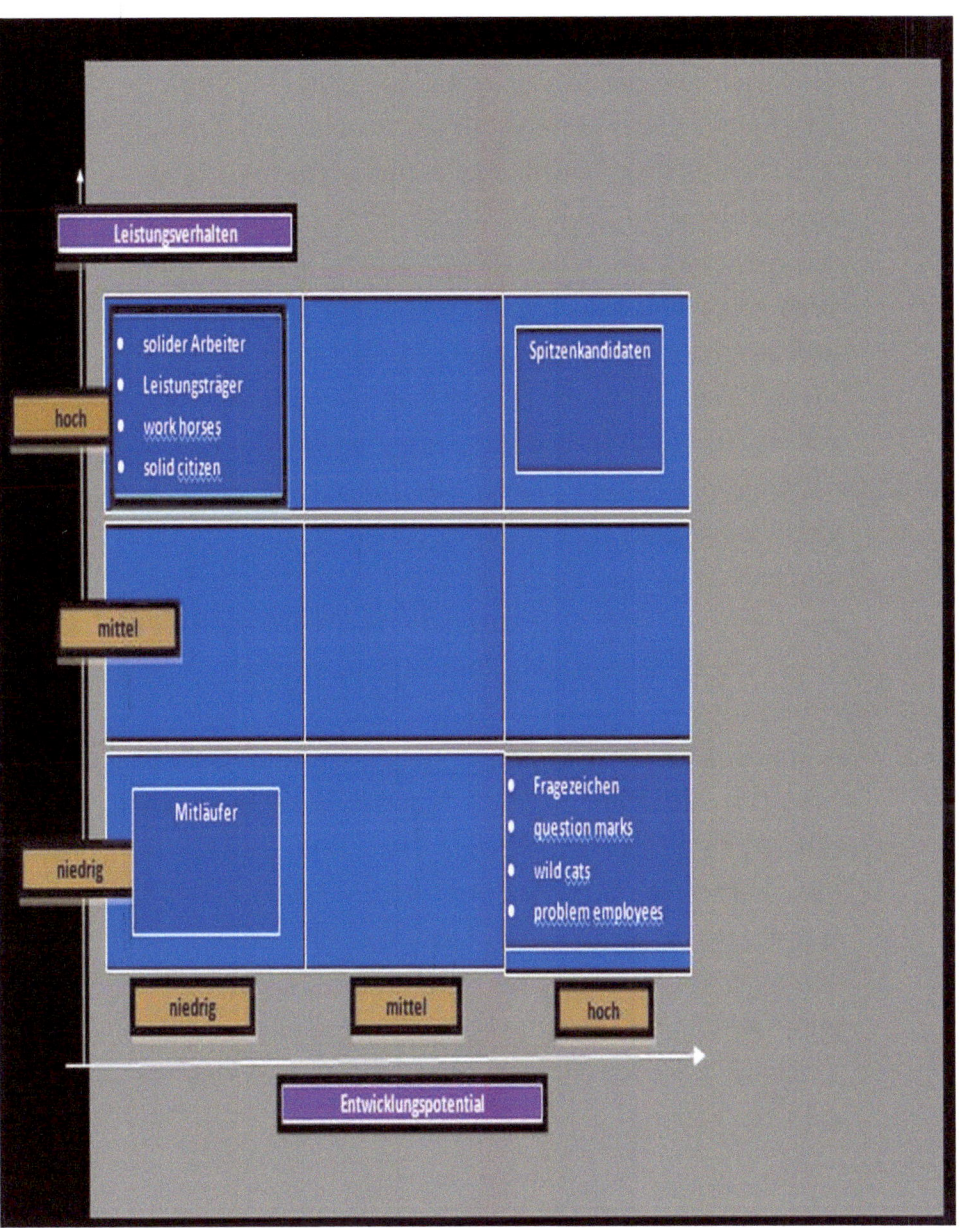

Man mag noch so viel nach den Ursachen und Gründen für Krisen wie der letzten (oder nächsten?) Finanzkrise forschen. Sie sind keine Naturkatastrophe, sondern sind von Menschen gemacht und zu verantworten. Mögen auch falsche oder fehlende Regeln oder gar eine verfehlte Wirtschaftsordnung vorgeschoben werden. Denn auch diese sind kein Produkt der Natur sondern einzig und allein von Menschen gemacht. Will man also an die Wurzel allen Übels gehen, wird man zwangsläufig immer wieder nur zu Menschen und ganz bestimmten Personenkreisen kommen. Denn wer sonst als Personen in verantwortlichen Führungspositionen sollten an Geschehnissen im Zusammenhang mit einer Krise beteiligt gewesen sein? Wer also sonst könnte für das Ende einer Krise (und die Begleichung ihrer Folgen) sorgen?

Nun hat nicht jede Generation mehr die Zeit, dass sie die zehn Jahre oder mehr auf die Schadensbeseitigung warten könnte. Nicht jede folgende Generation wird einfach dazu bereit sein, Schulden ihrer Väter-Generation abzutragen und für eine Krise zu bezahlen, mit der sie nichts gemein hat. Womit man bei den Auswahlverfahren und -kriterien für Positionen wäre, die während der Krisenentstehung die verantwortlichen Stellhebel in Beschlag gehalten haben.

Wenn man sich die grundsätzlich einfache Frage stellt: hätte man sich an diesen Stellhebeln andere Personen mit anderen Verhaltensweisen vorstellen können, mit und unter denen eine solche weltweite Finanz- und Wirtschaftskrise vielleicht nicht so entstanden wäre? Wenn eine Bejahung dieser Frage den Horizont der Vorstellungskraft nicht übersteigen würde, könnte dies eigentlich nur heißen, einmal grundsätzlich alle Auswahlverfahren und Selektionsmechanismen zu über-denken, die in der Vergangenheit die offenbar suboptimale Belegung dieser möglicherweise krisenbewirkenden Stellhebel zugelassen oder sogar befördert haben. Heißt dies vielleicht: Wissenskrise = Personalkrise = Auswahlkrise? Wie komplex eine Krise in allen ihren Einzelheiten oder Facetten auch immer sein mag. Wie unwahrscheinlich auch ein einzig gangbarer, aus der Krise direkt herausführender Königsweg auch immer sein mag. Ohne den Versuch zu einer ganzheitlich und damit vernetzten Denkweise sowie zur Entwicklung einer in sich geschlossenen und bruchfreien Methodik wird man kaum zum Kern des Problems vordringen.

Auch im mikroökonomischen Bereich gilt es, die zahlreichen Tool-Boxen dahingehend zu durchforsten, ob wirklich alle benötigten Werkzeuge an Bord sind und ob diese Werkzeuge auch angesichts von Krisen wirklich das zu leisten imstande sind, was sie vorgeben und was man sich von ihnen versprochen hat und oft noch unverändert verspricht. Insbesondere wäre ein Nach- und Überdenken aller Verfahren und Kriterien gefordert, die sich mit der Auswahl von Führungskräften befassen. Da hiervon auch und gerade das Allgemeinwohl betroffen ist, sollte zumindest die Messlatte für die mögliche Transparenz und Nachvollziehbarkeit höher gelegt werden:

Finanzkrise = Wissenskrise
Wissenskrise = Personalkrise
Personalkrise = Auswahlkrise
Tsunami-Effekt kopierter Auswahlkriterien
Personenbilanz als methodischer Ansatz
Alles basiert auf einem Personalfaktoren-Gerüst
Bei der Personalauswahl wird Zukunft gehandelt

Ein erfolgreiches Personalmanagement hat auch viel mit Wissen zu tun: zu den Aufgaben des Personalcontrolling zählt, Personalplanung und -kontrolle aufeinander abzustimmen. Hierbei sollte darauf geachtet werden, dass die Kompatibilität der Personalplanung mit den anderen Teilplanungen (Absatz-, Fertigungs-, Beschaffungs-, Investitions-, Finanzplanung) sowie der Unternehmensgesamtplanung sichergestellt wird. Das Personalcontrolling sollte Umfeldveränderungen im Personalbereich frühzeitig erkennen und hierfür geeignete Anpassungsstrategien entwickeln: dazu können Instrumente erarbeitet werden, die eine Abschätzung der Wirkungen der Personalarbeit auf die Erreichung der Erfolgsziele ermöglichen. Da der Personalbereich stark durch Gesetze, Rechtsprechung, Tarifverträge, Betriebsvereinbarungen u.a. geprägt und reglementiert ist, sollten die Instrumente des Personalcontrolling sehr flexibel gestaltet werden. Ein effektives Personalinformationssystem ist hierbei von entscheidender Bedeutung, weil dieses über die Qualität der aus den Ausgangsdaten hergestellten Personalinformationen entscheidet.

Die gewählte Datenhaltung sollte ermöglichen, nicht nur zeitpunktbezogene Zustände, sondern auch Bewegungen und Veränderungen abzubilden. Die Informationsfunktion des Personalcontrolling umfasst u.a. Definition (Inhalt, Struktur, Empfänger und Periodizität) benötigter Auswertungen (einschl. Erstellung, Kommentierung und Verteilung), Zusammenstellung und Aufbereitung der Datenbasis, anforderungsweise Durchführung von Analysen. Eine Hauptfunktion des Personalinformationssystems besteht darin, zielgerichtet und entscheidungsunterstützend Daten zu selektieren und aufzubereiten. In jeder Branche, in jedem Unternehmen ist die Situation anders: die Arbeit des Überdenkens und Justieren von Werten und Personalfaktoren kann daher auch nur vor Ort selbst geleistet werden.

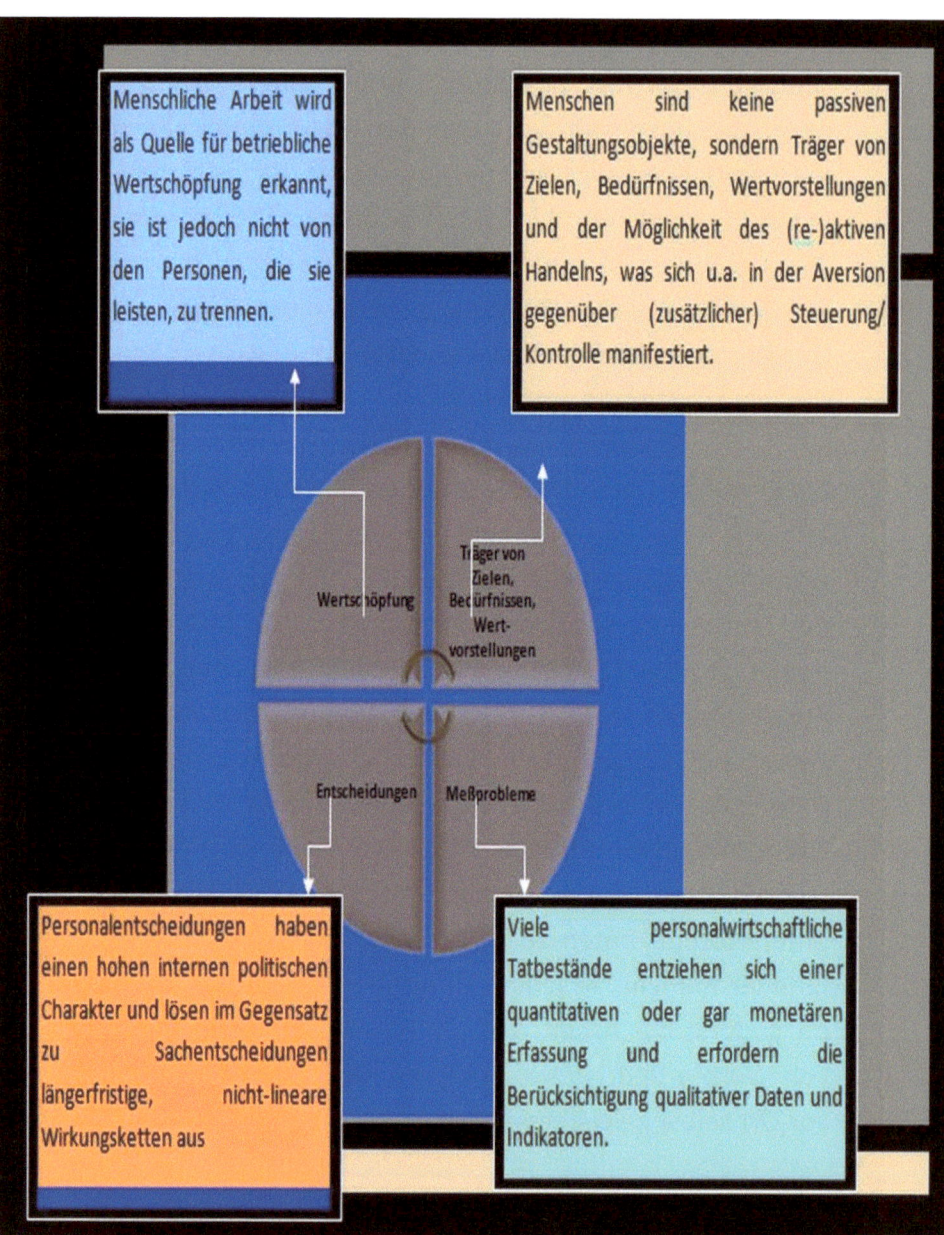

Das Unperfekte und das selbständige Denken – bequem in der sicheren Masse - Geschmeidigkeit und Mainstream, beispielsweise: wie man wohnt, ist nicht nur eine Form von Lebensstil, sondern könnte auch Art von Denken abbilden. In Perfektion erstarrt: nach einem „Es- muss- alles- zueinander- passen- Konzept" durchkomponierte Wohnlandlandschaften. Vom Leben gezeichnet: eine gute Einrichtung ist nicht unpersönlich, denn behaglicher wohnen die Unperfekten. Es sind meist Unkonventionelle, die Brüche lieben. Nicht, um einem gerade angesagten Trend zu folgen, sondern weil es ihre Vielseitigkeit abbildet. In Wohnungen von Musthave-Kreisen bleibt nichts dem Zufall überlassen: Möbel haben schlicht, funktional und elegant zu sein. Nur ausgewählte Materialien kommen ins Haus, weniger bedeutet mehr. Passend hierzu cool-konfektionierte und auf Hochglanz polierte Küchen. Mit dem sterilen Charme, dass darin nur selten (nie) gekocht werden dürfte. Bücher: wenn überhaupt, höchstens als repräsentative Bildbände im Hochglanzdruck. Aber alltagstaugliche Sachbücher, Romane, Krimis? Weit und breit keine Spur hiervon: wahrscheinlich alle auf E-Readern gespeichert?

Auf perfekte Weise würde dies einer ziemlich gleichförmig erscheinenden Managerelite entsprechen. Gradlinigkeit oder heiße Eisen anpacken stehen auf der Rangskala der begehrtesten Managerqualifikation nicht an oberster Stelle. Dort zählen wie in der Politik ganz andere Maßstäbe: Geschmeidigkeit, äußerlich wie innerlich. Unangenehme Wahrheiten werden nicht (oder nur so, dass sie niemand versteht) ausgesprochen. Empörung tritt nur in Grenzen und wenn überhaupt, dann nur gefiltert und zeitverzögert ein. Günstiger ist es allemal, keine Entscheidung zu fällen als eine fatale.

Wen sollte es daher wundern, wenn bereits viele Jugendliche möglichst konform sein wollen: es ist bequem und tut nicht weh. Man hat Angst, zu versagen, Angst aufzufallen, anzuecken, anders zu sein. Will man sich in der sicheren Masse bewegen, darf Selbständigkeit nicht den Rahmen sprengen. „Die Masse lebt geradezu davon, dass niemand von der Norm abweicht, niemand widerspricht, niemand einen anderen übertrifft. Sie hält alle klein. Das macht sie so angenehm."

Mainstream-Denken ist durchaus nicht neu. Da mögen sich die heute Älteren noch so stolz an ihre rebellische Jugendzeit erinnern. Denn: alle rebellierten damals, also rebellierte man eben auch in der Masse schwimmend mit. Und jetzt tut man es eben nicht mehr: also tut man es also auch nicht mehr. Für Manager und Schüler scheint gleichermaßen zu gelten: Erwartungen sind etwas, dem man zu folgen und die man (ohne wenn und aber) zu erfüllen hat. Wie schon bei der Einrichtung seiner Wohnung hat man allen Vorstellungen möglichst perfekt zu entsprechen.

Hierbei funktioniert eine Personalbilanz quasi als 360-Grad-Radarschirm für verschiedene Beobachtungszwecke und -ebenen, mit dem insbesondere auch „weiche" Personalfaktoren umfassend identifiziert, differenziert abgebildet sowie systematisch bewertet werden können. Aus den Ergebnissen der Personalbilanz (beispielsweise einem Potenzial-Portfolio) können für das Personalcontrolling fundierte, abstimmungsfähige Maßnahmen- und Handlungsempfehlungen abgeleitet werden. Eine Personalbilanz unterstützt die Früherkennung künftiger Chancen und Risiken. Da eine reine Status-quo-Betrachtung auf Dauer nicht ausreicht, kann diese hinsichtlich künftiger Perspektiven erweitert werden. Viele Darstellungsmöglichkeiten, wie z.B. Ampel-Diagramme mit rot-gelb-grün-Bereichen für die Bewertung von Personalfaktoren, sind einfach versteh-bar und können dadurch die Glaubwürdigkeit und Akzeptanz von Personalentscheidungen erhöhen.

Eine Personalbilanz ist auf einer auch in der Wirtschaft gängigen Systematik aufgebaut und kommt daher der Controlling-Denkweise entgegen. Die Personalbilanz kann als breite Kommunikationsplattform für Entwicklungsmaßnahmen eingesetzt werden. Nichts ist so überzeugend wie eine Anschaulichkeit, wie sie in Form von Portfolio-, Ampeldiagramm- und Wirkungsnetz- Darstellungen geboten wird. Dabei werden auch ganzheitliche, strategische Denkweisen gefördert. Die Systematik und logische Strukturierung der Personalbilanz bevorzugt eine Vorgehensweise, mit der Bruchstellen und Widersprüchlichkeiten in der Bewertung und Steuerung von Personalfaktoren vermieden werden können. Die Darstellung legt auch die Dynamik der Wirkungsbeziehungen zwischen Personalfaktoren mit Hebel- und Rückkoppelungseffekten offen (graphische Netzdarstellung). Der für die Erstellung einer Personenbilanz notwendige Aufwand fällt nicht wiederholt an, da einmal erfasste Grundstrukturen bei einer Aktualisierung nur noch ergänzt und fortgeschrieben werden müssen. Auf der Zeitachse können durch den Vergleich fortgeschriebener Bilanzen Entwicklungen und Trends ablesbar gemacht werden. Das Monitoring der Personalbilanz ist ein Gradmesser, der zeigt, wie das Unternehmen auf seiner weiteren Wegstrecke vorangekommen ist. So kann mit Hilfe der Personalbilanz kann nicht nur das „Was-ist", sondern auch das „Was-sein-könnte" (Potenziale, Perspektiven) verdeutlicht werden.

Im Wettbewerb um qualifizierte Fachkräfte spielen „weiche", oft als nicht bewertbar beurteilte Personalfaktoren eine immer wichtigere Rolle: über eine Personenbilanz können diese „Intangibles" einer transparent nachvollziehbaren und einheitlich durch-gängigen Bewertungssystematik zugeführt werden. Eine Personalbilanz kann aber immer nur so gut sein wie die in sie eingespeisten Strukturen, Bewertungen und Beschreibungen. Eines ist bereits im Vorfeld gesichert: die für die Erstellung einer Personalbilanz entwickelte Vorgehenssystematik erzwingt eine intensive Beschäftigung und Auseinandersetzung mit allem, was mit Personalfaktoren zusammenhängt. Allein durch die hierbei geleisteten Vorarbeiten fällt ein gesicherter Gewinn an entsprechendem Erkenntniswissen zu.

Es werden immer mehr geschäftlich relevante Daten produziert und analysiert. Business Intelligence generiert vor allem Basisinformationen für zukunftsorientierte Prognosen und Planungen. Mögliche Gefahr: Auswertungen immer größerer Datenmengen bringen nur abnehmende Zusatzerkenntnisse und verwässern eine bereits mühsam erarbeitete Wissensessenz. Die unablässige Suche nach immer mehr Informationen versperrt den Blick für das, was wirklich wichtig ist. Oft ist weniger mehr. Bei der einseitigen Ausrichtung auf „harte" Key Performance Indikatoren (KPI), gerät nur allzu leicht das eigentliche Management der „weichen", qualitativen Erfolgsfaktoren in den Hintergrund. Die Jagd nach immer mehr Information ist manchmal nur der Vorwand, Entscheidungen aufzuschieben. Man gerät in eine Endlosschleife. Auch wenn bereits die relevanten Fakten auf dem Tisch liegen und man bereits in einem Wust der Irrelevanz unterzugehen droht, werden vielleicht noch neue Arbeitskreise gebildet oder Gutachten eingeholt.

Der Informationsflut droht eine Informationsverschmutzung im immer undurchsichtigeren Informationsdschungel. Ein Zuviel an Informationsmenge suggeriert leicht eine Sicherheit, die es so gar nicht gibt, nicht geben kann. Für die Entscheidungsfindung werden zunehmend erfolgskritische Informationen auf Basis relevanter Kennzahlen eingefordert. Auch kleinere Unternehmen müssen im heutigen Wettbewerbsumfeld in der Lage sein, unterschiedliche Datenquellen zeitnah zu analysieren und strategisch nutzbar zu machen. Business Intelligence ist ein wirksames Gegenmittel gegen ungebremste Informationssammelwut.

Big Data und Predictive Analytics : radikale Veränderungen sind im Gange, haben uns schon erfasst: nichts bleibt mehr so, wie es einmal war. Veränderungen gehören zum Tagesgeschäft des Managements – offene statt straffe Regelsteuerung steht an

Bisher aber stellten Veränderungen nur selten das grundsätzliche Geschäftsmodell in Frage, sondern machten das Tagesgeschäft „nur" schlanker, effizienter. „Controller sind die Hüter und Betreiber der Regelsteuerung. Sie beherrschen das komplexe System souverän, von Forecasts bis hin zu Abweichungsanalysen". Radikale Veränderungen dagegen sind anders, sind vor allem durch hohe Unsicherheit gekennzeichnet, Meinungen prallen aufeinander, verlässliche Leitplanken fehlen. Controller müssen nunmehr (im engen Schulterschluss mit den Strategieplanern) analysieren, welchen Einfluss die Digitalisierung auf die Geschäftstätigkeiten hat und haben wird. Das heißt, die bisherige straffe Regelsteuerung muss durch eine offene (losere) Steuerung ergänzt (ersetzt) werden.

Controller, die bisher mit zeitnahen Abweichungsanalysen (täglich, wöchentlich) jeder noch so kleinen Kostenüberschreitung nachspüren wollten, müssen umdenken und manche Dinge mehr eigenverantwortlich „laufen lassen". Dazu gerät mit der Digitalisierung ein weiteres

Arbeitsfeld ins Wanken: wenn sich bewahrheitet, dass Computer die Auswertung von Ist- und Plandaten, das Erstellen von Abweichungsanalysen, Forecasts und Prognosen ebenso gut (zumindest schneller und genauer) wie Controller oder Menschen zu Wege bringen. D.h. durch Standardisierung und Automatisierung ein Teil der (repetitiven) Controllingaufgaben an die IT-Systeme abgegeben werden kann. „Digitalisierung könnte also für die Controllerzunft einerseits bedeuten, dass Aufgaben und Kapazitäten wegbrechen – warum sollte es im Controlling auch anders sein als auf den Absatzmärkten? Andererseits entstehen durch Big Data und Predictive Analytics potentielle neue Betätigungsfelder". Dies allerdings auf einem Feld, auf dem sich Controller unter Umständen mit einem (neuen) internen Wettbewerber, dem Data Scientist, messen und auseinandersetzen müssen.

Eine der Hauptursachen, warum der Rohstoff „Wissen" trotz seines rasant steigenden Anteils an der Herstellung heutiger Produkte und Dienstleistungen bislang so wenig sichtbar gemacht wurde, liegt in der komplizierteren Bewertung und Messung immaterieller sogenannter „weicher" Faktoren begründet. Trotz zahlreicher Einzelaktivitäten im Zusammenhang mit dem Zukunftsrohstoff „Wissen" gibt es oft noch Lücken, die eine bestmögliche Ausschöpfung der hierin steckenden Entwicklungspotentiale behindern: ins-besondere fehlt vielfach noch ein in sich schlüssiges Konzept bzw. Instrument, mit dem sich alle Einzelkomponenten des Intellektuellen Kapitals vollständig und mit einheitlicher Systematik abbilden lassen. Eine Personalbilanz ist auf dem Weg zu einer zahlenmäßigen Erfassung inzwischen ein gutes Stück des Weges vorangekommen und hat hierfür auch praxistaugliche Instrumente, Verfahren und Software entwickelt: diese ermöglichen es dem Personalcontrolling nicht nur, sich in einem hochkomplexen Wissensumfeld Wettbewerbsvorteile zu verschaffen, sie machen durch ihre gängige Zahlenwelt auch eine Nachvollziehbarkeit für außenstehende Dritte möglich. Gegenüber der üblichen Bilanzierung materieller Wirtschaftsgüter hätte das Instrumentarium der Personalbilanz bereits einen entscheidenden Vorteil: es werden auch die zwischen einzelnen Faktoren bestehenden Beziehungen hinsichtlich ihrer Wirkungsstärke und Wirkungsdauer sichtbar gemacht. Aus diesem ohne entsprechende Instrumente kaum durchschaubaren Beziehungsgeflecht lassen sich diejenigen Maßnahmen herausfiltern, die aufgrund ihrer hohen Hebelwirkung das größte Potential erwarten lassen.

Dass Wissen oft ungenutzt im Unternehmen liegt wird u.a. durch eine Studie vom Stuttgarter Fraunhofer-Institut für Arbeitswissenschaft und Organisation bestätigt. Danach glaubten lediglich 15 Prozent der befragten Unternehmen, ihr internes Wissen gut bis sehr gut zu nutzen. Bemerkenswert ist dabei, dass 75 Prozent von diesen Unternehmen gleichzeitig angeben, der Anteil des Produktionsfaktor Wissen habe bis zu 60 Prozent Anteil an der Wertschöpfung ihres Betriebes. Die Vergeudung von Wissensressourcen geht einher mit dem Horten von Herrschaftswissen und dem Festhalten an starren Entscheidungsstrukturen: nur geschicktes Wissensmanagement macht es möglich, an die „skills" der Mitarbeiter heranzukommen.

Immer mehr erkennt man, dass eine der wichtigsten Grundlagen von Geschäfts- und Entwicklungsprozessen eine effektive Informationslogistik ist: die Qualität der Unternehmensleistung basiert nicht nur auf Betriebswirtschaftlichen oder sachlichen Daten, sondern ebenso auf Informationen über interne Abläufe, Strukturen, Erfahrungen, Bewertungen von Informationen, Verdichtungen, Vernetzungen etc. Wissen manifestiert sich in Kommunikationsnetzwerken, d.h. wer hat mit wem zur Lösung welcher Fragestellung kommuniziert. Wissensmanagement ist Chefsache und muss auf dieser Ebene verantwortlich gefördert werden.

Information und Wissen haben verschiedene Aspekte und dürfen nicht miteinander verwechselt werden: Information muss nicht bereits Wissen sein! Daraus folgt: moderne Hardware und Datenbanken alleine reichen nicht aus, erworbenes Know-how im Unter-nehmen zu halten: Wissensmanagement bedeutet viel-mehr auch vorausschauendes Personalmanagement. Diesem entspricht nicht, wenn beispielsweise im Wege von Lean Management sich Unternehmen durch Frühpensionierung einer ganzen Schicht von wichtigen Wissensträgern selbst beraubt. Vor der Wissensanwendung steht aber immer erst der notwendige Wissenserwerb: Wissensmanagement hat somit auch immer mit Ausbildung zu tun. Eine Wissensvermittlung auf Vorrat von früher reicht heute bei weitem nicht mehr aus: dabei ist eine Verschiebung vom Fakten- zum Zugriffswissen sowie vom Oberflächen- zum Konzept-wissen feststellbar.

Das Hilfreiche vom Sinnlosen unterscheiden können. Internetgesteuertes Denken – Surfen und Sammeln – Auswählen und Wegwerfen – neue Lesefähigkeit –Dinge filtern und hinterfragen – verborgene Form des Wissens: Auf dem Weg der Verschmelzung menschlichen Geistes mit dem Internet surfen wir durch Gedanken und Anregungen, nehmen auf, was uns gefällt, speichern, verlinken und sammeln Informationen, Unterhaltung und Sozialleben. Das Netz hat die Art und Weise, wie wir Gedanken erfassen und wie wir von diesen Informationen Gebrauch machen, verändert (bestimmt). Unter Umständen bedeutet dies:
kürzere Aufmerksamkeitsspannen,
schwächere Gedächtnisleistungen,

bruchstückhafte Argumentationen,
die Neigung, Suchmaschinen-Hinweise mit Tatsachen zu verwechseln.

Auf der anderen Seite hat das Internet aber auch:
die Zusammenarbeit so leicht wie nie zuvor gemacht,
den Zugang zu einem Meer von Informationen dramatisch verbreitert,
den großen Speicher des Weltwissens per Mausklick für alle eröffnet.
Erfahrungen und ein Wissensschatz, den in der Vergangenheit ein Einzelner aufgebaut haben mochte, sind heute weniger wert als die Fähigkeit, seine Aufmerksamkeit auf etwas fokussieren zu können und es aufzubereiten (editieren) zu können. Die Fähigkeit, einer Maschine Informationen zielgerichtet entnehmen zu können hat Fähigkeiten abgelöst, sich ohne Hilfsmittel erinnern zu können. Seine Aufmerksamkeit gezielt auf etwas richten zu können ist oft wichtiger als sachkundiges Detailwissen. Nicht wenige fühlen sich von dem Ansturm an Informationen überfordert. Es kommt darauf an, unnötige Informationen zu verwerfen, um die verborgene Gestalt des Wissens freizulegen.

Noch vor nicht allzu langer Zeit, musste Wissen aktiv ausfindig gemacht werden. Heute dagegen werden wir mit Informationen geradezu überschwemmt: vieles davon ist irrelevant oder von zu geringer Qualität. Im internetgesteuerten Denken wird nicht prämiert, was man weiß, sondern was man herausfinden kann. Das Netz erfordert einen neue Form von Lesefähigkeit: die Fähigkeit, aus dem Übermaß der Informationen schnell und gezielt das Hilfreiche von dem Sinnlosen zu unterscheiden. „Das Internetdenken besteht nicht nur aus Surfen und Sammeln, sondern auch aus Auswählen und Wegwerfen". „Morsches Holz abschlage zu können ist vielleicht die wichtigste Fähigkeit des Onlinegehirns".

Wissensmanagement erfordert zunächst auf Führungsebene die Bewertung von im Unternehmen zirkulierenden Informationen. In der konkreten Umsetzung muss dieser Prozess von den Informationssystemen durch das Sammeln, Speichern und Verteilen des Knowhows unterstützt werden: ohne regelnde Strukturen wie beispielsweise Filterfunktionen oder Suchmaschinen ist die große Menge an Informationen in der Praxis nicht zu bewältigen. Insbesondere Führungsebenen können bei ihrer Entscheidungsfindung von Wissensdatenbanken profitieren.

Da teilweise bis zu 80 Prozent des Business-Wissens in Informationssystemen steckt, ist es eine Herausforderung an das Informationsmanagement, dieses Wissen zusammenzuführen. Das Wissen über die Planung,

Steuerung, Durchführung und Kontrolle von Geschäftsprozessen ist in der Software gespeichert: außerhalb der Software ist dieses Wissen nur bruchstückhaft dokumentiert oder nur in Köpfen von wenigen Mitarbeitern eingeschränkt verfügbar. Erfahrungen zum Wissensmanagement zeigen, dass der Erfolg zu 80 Prozent von den sogenannten „soft factors", d.h. Unternehmenskultur, den gelebten Werten und Normen der Organisation abhängig ist und nur zu etwa 20 Prozent von den genutzten Informations- und Kommunikationstechniken. Im Vergleich zu gut strukturierten Daten werden Wissen und Erfahrungen von Mitarbeitern in der Regel nicht explizit dargestellt: genau diese Informationen sind aber für das Wissensmanagement von Bedeutung. Schwach strukturierte Prozesse, deren Ablauf nicht genau vorhersehbar ist, werden meist nur einmal in der gleichen Form durchgeführt: gerade hierfür spielt die Erzeugung und Nutzung von Wissen die entscheidende Rolle. Phasenschritte zum Wissen:

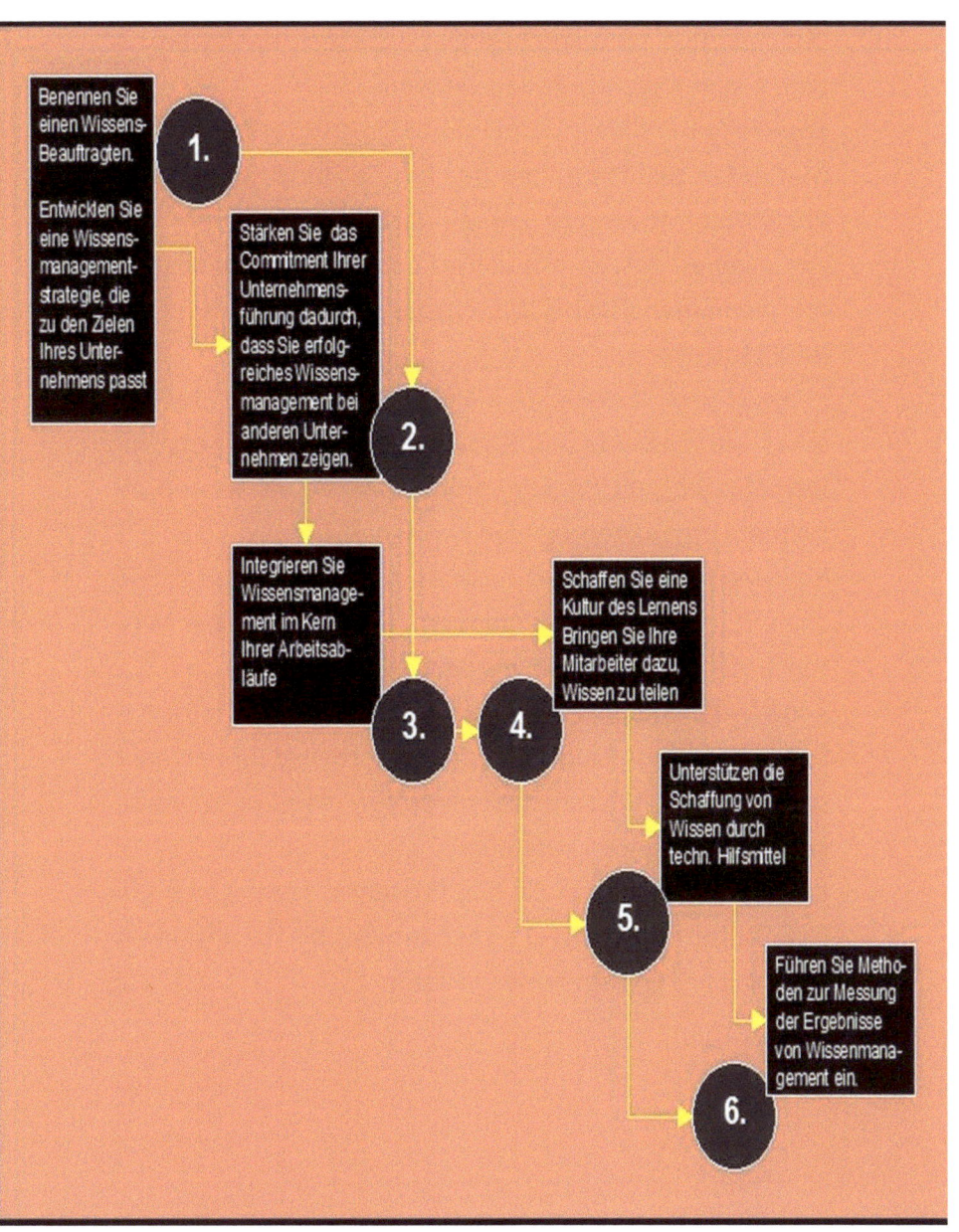

Um mit dem strategischen Gut „Wissen" richtig umzugehen sind folgende Rollen sinnvoll:

Knowledge Enabler: ist für die nötigen Werkzeuge und Methoden zuständig, um das für die Durchführung von Prozessen notwendige Wissen abrufen zu können, daraus eigenes Wissen abzuleiten und dieses Wissen über die gemeinschaftliche Wissensbasis wiederum anderen bereitzustellen.

Knowledge Processor: ist die Nahstelle zwischen technischer Wissensbasis und Knowledge Enabler. Er setzt Informationen und Regeln so um, dass sie als Wissen im System vorgehalten werden können.

Knowledge Creator: recherchiert im Markt nach zusätzlichen relevanten Informationen, die dann in die Wissensbasis eingeflochten werden.

Knowledge Engineer: sammelt das vorhandene Informations- und Wissenspotential der Mitarbeiter und erzeugt strukturiertes Wissen, indem er für einzelne Prozesse verbindliche Regeln aufstellt.

Knowledge Broker: stellt das Wissen in Form eines Abfragesystems bereit und bietet darüber hinaus allgemein zugängliches Unternehmenswissen.

Eine Volkswirtschaft und ihre digitalen Geschäftsmodelle Dynamisch veränderte Qualifizierungsinhalte - neue Interaktionsformen der informationsbasierten Arbeitswelt

Geschäftsmodelle aus der digitalen Welt lassen sich an vielen Stellen einer Volkswirtschaft verorten: „Volkswirtschaften mit einem höheren Anteil digitaler Geschäftsmodelle und Infrastruktur erzielen einen Einkommensvorteil.....durch digitale Technologie werden traditionell regional begrenzte Zusammenhänge geöffnet und vernetzt, Geschäft mit nahezu unbegrenzten Mengengerüsten möglich, und der Aktionsradius für wirtschaftliche Akteure wird erweitert". Die Digitalisierung ist der herausragende Einflussfaktor für fast alle wirtschaftlichen und sozialen Beziehungen, betroffen sind unterschiedliche Muster der Arbeitsteilung. Im Beziehungsgeflecht zwischen Unternehmen und Verbrauchern. „Durch die Verbindung der klassischen mechanisch-elektronischen Produktionsstrukturen mit Software und Informationstechnik (cyber-physische Systeme) sowie die Nutzung von Private-Cloud-Diensten wird die Wertschöpfungskette um eine Informationskette in Echtzeit ergänzt".

Die Neuerfindungen digitaler Geschäftsmodelle sind weder an Ort noch an eine bestimmte Kultur gebunden. Mit der Digitalisierung lassen sich auch alte Ideen ökonomisch neuartig nutzen. Aus lokalen Phänomenen (Mitfahrzentrale) wurden globale Märkte der Sharing Economy geschaffen. Riesige Datenmengen zu generieren, verschafft Vorteile: der exklusive Besitz solcher Daten ermöglicht (zumindest temporär) eine starke Marktposition. Die globale Vernetzung in Echtzeit ist nicht zuletzt ein gewaltiges Beschleunigungsprogramm (bei dem allerdings die unterschiedlichen Zeitmuster und Geschwindigkeiten erst in einem ganzheitlichen Wirkungszusammenhang transformiert werden müssen).

Das Personalmanagement unterliegt dadurch einem dynamischen Wandel und Anpassungsdruck: insbesondere der Umgang mit Wissen als Ressource wird für die Zukunft immer mehr zum entscheidenden Erfolgsfaktor, d.h. die Wettbewerbsfähigkeit wird vom bewussten und gezielten Umgang mit diesem immateriellen Rohstoff abhängen. Wissen manifestiert sich sowohl in internen Kommunikationsnetzwerken, dem „Unternehmensgedächtnis", als auch im Verbund mit externen Kooperationspartnern. Es wird immer mehr darauf ankommen, dass man wissensgestützte Produkte und Dienstleistungen fortlaufend weiterentwickelt, denn deren Marktwert basiert zu einem immer größeren Teil auf dem in ihnen steckenden Informationsgehalt. Dabei werden verschiedene Entwicklungsstufen durchlaufen: von der Daten- über die Informations- bis hin zur höchsten Wissensstufe. Die veränderten Inhalte von Qualifizierungsmaßnahmen stellen personalverantwortliche Manager, Trainer und Lehrer ebenfalls vor veränderte Herausforderungen. Während im gesamten Aus- und Weiterbildungsbereich die Vermittlung von Wissen und kognitive Fähigkeiten im Vordergrund stehen, werden bei der praktischen Umsetzung dieses erlernten Wissens auch persönliche, soziale und kommunikative Kompetenz benötigt.

Zwischen Informationsproduzenten und -konsumenten werden neue Interaktionsformen realisiert. Es geht um die Lösung der Fragen: wie können Unternehmen mit der Dynamik des sie umgebenden Umfeldes mithalten? aus welchen individuellen und kollektiven Wissensbeständen setzt sich die Wissensbasis zusammen, auf die ein Unternehmen zur Lösung seiner Aufgaben zurückgreifen kann? besitzen die Mitarbeiter die notwendigen Fähigkeiten, um das vorhandene Informationsangebot produktiv nutzen zu können?

Wissen und Erfahrungen sind an Personen gebunden und daher können nur die Knowhow-Träger selbst diese Potenziale erschließen. Hierbei finden in der informationsbasierten Arbeitswelt gewaltige Umstrukturierungen statt. Die Entwicklung hin zur Informationsgesellschaft sorgt nicht nur für partielle Veränderungen, sondern kündigt bereits die künftige Gesellschaft an. Bei immer kürzeren Innovationszyklen wird die Qualität der Mitarbeiter zum strategischen Erfolgsfaktor. D.h. die Wettbewerbsfähigkeit eines Unternehmens hängt nicht zuletzt von der Fähigkeit der Mitarbeiter ab, wie schnell diese auf neue Entwicklungen zu reagieren in der Lage sind. Die Halbwertzeit des Wissens sinkt dramatisch ab: d.h. ohne regelmäßiges Aktualisieren und Auffrischen könnte wertvolles Knowhow in kürzester Zeit nur noch die Hälfte wert sein.

Wissensmanagement erhöht Problemlösungskapazität und umfasst hierbei alle Maßnahmen, die auf eine Ausweitung von Wissen oder auf eine verbesserte Nutzung gerichtet sind: denn im Unternehmen verfüg-bare Wissensbestände erfüllen nur dann ihren Zweck, wenn durch sie das Aufgabenspektrum im beruflichen Kontext besser gelöst werden kann, d.h. das Unternehmen ist nicht nur an positiven Wissenszuwächsen an sich, sondern vielmehr daran interessiert, dass dieses Wissen auch an den Arbeitsplatz transferiert wird. Hierbei geht es um die Frage, welchen Beitrag zum Unternehmenserfolg der Erwerb von zusätzlichem Wissen erbringt. Wissensmanagement soll die Problemlösungskapazität aufgrund der vorhandenen Fähigkeiten und Praktiken erhöhen und durch gezielte Beeinflussung die Wissensbasis verbessern. Zu den Gestaltungsfeldern des Wissensmanagements zählen Wissensziele, Wissensidentifikation, Wissensbewertung und Messung, Wissenserwerb, Wissensentwicklung, Wissensspeicherung, Wissensnutzung, Wissensverteilung:

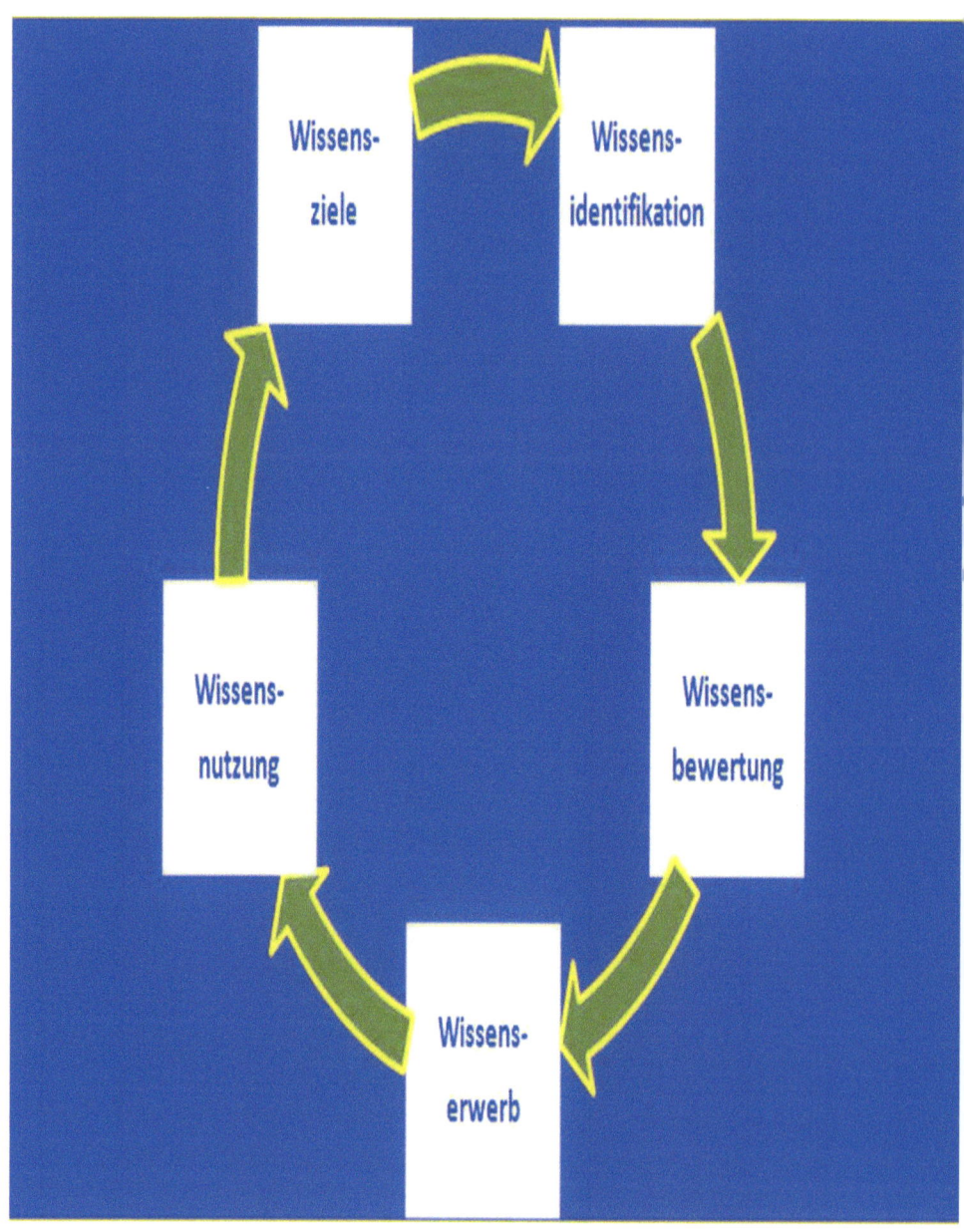

Wissensziele: stimmen alle Aktivitäten auf die Gesamtziele des Unternehmens ab, u.a. durch Festlegung konkreter Ziele für alle Gestaltungsfelder. Um im Fähigkeitenwettbewerb bestehen zu können, müssen Kompetenzen aufgebaut und weiterentwickelt werden, Wissensvorsprünge müssen in konkrete Nutzungsstrategien umgesetzt werden. Fragen: welches Wissen ist heute und welches morgen entscheidend für Geschäftserfolge? worin liegen Sinn und Notwendigkeit von Wissenszielen? welches sind die besonderen Herausforderungen bei der Definition von Wissens-zielen? ist bekannt, wo und wie stark die Hebelfähigkeiten des vorhandenen Wissens angesetzt werden können? werden die allgemeinen Unternehmensziele in strategische und operative Wissens-ziele übersetzt? wird überprüft, inwieweit Wissensziele erreicht wurden?

Wissensidentifikation: hierbei geht es darum, intern bereits vorhandene Wissensbestände erst einmal zu erkennen und dann in systematisierter Form sichtbar und greifbar darzustellen: bisher nicht oder separat genutztes Wissen soll dem Unternehmen als Ganzes zugänglich gemacht werden, Mehrfachaufwand durch redundante Wissensentwicklung soll vermieden werden. In der heutigen Wirtschaftswelt herrscht kein Mangel an Informationen. Unternehmen stehen vielmehr vor dem Problem, einen Überblick über die um sie herum explosionsartig anschwellende Datenflut zu behalten. Wer im Wettbewerb erfolgreich agieren will, muss über vollständige Transparenz seiner vorhandenen Wissensbestände verfügen. Transparenz stellt sich nicht automatisch ein, sondern muss zielgerichtet und manchmal auch mühsam erarbeitet werden. Fragen: ist transparent, welches Expertenwissen in welcher Form, bei wem und wo bereits im Unternehmen vorhanden ist? welche Wissensbestände werden häufig genutzt und welche seltener?

Entscheidungsunterstützer IT – neue Art des Arbeitens – intelligente Nutzung von Daten - der Erwerb von Wissen ist ebenso zu behandeln wie eine Investition im materiellen Vermögensbereich

Mit Hilfe der Verarbeitung und Interpretation großer Datenmengen können neue Erkenntnisse gewonnen werden, Risiken und Chancen besser eingeschätzt werden, Kosten gesenkt und Entscheidungen schneller und fundierter getroffen werden. Der Schlüssel sind die richtigen Algorithmen. Mit deren Hilfe können die Ergebnisse aus der Datenauswertung auf die Geschäftsprozesse übertragen werden. Die Kombination aus Cloud und mobilen Geräten ermöglicht eine neue Art des Arbeitens: sie ist der Türöffner für mehr Agilität und Flexibilität. Entscheidend hierbei ist die Fähigkeit zur intelligenten Nutzung von Daten. Wobei es nicht darauf ankommt, immer noch mehr Daten anzuhäufen. Wichtiger ist, die richtigen Daten zu erfassen und sie intelligent zu analysieren. Trotz Automatisierung von immer mehr Entscheidungen ist aber der Mensch nach wie vor gefragt. Denn im realen Leben gibt es viele Dinge, die auch Big Data nicht vorhersehen kann. Hier muss dann der Mensch eingreifen und die Algorithmen erst wieder an die neue Situation anlernen.

Das Personalmanagement ist auf praktikable Instrumente zur Bewertung und Messung von Wissen angewiesen.

Insbesondere die Glaubwürdigkeit und Nachvollziehbarkeit einer möglicherweise zu erstellenden Personalbilanz hängen ganz entscheidend von Angaben ab, die der zahlenorientierten Finanz- und Wirtschaftwelt vergleichbar sind. Das traditionelle Managementdenken konzentriert sich nach wie vor auf quantifizierbare Aussagen. Voraussetzung ist, dass das Netzwerk der Beziehungen zwischen einzelnen Komponenten des Intellektuellen Kapitals sinnvoll strukturiert werden, um darauf aufbauend dann geeignete Indikatoren ableiten zu können.

Als Vorstufe zur direkten Quantifizierung bietet sich zunächst eine indirekte Bewertung an. Hierzu sollten zunächst die für das Unternehmen überlebenswichtigen Kernprozesse definiert und beschrieben werden. Hierzu ergänzend könnten die Faktoren herausgefunden werden, die für den Geschäftserfolg des Unternehmens von unmittelbar größter Wichtigkeit sind und hiermit in einem plausiblen Zusammenhang dargestellt werden können. In vielen Fällen wird man hierbei zu einer Mischung aus harten und weichen Indikatoren gelangen. Unter harten Indikatoren werden diejenigen verstanden, die sich eindeutig und direkt quantifizieren lassen (z.B. Umsatzerfolge). Unter weichen Faktoren werden diejenigen verstanden, die auf einer qualitativen Basis indirekt gemessen werden (z.B. Durchsetzungsvermögen).

Wissenserwerb: umfasst alle Maßnahmen zur Beschaffung extern verfügbarer Wissensbestände (Beziehungen zu Kunden und Lieferanten, zu Kooperationspartnern, zu Konkurrenten u.a.). Ebenso zählt hierzu die Beauftragung von Experten oder die Beschaffung von Wissensprodukten (Datenbanken, Software, Studien u.a.). Ziel ist es, das Wissen der Umgebung intelligent in die eigene Geschäftstätigkeit und die eigenen Fähigkeiten einzubeziehen: es gilt, das interne Unternehmenswissen von außen um das Wissen der Finanzwelt, das Wissen der Kunden, das Wissen der Lieferanten, das Wissen der Öffentlichkeit oder das Wissen der Medien anzureichern.

So beispielsweise besteht die Haupttätigkeit mancher Forschungs- und Entwicklungsabteilungen nicht in der Entwicklung neuer Verfahren und Produkte, sondern im intelligenten Erwerb externen Wissens (z.B. wenn sich immer mehr Pharmaunternehmen das Wissen von Biotechnologiefirmen einkaufen). Oder: Schlüsselkunden wissen als besonders intensive Nutzer häufig mehr über Stärken und Schwächen eines Produktes im täglichen Gebrauch als dessen eigentliche Entwickler selbst. Frage: welche externen Wissensquellen werden von dem Unternehmen bisher genutzt? Der Erwerb von Wissen ist ebenso zu behandeln wie eine Investition im materiellen Vermögensbereich: beispielsweise können auch für Wissensinvestitionen unterschiedliche Amortisationszeiten berechnet werden. Durch den Ankauf von Wissensprodukten gelangt ein Unternehmen aber nicht automatisch in den Besitz der hierzu gehörenden organisatorischen Fähigkeiten: dieses Potential muss vielmehr erst noch durch sinnvolle Integration in die bestehende Wissensbasis aktiviert werden.

Wissensentwicklung: umfasst alle Maßnahmen zur Neuentwicklung von Fähigkeiten, Produkten oder Prozessen (z.B. Forschung und Entwicklung, Marktforschung). Fragen: werden Leistungserstellungsprozesse auch als Prozesse der Wissensentwicklung gesteuert? wo sind im Unternehmen die Zentren der Wissensentwicklung? wird kontinuierlich versucht, implizites Wissen auch explizit sichtbar und bewusst zu machen? wird im Unternehmen individuelle Kreativität gefördert?

Obwohl heute die Wissensmärkte nahezu unbegrenzt und Wissensprodukte (z.B. Software, Blaupausen u.a., in denen „gefrorenes" Wissen steckt) für jede nur denkbare Anforderung jederzeit verfügbar scheinen, sollte das Unternehmen niemals die eigenen Fähigkeiten zur Wissensentwicklung vernachlässigen oder gar verlieren. Denn dieses extern auf Märkten importierbare Wissen steht auch der Konkurrenz offen und lässt sich daher ohne zusätzliche Eigenentwicklung umso schwerer in

Wettbewerbsvorteile umsetzen. Nur Wissen, das wirklich neu und nicht jedermann zugänglich ist, schafft die Basis für innovative Produkte und eine wachsende Wertschöpfung. Im Mittelpunkt der Wissensentwicklung steht daher die Entwicklung neuer Ideen und besserer Fähigkeiten. Dieses Gestaltungsfeld ist somit eng mit dem Innovationsmanagement gekoppelt. Niemand kann dazu gezwungen werden, einen genialen Einfall zu haben (auch nicht durch eine Verdoppelung von Forschungsbudgets). Der Prozess der Wissensentwicklung bewegt sich daher auch im kreativen Bereich und ist dementsprechend schwerer steuerbar, jedenfalls kaum planbar.

Wissensspeicherung: umfasst alle Maßnahmen zur Bewahrung der vorhandenen Wissensbestände. Neues, wertvolles Wissen entsteht oft im Rahmen von Projektarbeiten. Unternehmen müssen deshalb gezielte Maßnahmen ergreifen, um das im Projektverlauf entstandene Wissen zu bewahren (Erfahrungssicherung). Fragen: gibt es einen systematischen Entscheidungsprozess darüber, welches Wissen auf welchem Medium gespeichert wird? umfasst die Wissensspeicherung Konzepte zum einfachen Wieder-auffinden von Wissen? werden durch Outsourcing unreflektiert Teile des organisatorischen Gedächtnisses gelöscht? entstehen Wissenslücken, wenn Mitarbeiter das Unternehmen verlassen? werden

Projektergebnisse (lessons learned) systematisch für zukünftige Wiederverwendungen gesichert? wird Erlebtes und Erfahrenes über den Augenblick hinaus bewahrt?

Born to learn: Lernkompetenz für lebenslanges Lernen – Erfahrungswissen mit Potenzial zur besten Version seiner selbst

In der Schule beginnt alles. Spätestens. Hier werden die Wurzeln für spätere Berufserfolge gelegt. Knappe Arbeitskräfte werden gut bezahlt, qualifizierte allemal. Die Leistungsbereitschaft jedes Einzelnen ist ausschlaggebend, welche Qualifikationen er sich in Schule und Ausbildungszeit verschafft. Individuelle Versäumnisse in der Vergangenheit können durch reichlich vorhandenen Aus- und Fortbildungsmaßnahmen bei entsprechender Leistungsbereitschaft später wieder ausgeglichen werden. Bequemlichkeit und Null-Bock-Mentalität rächen sich nach Gesetzen des Arbeitsmarktes bitter. Jeder ist seines Glückes Schmied, d.h. muss auch bereit sein, vorhandene Chancen zu nutzen: für Qualifizierungsanstrengungen gibt es ein breites, kostenloses Angebot. Qualifizierung ist eine Hol- und weniger eine Bringschuld. Hierzu wird Lernkompetenz benötigt, die zwar mit der Erfahrung aber trotzdem nicht automatisch wächst. Aufbau und Pflege von Lernkompetenz ist ein wichtiger Baustein der Personalentwicklung. Vor der Wissensanwendung steht immer erst der notwendige Wissenserwerb. Intellektuelles Kapital hat somit auch immer mit Ausbildung zu tun. Eine Wissensvermittlung auf Vorrat von früher reicht aber heute bei weitem nicht mehr aus.

Mit dem strategischen Gut „Wissen" muss jeder, will er Erfolg haben, zielgerichtet umgehen. Im Vergleich zu gut strukturierten Daten in den IT-Systemen werden Wissen und Erfahrungen von Personen in der Regel nicht explizit dargestellt. Zu unterscheiden ist zwischen explizitem Wissen, das sich anhand von Regeln abbilden lässt und implizitem Wissen, das sich aus Problemlösungskompetenz und Erfahrungsschatz einer Person zusammensetzt. Alle fünf Jahre verdoppelt sich das Wissen der Menschheit. Dieser Sachverhalt wird ausgedrückt durch den Begriff der Halbwertzeit des Wissens. Leistungsfähige Organisationen zeichnen sich dadurch aus, dass sie schnell lernen können: jeder einzelne für sich wie auch im Team.

Nicht selten hat ein Unternehmen die Erfahrung gemacht, dass über Outsourcing-Maßnahmen auch wertvolles Wissen verloren ging, das kurze Zeit später über teure externe Beraterhonorare zurückgekauft werden musste. Im Zuge von Reorganisationen können wertvolle Teile des Unternehmensgedächtnis unter-gehen. Ein Grundsatz der Wissensbewahrung lautet, dass alte Erfahrungen nicht von neuem Wissen überschrieben und damit für immer gelöscht werden sollten. Auch aus juristischer Sicht kann die Bewahrung von Wissensdokumenten bedeutsam sein. Nachdem in einem ersten Schritt bewahrungswürdiges Wissen von weniger wichtigen Wissensbestandteilen getrennt wurde, sollte in einem weiteren Schritt über eine organisatorisch angemessene Form der geeigneten Speicherungsformen und Techniken entschieden werden, d.h. wie das elektronische Gedächtnis des Unternehmens am besten zu digitalisieren ist.

Wissensnutzung und -verteilung = Turning Knowledge into Cash: Wissen ist die einzige Ressource, die sich durch Gebrauch vermehren lässt. Bezüglich Erfahrungswissen ist es wichtig, dass für den notwendigen Wissenstransfer Erfahrungsprofile der Mitarbeiter dokumentiert und gepflegt werden. Gespeichert werden Daten über die Expertise von Mitarbeitern, Universitäts- und Industriekontakten. Oft ist es hilfreich, Berichte vergangener Projekte zu durchforsten und zugänglich zu machen. Es geht um die Verknüpfung des internen methodischen Knowhows mit dem jeweiligen Anwendungsbereich: nur wer schnell und einfach auf Vorhandenes zurückgreifen kann, gewinnt Freiräume für kreative neue Lösungswege.

Kompetenzen und Selbstmanagement - Handeln kritisch reflektieren: man sollte nicht unbedingt danach streben, ein anderer zu sein (werden), sondern eher danach der Beste zu werden, der man sein kann: Erkennen des eigenen Potenzials zur besten Version seiner selbst. Zu einem Mensch zu werden, der man in Wahrheit ist und von seinem Potenzial her sein kann. Auch eine Fremdbildanalyse von (unabhängigen) Dritten kann mit einer anderen Sichtweise helfen, Potenziale bestmöglich auszuschöpfen. Es geht beispielsweise bei der Karriereplanung um Standortbestimmung, um Kompetenzen im Umgang mit Veränderungen und Konflikten.

Mögliche Ziele: „ich möchte lernen, zielgruppenadäquat zu kommunizieren. Ich möchte gelassener reagieren, mich weniger getrieben fühlen. Ich möchte an meinem Selbstmanagement arbeiten, mich besser abgrenzen können und nein sagen. Ich möchte herausfinden, wo ich besser werden kann und wo es ungenutzte Potenziale gibt. Ich möchte mir klar darüber werden, wohin ich mich beruflich zukünftig entwickeln möchte."

Bei Konflikten im Berufsleben geht es um unterschiedliche Interessen, Macht, Verteidigung des eigenen Reviers oder Ärger über Verhaltensweisen von Mitarbeiter, Kollegen oder Vorgesetzten. Dabei reicht es oft nicht, von Erfolgsfaktoren der Vergangenheit auf Gegenwart und Zukunft zu schließen. Vielmehr muss regelmäßig hinterfragt werden, ob die bisherigen Erfolgsfaktoren noch gültig und wirksam sind. Wie in der Evolution überlebt der (ist erfolgreicher), der sich am besten an veränderte Bedingungen und ihre neue Anforderungen anpasst.

Entscheiden ist die Bereitschaft, sein Handeln kritisch zu reflektieren.

Der Homo informaticus im Spiegelkabinett der Fähigkeiten und Wirkungsbeziehungen von Personaleigenschaften

Sich vernetzend tritt der Mensch in ein Spiegelkabinett mit Myriaden technischer Agenten, die zu allen Seiten ihre unsichtbaren Fühler und Greifarme ausgestreckt haben: alles Handeln wird von einer technologischen Großstruktur umhüllt. Unfassbar die Dimensionen: für hundert Dollar Rechenleistung eines iPad wären vor siebzig Jahren noch 100 000 000 000 000 Dollar (einhundert Billionen!)aufzubringen gewesen. Die Technik ist in eine neue Undurchsichtigkeit umgeschlagen" : hinter den Bildschirmen brodelt ein Magma aus smarten Objekten", „die Schläfrigkeit einer guten Milliarde Facebook-Nutzer nimmt die ökonomische Ausbeutung ihrer sozialen Person schulterzuckend hin". „Die Privatsphärenausbeuter bleiben ohne Gesicht, und der Bestohlene hat keine Vorstellung davon, was mit seiner verschacherten Schattenidentität im globalen Informationskreislauf passiert". Auch ein sogenanntes vom Nutzer vielleicht praktiziertes Reputationsmanagement ist im Grund machtlos gegen die algorithmische Hinterwelt, in der Identitäten vertrieben werden.

Der Personalbereich umfasst ein weit gespanntes Netz von Einzelthemen. Zu den wichtigen gehören: Existenzgründung, Bewerbung, persönliche Kreditwürdigkeit,

Personalauswahl, Personal- und Stellenbewertung, Personalentwicklung und Karriereplanung, Informations-, Risiko- und Entscheidungsmanagement, Work-Balance und Mitarbeiterzufriedenheit, Bildung und Weiterbildung und natürlich Wissensmanagement. Viele Aspekte aus diesen Bereichen können mit dem umfassenden Konzept einer Personalbilanz wirkungsvoll begleitet und unterstützt werden. Damit das System einer Personalbilanz seine volle Wirksamkeit entfalten und zur Geltung bringen kann, muss als Voraussetzung hierfür eine tragfähige Ausgangsbasis hergestellt werden. Hierzu gehört, dass zunächst einmal alle als wichtig erachteten Bilanzposten einer Personalbilanz identifiziert und abgeklärt werden. Diese Personalfaktoren sind praktisch die Lebensadern und Nervenbahnen der Personalbilanz.

Die Liste der Personalfaktoren bestimmt praktisch den Handlungs- und Entscheidungsraum innerhalb dessen die Verfahren der Auswahl, Bewertung, Potenzialanalyse, Profilerstellung u.a. stattfinden. Verantwortliche und Entscheidungsträger in Personalfragen werden also kaum umhinkommen, diese Gesamtmenge von in Frage kommenden Personalfaktoren zu umreißen. Ohne Anspruch auf Vollständigkeit sind nachfolgend einige Beispiele, wie sie immer wieder auch in Stellenanzeigen oder Stellenbeschreibungen auftauchen können, aufgelistet:

Teamfähigkeit, Nutzung IT-Techniken, Projekt-Dokumentationen, Verhandlungsgeschick, Change Management, Eigene Business-Anwendungen, Wille zum Erfolg, Weiterbildungsaktivitäten, CRM-Wissen und –material, Ideenmanagement, Seminar- und Tagungsaktivitäten, Planungswissen und –material, Risikomanagement, Beratungsstärke, Generalist, ganzheitliches Denken, Projektmanagement, Publikationen- Veröffentlichungen , Zielorientierung und –bezogenes Handeln, Mitarbeitergespräche, Akquisitionsstärke, Fachkompetenz, Innovationsfähigkeit, Checklistenmaterial, proaktives statt reaktives Handeln, systematische Vorgehensweise, Konzeptionsstärke, Problemlösungskompetenz, Strategiewissen und –material. Marketing des verfügbaren Intellektuellen Kapitals, Loyalität, Verlässlichkeit, Termintreue, Ausbildung, Professional Development, Allgemeinwissen, Teamfähigkeit, Mitarbeitergespräche, -konferenzen, ehrenamtliche Engagements, Nutzung Wissensbilanzkonzepte und -instrumente, eigene Wissensbilanzpotenziale gezielt erkunden, Marktfähigkeit ermitteln, klar definierte Ziele, Motivation, Leistungsbereitschaft, Flexibilität und Anpassungsfähigkeit, Publikationen, Kontakte zu Kompetenznetzwerken, Präsentation, Kommunikation des Intellektuellen Kapitals, Fremdbewertungen analysieren, Eigenbewertung, Selbsteinschätzung, Akzeptanz – Reputation, Unabhängigkeit, Unvoreingenommenheit, klare Wertvorstellungen, Führungs-, Sozialkompetenz, Verhandlungssicherheit, Fachkompetenz, Experten-wissen, Auslandserfahrung, Branchenwissen, Fremdsprachenkenntnisse, Projektmanagementkompetenzen, Controlling-Tools, Arbeitshilfen-Tools, Wissensbilanz-Tools, Mitgliedschaft-Teilnahme in Business Clubs, Ideensammlung, Erfahrungssicherung, Strategische Positionierung des Intellektuellen Kapitals, Innovationsfähigkeit, regelmäßige Fort- und Weiterbildung, Teilnahme an Messen- Kongressen, Kooperationsfähigkeit, Auslandsaufenthalte, interdisziplinäres Arbeiten, Moderationsfähigkeit, Nähe zu Uni-FH, Beziehungen zu Vorgesetzten, private Netzwerke, Hilfsbereitschaft, Motivations- und Überzeugungsstärke, Meinungsaustausch mit Andersdenkenden, Key-Account Management, Kontaktfreude, Kontakte zu Personalentscheidern, Durchsetzungsvermögen.

Diese Liste lässt sich beliebig ergänzen und verändern. Im konkreten Anwendungsfall sollte man von dieser Möglichkeit auch unbedingt Gebrauch machen. Denn hierauf wird bei einer konkreten Umsetzung alles Weitere aufgebaut und abgeleitet. Clusterstruktur bringt Ordnung ins System: als nächstes gehört dazu, dass man sich auf eine Bilanzstruktur einigt, d.h. jeden einzelnen der zuvor identifizierten Personalfaktoren einem bereits vorgefertigten Grundgerüst aus jeweils fünf Clustern eindeutig zuordnet: Prozessfaktoren, Erfolgsfaktoren,

Humanfaktoren, Strukturfaktoren und Beziehungsfaktoren:

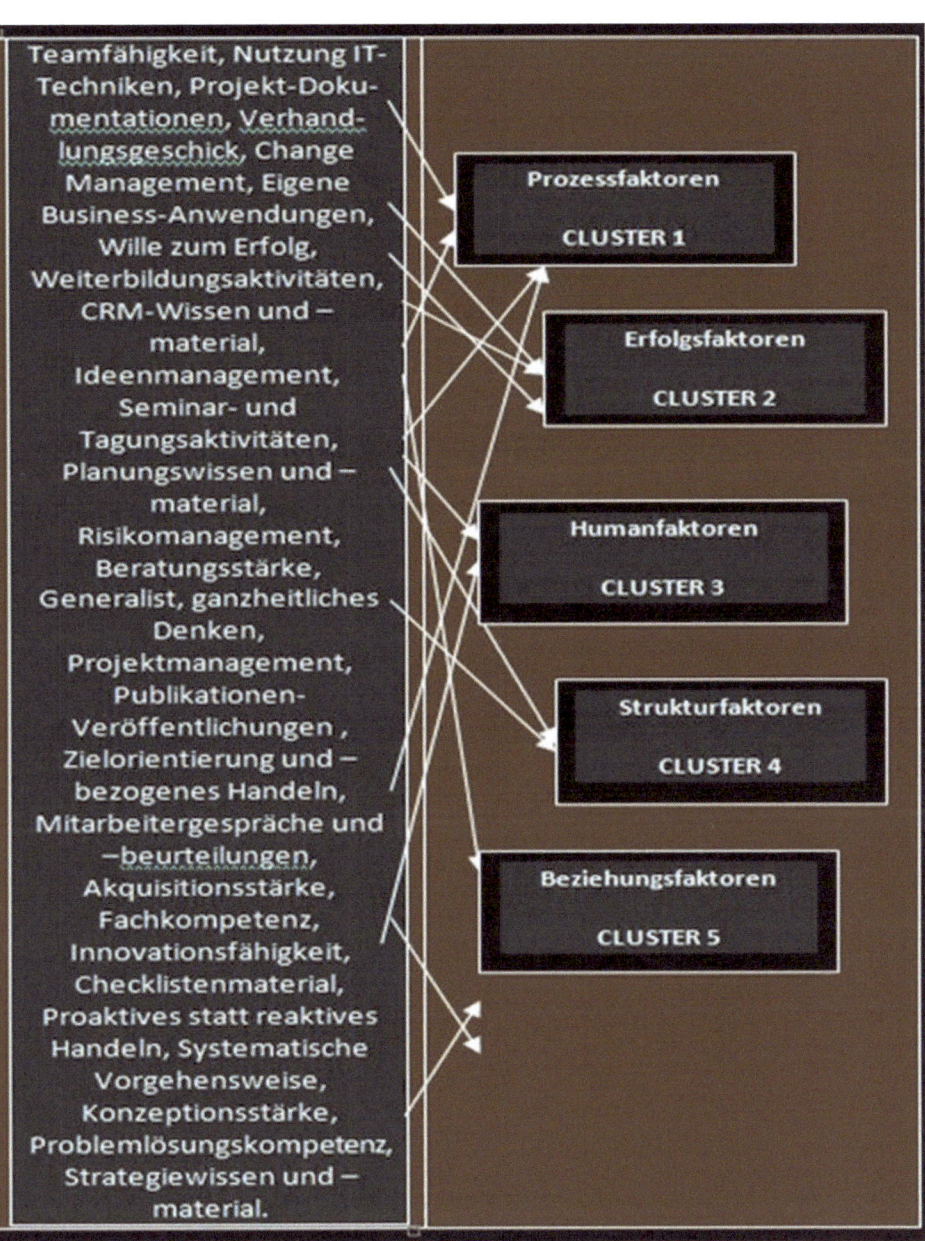

Nun mag ja jeder für sich zu einer anderen Aufstellung der anzunehmenden Bilanzposten gelangen: wichtig ist dabei vor allem, dass eine solche Systematik auch für unterschiedliche Auswertungen in sich abstimmfähig und einheitlich beibehalten wird. Bereits an dieser Stelle wird deutlich, dass eine Personalbilanz zwar für eine ganze Reihe von Aufgaben im Bereich der Personalwirtschaft sehr hilfreich sein könnte, für Zwecke beispielsweise der Personalauswahl aber auf den Bereich der Führungs- und Fachkräfte beschränkt bleiben dürfte. Gerade diese sind aber auch die Säulen, auf denen ein Unternehmen und die gesamte Wirtschaft ruhen: mit den allesamt aus Personalbilanzen ableitbaren Perspektiven geht es vor allem um Wirkungsbeziehungen, Potentiale, Zukunftsoptionen und Handlungsempfehlungen.

Virtuelles Individuum uns persönliche Identität: gerade bei der Begutachtung von Personalfaktoren ist nichts oder nur wenig so wie es auf den ersten Blick aussieht – Data-Profiling und Transparenz

Für einen möglichst effizienten Einsatz ihrer Budgets verlangen Werbetreibende immer genauere Profile von Konsumenten und potenziellen Kunden. Im Netzwerk werden persönliche Nachrichten und Daten der Nutzer systematisch durchforstet. Hinter kostenlosen Angeboten wird umfangreiches Data-Profiling betrieben: Nutzer zahlen mit ihren Daten. Doch sind dies alles verkappte Zahlungen, von denen Nutzer nichts wissen und merken. Auf Bergen äußerlich recht wertlos erscheinender Daten hat die Digitalisierungsindustrie Firmen mit unglaublicher Markt- und Marketingmacht entstehen lassen. Es führt kein Weg an mehr Transparenz von Daten-Profiling und deren Algorithmen vorbei. Wenn die virtuelle Identität eines Individuums von Experten als bereits umfangreicher eingestuft wird als das Wissen, das die meisten Ehepartner voneinander haben, muss man den Blick hierfür schärfen und eigenes Beurteilungsvermögen einsetzen und ausschöpfen.

Je nach Blickwinkel und Position eines Bewertenden mag der gleiche Personalfaktor jeweils in einem ganz anderen Licht erscheinen. Dem kann eine Personalbilanz Rechnung tragen, indem sie sich nicht mit einer eindimensional verengten Betrachtungsweise begnügt, sondern jeden einzelnen Personalfaktor jeweils nach drei verschiedenen Dimensionen bewerten lässt, nämlich nach Quantität, Qualität und Systematik. Ein Mangel vieler Beurteilungen liegt in ihrer eindimensionalen Ausrichtung. Oft lassen sich zusätzliche Erkenntnisse damit gewinnen, dass eine Person nicht immer nur mit einer Blickrichtung und unter einem einzigen Aspekt beurteilt wird. Übernimmt man die Vorgehensweise der Personalbilanz, so können sich neben beispielsweise der bloßen Quantitätsbetrachtung weitere Facetten, nämlich die der Qualität und Systematik, erschließen. Jeder der Personalfaktoren sollte für sich einzeln beurteilt werden: jeder einzelnen Beurteilung sollte ein möglichst ausführlicher Fragenkatalog vorangestellt werden, mit dem für jeden der Personalfaktoren quasi eine Bewertungs-Checkliste erstellt wird. Danach werden für jeden einzelnen Personalfaktor drei Bewertungen durchgeführt: a) nach seiner Quantität, b) nach seiner Qualität und c) nach seiner Systematik.

Für die Bewertung der Personalfaktoren können beispielsweise %-Zahlen von 0 bis 120 % oder dementsprechende Punktzahlen von 0 bis 12 Punkten vergeben werden. Es kommt nicht immer nur unbedingt auf die absolute Höhe dieser Werte an. Wichtig ist vielmehr, dass die Werte in der richtige Relation zueinander vergeben werden. Wenn alle Werte immer nur im Höchstbereich liegen wäre dies eher ein Hinweis darauf, dass insgesamt zu hoch bewertet worden ist. Nur 100%-Bewertungen würden schlichtweg bedeuten, dass der Mitarbeiter keine weiteren Potenziale mehr auszuschöpfen hat. D.h. es wäre ein kaum realistisches Bild das einer Überprüfung standhalten würde.

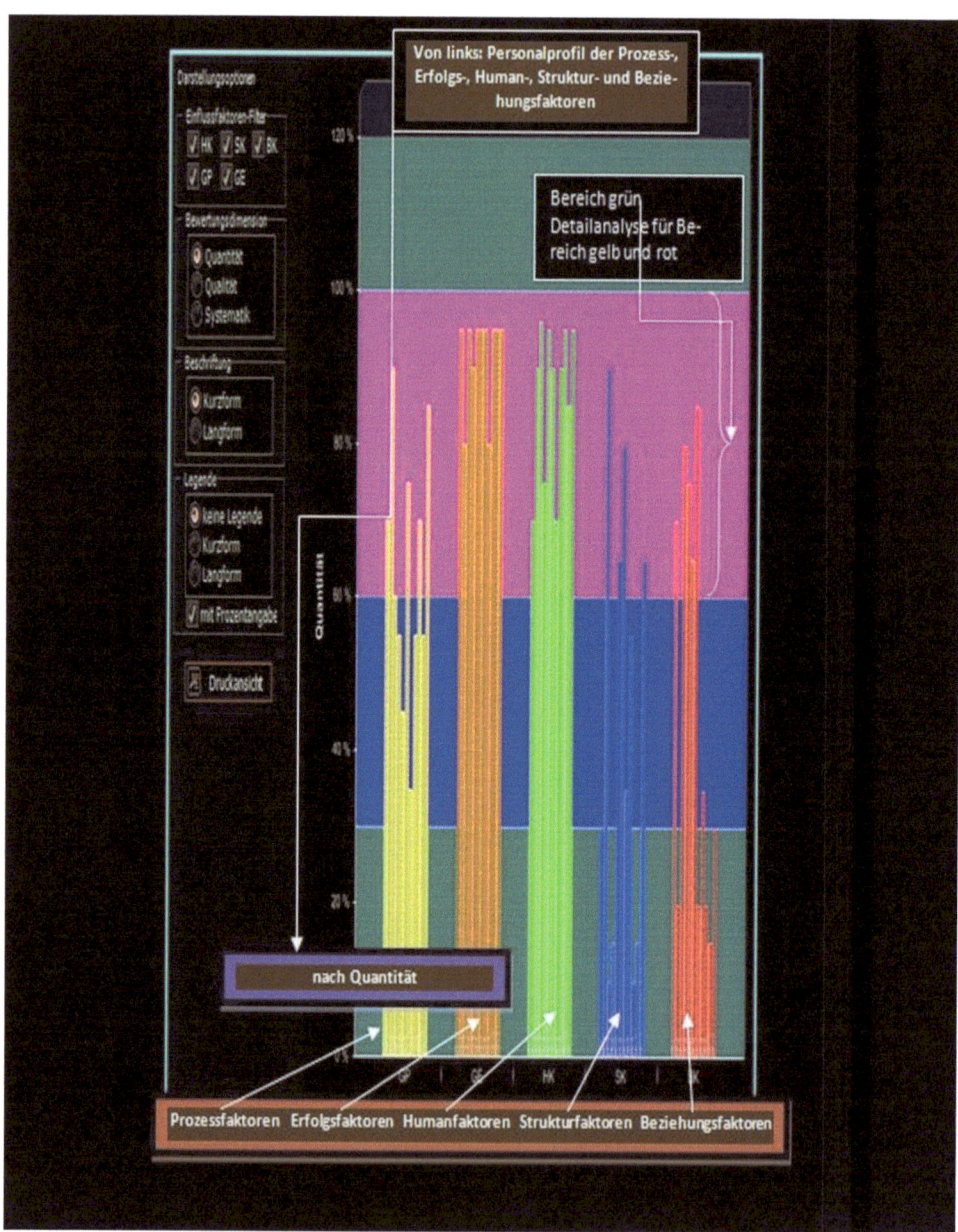

Informationen aus den Linien eines Netzrahmens ableiten: die Tabellen der fünf Cluster für Personalfaktoren können anschließend in Netze übersetzt werden: die drei Eckpunkte eines Netzes werden jeweils durch die Bewertungsdimension Quantität, Qualität und Systematik abgebildet. Der äußere Rahmen eines Netzes = 100 % sollte durch die jeweiligen Bewertungen eines Personalfaktors möglichst weit ausgefüllt werden, d.h. im Idealfall würden die äußeren Linien des Netzrahmens mit den individuellen Bewertungslinien übereinstimmen. Sind die drei Bewertungsdimensionen eines Personalfaktors in etwa gleich gut/schlecht ausgeprägt, so würde dies auf den ersten Blick auch durch ein etwa gleichschenkeliges Dreieck deutlich: bei einem in „Schieflage" erscheinenden Dreieck wäre auf einen ersten Blick sichtbar, dass zwischen den jeweiligen Bewertungsdimensionen ein Ungleichgewicht besteht.

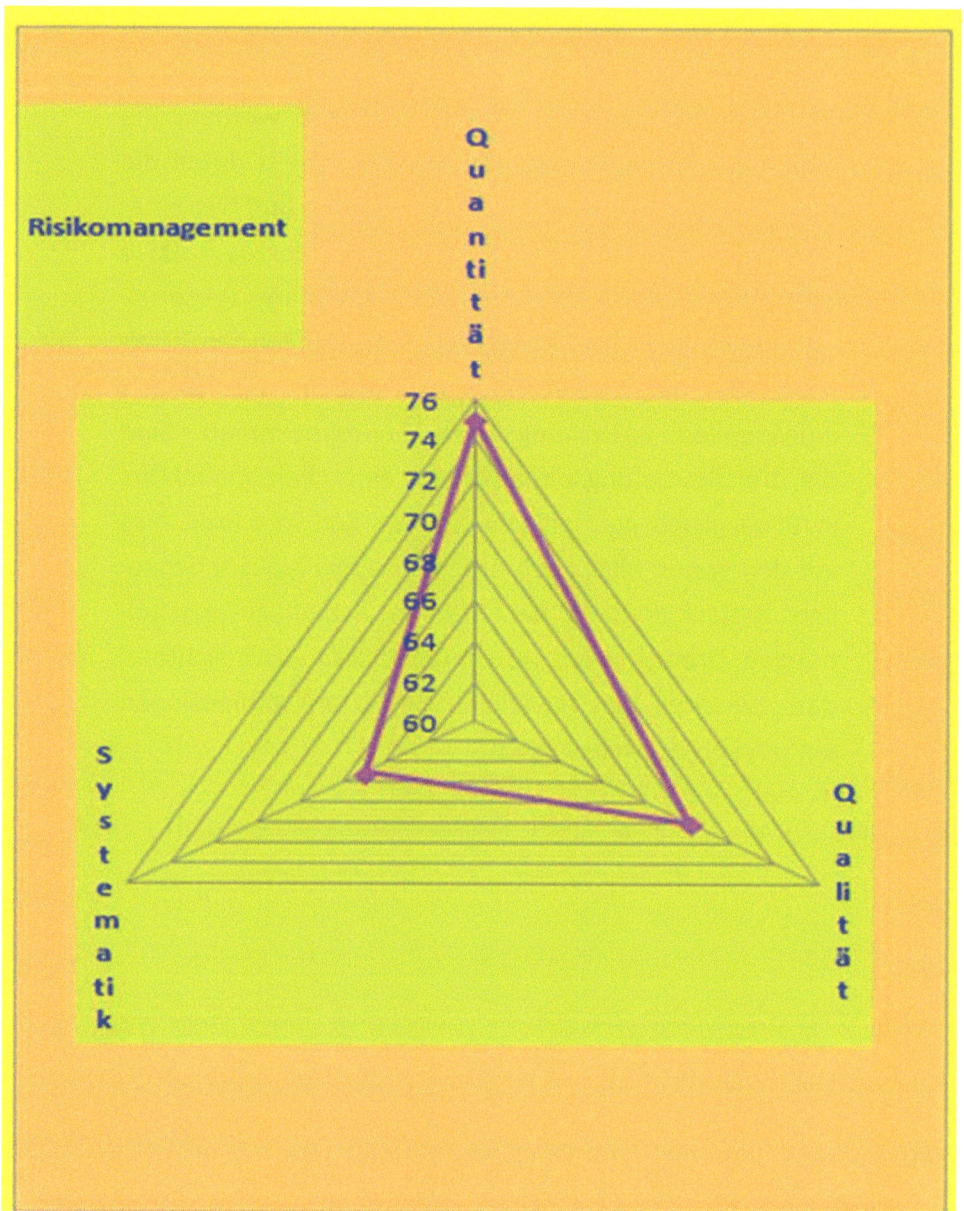

Aus dem Blickwinkel der Quantität würde lediglich darauf geschaut, ob die jeweilige Faktorenmenge ausreichend vorhanden ist, soweit man dies bei qualitativen Faktoren überhaupt ausreichend genau anzugeben weiß: sofern dies nicht möglich sein sollte, sollte man die Blickrichtung von der Quantität hin zur Qualität ändern. Das weitere Merkmal der Systematik soll dafür stehen, wie nachhaltig an der Weiterentwicklung des betreffenden Faktors gearbeitet wird: d.h. hier geht es über den augenblicklichen Ist-Zustand hinaus um Zukunftsfähigkeit und Potential dieses Faktors. Immer dort, wo die Verbindungslinie der Systematik-Bewertungen unter den Quantitäts- und Qualitäts-Linien zu liegen kommt, sollte man ganz gezielt nachschauen, da dieser Faktor dann keine weiteren Entwicklungs- und Ausbaumöglichkeiten hätte oder aber, vielleicht noch schwerwiegender, man diesen Faktor zumindest aus derzeitiger Sicht möglicherweise mit entsprechenden Konsequenzen vernachlässigen würde. Um hier mögliche Versäumnisse zu vermeiden, wird daher die Gesamtübersicht von zuvor nochmals in ihre einzelnen Cluster aufgeteilt und dann Cluster für Cluster für jeden Personalfaktor die Differenzen und Abweichungen zwischen den Merkmalen Quantität, Qualität und Systematik angezeigt. Gegebenenfalls sollte man auch die abgegebenen Bewertungen nochmals überdenken oder an dieser Stelle vielleicht notwendige Maßnahmen ableiten.

Soziotechnische Zukünfte - kommende Gegenwarte - bei Potenzialen wird Dynamik und Offenheit gehandelt

Eine übliche Methode, Zukunft vorherzusagen, ist die Fortschreibung des bereits Geschehenen. Davon ausgehend, im Großen und Ganzen werde alles so weitergehen wie bisher. Zwar ist die Planbarkeit des Alltags „eine zentrale Errungenschaft der modernen Gesellschaft. Diese muss sich aber gleichzeitig davor schützen, trotz des verständlichen Sicherheitsbedürfnisses ihrer Mitglieder nicht gänzlich auf Dynamik und Offenheit der Zukunft zu verzichten". Viele Projekte (Atomausstieg, Energiewende u.a.) sind aber nicht nur technische Projekte, sondern eng mit ihren auch sozialen Folgen gekoppelt. Das soziologische Orakel für die daraus entstehenden kommenden Gegenwarte ist die Technologiefolgeabschätzung. Denn meist stellt sich erst im Nachhinein heraus, dass neue Techniken auch neue Kontexte erzeugen. Die wiederum ganz andere Folgen verursachen, als nach den bisherigen Erfahrungen vielleicht anzunehmen gewesen wäre. Soziotechnische Zukünfte umfassen sowohl technische Leitbilder als auch Simulationen, Szenarien, Visionen oder Utopien.

Der große Bedarf an Antworten auf die Frage, was kommen wird, ergibt aus dem Verblassen traditioneller Lösungsvorschläge. „Das waren einmal die Orientierung an der Vergangenheit als Quelle von Handlungswissen auch noch für die Gegenwart, als auch die davon genährte Überzeugung, dass man am besten erst gar nicht versucht, die Zukunft zu erkennen oder gar zu gestalten, Nichts tun, auf Stabilität und Dauer setzen, das sind heute keine Optionen mehr...Zukunft ist zwar längst kein Raum mehr für berauschende Visionen, aber die einzig verbliebene Ressource, für die Erhaltung des bereits Erreichten."

Mögen sich Personen auch dagegen verwahren, als Zukunftsaktien gesehen oder mit ihnen verglichen zu werden: die Auswahl speziell von Führungskräften hat eines mit der Börse gemeinsam: In beiden Fällen werden Potenziale für die Zukunft gehandelt. Die Liste der Vorteile von potentialorientierten Betrachtungsweisen ist lang: die ganze Ausrichtung der Potentialorientierung führt weg vom Gewesenen hin zu einer zukunfts-bezogenen Chancenorientierung: denn ihrem eigentlichen Kern nach sind Potenziale nichts anderes als Chancen für die Zukunft. Wer könnte ein größeres Interesse an der Wahrnehmung dieser Chancen haben als eben jene von Personalauswahlverfahren Betroffenen? Und: je systematischer und transparenter nachvollziehbar solche Verfahren mit allen für die Auswahl zur Anwendung kommenden Kriterien offengelegt werden können, desto größer sind die Glaubwürdigkeit und Akzeptanz des

Verfahrens. Beispielsweise die Portfolio-Aufteilung der Personalfaktoren nach Handlungsempfehlungen.

Zwischen Personalfaktoren wirken zahlreiche Austauschbeziehungen mit mehr oder weniger starken Impulsweiterleitungen. Diese Wirkungsbeziehungen zwischen den Faktoren sind nicht fest verdrahtet, wie etwa die verlöteten Verbindungen in elektrischen Schaltkreisen: zu sehr befinden sich Personen in ständiger Bewegung und Veränderung. Deshalb sollte jeder Personalfaktor jeweils mit allen anderen Faktoren nach aktivem Wirkungseinfluss, passivem Wirkungseinfluss sowie der Dauer, bis eine Änderung in der Faktorenbeziehung wirksam wird, verknüpft und analysiert werden. Bevor man versucht, die Potentiale von Personen systematisch zu durchleuchten, sollte man zuerst die zwischen einzelnen Einflussfaktoren wirkenden Beziehungen näher ansehen und verstehen. Eine erste und einfache Orientierungshilfe könnten die folgenden Abstufungen sein: 0 = keine Wirkung, 1 = schwache Wirkung, 2 = mittlere Wirkung, 3 = starke Wirkung.

Nachdem nunmehr ein nahezu vollständiges Bild aller identifizierten Personalfaktoren vorliegt, geht es im Rahmen eines Potential-Checks um folgende drei Hauptfragen: zwischen welchen Personalfaktoren kommt es zu Wirkungsbeziehungen? wie stark sind jeweils solche

Wirkungsbeziehungen? wie lange dauert es, bis eventuelle Änderungen eines Faktors bei einem anderen zu wirken beginnen? Zu Frage 1.: Werden zwischen zwei Personalfaktoren Wirkungsbeziehungen festgestellt, so können diese graphisch mittels Pfeilen angezeigt werden. Dabei zeigt der eingezeichnete Pfeil von dem die Wirkung ausübenden Faktor mit seiner Spitze in Richtung auf denjenigen Faktor, auf den diese Beziehung einwirkt. Zu Frage 2.: wurden zwischen Faktoren Beziehungen festgestellt und mit Hilfe entsprechender Wirkungspfeile angezeigt, so stellt sich die Frage nach der Stärke der jeweiligen Wirkungsbeziehung. Für die Durchführung eines Potential-Checks könnten folgende Stärke-Niveaus unterschieden werden: -3 = eher stark negative Wirkung, -2 = negative Wirkung, -1 = eher schwach negative Wirkung, 0 = keine Wirkung, +1= eher schwach positive Wirkung, +2= positive Wirkung, +3= eher stark positive Wirkung. In graphischen Wirkungs-netzen würde die Wirkungsstärke mit Hilfe der Pfeil-Dicke angezeigt: dünner Pfeil = schwache Wirkung (positiv oder negativ), dicker Pfeil = starke Wirkung (positiv oder negativ). Zu Frage 3.: es soll zusätzlich erfasst werden, wie lange es dauert, bis sich die entsprechende Wirkung (schwach, mittel oder stark) zeigt. Für den Potential-Check werden auch hierbei wiederum verschiedene Stufen angenommen.

Mit Hilfe von graphischen Wirkungsnetzen soll versucht werden, mehr Klarheit in das zeitweise nebulöse „Irgendwie" dieser gegenseitigen Abhängigkeiten und Korrelationen zu bringen: neben aktiver und passiver Stärke der gegenseitigen Wirkungseinflüsse sollte in Form der Wirkungsdauer-Analyse als zusätzliche Komponente der Faktor Zeit einbezogen werden.

ID	Verknüpfung Existenzgründerfaktoren	GP-1	GP-2	GP-3	GP-4
GP-1	Change Management	☐	☐	☐	☐
GP-2	Projektmanagement	☐	☐	☐	☐
GP-3	Weiterbildungsaktivitäten	☐	☐	▶	☐
GP-4	Ideenmanagement	☐	▼	☐	☐
GP-5	Nutzung IT-Techniken	☐	☐	☐	☐
GP-6	Risikomanagement	▶	☐	☐	☐
GE-1	Generalist, ganzheitliches Denken usw.	☐	☐	☐	▼

Aktive Wirkung auf anderen Faktor	Passive Einwirkung von anderem Faktor ausgehend	Dauer bis Wirkung eintritt
0= keine Aktivwirkung	0= kein Passiveinfluss	a= sofort
1= schwache Aktivwirkung	1= schwacher Passiveinfluss	b= kurzfristig
2= mittlere Aktivwirkung	2= mittlerer Passiveinfluss	c= mittelfristig
3= starke Aktivwirkung	3= starker Passiveinfluss	d= langfristig
?	?	?

Interpretation Aktivwirkung:

Interpretation Passivwirkung:

Wirkungsanalyse:
1. Stärke
2. Dauer

Wirkung eines Einzelfaktors auf jeweils alle übrigen: jedes Personalproblem findet im eigenen spezifischen Umfeld statt und folgt eigenen Gesetzen und Regeln. Somit sind auch die ohnehin schon schwer zu entwirrenden dynamischen Wirkungsbeziehungen zwischen den Personalfaktoren von Fall zu Fall unterschiedlich: auch wenn dieses Geflecht der Wirkungsbeziehungen noch so undurchdringlich erscheinen mag, so können zur Ausschöpfung von Potentialen nicht alle Stellschrauben gleichzeitig angezogen werden. Um auf dem Weg zum Erfolg möglichst Umwege oder gar Irrwege zu vermeiden, könnte sich die Mühe des genauen Hinterfragens durchaus lohnen: Wenn man sich in einem unbekannten, manchmal unsicheren Gelände bewegen muss, fährt man besten und sichersten mit einer systematischen Vorgehensweise.

Für den Fall der dynamischen Wirkungsbeziehungen bedeutet diese, Faktor für Faktor dahingehend zu durchleuchten, in welcher Stärke er jeweils auf einen anderen Faktor, sei es positiv oder negativ, einwirken könnte. Falls bereits eine umfassende Vorauswahl der Personalfaktoren stattgefunden hat, dürften Negativwirkungen bereits im Vorfeld aussortiert worden sein, d.h. man könnte seine Überlegungen auf den positiven Wirkungsbereich der Stärken beschränken. Ein Ergebnis solcher Überlegungen könnte beispielsweise mit Hilfe von Übersichts-Diagrammen der Personalbilanzinstrumente systematisiert und zusätzlich verdeutlicht werden.

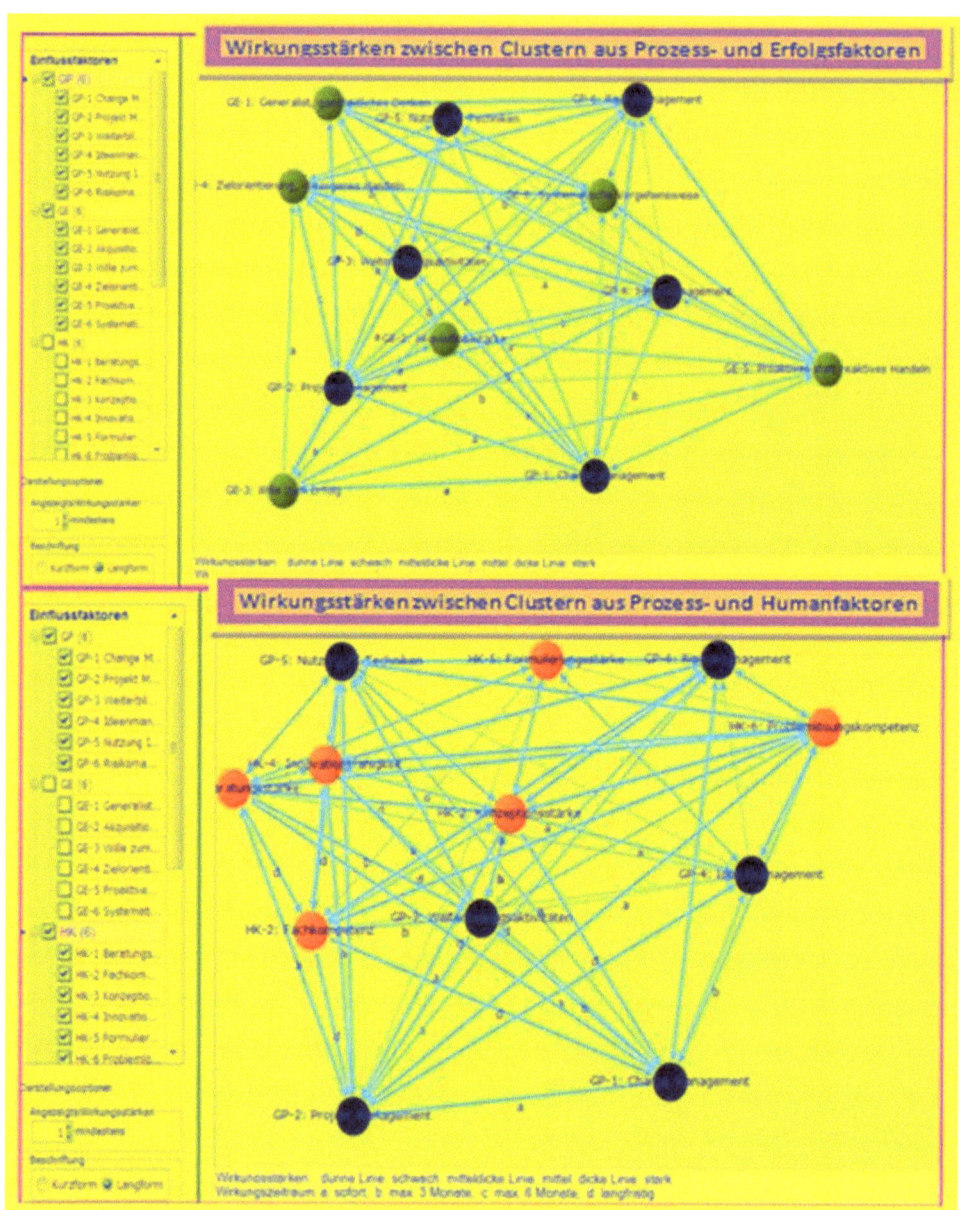

Den Zeitfaktor nicht aus den Augen verlieren: neben dem Vorhandensein von Wirkungsbeziehungen und deren jeweiliger Stärke spielt auch der Aspekt der Wirkungsdauer eine Rolle: in einer schnelllebigen Wirtschaftswelt kann auch das „Wann" und „Wie lange" entscheidenden Einfluss haben. Um beim Beispiel des Intellektuellen Kapitals zu bleiben, kommt es nicht nur darauf an, auf welche anderen Faktoren und mit welcher Stärke dieser Personalfaktor zu wirken vermag. Müsste angenommen werden, dass eine Wirkung erst in zehn Jahren oder später zu erwarten wäre, so mag dies vielleicht theoretisch ja noch von einigem Interesse sein: das Interesse hinsichtlich des eigentlichen Personalproblems dürfte bei einem solchen Zeithorizont aber eher geringer ausfallen.

Da mit Personalfaktoren keine Sachen gekennzeichnet werden, sondern man es mit Personen zu tun hat, deren Handeln und Wirken nicht genau berechenbar sein kann, dürften exakte auf Woche oder Monat genaue Zeitangaben zur Wirkungsdauer eines veränderten Faktors in der Praxis kaum machbar sein. Das heißt aber nicht, dass deshalb der Zeitfaktor ausgeklammert und unbeachtet bleiben sollte. Einmal grundsätzlich abhängig von dem zu betrachtenden Personalfaktor könnte deshalb durchaus der Versuch lohnen, sich zumindest gewisse Bandbreiten und Zeitkorridore zu überlegen.

Um hierbei möglichst systematisch vorzugehen, kann man sich des Computers und der bereits vorgefertigten Struktur einer Personalbilanz bedienen. Die zuvor für die Erfassung von Wirkungsstärken entwickelten Eingabemasken und Verknüpfungstabellen können nunmehr dafür verwendet werden, um in die gleichen Felder statt der Stärken die Zeitdauer einzutragen, nach der bei Veränderungen ein Eintreten der Wirkungen erwartet wird, d.h. Stufen der Wirkungsdauer könnte man so festlegen: a = kurzfristig (max. 12 Monate), b = mittelfristig (max. 24 Monate), c = langfristig (mehr als 24 Monate). Ein erster Ansatzpunkt könnte darin bestehen, sich (möglichst per Computer) diejenigen Verknüpfungspaare heraussuchen zu lassen, die möglichst schnell einen möglichst großen Effekt versprechen könnten. D.h. es werden rein schematisch Paarungen nach Wirkungsstärke und Wirkungsdauer gebildet und dann die Personalfaktoren vorsortiert, die eine a>3-Kombinationen ausweisen können. Wenn also die Verknüpfungstabellen gut durchdacht wurden, so würden hierbei Faktoren ausgeworfen werden, die in der Lage sein könnten, eine größtmögliche Wirkungsstärke (+3) mit schnellstmöglicher Wirkungs-dauer (=a) zu verbinden.

Falls also das Programm aufgrund der eingegebenen Verknüpfungstabelle eine Wirkungsbeziehung feststellt, so kann der sich hieraus mit einer entsprechenden Dicke ergebende Wirkungspfeil automatisch mit der Kennzeichnung für die hierzu später angenommene Wirkungsdauer belegt werden. Jedes der Verknüpfungs-Tabellenfelder, sei es nun eines der Wirkungsstärke oder eines der Wirkungsdauer, sollte mit einer ausführlichen Beschreibung unterlegt werden. Empfehlenswert dabei wäre jeweils eine Aufteilung in die drei Kapitel „Analyse", „Interpretieren" und „Begründen".

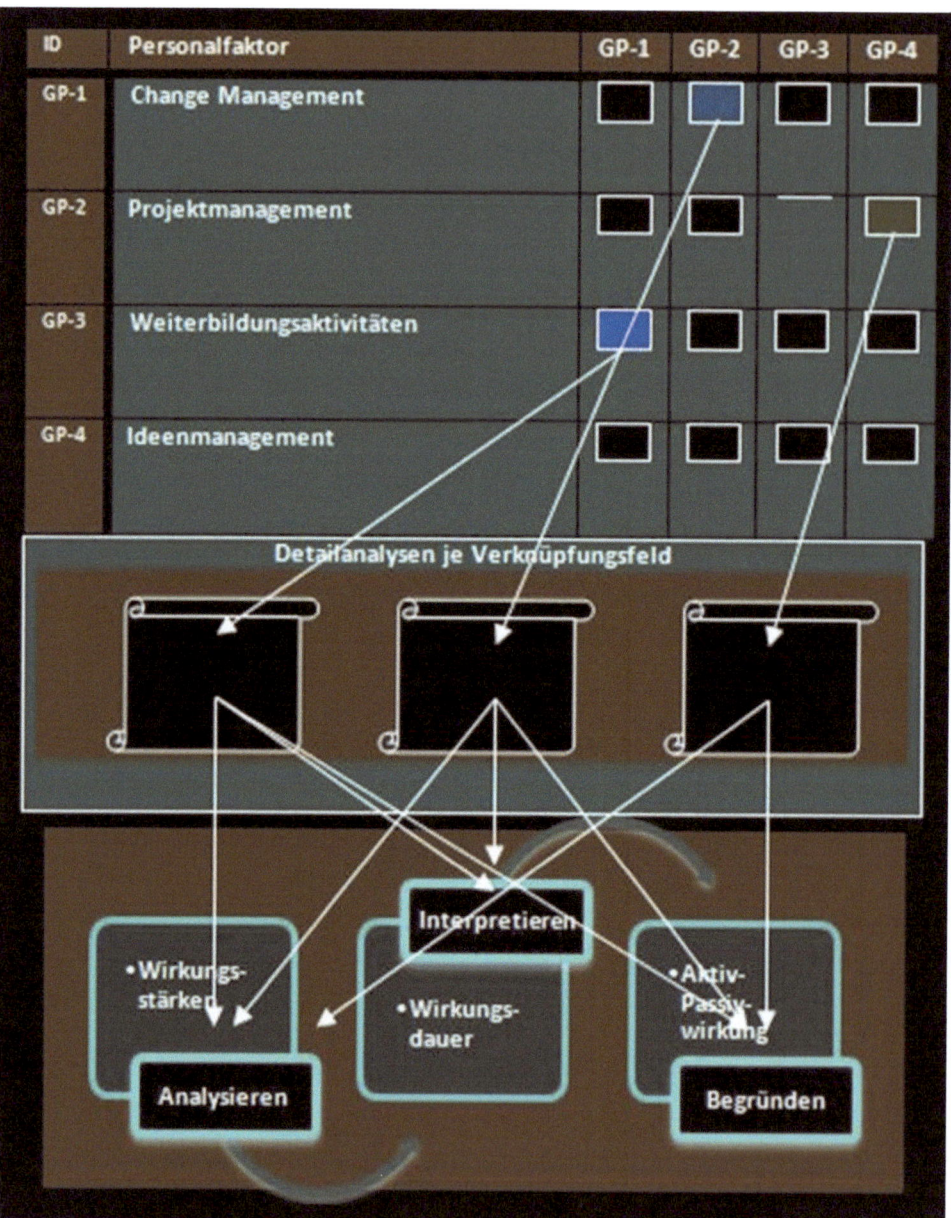

Managementkultur im Spannungsfeld zwischen Einfachheit und Komplexität – Ressourcenlenkung und erfolgsentscheidende Handlungsfelder - Dinge einfach gestalten statt sie kompliziert zu konzipieren oder wie das Einzelne auf das Gesamte wirkt

Die Managementkultur ist eine Sammlung von Traditionen, Werten, Regeln, Glaubenssätzen, Haltungen u.a., d.h. gewissermaßen die DNA des Unternehmens, ein durchgehender Kontext für alles, was dort gedacht und getan wird. Die Wettbewerbsposition, die Finanzierungsmöglichkeiten und Strategien hängen hierbei von der Persönlichkeit des Unternehmers ab. Um sich im Markt nachhaltig zu behaupten, ist ein gutes Produkt zwar Voraussetzung, aber nicht unbedingt hinreichend. Es braucht die Kraft, auf der Grundlage eines klaren Marktverständnisses und einer eigenen hohen Gestaltungsfreude immer wieder neue Vorstöße zu starten (z.B. mit neuen Preismodellen, überraschenden Vertriebsinitiativen, internen Innovationsoffensiven).

Solche Kräfte speisen sich vor allem aus der DNA des Unternehmens: der Fähigkeit, Prozesse ständig neu auszurichten, dass sie das Spannungsfeld zwischen qualitativ ansprechender und gleichzeitig kosteneffizienter Leistung überbrücken. Werden dabei Steuerungsinstrumente wie
strategische und operative Planung,

monetäre und nicht-monetäre Berichtssysteme, Zielvereinbarungen, Innovationsmanagementsysteme, richtig eingesetzt, lenken sie die (in der Regel knappen) Ressourcen auf die erfolgsentscheidenden Handlungsfelder. Managementkultur wird damit zum Differenzierungsfaktor. Während die amerikanische Managementkultur vor allem auf die Relevanz und Verantwortung des Einzelnen baut (und sich durch einen gesunden Pragmatismus auszeichnet), ist die deutsche Managementkultur eher auf hohe Leistungsorientierung (bei gleichzeitiger Fehlervermeidung) ausgerichtet.

Obwohl eine Managementkultur auf einer Vielzahl von Grundannahmen, Werten und Normen basiert, bleibt ein Großteil von ihr weitgehend unsichtbar: sichtbar ist nur die Spitze des Eisbergs (aus Strukturen, Prozessen, Verhalten und Kommunikation). Entscheidend sind aber auch die informellen Kommunikations- und Entscheidungswege, die sich aus keinem Organigramm herauslesen lassen. Zu den wichtigsten Kulturelementen zählen
Veränderungsbereitschaft,
Führungsstil,
Organisationsform,
Zielorientierung,
Werte,
Grundsätze.

Ein Unternehmen sollte deshalb immer bestrebt sein, seine Schlüsselpositionen mit Mitarbeitern zu besetzen, die nicht nur fachlich hochqualifiziert sind, sondern die angestrebte Managementkultur auch am besten verkörpern können. Beurteilungs- und Auswahlprozesse sollte dahingehend angepasst werden.

Managementberichte müssen auch trotz aller Zahlenkolonnen, strategischen Planungen und Budgetierung mehr sein als ritualisierte Fortschreibungsübungen. Wenn sich die Dinge vom (fei nach Einstein) vom Primitiven zum Komplizierten zum Einfachen entwickeln, müssen die verwendeten Führungsinstrumente immer wieder auf Notwendigkeit, Pragmatismus und Zielorientierung hin hinterfragt werden. „Denn einfache Führungssysteme zeichnen sich nic hat dadurch aus, dass sie wie von alleine funktionieren. Einfache Führungssysteme zeichnen sich eher dadurch aus, dass nicht mehr weggelassen werden kann, ohne die Funktionsfähigkeit des Systems zu gefährden."

Oftmals werden monetäre und nicht monetäre Informationen an den unterschiedlichsten Stellen vorgehalten (eine integrierte Sicht auf das Ganze ist nur mit viel Mühe möglich). Die Managementberichte werden mit Kennzahlen überfrachtet (statt sich auf die strategischen Botschaften zu konzentrieren):

die Erreichung welcher Ziele sind für den Erfolg wichtig?
wie hängen sie zusammen?
welche Maßnahmen sind mit welcher Priorität anzugehen?
welche Zielerreichungsgrade sind angemessen?
Ohne klare, strategisch relevante Zielsetzungen verliert man sich schnell im Gestrüpp der Beliebigkeit von Ursache-Wirkungs-Beziehungen. Dinge einfach zu gestalten ist deutlich schwieriger, als sie kompliziert zu konzipieren. Konsequente Befolgung von Stringenz und Einfachheit muss sich nicht nur auf zusätzliche Arbeit, sondern auch auf eine Menge von Fragen zu angeblich ehernen Glaubenssätzen einstellen, beispielsweise
Verzicht auf detaillierte Budgets?
Verzicht auf umfangreiche Berichte?
Steuerung ohne viele Planzahlen?
Erhöhung der Entscheidungsspielräumer vor Ort?

Mit Hilfe einer Aktivsumme kann angezeigt werden, welche Wirkung von einem Faktor auf das Gesamte eines Planungssystems ausgeht: man erhält Hinweise darauf, welcher Einfluss und Hebeleffekt über einen bestimmten Faktor möglicherweise ausgeübt werden kann. Das Einflussgewicht eines Faktors errechnet sich aus der Gesamtsumme aller Einzel-Aktivsummen sowie dem Prozent-Anteil der Aktivsumme eines Einzelfaktors an der Gesamtsumme für alle Faktoren.

Vor dem Hintergrund der fast unübersehbaren Zahl von Wirkungsverknüpfungen zwischen den Faktoren sei darauf verwiesen, dass man sich die Arbeit wesentlich durch die Zuhilfenahme von hierfür zu erstellenden Programmen erleichtern kann. Entsprechende Werk-zeuge sind verfügbar und müssen daher lediglich in intelligente Anwendungen umgesetzt werden. Als Nebenprodukt könnten beispielsweise auch Ansichten abfallen, in denen alle im Potential-Check berücksichtigten Personalfaktoren ihrer Wirkungsstärke nach in eine Reihenfolge (entweder auf- oder absteigend) gebracht werden.

Inaugenscheinnahme von Passivwirkungen: kein Faktor wirkt nur für sich allein auf andere Faktoren ein: vielmehr wird er selbst im Gegenzug von Rückkoppelungseffekten auch wieder von anderen Faktoren beeinflusst. Auch diese Wirkungseinflüsse verdienen es, dass man ihnen Beachtung schenkt und sie genauer untersucht. Die passiven Wirkungsstärken zeigen an, wie diesmal umgekehrt ein bestimmter Faktor von einem anderen beeinflusst wird. Wenn man die Einzelstärken aufaddiert, erhält man für jeden Faktor eine Passivsumme, die anzeigt, in welchem Ausmaß der betreffende Personalfaktor seinerseits vom Gesamtsystem aller übrigen Faktoren abhängt und passiv beeinflusst wird. Legt man beide Kurvenverläufe, d.h. den der Aktivsummen und den der Passivsummen übereinander, so lassen sich hieraus für den Potential-Check einige Rückschlüsse ziehen:

beispielsweise, indem man auf Personalfaktoren schaut, bei denen die Differenz zwischen Aktiv- und Passivsumme besonders groß ist, d.h. ein Personalfaktor zwar sehr stark auf andere einwirkt, umgekehrt von diesen aber weniger beeinflusst wird:

Als Fazit die Bündelung für zielgenaue Personalstrategien: Personalentscheidungen haben einen hohen internen politischen Charakter und lösen im Gegensatz zu Sachentscheidungen längerfristige, nicht-lineare Wirkungsketten aus. Viele personalwirtschaftliche Tatbestände entziehen sich dabei einer quantitativen oder gar monetären Erfassung und erfordern die Berücksichtigung qualitativer Daten und Indikatoren. Noch tiefer reicht die Frage nach den richtigen Werten: eine Antwort hierauf kann nicht allein im Nachlesen von an vielen Stellen und zu vielen Gelegenheiten immer wiederholten Leitbildern gefunden werden. Denn im Kern geht es neben den Fähigkeiten auch um die Eigenschaften von Personen: hat man hier immer das richtige Augenmaß und Gewicht gesetzt und solches auch in Entlohnungsformen und Arbeitsbedingungen abgebildet? Finden Fähigkeiten und Eigenschaften ihren Niederschlag nicht nur als Stellenanzeige in Form eines Wunschzettels, sondern setzt man sich hiermit auch im betrieblichen Alltag ernsthaft auseinander?

In jeder Branche, in jedem Unternehmen und in jedem konkreten Einzelfall ist die Situation anders: die Arbeit des Überdenkens und Justieren von Werten und Personalfaktoren kann immer nur selbst geleistet werden. Eine durchgängige Ordnung der Personalfaktoren erhöht die Transparenz und ermöglicht das Erkennen von Potenzialen: Aufgabe einer Segmentierung wäre hierbei die Bildung von Faktorengruppen mit einer weitgehend homogenen Problemlandschaft, weitgehend homogenen Leistungsvorstellungen. Es geht um Auflösung heterogener Strukturen, d.h. Zerlegung des Personal-Portfolios in homogene Teilgruppen sowie um die Analyse von Segmentierungsmerkmalen zur Beschreibung des Handlungsspielraums. Ergebnis dieses Ansatzes: aus-gehend von Clustern, die jeweils nur einen der zu klassifizierenden Personalfaktoren enthalten, werden die verbleibenden Faktoren sukzessive denjenigen Clustern zugeordnet, zu deren Zentrum sie den geringsten Abstand aufweisen: d.h. mit der Clusteranalyse können Elemente (Fälle) so in Gruppen gebündelt werden, dass einerseits die Gruppen in sich möglichst homogen sind, andererseits die Unterschiede zwischen den Gruppen möglichst hoch (heterogen) sind.

Mit Hilfe einer strategischen Segmentierung können die wichtigsten Kriterien und Stärken herausgearbeitet werden: für jedes Segment können bestimmte Strategien unterlegt werden, nach denen unterschiedliche Aktivitäten entwickelt werden: in Verbindung mit derart aufgebauten Segmenten lassen sich Hinweise für differenzierte Maßnahmen gewinnen. Alle diese Fragen sind es wert, sich im Rahmen des umfassenden Konzeptes einer Personalbilanz einmal detailliert und intensiv mit ihnen zu beschäftigen.

Mittelstand Wissenstransfer: viele können von einer leicht verständlichen Darstellung, einheitlichem Aufbau, durchgängig bruchfreier Systematik, klar strukturierten Bewertungsansätzen und Vollständigkeit profitieren

Für den Mittelstand ist der lückenhafte Informationsfluss und Wissenstransfer aus der Forschung in die Unternehmen ein Problem. Dies gilt auch oder insbesondere für die Digitalisierung als wesentlicher Treiber für die zukünftige Wettbewerbsfähigkeit. Große Konzerne und Industrieunternehmen können hier nur Bedingt (oder überhaupt nicht) als Vorbilder dienen: mit diesen können sich Mittelständler nicht vergleichen oder identifizieren. Trotzdem müssen Mittelständler auch international gesehen Schritt halten, denn rund 90 Prozent von ihnen sind Teil einer internationalen Wertschöpfungskette. Bei der Masse an Angeboten und Instrumenten kann ein mittelständischer Unternehmer schnell der Überblick verlieren.

„Doch gerade für mittelständische Unternehmer bietet die digitale Vernetzung enorme Potenziale, etwa die Möglichkeit der individuellen Fertigung, also der kostengünstigen Produktion mit Losgröße eins. Außerdem bestehen im Mittelstand viele enge und individuelle Kundenbeziehungen, und genau diese werden hoch geschätzt." Aber im Mittelstand sind selbst grundlegende

Anwendungen (wie ein professioneller Internetauftritt) noch unterdurchschnittlich verbreitet. Zu den sogenannten Digitalisierungsnachzüglern zählen besonders kleine Betriebe mit weniger als 50 Beschäftigten. Erschwerend ist zudem, dass viele den Nutzen einer weitergehenden Digitalisierung für ihr Geschäftsmodell noch nicht erkennen oder teilweise die Investitions- und Betriebskosten für digitale Produkte scheuen. Hierfür gibt es allerdings Programme des Bundes, der Länder sowie der EU, die spezielle Förderungen für Klein- und Mittelbetriebe anbieten.

Auch wenn mit der Erstellung einer Personalbilanz großer Wert auf Zukunftsbezogenheit und Potentialorientierung (anders als mit Bilanzen der Unternehmen) gelegt wird, so wird bei ihrem methodischen Ansatz trotzdem nicht auf eine detaillierte Analyse des Ist-Zustandes mit einer genauen Beobachtung der Ausgangssituation verzichtet. Der methodische Ansatz der Personalbilanz zeichnet sich grundsätzlich durch eine ganze Reihe vorteilhafter Merkmale aus. Übersichtlichkeit und Transparenz: sowohl die vorgenommenen Bewertungen als auch die bestimmten Personalfaktoren zugeordneten Indikatoren sind nach einem einheitlichen Muster strukturiert und einfach nachvollziehbar, d.h. somit auch überprüfbar. Leicht verständliche Darstellung: Beispiele, auf welche Weise auch komplizierte Sachverhalte leicht verständlich dargestellt werden, sind Smiley- oder Ampel-Darstellungen.

Einheitlicher Aufbau: Personalbilanzen können aus unterschiedlichen Sichtweisen (z.B. Innen- oder Außenbetrachtung), von unterschiedlichen Personen oder Stellen, für unterschiedliche Bereiche, Zeiträume und Zeitpunkte aufgenommen und zusammengestellt werden: Aufbau und Struktur bleiben hiervon unabhängig immer gleich. Durchgängig bruchfreie Systematik und Abstimmbarkeit: einheitliche Abgrenzung und Zuordnung auf Faktoren-Cluster, einheitliche Bewertungsmethoden nach Quantität, Qualität und Systematik, eindeutige Zuordnung von Indikatoren auf Personalfaktoren, einheitliche Definition und Interpretation von Indikatoren, eindeutige Zuordnung von Maßnahmen auf Personalfaktoren, einheitliche Strukturierung von Maßnahmen, eindeutige Verknüpfung von Faktoren nach Wirkungsstärke und -dauer, alle Tatbestände im System der Personenbilanz durchgängig abstimmfähig und zeitlich immer vergleichbar.

Zahlenorientierte Denkweise: mit Hilfe von klar strukturierten Bewertungsansätzen und weitestmöglicher Einbeziehung von zahlenmäßig kontrollierbaren Indikatoren erfolgt eine möglichst weite Annäherung an in der Managementwelt gängige Denkweisen. Vollständigkeit:

eine Personalbilanz ist bereits vom Ansatz her auf eine ganzheitliche Betrachtungsweise hin angelegt. Das Schwergewicht wird insbesondere auf die sogenannten „weichen" Personalfaktoren gelegt. Da bereits standardmäßig immer die fünf Cluster Prozessfaktoren, Erfolgsfaktoren, Humanfaktoren, Strukturfaktoren und Beziehungsfaktoren vorstrukturiert sind, kann die Personalauswahl nicht auf mehr oder weniger willkürlich herausgesuchte Einzelaspekte reduziert werden: somit können mit einer Personalbilanz sowohl vielseitige Informationsanforderungen aus unterschiedlichsten Richtungen als auch zahlreiche Planungs- und Entscheidungszwecke abgedeckt werden. Das Personalcontrolling überträgt als ein integriertes Planungs-, Informations- und Kontrollsystem die Controllingidee auf die Personalfunktion. Auf der operativen Ebene orientiert sich das Personalcontrolling an Zielen, d.h. Planung und Ermittlung von personalwirtschaftlichen Kenngrößen, Kontrolle als Soll-Ist-Vergleich, Abweichungsanalyse und Entwicklung von Verbesserungsvorschlägen.

Wissensmanagement und digitale Mündigkeit – Wendepunkt technologisch-gesellschaftlichen Wandels - Risikozone digitaler Technologien – Wissen, was Daten tun: die Mehrzahl der Menschen ist auch nach den Enthüllungen des Herrn Snowden fest der Meinung, dies alles betreffe sie persönlich nicht im Geringsten. Jedoch sind mit der Kommerzialisierung des Internet neue Machtzentren entstanden, die Einfluss auf jedermann, ob nun bewusst oder unbewusst, haben. Mit der digitalen Revolution des Netzes stehen alle an einem Wendepunkt technologisch-gesellschaftlichen Wandels: es geht um den Eintritt in die Risikozone digitaler Technologien.

Die Hürden der klassischen Programmierung von Computern sind hoch und nach wie vor wohl eher IT-Spezialisten vorbehalten. Trotzdem ist Programmieren eigentlich nicht mehr als das Lösen von Aufgaben und die hierbei vorgenommene Übersetzung eigener Gedanken. IT- und Programmierwissen: eröffnet Möglichkeiten darüber nachzudenken, welche Dienste man wie nutzen könnte oder sollte, schützt davor, zu sorglos mit IT-Geräten, Apps und Daten umzugehen. Und: stärkt das Bewusstsein, wo welche Daten wie anfallen und gespeichert werden könnten. Um im Leben eigenständig entscheiden zu können, muss man wissen, welche Daten es über einen gibt und was diese Daten wirklich tun und bewirken können. Grundkenntnisse der Programmierung, auf welche Weise auch immer zu erlangen, machen Informationstechnologien und deren Arbeitsweise eher verstehbar.

Nur wer seinen Standort kennt, kann über den richtigen Weg zum Ziel entscheiden. So gelangt man beispielsweise über eine Entgelt-Aufwands-Rechnung mittels Kennzahlen-Systemen zu Aussagen über die pro geleisteter Arbeitsstunde gezahlten Entgelte. Über einen kostenanalytischen Ansatz kann untersucht werden, welche Elemente der Entgeltkosten es gibt und wie diese zusammenwirken. Die Einflussgrößen-Modelle, die z.B. nach Mengen-, Preis- und Struktureffekten differenzieren, sind unentbehrliche Grundlagen für Planungsrechnungen. Die Kontrolle im Sinne eines Soll-Ist-Vergleichs ist eine Teilphase im Steuerungsprozess. Hier steht nicht die formale Richtigkeit, sondern die Erreichung inhaltlicher Ziele im Vordergrund. Folgende Kontrollaufgaben sind im Entgeltbereich wichtig: sind Sonderzahlungen wie z.B. Erfolgsprämien auch tatsächlich dahin geflossen, wo die Leistung entsprech-end war? Entsprechen Funktions- und Stellenprofile sowie deren Zuordnung der aktuellen betrieblichen Situation? Werden Gehaltserhöhungs-Budgets eingehalten?

Personalwirtschaftliche Kennzahlen: obwohl Kennzahlen auch im Personalbereich eine wichtige Planungs- und Entscheidungsgrundlage sind, müssen diese den individuellen Bedürfnissen des einzelnen Unternehmens allgemein sowie des DV-Bereiches speziell entsprechen. Typische Probleme, die bei der Bildung von Kennzahlen auftreten können, sind: 1. die Kennzahleninflation: es werden zu viele Kennzahlen gebildet, deren Aussagewert im Verhältnis zum Erstellungsaufwand zu gering ist oder schon von anderen Kennzahlen abgedeckt wird, 2. Fehler beim Aufstellen von Kennzahlen: die zur Bildung der Kennzahlen herangezogenen Basisdaten müssen genau abgegrenzt werden. Um die Vergleichbarkeit von Kennzahlen im Zeitablauf zu gewährleisten sollten Sie deren Aufstellung standardisieren, 3. mangelnde Konsistenz von Kennzahlen: die Verwendung mehrerer Kennzahlen in einem Kennzahlensystem darf keinen Widerspruch beinhalten. Man sollte nur solche Größen zueinander in Beziehung setzen, zwischen denen ein nachweisbarer Zusammenhang besteht, 4. Problem der Kennzahlen-Beeinflussbarkeit: Es sollte zwischen direkt und indirekt kontrollierbaren Kennzahlen unterschieden werden. Im ersten Fall kann ein Soll-Wert durch eine oder mehrere Aktionsvariable beeinflusst werden, während dies bei nur indirekt kontrollierbaren Kennzahlen nicht der Fall ist.

Wissenstransfer und Präsentationsfolie – Freie Rede und Spickzettel – Panikängste und begnadete Redner – Von der Berater-Domäne zur Folie für jedermann. Soziale und kommunikative Kompetenz oder mit welcher Effizienz das Gelernte transferiert wird

Studierende und Foliensätze – Lehrende im Präsentations-Schlepptau – Ablesen und Konzentration auf das Wesentliche – Ummantelung mit einem Satz von Folien – Konservierung von Struktur und Systematik. Transferbegleitende Maßnahmen: bei immer kürzeren Innovationszyklen wird Wissen zum strategischen Erfolgsfaktor. Die Entwicklung hin zur Informationsgesellschaft sorgt nicht nur für partielle Veränderungen, sondern kündigt bereits die künftige Gesellschaft an. Die Halbwertzeit des Wissens sinkt dramatisch ab. D.h. ohne regelmäßiges Aktualisieren und Auffrischen ist manches Wissen in kurzer Zeit nur noch die Hälfte wert.

Vor diesem Hintergrund wird Lernen zu einer Muss-Investition. In diesem Sinne besteht die Aufgabe des Bildungscontrolling darin, Prozesse für die Qualifizierung bereitzustellen. Hierzu zählen u.a.: Planung, Analyse, Steuerung und Koordination der Bildungsmaßnahmen, Ermittlung der aktuellen Bildungskosten in Relation zum Bildungsnutzen, Organisation und Konzeption unternehmensinterner Weiterbildungsmaßnahmen, Lernberatung und Coaching von Mitarbeitern und deren direkten

Vorgesetzten, Entwicklung von transferfördernden Maßnahmen, Marktbeobachtung von externen Dienstleistern im Bereich Weiterbildung, Bereitstellung von Lernmaterialien, Auswertung von Seminarbeurteilungen.

Rolle des Moderators, Tutors oder Coaches: die veränderten Inhalte der Qualifizierungsmaßnahmen stellen personalverantwortliche Manager, Trainer und Lehrer ebenfalls vor veränderte Herausforderungen. Mehr denn je werden Anleitung und Hilfe zum Selbstlernen im Mittelpunkt stehen: der Trainer übernimmt die Rolle des Moderators, Tutors oder Coaches. Gleichwohl wird jeder einzelne stärker als bisher gefordert sein. Nicht nur deswegen, weil eine kontinuierliche Weiterbildung aus eigenem Antrieb vorausgesetzt werden muss und der Mitarbeiter in Zukunft von sich aus mehr Freizeit für die eigene Qualifizierung investieren muss. Während im gesamten Aus- und Weiterbildungsbereich die Vermittlung von Wissen und kognitiven Fähigkeiten im Vordergrund stehen, werden bei der praktischen Umsetzung dieses erlernten Wissens auch persönliche, soziale und kommunikative Kompetenz benötigt.

Präsentations-Folie – einstige Domäne der Beraterzunft: einst die Domäne von (vorwiegend amerikanischen) Unternehmensberatern: die Präsentations-Folie. Heute beherrscht sie flächendeckend alles vom Klassenzimmer über Seminare bis hin zu Meetings und Konferenzen. Der Nutzen allerdings: von Mal zu Mal abnehmend und eher bescheiden: der Referent liest von seiner Folie ab, was jeder ohnehin auch selbst lesen kann. Nebeneffekt im dämmrigen Schimmer des abgedunkelten Seminarraumes ist oft wohltuendes Abschalten oder Einnicken. Aneinanderreihung von Gemeinplätzen und inhaltlose Grafiken: von den Präsentationsfluten überrollt wird manchenorts schon über eine ausufernde „Vermüllung" geschimpft. Nichtsdestotrotz spart man sich in mancher Studentenszene wohl lieber das Lesen umfangreicher Fachbücher und greift stattdessen mit umso größerer Begeisterung auf ganze Foliensätze der Lehrenden zurück. Angenehmer Nebeneffekt: Aufmerksamkeit ist nicht mehr oberstes Gebot, das lästige Mitschreiben entfällt.

Vor dem Hintergrund einer allumfassenden Negativkritik sollte allerdings eines bedacht werden: gute Redner sind Mangelware, begnadete Redner müsste man wohl mit der Lupe suchen. Folien als unterstützende Spickzettel: die Mehrheit der Menschen scheut (anhand mancher Fernseh-Show mag man es kaum glauben) öffentliche Auftritte und wäre vor dem Muss eines Vortrages wohl nicht selten mit Panik-Attacken konfrontiert. Folien sind nicht zuletzt ein oft willkommener Spickzettel, an dem sich ein Rednern gerne orientieren und festhalten mag.

Folien zwingen einen Redner, sich auf das Wesentliche (deshalb der oft entstehende Eindruck von Allgemeinplätzen) zu konzentrieren und nicht allzu weit ins Nebensächliche abzuschweifen. Ohne Folien, würde so mancher Vortrag wie ein Kartenhaus in sich zusammenfallen: die Ummantelung eines Vortrags mit einem Satz von Präsentations-Folien erzeugt Systematik und Struktur und vermag diese durch das gesamte Ablaufgeschehen hindurch zu konservieren. Es ist also nicht alles schlecht an Folien: der Eindruck ihrer Beliebigkeit rührt auch daher, dass heutzutage Folien zu einem Mittel für Wissenstransfer für jedermann geworden sind. Alles ist gut: solange sich ein Redner nicht hinter Folienbergen verschanzt und sich im Verlauf des Vortrages ergänzend auch einmal zu freier Rede aufzuraffen vermag.

Kriterien zur Messung des Weiterbildungs-Outputs: Bildungsmaßnahmen erfüllen nur dann voll ihren Zweck, wenn durch das Gelernte dann auch das Aufgabenspektrum im beruflichen Kontext besser gelöst werden kann, d.h. das Unternehmen ist nicht nur an positiven Lernzuwächsen sondern vielmehr daran interessiert, dass das Gelernte an den Arbeitsplatz transferiert wird. D.h. für das Unternehmen geht es weniger darum, ob der Teilnehmer an Bildungsmaßnahmen einen Lernerfolg erworben hat, sondern vielmehr darum, mit welcher Transferquote dieser Lernerfolg in die betriebliche Praxis umgesetzt werden kann. Lerntransferquoten von unter 50 % rechtfertigen meist nicht den dafür zu erbringenden finanziellen Aufwand.

Nur ein ausgefeiltes Controlling der Weiterbildungsmaßnahmen führt zu einer höheren Effizienz der Schulungen. Hierbei geht es um die Frage, welchen Beitrag zum Unternehmenserfolg die Bildungsprozesse erbringen. Ein einheitliches Kriterium für die Erfolgsmessung von Weiterbildung gibt es nicht, da sich der Input aufgrund unterschiedlicher Messmethoden nicht direkt mit dem erzielten Output vergleichen lässt. Die Messung des Weiterbildungs-Outputs wird u.a. dadurch erschwert, dass der Erfolg oft nicht unmittelbar nach dem Ende der Bildungsmaßnahme eintritt.

Der Erfolg von Weiterbildungsmaßnahmen geht über das Erfassen von Kennzahlen aus der Kostenrechnung und der Summe der Seminartage hinaus. Die Rentabilität der Investitionen in den Bildungsbereich kann u.a. mit Arbeitsproduktivitätskennziffern gemessen werden. Weiterhin kann der Erfolg von Weiterbildungsmaßnahmen daran gemessen werden, in welchem Umfang sie zur Deckung des Weiterbildungsbedarfs beigetragen haben. Weiter in der Bildungsstrategie berücksichtigt werden müssen auch qualitative Meßgrößen wie Daten aus Prozessmessungen, Mitarbeiter-Befragungen und der Weiterbildungsbedarfsanalyse.

Am einfachsten können aus der Lohn- und Gehaltsabrechnung, der Kostenrechnung und Finanzbuchbuchhaltung sowie auf Grundlage personalwirtschaftlicher Statistiken die Kosten der Weiterbildungsaktivitäten ermittelt werden. Zu den direkten Kosten zählen u.a. Kosten des Weiterbildungspersonals, Dozentenhonorare, Raumkosten, Sachkosten für Maschinen- und Geräteausstattung, Lehrmaterialien, Lehrgangsgebühren und Reisekosten. Zu den indirekten Kosten zählen u.a. Kosten für Lohnfortzahlungen. Der diesen Kosten gegenüberzustellende Nutzen ermittelt sich u.a. aus Kennzahlen wie dem Grad der Erreichung der angestrebten Lern- und Transferziele (Bildungswert = Lernwert + Transferwert), Fluktuations-, Fehlzeiten- oder Beschwerdequote.

Eine vielseitige Qualifikation der Mitarbeiter wertet gleichzeitig den einzelnen Arbeitsplatz auch durch Job-enlargement und Job-enrichment auf und verhindert, dass durch die Abwerbung von ausgebildeten Arbeitskräften durch nichtausbildende Unternehmen die Ausbildungserträge extern anfallen. Umso mehr die vermittelte Qualifikation unternehmensspezifisch ist, reduziert sich aber auch das Problem dieser externen Effekte (Verminderung der Fluktuationsrate). Meßprobleme treten weiter dadurch auf, dass Produktivitätseffekte wie beispielsweise Loyalität, Leistungsmotivation, Teamgeist, Verbesserungsvorschläge oder verstärkte Innovationsorientierung sich oft nur längerfristig und nur in indirekter Form auswirken. Wenn die unternehmensspezifische Weiterbildung in erster Linie die Produktivität im ausbildenden Unternehmen erhöht, erhält sie dadurch einen zusätzlichen Optionswert, der bis zu einem gewissen Grad auch tatsächliche Einkommens- und Positionsanhebungen ersetzen kann.

Prüfung externer Qualifizierungsangebote: das Angebot auf dem Markt für Aus- und Weiterbildung hält im wesentlichen alles bereit, was die Nachfrageseite benötigt. Dies gilt sowohl in thematisch-inhaltlicher Sicht als auch mit Blick auf die zeitliche und preisliche Gestaltung der Aus- und Weiterbildungsveranstaltungen. Auf der Nachfrageseite scheuen manche davor zurück, durch die Teilnahme an Aus- und Weiterbildungsveranstaltungen eigene Schwächen nach außen zu signalisieren. Andere geben vor, ein für sie relevantes Angebot am Markt nicht identifizieren zu können. Zu diesen subjektiven Qualifikationsbarrieren kommt erschwerend das Problem der Unüberschaubarkeit eines höchst fragmentierten Angebots hinzu, zu dem sich dann noch das Problem der Qualitätsunsicherheit gesellt. Deshalb sind vor allem zwei Schritte erforderlich: Erstens gilt es, anhand positiver Erfahrungsberichte von erfolgreichen Teilnehmern für andere den Nutzen optimaler Aus- und Weiterbildung transparent darzustellen. Zweitens können Checklisten die entscheidenden Kriterien zur Bestimmung des persönlichen Aus- und Weiterbildungsbedarfs sowie die Auswahl der hierzu passenden Angebote die Qualifizierungsmaßnahmen wesentlich erleichtern.

Zur Kenntlichmachung unterschiedlicher Anforderungsniveaus bestimmter Kurse sollten die Weiterbildungsinhalte nach Zielgruppen spezifiziert sein. In diesem Zusammenhang wichtig ist auch ein modularer Aufbau der Aus- und Weiterbildung, um einerseits speziellen Interessen der Nachfrager adäquat Rechnung tragen zu können und andererseits den Weg durch die unterschiedlichen Aus- und Weiterbildungsinstanzen zu erleichtern. Da nicht alle Probleme und Herausforderungen einer Arbeitstätigkeit bereits im Vorfeld erschöpfend behandelt werden können, sollten Aus- und Weiterbildung auch verstetigt werden. Unterrichtete Inhalte können dann stärker an unternehmenspraktischen Erfordernissen ausgerichtet werden. Als festes Element in der Weiterbildung können daher auch Erfahrungsaustauschgruppen unter Leitung eines erfahrenen Moderators oder Supervisors gebildet werden.

Um sowohl die Aus- und Weiterbildungsneigung als auch die Qualität von Veranstaltungen zu erhöhen, ist eine nachvollziehbare Qualitätssicherung erforderlich: einerseits müssen Mindeststandards seitens der Anbieter garantiert werden, andererseits muss den Nachfragern die Einschätzung der Qualität der Angebote ermöglicht werden. Dabei bestimmen Qualitätselemente -von der Verantwortung der Leitung für die Formulierung einer Qualitätspolitik über Verfahren zur Entwicklung von Bildungsmaßnahmen bis hin zur Feststellung des Erreichens von Qualitätszielen bei Prüfungen- welche qualitätsrelevanten Tätigkeiten bei einem Bildungsträger geregelt sein müssen. Zu beachten ist aber, dass diese Normen selbst keine Kriterien für die Ausbildungsqualität definieren, sondern einem Anbieter helfen sich zu organisieren, um eine stetig hohe Qualität zu gewährleisten. D.h. folgende Punkte bleiben problematisch: Methodik und Didaktik werden in Qualitätsmanagementsystemen nicht einbezogen, Zertifizierung ist für größere Unternehmen schneller und ggf. kostengünstiger zu erreichen, ISO-Normen schüren die Illusion der detaillierten Messbarkeit, Kontrollierbarkeit und Beherrschbarkeit von Prozessen.

In der Ausbildung kann die Kundenzufriedenheit nicht als einziges Kriterium für die Qualität einer Veranstaltung dienen. Eine „Kuschel- oder Unterhaltungsdidaktik" bewirkt zwar oft hohe Zustimmungsnoten. Es kann aber nicht Ausbildungsziel sein, in Verwirklichung des Servicegedankens eine Konsumhaltung bei den Lernenden zu erzeugen, die jegliche Lernanstrengung minimiert. Bei allgemeinen Schulungen geht sehr viel Wissen verloren, wenn das Gelernte nicht umgehend trainiert und umgesetzt werden kann. Die Qualität des vermittelten Wissens ist wichtiger als die Höhe des Weiterbildungs-Budgets. Um zu vermeiden, dass sich Schulungen später als Fehlinvestitionen erweisen, muss vorher sehr genau überlegt werden, wer zu welchen Themen, die für ihn tatsächlich arbeitsplatzrelevant sind, geschult werden soll.

Recruiting nach dem STENZ-Auswahlprinzip: der beste Weg mit einer Krise fertig zu werden bleibt dabei nach wie vor, gar nicht erst hineinzugeraten. Vielleicht ist in einer Krise großen Ausmaßes einmal mehr das sogenannte Allgemeinwissen mit bisher oft milde belächeltem humanistischen Bildungsidealen als die demgegenüber manchmal einseitig gepolten Spezialisten für Einzelfächer gefragt. Vielleicht ist es auch kein Zufall, dass einerseits die ureigenste Welt der Banken, nämlich die der Bilanzen einen immensen Vertrauensverlust hinnehmen musste, andererseits das häufig vergebens propagierte System einer Wissensbilanz mit zusätzlichem Blick auch auf immaterielle Vermögenswerte in der

Wirtschaftswelt so wenige Anhänger und Befürworter zu finden vermag. Wenn **S**ystematik, **T**ransparenz, **E**hrlichkeit, **N**achhaltigkeit und **Z**ukunftsfähigkeit zum STENZ-Auswahlprinzip erklärt würden, wäre dies für viele Führungspositionen nicht das schlechteste Prinzip. Zumal eine solche Auswahl-Maxime von vielen Führungskräften als Selbstverständlichkeit für das Alltags-Wirtschaften anderer gesehen werden könnte. Statt auf andere brauchte man diese oder ähnliche Auswahlvorgaben dann nur noch auf sich selbst anzuwenden. So könnte ein erster Schritt in Richtung des STENZ-Prinzips darin bestehen, sich ein Gerüst der Personalfaktoren einmal vorzunehmen und auf gegebenenfalls notwendige Änderungen und Ergänzungen hin zu diskutieren. Das System einer darauf aufzubauenden Personalbilanz wäre jedenfalls in alle Richtungen offen und anpassungsfähig.

Die Evaluierung von Führungspositionen nicht mehr nur an anonyme Indikatoren auszulagern bedeutet mehr Eigenständigkeit und Selbstverantwortung. In diesem Sinne also auch mehr klassische Management- und Entscheidungstugenden. Wenn seelenlose Indikatoren durch „Preisrichter" aus Fleisch und Blut ersetzt würden, könnte daraus als Nebenprodukt ein heilsamer Zwang zu mehr Manager- Kommunikation und -Wissensaustausch entstehen. In diesem Umfeld wird eine Personalbilanz auf den Schild gehoben und zur Geschäftsgrundlage von allem gemacht. Das Konzept der Personalbilanz soll ja gerade deshalb ins Spiel gebracht werden, weil man beispielsweise vor dem Hintergrund einer Krise versuchen muss, nicht nur die Aufmerksamkeit der mit Bewerbungen rundum eingedeckten Personalentscheider zu wecken, sondern in diesem Kontext auch nach neuen Wegen Ausschau halten sollte. Eine Personalbilanz ist hierfür nicht nur deshalb geeignet, weil mit ihr breit getretene und immer wieder eintönig wiederholte Pfade verlassen werden.

Eine Volkswirtschaft ist ein sich ständig veränderndes und entwickelndes System, abhängig von den sich wandelnden ökonomischen und gesellschaftlichen Systemen, in die es eingebettet ist - Intellektuelles Wissenskapital des Standortes mit Kompetenznetzwerken

Will man die zahllosen Wirkungsbeziehungen verstehen, braucht man ein selbst wandlungsfähiges Gedankengebäude, das sich zeitnah neuen Situationen anpassen kann. Man muss sich die Frage stellen, ob es eine Wirtschaftswissenschaft geben kann, die nicht ausschließlich auf Messungen beruht. Kann es ein Verständnis der Wirklichkeit geben, das Qualitätsmaßstäbe, Ideen und Erfahrungen einbezieht und dennoch wissenschaftlich ist? Unabhängig von solchen Überlegungen sollte Wirtschaftswissen immer auf systematischer Beobachtung beruhen und sollte durch folgerichtige (begrenzte und annähernde) Modelle abgebildet werden können. Für die Erarbeitung von Modellen sind empirische Grundlagen erforderlich, d.h. man braucht (darf) sich auf dem Weg zu einer Erkenntnis nicht auf Messungen und quantitative Analysen beschränken.

Nachhaltige Lösungsansätze werden sich ohnehin mehr mit Qualitäten als mit Quantitäten beschäftigen und mehr auf gemeinsamen Erfahrungen als auf (wie auch immer durchgeführten) Messungen beruhen. „Die Erfahrungsstrukturen, welche die Daten einer solchen Wissenschaft liefern, können nicht als fundamentale Elemente quantifiziert oder analysiert werden und müssen stets in unterschiedlichem Maße subjektiv sein. Andererseits müssen die mit diesen Daten verbundenen Begriffsmodelle logisch stimmig sein, wie alle wissenschaftlichen Modelle, und können sogar quantitative Elemente enthalten." Volkswirtschaften sind ein (lebendiges) System aus Menschen und gesellschaftlichen Organisationen, die in ständiger Wechselwirkung zueinander stehen. In einem komplexen Gewebe aus wechselseitigen Abhängigkeiten existieren in kontinuierlichen (fluktuierenden) Zyklen zahllose selbstregulierende Mechanismen. Dabei sind lineare Zusammenhänge von Ursache und Wirkungen nicht immer klar und eindeutig zu identifizieren.

Insofern können auch lineare Modell nicht immer weiterhelfen, um die funktionalen Zusammenhänge zwischen eingebetteten gesellschaftlichen und ökonomischen Systemen (und ihren Technologien) zu beschreiben. Das Kernstück dieser „Systemweisheit" ist die Erkenntnis der nichtlinearen Natur aller Systemdynamik. Die Erkenntnis, dass die Dynamik einer Volkswirtschaft von Fluktuationen beeinflusst (getrieben) wird. Ein Zustand des Ungleichgewichts ist zum großen Teil eine Folge undifferenzierten Wachstums. Die Analyse wirtschaftlicher Phänomene braucht die Zusammenarbeit unterschiedlicher Disziplinen. Es müssen verschiedene Methoden und Perspektiven unterlegt werden, man muss sich im Rahmen umfassender Analysen auf verschiedene Systemebenen konzentrieren, um unterschiedliche Aspekte und Auswirkungen wirtschaftlicher Aktivitäten herausstellen zu können.

Dieser Denkprozess wird noch dadurch beschleunigt und verstärkt, dass das Konzept des Geldes zunehmend abstrakter wird und sich von der ökonomischen Realität löst. In einem globalen Banken- und Finanzierungssystem können die jeweiligen Geldeinheiten durch die Macht der (riesigen) Institutionen verändert und gesteuert werden. Nicht zuletzt hat dies auch Auswirkungen auf die Messung der Leistungsfähigkeit und Produktivität von Prozessen und Verfahren. Ein großer Teil des erwirtschafteten Bruttoinlandsprodukts (BIP) wird durch Kosten unproduktiver Aktivitäten (Unterhaltung komplexer Technologien, Management riesiger Bürokratien, Konfliktbewältigung, Verbraucher- und Umweltschutz, Sicherheitsvorkehrungen u.a.) beansprucht. Manche Vordenker sehen ein Stadium wirtschaftlicher Entwicklung voraus, in dem die Kosten bürokratischer Koordination und der Unterhaltung des gesamten Apparates die Produktivität einer Volkswirtschaft übersteigen und das ganze System sich durch sein eigenes Gewicht und seine Komplexität selbst lähmt. Andererseits seien aber in dauernder Wechselwirkung mit ihrer Umwelt stehende Systeme auch in der Lage, ihre Komplexität zu steigern, indem sie ihre strukturelle Stabilität zugunsten von Flexibilität aufgehen. Die Entwicklung einer Volkswirtschaft wird in diesem Denkmodell daher nicht nur von der Leistungsfähigkeit ihrer Technologien und gesellschaftlichen Institutionen (d.h. von ihrer Komplexität) abhängen, sondern auch von ihrer Flexibilität und ihrem Wandlungspotenzial.

Werden die Informationsquellen des Standortes aktiv erweitert (z.B. in Form von Internetrecherchen, Investorenbefragungen, Standort-Benchmarks)? Zwischen innen und außen besteht eine Vielfalt von Abhängigkeiten, die entscheiden, wie mit externem Wissen umgegangen wird. Beim Hinzuziehen von externen Experten ist das "not-invented-here-Syndrom" zu vermeiden. Gute Netzwerkarbeit und daraus resultierende Effizienzsteigerungen für die Akteure können an Beispielen wie Kooperationen des Maschinenbaus, Internationalisierung von Netzen, intensivem Technologietransfer sowie gemeinsamen Aus- und Weiterbildungsmaßnahmen demonstriert werden. Beispielsweise: ein Kompetenznetz stellt mit einem Programm „Coach & Connect" ein Management-Coaching speziell für junge Technologienunternehmen bereit. Mit diesem innovativen Ansatz organisiert man alle notwendigen Beratungsservices und vermittelt professionelle Mentoren aus den Reihen der Netzwerkmitglieder. Der Service zielt darauf ab, Fachkräfte aus verschiedenen Mitgliedsunternehmen auszubilden und dabei unterschiedlichen Unternehmens- und Arbeitskulturen sowie Fachsprachen, wie sie besonders an den Schnittstellen der Wertschöpfungsketten auftreten, zu berücksichtigen. Ein anderes Kompetenznetz ist eine hochwertige unternehmensübergreifende Personaldienstleistung im Netzwerkverbund. Der Vorteil besteht darin, dass Bewerbungen nicht nur weiterverteilt, sondern zunächst geprüft, qualifiziert und dann gezielt den potenziellen Netzwerkmitgliedern mit konkretem Bedarf zugeleitet werden.

Wird das vorhandene Wissen des Standortes in einer Datenbank oder regelmäßigen Treffen zum Wissensaustausch zusammengeführt? werden Kernkompetenzen gesichert und ausgebaut? Ein erfolgreicher Standort muss Wissen von außen als eine ebenso wertvolle Ressource behandeln wie das eigene Wissen. Das Denken in Netzwerken soll zu einem zentralen Differenzierungsfaktor ausgebaut werden. Der Standort muss kontinuierlich prüfen, welche Kompetenzen er selbst "besitzen" muss und welche er von außen einkaufen kann/muss. Es sollte ein systematisches Verzeichnis darüber angelegt werden, welches Fachwissen bereits intern verfügbar ist. Vom aktuellen Fachwissen ausgehend kann analysiert werden, welches Fachwissen zukünftig erforderlich ist, um die Entwicklung des Standortes sicherzustellen und neue Marktchancen rechtzeitig nutzen zu können. Es soll festgestellt werden, welche Maßnahmen eingeleitet werden müssen, um den Bestand an Kernkompetenzen zu erhalten und/oder auszubauen. Kein Standort kann sich in Zukunft in diesem Bereich Unwissen leisten.

Wird versucht, das Wissen des Standortes nicht nur an Einzelpersonen, sondern möglichst breit zu kommunizieren? Werden Kompetenzen in Netzwerken gebündelt, um den Standort voranzubringen? Offenheit für neue Entwicklungen muss darauf angelegt werden, Richtungen vorzugeben, Impulse zu setzen und dabei mit möglichst vielen Entwicklungspartnern systematisch und zielorientiert zusammenzuarbeiten. Kompetenznetzwerke bieten mit ihren vielseitigen, unternehmen- und einrichtungsübergreifenden Leistungen einen vorzeigbaren Mehrwert durch die Kooperation. Es können konkrete Chancen aufgezeigt werden, die von einer stärkeren Zusammenarbeit zwischen Unternehmen, Hochschulen und Forschungseinrichtungen ausgelöst werden.

Standortuntersuchungen haben ergeben, dass technologisches und kreatives Knowhow oft über Generationen hinweg vererbbar zu sein scheint und dass ein einmal eingeschlagener ökonomischer Weg einen Standort über viele Jahrzehnte zu nähren vermag. Hat sich ein Standort im Wettbewerb um die Kreativen erst einmal einen Erfolg erarbeitet, so ist dieser nicht so leicht wieder zu nehmen. Obwohl beispielsweise eine Unternehmensholding aus rein betriebswirtschaftlichem Kalkül heraus oft leicht zu verlagern wäre, geschieht dies in der Praxis nur relativ selten. Dieses Beharrungsverhalten erklärt sich aber meist durch ein kreatives Umfeld, das kulturelle Image eines Standortes. Wenn also Firmensitze trotz Globalisierung relativ selten an andere Orte gehen, kommt es für den Standort umso mehr darauf an, der kreativen Klasse eine Heimat zu geben.

Eine hohe Qualifikation der an einem Standort beschäftigten Personen schlägt sich auch in deren Gehalt nieder und wirkt somit auch positiv auf die lokale Wirtschaft und den lokalen Einzelhandel. Dabei ist von wesentlichem Vorteil, wenn solche Arbeitsplätze nicht nur von einem Großbetrieb abhängen und damit nicht zu befürchten ist, dass sie im Falle einer Unternehmensübernahme oder Standortverlagerung möglicherweise auf einen Schlag wegfallen könnten. Ein Standort mit wissensintensiven und damit zukunftsorientierten Arbeitsplätzen wird auch eher als beispielsweise altindustrielle Standorte bei einer Auswahl von Wohnstandorten bevorzugt werden.

Beispiel-Bewertungsfragen, -antworten, -begründungen zu Arbeitskräftepotential, verfügbare Fachqualifikationen: sind am Standort fachlich qualifizierte Mitarbeiter in ausreichender Anzahl verfügbar? gibt es Auswertungen über den Ausbildungsstand der Arbeitskräfte als Voraussetzung für die Innovationsfähigkeit des Standortes? Gut ausgebildete Fach- und Führungskräfte werden zur Mangelware, d.h. auch der Wettbewerb um qualifizierte Mitarbeiter wird immer schärfer (u.a. weil geburtenstarke Jahrgänge aus dem Berufsleben scheiden). Besonders kleinere Unternehmen haben es immer schwerer, offene Positionen mit passenden Bewerbern zu besetzen. Ein vitaler, transparenter Arbeitsmarkt, in dem Angebot und Nachfrage optimal ausgeglichen sind und in dem die Brücken von Arbeit in Aus- und Weiterbildung gut funktionieren, sichert den Unternehmen am Standort auch morgen noch ihren Arbeits- und Fachkräftebedarf.

Betreiben die Unternehmen am Standort systematisch Employer Branding? Wer es versäumt, eine Marke als attraktiver Arbeitgeber aufzubauen, hat das Nachsehen. Wer bei potentiellen Bewerbern gut ankommt, hat meistens auch bei Kunden die Nase vorne. Ein erfolgreiches Employer Branding hat einen positiven Einfluss auf den Geschäftserfolg: die Werte des Unternehmens werden erlebbar gemacht. Die "richtigen" Mitarbeiter sind der

Schlüssel zu nachhaltigen Geschäftserfolgen: vielleicht darf man in seinem Geschäft auch manchmal Fehler begehen, selten/nie aber darf man (als KMU) die falschen Leute einstellen. Gelingt es, im Rahmen der Kommunikationsstrategie des Standortes, auch die Arbeitgeberqualitäten zu platzieren? Damit werden sich auch nachhaltig positive Effekte auf das Standortimage einstellen, um daraus auch qualifiziertes Fachpersonal zu gewinnen. Damit ist ein weiterer Schritt getan, um im Wettbewerb mit anderen Standorten -gleich welcher Größenordnung- zu bestehen.

Kontraproduktive Entscheidungsfähigkeit – Ganzheitliches contra selektives Denken – Decision Support: das Ideal nach dem Konzept von Business Intelligence ist die Gewinnung von Erkenntnissen, die im Hinblick auf bestimmte Ziele bestmögliche operative und strategische Entscheidungen unterstützen

Humboldtsches Bildungsideal und Business Intelligence - Angst vor dem eigenen Urteil –Scheinobjektivität mancher Evaluierungskriterien – Nachhaltigkeit auf dem Prüfstand. Nach dem humboldtschen Bildungsideal soll ein autonomes Individuum eine Person sein, die Selbstbestimmung und Mündigkeit durch ihren Vernunftgebrauch erlangt. Schwachstellen der praktischen Umsetzung: man kann sie bis in das politische Leben hinein verspüren: die Angst vor dem eigenen Urteil. Selbst große Parteien verstecken sich gerne hinter dem Urteil ihrer Wähler. Der Souverän hat es so gewollt, hat ja so entschieden. Ganz ähnlich wenn Manager nur oder vor allem nach Gewinn und Umsatz bewertet und entlohnt werden. Auch dann braucht man nicht sich selbst als Punktrichter zu verantworten. Denn hierüber hat ja der Markt oder noch besser der Kunde als angeblicher König entschieden.

Keine Diskussionen, es liegt alles auf dem Tisch und solange es aufwärts geht, sind es alle zufrieden. Man stelle sich einmal vor, der Vorstand des Fußballvereins sollte seinen Trainer kompetent beurteilen, wenn man ihm hierfür die Stütze und den Vorwand des Tabellenstandes wegnehmen würde. Lernen kann man aus diesem anschaulichen Beispiel, dass schwerwiegende Folgen entstehen können, wenn eine Vorstellung verfolgt wird, nach der u.a.:

auf Dauer aus kurz immer lang gemacht werden könne, eine langfristige Strategie in einem kurzatmigen Umfeld, in dem nur von Tag zu Tag gedacht wird, erfolgreich gemacht werden könnte,

man darauf baut, das Gewesene aus der Vergangenheit in die Zukunft fortschreiben zu können,

langfristiges Denken laufend mit kurzfristig veränderten Annahmen überlagert wird, oder

ganzheitliches Denken von selektiven Wahrnehmungen verdrängt wird.

In der Politik ist realer Decision Support häufig unerwünscht: externe Expertisen, die sie manchmal sogar selbst in Auftrag gegeben hat, werden von der Politik kaum oder eher flüchtig gelesen, geschweige denn befolgt. Im besten Fall werden sie zur Kenntnis genommen und dann im sogenannten demokratischen Procedere so zerfleddert und verfälscht bis sie zu nichts mehr taugen. Gegebenenfalls werden solche Expertisen noch als Vorwand für Missstände hergenommen. Wenn aber Expertisen bloß Ablenkungsmanöver sind, könnte man auch gleich ganz auf sie verzichten. Es gilt das alleinige Urteil des Marktes? Der in einem trügerischen Bild alles richtende Markt kann mit seinem Urteil auch sehr ungerecht werden. Und dies nach beiden Seiten hin. Das Band zu den individuellen Leistungen und Fähigkeiten eines Managers ist oft so locker, dass es manchmal kaum noch wahrnehmbar ist (manchmal gibt es überhaupt keines).

Qualitative und quantitative Entscheidungsfähigkeit - Kennzahlengläubigkeit und Bauchentscheidung – Kompetenz und intellektuelle Anstrengung – Kein Ausblenden qualitativer Aspekte. Marktwissen und Fachkenntnis müssen in einem schnelllebigen Marktumfeld mit kompetenten Analysen unterstützt werden können. Denn nur dies ermöglicht: strategische Entscheidungen auf Basis aktueller und maßgeschneideter Informationen treffen zu können. Datenanalyse und individualisierte Informationsgenerierung spielen eine immer bedeutsamere Rolle: die flexible Generierungsmöglichkeit für entscheidungsrelevante Ergebnisinformationen sind ein immer wichtigerer Bestandteil erfolgreichen Handelns. Die besten Analysen verlieren jedoch an Wert, wenn ihre Aussagen nicht umgesetzt werden können. Dazu müssen Daten aus verschiedenen Quellen zusammengeführt und angepasst werden, mit diesen Daten situationsspezifische Berichte generiert werden, vertiefte statistische Analysen erstellt werden, Reports und Analysen auch aktuell mit externen Zusatzinformationen angereichert werden.

Die Bildung und Auswertung von Kennzahlen setzt zunächst voraus, dass man sich der Grenzen ihrer Aussagefähigkeit bewusst ist. So darf nicht übersehen werden, dass Kennzahlen in ihrer mathematischen Formalisierung oft statisch sind und die Dynamik ablaufender Prozesse nicht immer genau zeitnah abbilden. Nicht aus dem Auge verloren werden sollte, dass vergangenheitsbezogene Kennzahlen nur bedingte Aussagen über die Gegenwart und noch weniger Aussagen über die Zukunft zulassen, statische Kennzahlen nur stichtagsbezogene Situationen widerspiegeln und damit nicht Bewegungsabläufe über Zeiträume erfassen können. Kennzahlen dürfen nicht isoliert interpretiert werden, sondern müssen sich einer bestimmten Systematik zuordnen lassen. Integrierte Kennzahlensysteme sind immer Mittel-Zweck-Beziehungen, die aus einem übergeordneten Zielsystem abzuleiten sind. Das wichtigste Element der Kennzahl bleibt ihr Informationscharakter, um auch komplizierte Tatbestände in konzentrierter Form quantifizieren zu können. Die rechnerische Kennzahlenzerlegung wird erst dann fruchtbringend, wenn sie zu Kennzahlenbündeln führt, die vorhandene Informationen sinnvoll ordnen. Kennzahlenbündel haben die Aufgabe, die Spitzenkennzahl des Systems analytisch bezüglich der sie dimensionierenden Einflussgrößen zu erklären. Zum Wesen eines Kennzahlensystems gehört daher die Beantwortung der Fragen nach Verhältnismäßigkeit (durch Kennzahlenvergleich) und Ursächlichkeit (durch Kennzahlenzerlegung).Entscheidend ist, dass man nicht einer Kennzahlengläubigkeit verfällt und ihnen nicht bei allen Entscheidungen nur noch sklavisch folgt.

Führungskompetenz bemisst sich nicht allein nach Umsatz und Gewinn, die Kompetenz eines Trainers nicht allein nach dem Tabellenstand seiner Mannschaft. Nur allzu leicht werden qualitative Aspekte als irrelevant ausgeklammert, da man sie nicht in einem Zahlengerüst bis auf die Nachkommastelle genau quantifizieren kann. Gerade bei komplizierten Sachverhalten und Entscheidungssituationen kommt es manchmal auf diese qualitativen Aspekte an. Werden bei der Entwicklung von immer ausgefeilteren Kennzahlen bei dem Wunsch nach Komplexitätsreduktion diese qualitativen Unwägbarkeiten ausgeblendet werden, können Entscheidungen in die Irre führen. Entscheidungen haben eben oft ein schwierigeres Umfeld als ein Cockpit mit grünen, gelben und roten Lämpchen. Es ist ein Zeichen guter Entscheider, dass sie sich zwar der immer raffinierteren Kennzahlentools zu bedienen wissen, neben allen Zahlen und Daten aber trotzdem ein hohes Maß qualitativer Komponenten einbeziehen.

Intellektuelle Anstrengung und Kompetenz bedeuten, alle Elemente, d.h. auch und gerade die nicht quantifizierbaren, in Entscheidungen einfließen zu lassen. Bauchentscheidungen und Kennzahlenentscheidungen sind keine sich ausschließende sondern sich ergänzende Erfolgselemente. Oft sind es gerade jene außerhalb des eigenen Entscheidungsbereiches liegende Risikoeinflüsse wie beispielsweise wirtschaftspolitische, sozialpolitische, soziologische und demographische Daten, die neben dem internen Erfolgspotenzial den Gesamterfolg wesentlich mitbestimmen und den eigentlich vorhandenen Handlungsspielraum festlegen. Das Konzept hierfür lautet: Risiken erkennen, Ursachen und Wahrscheinlichkeiten bewerten, Sicherheitsinstrumente planen, Kosten-/Nutzen analysieren. Risikoanalysen können als vorgeschaltete gedankliche Drehscheibe Entscheidungsprozesse unterstützen: sicht- und quantifizierbar gemachte Risiken werden eher bejaht als eine Zukunft, die im Dunkeln liegt: Eine Vorsichtslinie markiert zunehmende Risikointensität, beispielsweise durch Fragezeichen = Verlassen des Knowhow-Bereiches.

In Verbindung mit dem Konzept einer umfassenden Wissensbilanz könnten u.a. folgende Entscheidungspunkte eingehender geprüft werden: Wissens-, Personal-, Standortbilanz im Hintergrund, Kombination von Qualität und Stärken, Ausgangslage: Entscheiderprofil, Entscheidungsmatrix schafft Übersicht, Entscheidungsbaumtechnik, Entscheidungshilfen von Auftragsinformationen, Entscheidungshilfen von Liquiditätsinformationen, Business Intelligence – Entscheidungspotentiale, Durchblick im Entscheiderfaktoren-Wirkungsnetz, Wahrnehmung des wahrscheinlichen Risikos, Risikoanalyse statt Kristallkugel, Szenariotechniken für mehrere Zukünfte, Konzept der Vorsichtslinie, Entscheidung: Offensiv agieren oder defensiv reagieren? Scanning mit 360-Grad-Suchverfahren, RoI-Entscheidungsrechnung, RoI-Sensitivitätsrechnung, Entscheidungstechnik Gewichtsverfahren.

Es geht um Risikobewusstmachung bei allen Entscheidungen und Handlungen: je nach Unternehmensphilosophie müssen möglichst die vorhandenen Wertstellungsprofile und Risikoneigungen der Entscheidungsträger erfasst werden: die Extrempunkte bilden einerseits risikofreudige sowie andererseits risikoscheue Einstellungen. Beeinflusst werden diese u.U. durch die sich als Gegenpol bietenden Chancenprofile. Ausgelotet werden sollte, ob und wo unter Umständen Unsicherheiten im Datenkranz der Planung liegen bzw. welcher Art diese Risiken sind. Risikomodelle liefern zwar Informationen für die risikoorientierte Steuerung, machen aber die bewusste Entscheidung der Verantwortlichen nicht überflüssig, d.h. sie sind nur Abstraktionen von der Realität:

Ergebnisse können nicht verabsolutiert werden, sondern sollten laufend kritisch hinterfragt werden. Dabei geht es auch um die Möglichkeiten zur Quantifizierung der einzelnen Risiken: obwohl fast immer eine Vorstellung existiert, was risikobehaftet ist, ist es ungleich schwieriger, dieses Risikobewusstsein im Detail mit konkreten, quantitativen Daten zu operationalisieren. Ziele hierfür sind: Erkennen von Gefahren, die durch Strategieanpassungen zu vermeiden sind oder umgangen werden können, Herausfiltern von strategischen Schlüsselproblemen.

Der Faktor "Information" als eine Holschuld: richtige Dinge richtig tun – Erfolg ist ein Ergebnis richtiger Entscheidungen – Information ist noch nicht Wissen – vernetzter Manager – Entscheidungswissen ist immer auch personenbezogen und situationsbedingt. Manche Manager arbeiten vielleicht noch mit Stäben und greifen nur in Ausnahmefälle selbst auf die sogenannten Executive-Informationssysteme (EIS) zurück. Die Begründung, dass Manager den Faktor „Information" nach wie vor als Bring- und nicht als Holschuld einschätzen oder aber ihre Entscheidungskriterien und damit ihre Informationsbedürfnisse nicht offenlegen wollten, ist aber kaum zutreffend. Mögliche Erklärung sind u.U. konzeptionelle Defizite, beispielsweise:

dass die Potentiale, die Informationsbedürfnisse des Mittelstandes umfassend und flexibel abzudecken, viel zu hoch angesetzt werden,
dass die Potentiale, den Mittelstand wirkungsvoll zu unterstützen, bessere Entscheidungen schneller zu treffen, viel zu hoch angesetzt werden,
dass die Vorstellung vom „vernetzten Manager" oder „gläsernen Unternehmen" in der Realität als überzogen erscheint,
dass in rein technikorientierten Ansätzen zu wenig berücksichtigt wird, dass sich die Informationsbedürfnisse des Leiters eines kleinen Unternehmens und des Vorstandsvorsitzenden eines Großkonzerns in wesentlichen Punkten unterscheiden und teilweise sogar widersprechen,
dass die Einbindung externer -teilweise „weicher"- Umfelddaten zu wenig herausgestellt und auch betriebswirtschaftlich unterstützt wird.

Nicht wenige fühlen, das alles, was in zahllosen Rechnern an Daten wahrgenommen und verarbeitet wird, nicht ausreichen wird, um für die Welt, in der wir uns bewegen, benötigtes Entscheidungswissen zu erzeugen. Der Versuch, fehlendes Wissen, durch Berücksichtigung von immer mehr Informationen zu kompensieren, führt in eine Endlosschleife. Was nötig ist, sich Grenzen des Wissens einzugestehen und sich nicht mit immer mehr

Informationen über dessen Fehlen hinwegzutäuschen. Es braucht Personen, die den Mut haben, ohne Rechthaberei zu ihrem fragilen Wissen zu stehen

.

Zeiten der Unsicherheit ohne Patenrezepte: Je mehr Experten am Tisch sitzen, desto mehr Details kommen zur Sprache. Dann wird nur beschlossen, sich noch mehr Informationen zu beschaffen und die Entscheidung zu vertagen

Wir leben in einer Welt, die von vielen als wirtschaftlich und politisch unsicher empfunden wird. In einer Welt, in der auf altbekannte und (bewährte) Zusammenhänge kein Verlass mehr zu sein scheint, für die die es kein beschreibendes Lehrbuch gibt. In politischer Sicht wird die Welt unruhiger und viele wissen nicht, was auf sie zukommt. Wobei man zwischen Unsicherheit und Risiko unterscheiden sollte. „Mit Risiko ist eine Sicht der Welt gemeint, in der die Menschen die Zukunft nicht kennen, aber davon ausgehen, dass sie den denkbaren künftigen Entwicklungen einigermaßen zuverlässig Eintrittswahrscheinlichkeiten zuordnen können, die sie häufig aus vergangenen Erfahrungen ableiten." Eine Welt der Unsicherheit weicht von dieser Sicht ab, denn in ihr gibt es keine verlässlichen Aussagen über die Wahrscheinlichkeiten von Ereignissen. Man hat keine Erfahrungen mit ihr und keine Muster, die als Orientierungshilfe dienen könnten.

Wie immer aber, wird die Zukunft durch heutige Entscheidungen von Menschen bestimmt, die ihrerseits aber diese Zukunft nicht kennen (oder eine Vorstellung von ihr haben). „Es wird eine unvorhersehbare Gesellschaft sein, in der sich Momente oder Intervalle der Ordnung, Sicherheit und Schönheit mit plötzlicher Desintegration und Kaskaden abwechseln, die zu neuen Mustern führen". Tragfähige Prognosen sind kaum möglich, Überraschungen sind wahrscheinlich. „In orientierungslosen Zeiten ist aus wirtschaftlicher Sicht ein katastrophaler Konjunktureinbruch ebenso möglich wie eine unkontrollierte Inflation und die Zerstörung d er Währung oder des Vertrauens in der Gesellschaft". Chancen gibt es immer. Aber auf Patentrezepte sollte man nicht hoffen.

Zeitfresser Meeting: den überwiegenden Teil ihrer Arbeitszeit verbringen Manager in Meetings. Nicht etwa mit konzentriertem Arbeiten oder strategischen Überlegungen. Nein, sie sitzen in immerwährenden Gesprächsrunden mit Kollegen, Geschäftspartnern oder Mitarbeitern zusammen. Darf man das, was sich an vielen runden Tischen abspielt, wirklich zur produktiven Arbeitszeit zählen? Meetings, so ein geflügeltes Wort, sind das, wo viele reingehen, aber nichts herauskommt. Eben klassische Arbeitsverhinderungsmaßnahmen. Der Meeting-Wahn ist überall. Diskussionen, Brainstorming und wenig Lösungs- und Entscheidungsfindung. Damit die Sache nicht aus dem Ruder läuft, braucht es in jedem Fall einen

Gesprächsleiter, der als Moderator taugt. Er sollte nicht nur fachlich gut sein, sondern auch rhetorisch und sozial kompetent. Denn jede Sitzung ist immer nur so gut wie ihr Leiter.

Ein guter Moderator muss sich zurücknehmen können. Moderator ist kein Posten für Selbstdarsteller. Auch nicht für Kontrollfreaks, die ein Meeting leicht als Kontrollinstrument missverstehen könnten. Vorgesetzte neigen nur allzu oft dazu, Monologe zu halten. Die eigentlichen Fachleute haben dann nur wenig Chancen, zu Wort zu kommen. Vor diesem Hintergrund übernahm der Senior Manager diese Aufgabe, um weitere Maßnahmen und Entwicklungspotentiale zu diskutieren: „Die vorgesehenen Maßnahmen sollten vor ihrer Umsetzung mit Blick auf die strategische Ausrichtung und unter Berücksichtigung der im Wissensbilanz-Prozess zusammengetragenen/ dokumentierten Informationen diskutiert werden. So können Maßnahmen verhindert werden, die an der falschen Stelle ansetzen oder denen Wirkungen unterstellt werden, die in der Analyse nicht identifiziert wurden. Frage: gibt es Hinweise, dass die Geschäftsstrategie geändert werden muss? Falls ja, sollte genau jetzt die Gelegenheit zur Anpassung der Strategie genutzt werden! Außerdem lassen sich spätestens jetzt ganz konkrete Wissensziele definieren, die eine Gesamtstrategie unterstützen. Fundamentale Änderungen der Strategie sollten der Ansatz für die nächste Wissensbilanz sein (eine nachträgliche Änderung in der aktuellen Berichtsperiode würde möglicherweise den Bewertungsmaßstab verfälschen, da die jeweilige Strategie die "Messlatte" der gesamten Analyse darstellt.

Gerade erst gestern vertrödelte er noch fast einen halben Tag im Fitness-Studio. Aus den Augenwinkeln beobachtete er die anderen dort trainierenden Männer wie Frauen, alt und jung. Er hatte dort schon öfter die Zeit verbracht und mehr geistesabwesend mal kurz an diesem oder jenem Gerät herumgespielt. Ohne sich ernsthaft zu bemühen. Nach dem ewigen abendlichen Herumhocken in Bars hatte er jedoch einfach mal wieder ein Verlangen danach. Mit einem Handtuch um den Hals sprang er in seinem schon etwas abgetragenen und verwaschenen Trainings-Dress auf das Laufband, tippte ein paar Zahlen ein und sprang wieder ab, sobald sich das Ding in Bewegung gesetzt hatte. Kurz darauf zog er ein paarmal an den Gewichttrainern und fand schließlich jemanden, mit er reden konnte. Eines von den sinnlosen Schwätzchen, nach denen er mit der Zeit ein sogar starkes Bedürfnis entwickelt hatte, bei dem er so tun konnte, als wäre er ein ganz anderer, als er wirklich war. Als er auf Politik zu sprechen kam war er kurz davor, in ein Lamento auszubrechen. Wie man es oft von ihm auch bei ähnlichen Themen vernehmen konnte, lauter Klagen darüber, wie bitterhart das Leben ist, dass kein Entschluss was daran ändert und man obendrein immer wieder auf das falsche Pferd gesetzt hat.

Aber hier und jetzt konzentriert er sich wieder voll und ganz auf seine Empfehlungen: „Die Argumentationen der QQS-Bewertung betrachten! Diese enthalten meistens Lösungsvorschläge für existierende Probleme oder machen zumindest die Defizite deutlich, an denen angesetzt werden sollte. Die Wirkungsnetze helfen, die Konsequenzen der Maßnahmen transparent zu machen und weiter zu spezifizieren. Auch auf bereits vorhandene Best-Practices achten: bereits erprobte Managementinstrumente sind meistens erfolgreicher als neue Instrumente. Um Markterfolg zu sichern, müssen Sie besser sein als die Konkurrenz. Der Schlüssel dazu liegt in der gezielten Steuerung von Faktoren, die die Wissensfähigkeiten Ihres Unternehmens bestimmen. Hierzu müssen systematisch die Ausprägungen der wissensrelevanten Gestaltungsfelder der Managementebene abgefragt werden. Damit erfolgt eine Positionierung der Wissens- und Leistungsfähigkeit, das betriebliche Wissensgeschehen wird in seiner ganzen Bandbreite erfasst. Auf Basis unserer Wissensanalyse können Sie in Ihrem Unternehmen zuvor identifizierte Potenziale ausschöpfen, sich selbst verbessern und dadurch wettbewerbsfähiger werden. Eine wiederholte Nutzung der Selbstbewertungsinstrumente ermöglicht die kontinuierliche Erfolgskontrolle von umgesetzten Maßnahmen. Aus den Analyseschritten werden solche Maßnahmen abgeleitet, die für Ihr Unternehmen das größte Entwicklungspotenzial versprechen.

Und, Einflussfaktoren betrachten: Definition der im vorliegenden Fall relevanten Indikatoren-Sollwerte, die für eine erfolgreiche Maßnahmen-Umsetzung erreicht werden müssen. Optional können auch Soll-Werte für die einzelnen Bewertungsdimensionen der QQS-Bewertung vergeben werden. Man erhält dadurch ein Controlling-Instrument und kann bei der nächsten Wissensbilanz die Erfolgswirksamkeit der Maßnahmen mit einem Soll-Ist-Vergleich valide messen. Maßnahmen definieren: diskutieren ob Maßnahmen sinnvoll sind, Namen und Ziele von Maßnahmen notieren, beschreiben wie man vorgehen wird, Dauer der Maßnahme definieren, bestimmen wann die Maßnahme umgesetzt werden soll, Wirkung der Maßnahme einschätzen und beschreiben, Verantwortlichen benennen, Ressourcen festlegen. Ist-Werte und Indikatoren betrachten: in welchen Bewertungsdimensionen soll die Maßnahme schwerpunktmäßig greifen? mit welchen Indikatoren ist dieser Aspekt am besten zu messen? Soll-Werte für Quantität, Qualität und Systematik definieren. Betroffene Einflussfaktoren notieren: überlegen, welchen Einflussfaktoren die eben definierte Maßnahme auch noch zugeordnet werden kann. Dabei auch an Generatoren, sich selbst verstärkende Regelkreise, denken. Alle Einflussfaktoren notieren, die auch von dieser Maßnahme betroffen sind."

Der Personalchef meldete sich zu Wort: „Wir sollten hierzu in jedem Fall begleitend eine Mitarbeiterbefragung machen, Denn wir ja nicht nur externe Kunden, sondern auch interne Kunden, nämlich in diesem Fall unsere Mitarbeiter. Diese internen Kunden haben ähnliche Eigenschaften und Bedürfnisse wie die externen Kunden. Mitarbeiter sind mit ihren Fähigkeiten einer der teuersten Produktionsfaktoren, auf die sich letztlich die Produktivität aller anderen Faktoren zurückführen lässt. Die Humanfaktoren sind zudem der einzige Produktionsfaktor, der aus sich selbst heraus wachsen kann: alle anderen unterliegen einem ständigen, abzuschreibenden Werteverzehr. Die Investitionen in eine Mitarbeiterbefragung müssten allerdings ebenso strategisch wie im Bereich des Anlage- und Umlagevermögens oder in unserem Projekt „Wissen" geplant und vorbereitet werden. Es geht im Detail um: dem Betriebsklima auf die Spur kommen, Andocken am Gerüst der Wissensbilanz, Ausgangslage: Bewertung Wissensfaktoren, Ausgangslage: Wissensbilanz-Ampeldiagramme, Ausgangslage: Wissensbilanz-Portfolios, Marktforschung beim Kunden „Mitarbeiter", sechsundsechzig wichtige Fragen an die Mitarbeiter, Rasterfahndung nach Leistungsbremsen, Mitarbeiterbefragung im Potenzial-Portfolio, Verknüpfung Mitarbeiterbefragung-Wissensbilanz. Es ist doch wohl jedem klar: ein gutes Betriebsklima gehört zum wichtigen Kapital unseres Unternehmens, das allerdings in keiner Bilanz aufgeführt wird. Und wir sollten auch nicht vergessen: die Selbsteinschätzung von Vorgesetzten und ihre Bewertung durch deren Mitarbeiter driften oft auseinander. Dieser Diskrepanz zwischen Selbstbild und Fremdbild liegt ein Kommunikationsdefizit zugrunde, das mit Hilfe von Mitarbeiterbefragungen abgebaut werden kann."

De Senior Manager konzentriert sich auf eine Maßnahmen Checkliste: „Grundsätzlich muss eine Maßnahme im Vergleich zu mehreren Alternativen zweckmäßig sein, bewertet und kompetent beschlossen sein. Zur Umsetzung der betreffenden Maßnahme muss es einen Verantwortlichen, eine Durchführungskontrolle und einen möglichst genauen Terminplan geben. Die Ergebnisse einer solchen Maßnahmenplanung beinhalten eine Bewertung (Kosten-, Nutzenanalyse) und Abschätzung des jeweiligen Zielbeitrages. Name der Maßnahme: der Maßnahme einen sprechenden Titel geben. Ziel/Ergebnis: welche wesentlichen Ziele werden verfolgt? Vorgehen: was ist zu tun? In welcher Reihenfolge sollten welche Schritte umgesetzt werden? Dauer (in

Monaten): Für welchen Zeitraum ist die Maßnahme angesetzt? Wann soll das Ziel erreicht sein? Status: in Planung/in Bearbeitung/ abgeschlossen. Start: wann wird angefangen? Wirkungsprognose: Welche Auswirkungen innerhalb des intellektuellen Kapitals sind zu erwarten? Was bewirkt die Maßnahme direkt/ indirekt? Verantwortlich/ Ressourcen: Wer ist für die Umsetzung und die Zielerreichung verantwortlich? Wer arbeitet mit? Einflussfaktoren: auf welche Einflussfaktoren soll die Maßnahme wirken? Wie sind diese aktuell bewertet (QQS)? Indikatoren: mit welchen Kennzahlen können die angestrebten Veränderungen am besten gemessen und überwacht werden? Welche Soll-Werte müssen die Indikatoren annehmen, um das Ziel zu erreichen?

Achtung! Die vorgesehenen Maßnahmen sollten vor ihrer Umsetzung mit Blick auf die strategische Ausrichtung und unter Berücksichtigung der im Wissensbilanz-Prozess zusammengetragenen/ dokumentierten Informationen diskutiert werden. So können Maßnahmen verhindert werden, die an der falschen Stelle ansetzen oder denen Wirkungen unterstellt werden, die in der Analyse nicht identifiziert wurden. Maßnahmen und Entwicklungspotenziale zu Wissens-Geschäftsprozess GP-1 Leitbild und Unternehmensstrategie. Zur Entwicklung dieses Geschäftsprozesses folgende Maßnahmen vorgesehen: Benchmarking, Leitbild überarbeiten und vertiefen, Strategieplanung verbessern und ausbauen, Szenario (was-wäre-wenn?)-Analysen, SWOT-Analyse, Krisenmanagement optimieren, Portfolio-Analyse, Impact-Matrix, Kostenmanagement von Geschäftsprozessen, Balanced Scorecard-Unternehmenssteuerung (BSC), Wertmanagement, Unternehmenszielsystem verbessern, strategische IT-Planung, strategische Kostenplanung, Analyse der Cost-Driver, Target Costing - marktorientiertes Zielkostenmanagement. Zusammenfassung der Maßnahmen- Entwicklungspotenziale: Ihr Unternehmen sollte zukünftig auch seine eigenen Strategien immer wieder in Frage stellen, sie bei Bedarf anpassen und gegebenenfalls auch sogar in ihr Gegenteil verkehren. Die Unternehmensführung sollte sich hierbei noch stärker als bisher auf Schnelligkeit, die Flexibilität und die Bereitschaft auch zu radikalen Änderungen einstellen. Leitbild und Unternehmensstrategie sollten sich an einer konstanten, alle Geschäftsaspekte durchziehenden Spitzenleistung orientieren = Business Excellence als Wertschöpfungsstrategie. Der Weg zu dieser "Business Excellence" (BE) ist ein stetiger Verbesserungsprozess, der als ganzheitlicher, betriebswirtschaftlicher Qualitätsprozess verstanden wird. Ihr Unternehmen verbindet mit anderen Unternehmen, die Business Excellence bereits erreicht haben oder ebenfalls anstreben folgende Merkmale: Zwar versprechen viele je nach Belieben integer, innovativ, kooperativ zu sein, sie wollen Eigenverantwortung stärken, Vertrauen schaffen und als Vorbilder leuchten. Das Wichtigste hierbei ist jedoch immer: gelingt es, hierbei glaubwürdig zu sein. Werte zu definieren allein reicht nicht aus; sie müssen umgesetzt, gelebt und verinnerlicht werden. Denn auch von Ihren Mitarbeitern wird im Berufsleben bestimmten Werten gerade heute wieder ein hoher Stellenwert eingeräumt.

Der Unternehmensplaner wollte hinter dem Personalchef nicht zurückstehen und das Projekt „Wissen" gleichzeitig nutzen, um seinen Fachbereich mehr ins Licht zu rücken: „Planungsinstrumente müssen richtig verstanden und eingesetzt werden: sie liefern nicht automatisch sichere Aussagen über eine unsichere Zukunft. Planung heißt auch nicht, in eine Kristallkugel zu sehen, sondern ist nicht zuletzt eine Projektion der Vergangenheit, die man verstehen muss, bevor man etwas voraussagen kann. Planung als Vorausabwägen verschiedener Entscheidungsmöglichkeiten ist heute mehr denn je eine Wurzel des Geschäftserfolges. Manchmal wird einer Forderung nach detaillierter Planung der Einwand entgegen gehalten, dass eine präzise Form der Planung ohnehin unmöglich sei, da niemand in die Zukunft schauen könne. Gerade aber weil diese ungewiss ist, müssen die Maßnahmenplanungen konkret gesetzt werden, um über notwendige Orientierungsmarken für grundsätzliche Entscheidungen verfügen zu können.

Neben „harten" quantitativen Daten müssen für die Geschäftsplanung auch sogenannte „weiche" qualitative Einschätzungen -beispielsweise unter Zuhilfenahme einer Wissensbilanz- bereitgestellt werden. Dazu könnte jetzt vielleicht eine Wissensbilanz besonders anregen, niemals das Ganze aus dem Blickfeld zu verlieren und jede Maßnahme über ihre gesamte Wirkungskette hinweg eng mit allen sie umgebenden Einflussfaktoren zu vernetzen und eng zu überwachen. Es könnten daher auch die von mir kürzlich entwickelten Checklisten als Zubringer für die Wissensbilanz genutzte werden."

Der Manager fragte ihn: „Und welche wären das wohl im Detail?". Der Unternehmensplaner sofort antwortend: „Unter anderem, in alphabetischer Reihenfolge: „A-B-C-Checkliste Kunden, Betriebsklima Checkliste, Bewerberstrategie Checkliste, Bewerber Eigenbild Checkliste, Beziehungskapital Checkliste, Bildungsmonitor Checkliste, Change Management Checkliste, CRM Prozesse Checkliste, Fitness-Check Standortbilanzprojekte, Frühwarnindikatoren Checkliste, Geschäftsbeziehung Monitoring Checkliste, Geschäftsprozesse Checkliste, Güte kommunale Verwaltung Checkliste, Image-Bekanntheitsgrad Checkliste, Innovation, Ideenmanagement Checkliste, Kapitalstruktur Checkliste, Kompetenznetzwerke Checkliste, Kundenbindung Checkliste, Kundenmanagement Checkliste, Kundenzufriedenheit Checkliste, Leistungsqualität Checkliste, Managementwissen Checkliste, Markt- u. Konjunkturbeobachtung Checkliste, Maßnahmen Checkliste, Mitarbeiterbefragung Checkliste, Mitarbeiterzufriedenheit Checkliste, Potenzialausschöpfung Checkliste, Qualifizierungserfolg Checkliste, Quin-Win-Projekte Checkliste, Standortbeziehungskapital Checkliste, Standorterfolgsfaktoren Checkliste, Standortgeschäftsprozesse Checkliste, Standortgeschäftsumfeld Checkliste, Standorthumankapital Checkliste, Standortstrukturkapital Checkliste, Standortbewertungsbedarf Checkliste, Standortverlagerung Checkliste, Standort Grundsatzfragen Checkliste, Standortindikatoren Checkliste, Standortzufriedenheit Checkliste, Star- u. Cashprodukte Checkliste, Strategiefragen Checkliste, Strukturkapital Checkliste, Umfeldbedingungen Checkliste, Umfeldbeobachtung Checkliste, Unternehmensstrategie Checkliste, Unternehmensziele Checkliste, Weiterbildung Checkliste, Werttreiber Checkliste, Wissensmanagement Checkliste, Zielkosten Checkliste."

Der Senior Manager ergänzt für das konkrete Projekt speziell das Thema der Ergebnisorientierung: „Ansprüche aller für das Unternehmen relevanten Gruppen mit Blick auf das gemeinsame Interesse ausbalancieren. Kundenorientierung: Qualität der Produkte und Dienstleistungen am Kundenbedarf ausrichten. Führung und Konsequenz: individuelle und kollektive Spitzenleistungen durch Vorbild und Kommunikation fördern. Geschäftsabläufe anhand zuverlässiger Informationen verstehen und steuern. Mitarbeiterentwicklung: Leistungspotentiale heben, gemeinsame Wertmaßstäbe entwikkeln. Lernbereitschaft, Pflege und Transfer von Wissen fördern. Partnerschaften: Austausch von Wissen fördern."

Dies auch ganz im Sinne des Managers: „Unser Unternehmen will sich für die Zukunft auf folgende strategische Kernfragen konzentrieren: Fokussiert unser Unternehmen Kundenzufriedenheit oder Umsatz? Wird danach gefragt, was Kunden an Anstrengungen unternehmen müssen, um aus dem Nutzen zu ziehen, was wir ihnen verkaufen? Suchen wir explizit nach Gelegenheiten, unsere Produkte durch zusätzliche Dienstleistungen aufzuwerten? Fokussieren wir uns auf unsere Kernkompetenzen? Verkaufen wir Fähigkeiten, Wissen und Informationen in einer langfristigen Kundenbeziehung? Wissen unsere Kunden die gelieferten Informationen zu schätzen oder zahlen sie nur für das physische Produkt? Sind unsere Produkte oder Dienstleistungen konfigurierbar oder unflexibel? Wenden sich die Kunden auch deshalb an uns, weil wir schnell auf Sonderwünsche eingehen? Werden interdisziplinäre Kundenteams genutzt? Sind Informationen für uns jederzeit dort verfügbar, wo sie gebraucht werden? Wird unser geistige

Eigentum ebenso geschützt wie es mit anderen geteilt wird? Werden Produkte durch Teambildung mit den Kunden auch gemeinsam entwickelt? Wird die Geschwindigkeit unserer Entscheidungsfindung in Stunden, Tagen, Wochen, Monaten oder gar Jahren gemessen? Erfinden wir uns konstant neu? Werden Wandel und anscheinendes Chaos als Chance erkannt? Werden jene, die Risiken übernehmen und manchmal scheitern, für ihre Initiative belohnt? Wird mit Kunden proaktiv umgegangen? Sind Menschen oder Kapitalwerte die knappen Ressourcen? Werden die Fähigkeiten und das Wissen der Menschen als Vermögenswert behandelt? Wird zusätzliche Bildung als Wertzuwachs betrachtet? Basieren Wettbewerbsanteile auf Werten, Erfahrungen und Kernkompetenzen? Werden die Kernkompetenzen gebenchmarkt? Nehmen die Erträge aus Informationen zu? Nimmt der Informationsgehalt der Produkte zu? Wird der Wert des Informationsgehaltes unserer Produkte gemessen?"

Der Consultant präsentiert nunmehr auch Maßnahmen und Entwicklungspotenziale zu Wissens- Geschäftsprozess GP-2 Innovationsmanagement: „Zur Entwicklung dieses Geschäftsprozesses sind folgende Maßnahmen vorgesehen: Proaktives Change Management, Innovationsprozesse optimieren, Amortisations-Payback- Rechnung, Cash-Inflow- Prognoserechnung, Zukunftsaussichten mit Lebenskurve, Wegweiser Break-even-Diagramm, Innovationsinstrument Wertanalyse, Lebenszyklus-Finanzrechnung. Zusammenfassung der Massnahmen-Entwicklungspotenziale: Auch Ihr Unternehmen plant, zukünftig einen Schwerpunkt auf eine bessere Ideenauswertung zu legen. Zukünftig soll jede Idee ein bestimmtes Prüfschema durchlaufen. Wie eignet sich die Idee für unsere Entwicklung: ist entsprechende Erfahrung vorhanden? ist Kapazität vorhanden? wie sieht es patentrechtlich aus? wie viel Zeit wird benötigt? wie hoch sind die Kosten? Wie eignet sich die Idee für unsere Beschaffung: sind Rohmaterial und Teile verfügbar? sind die erforderlichen Betriebsmittel vorhanden? gibt es ausreichend qualifiziertes Personal? welche Dienstleistungen sind zu erbringen? wie eignet sich die Idee für unsere Produktion: sind Maschinen und Werkstoffe vorhanden? kann die erforderliche Qualität sichergestellt werden? welche Energie-, Umweltprobleme können auftreten? Wie eignet sich die Idee für unseren Vertrieb: ist die benötigte Kompetenz vorhanden? liegen entsprechende Erfahrungen vor? ist der Vertrieb für das neue Produkt glaubwürdig? wie sind die Beziehungen zu potenziellen Abnehmern? Wie eignet sich die Idee für den Markt: welches Marktvolumen kann erreicht werden? wie ist das Potenzial des Marktes/ Segmentes? Welche Preispolitik ist realisierbar: welche Störmöglichkeiten hat die Konkurrenz? wie konjunkturabhängig ist die Idee?

wie hoch ist der Innovationsvorsprung? wie schnell kann die Konkurrenz nachziehen? welche gesetzlichen Bestimmungen könnten berührt werden? welchen Lebenszyklus kann das Produkt haben? Wie ist die Idee wirtschaftlich geeignet: welchen Umsatz kann das neue Produkt bringen? wie hoch ist der Kapitalbedarf? wie hoch ist der Deckungsbeitrag? wie ist die Amortisationszeit? welche Fördermittel können in Anspruch genommen werden?"

Dem Informationsmanager kommen hierbei besonders Gedanken zu Bodenschätzen im digitalen Königreich, das Recht auf Vergessenwerden und das Streben nach Gefundenwerden, Informationspartikel und Datenraster, wenn das Datenuniversum neue Geschäftsmodelle kreiert, Entdeckung der Zukunft im Gewesenen oder algorithmengesteuerte Suchroboter und Absauger in den Sinn: „Alle (berechtigte) Kritik an Suchmaschinen geschieht vor dem Hintergrund, dass Inhalte diesen meistens freiwillig überreicht werden: oft wird versucht, diese möglichst windschlüpfrig in die Algorithmengerüste der Suchroboter einzupassen. Gleichzeitig wird das Recht auf Vergessenwerden eingefordert, das kostenlose Absaugen von Daten bis hin zur Manipulation von Suchergebnissen angeprangert. Auf der einen Seite die Ängste, dass aus Informationspartikeln Datenraster erwachsen, weiter zu unentrinnbaren Netzen versponnen werden und Menschen dadurch zu willenlosen Kauf- und Konsummaschinen reduziert werden. Auf der anderen Seite die manchmal schon krankhafte Sucht, im Orbit des Internet nicht vergessen, sondern auf möglichst vorderen Plätzen der Suchergebnisse wahrgenommen zu werden: denn nur so können aus dem unendlichen Datenuniversum heraus neue Geschäftsmodelle entstehen. Suchmaschinen sollen nach dem Willen der Internetgemeinde also keinesfalls verschwinden (man will ja gefunden und beachtet werden), sondern allenfalls so algorithmengesteuert arbeiten, dass die eigenen Profile noch heller und in einem maximal günstigen Licht erscheinen. Suchmaschinen sollen nach dem Willen der Internetgemeinde also keinesfalls verschwinden (man will ja gefunden und beachtet werden), sondern allenfalls so algorithmengesteuert arbeiten, dass die eigenen Profile noch heller und in einem maximal günstigen Licht erscheinen. Je weiter aber die Exploration von Daten ungehindert voranschreitet, desto wertvoller werden die dabei abgesaugten Datensätze, desto eher entdecken die von allen so geliebten Suchmaschinen im Gewesenen vielleicht doch das bereits Zukünftige: desto mehr werden die neuen Bodenschätze der digitalen Revolution vielleicht zum unkontrollierten Machtfaktor."

Der Consultant seinerseits versucht den Faden mit der Erklärung von Maßnahmen und Entwicklungspotenziale zu Wissen-Geschäftsprozess GP-3 Customer- Relationship wieder aufzunehmen: „Zur Entwicklung dieses Geschäftsprozesses sind folgende Maßnahmen vorgesehen: Optimierung der CRM-Prozesse, Auswertung von Kaufkraft-Kennziffern, Auftragsanalyse, Verbesserung der Qualität von Adressdaten, Kostenkalkulation für die Anmietung von Fremdadressen, Direktwerbung. Zusammenfassung der Maßnahmen- Entwicklungspotenziale: Orientierungsrahmen bildet eine Kaufentscheider-Strukturanalyse. Werbung soll denjenigen erreichen, der für den Kauf des zu bewerbenden Produkts in Frage kommt oder zumindest eine Rolle für die Kaufentscheidung spielt. Entscheider-Strukturanalysen haben aufgezeigt, dass professionelle Kaufentscheidungen sehr komplexer Natur sind und über Vorbereitung, Beratung, Gremienstrukturen von unterschiedlichsten Personenkreisen geprägt und beeinflusst werden. Die Zeichnungsberechtigten für Aufträge stehen nicht selten erst am Ende einer Kette von Entscheidungsdeterminanten, für die gut informierte Spezialisten die Verantwortung tragen.

In der komplexen Welt von Kaufentscheidungsprozeduren geht es darum, genau dorthin zu gelangen, wo die Weichen gestellt werden, wo Werbung auch wirklich etwas bewirken kann. Je nach nachdem, ob Kaufentscheidungen professionell (Zentraleinkäufer) oder privat (als Endverbraucher) getroffen werden, müssen sie nach Qualität und Charakter sehr unterschiedlich beurteilt werden: bei professionell-beruflichen Kaufentscheidungen geht es in der Regel um erheblich größere Umsatz-Volumina, professionelle Kaufentscheidungen stehen deshalb unter einem höheren Entscheidungsrisiko und Legitimationsdruck, professionelle Entscheidungen werden in aller Regel gründlicher vorbereitet und geplant. Fazit: Professionelle Kaufentscheidungen sind nicht nur auf Investitionsgüter beschränkt, sondern finden auf einer Vielzahl von Angebotsmärkten statt. Risiko, Verantwortung und Legitimationsbedarf professioneller Entscheider erzeugen zwangsläufig auch höheren Informationsbedarf. Sobald Entscheidungsbedarf anfällt, zieht quasi ein „Pull-Effekt" unmittelbar wie mittelbar Beteiligte zu entscheidungsabsichernden Informationsquellen hin wie Außendienst, Direktwerbung, Messen, Fachzeitschriften, beruflich genutzte Wirtschaftspresse.

Für fünf Entscheidungsphasen wurde anhand einer Skala von 1=völlig unwichtig bis 10=äußerst wichtig die Wichtigkeit/ Bedeutung eines Werbeträgers erfragt. Je höher der Durchschnittswert ist, umso wichtiger ist für die jeweilige Entscheidungsphase der Werbeträger: hinsichtlich der Wichtigkeit für Phase 1 kontinuierliche Marktinformation, wie bleibt man auf dem Laufenden) steht als Informationsquelle die Fachpresse an erster

Stelle, hinsichtlich der Wichtigkeit für Phase 2 Anstöße, Impulse, Bedarfsweckung, (Anregungen für neue Märkte/ Produkte) steht als Informationsquelle ebenfalls die Fachpresse an erster Stelle, hinsichtlich der Wichtigkeit für Phase 3 (aktive Orientierung, was bietet der Markt?) rücken Messen –unter anderem als Informationsquelle für die Entscheider- gleichauf zu Fachzeitschriften. Gleiches gilt für Phase 4 (Angebotsvergleich und Vorentscheidung und Phase 5 (Entscheidung, welches Angebot wird ausgewählt). Erst in der letzten Entscheidungsphase erlangt der Außendienst die gleiche Wichtigkeit wie die von Fachzeitschriften."

Der Manager fragt in die Runde, ob es auch unerwünschte Botschaften gibt: „Nach Schätzungen sollen täglich etwa 29 Milliarden unerwünschte Botschaften, diese Spam, durch das Netz gejagt werden: von drei verschickten Mails sind zwei Spam. Jedermann mit Emailadresse flattern diese lästigen Botschaften in sein Postfach: zum Glück gibt es zur Abschirmung der Posteingänge Spamfilter, die vor dem Gröbsten abschirmen. Es geht um Schnelligkeit: manchmal landen hunderttausende Mails in den Postfächern, bevor die Filter auf eine neue Masche reagieren und sich anpassen können. Zwischen Spamversendern und Filterherstellern findet ein richtiges Wettrüsten statt: mal haben die einen und mal die anderen die Nase vorne: der Leidtragende für diese Plage ist immer der Internetnutzer. Auch über die Erfolgsquote solcher Spam-Attacken haben sich einige Gedanken gemacht und beispielsweise herausgefunden: von 10.000, die per Spam-Klick reagieren, wollten 28, oder ganze 0,000008 Prozent, etwas kaufen. Auf den ersten Blick scheint dies so etwas wie die Goldwäscherei an einem Fluss. Um in kürzester Zeit Millionen von Nachrichten zu verbreiten (bevor die Filter sie abwehren) brauchen Spammer viel Rechenleistungen: diese besorgen sie sich, indem sie Millionen von Computern kapern und hieraus sogenannten Botnetze gewaltigen Ausmaßes knüpfen. Der normale Internetnutzer bemerkt, wie immer, von alledem nichts (wie sollte er auch)."

Den Consultant seinerseits interessieren im Augenblick allerdings eher konkrete Maßnahmen und Entwicklungspotenziale zu GP-4 Marketingcontrolling: „Zur Entwicklung des Geschäftsprozesses sind folgende Maßnahmen vorgesehen: Aufbau eines Markt- Informationssystems, Marktattraktivität-Produktstärke-Analyse, Segmentanalyse, Schaffung von Kundenloyalität. Zusammenfassung der Maßnahmen- Entwicklungspotentiale: Märkte sind keine monolithischen Blöcke, sondern bestehen aus einer Vielzahl von getrennten Segmenten. Es kommt darauf an, dass Ihr Unternehmen in seinen eigenen Marktsegmenten über genügend Ressourcen und Potenziale verfügt, um erfolgreich sein zu können. Die Segmentierung eines Zielmarktes, die genaue Definition und Abgrenzung des marktbezogenen Aktionsfeldes gehören damit zum wichtigsten Planungsobjekt. Aufgabe der Segmentierung ist die Bildung von Zielgruppen mit einer weitgehend homogenen Problemlandschaft, weitgehend homogenen Nutzenvorstellungen, Auflösung heterogener Kundenstrukturen (Zerlegung des Marktes in homogene Kundengruppen, Analyse von Segmentierungsmerkmalen zur Beschreibung des strategischen Handlungsspielraums, Segmentbewertung zur -auch quantitativen- Bestimmung der Attraktivität des jeweiligen Marktsegmentes. Mit Hilfe von Segmentierungsverfahren könne Sie die wichtigsten Kriterien und Stärken einzelner Geschäftsfelder herausarbeiten.

Analog lassen sich auch unterschiedliche Verkaufsstrategien entwickeln: für jedes Segment können bestimmte Normstrategien unterlegt werden, nach denen unterschiedliche Vertriebsaktivitäten entwickelt werden, in Verbindung mit derart aufgebauten Segmenten lassen sich direkte Planungsvorgaben ableiten sowie Hinweise für differenzierte Marketingstrategien gewinnen. Die innerhalb eines Portfolios aufgezeigten Segmente sind Geschäftsfelder mit eigenen Chancen und Risiken und lassen sich daher auf Basis ihrer Gewinne, ihres Cash Flow oder ihres Potenzials individuell kennzeichnen. Auf der horizontalen Portfolio-Achse kann beispielsweise die relative Wettbewerbsposition des Segmentes angegeben werden, also die Stellung relativ zum Wettbewerb. Auf der senkrechten Portfolio-Achse könnte die Marktattraktivität des Segmentes angegeben werden. Besondere Segmentierungspotenziale liegen darin, sich stärker mit den Gegebenheiten der Märkte auseinanderzusetzen anstatt ausschließlich aus der eigenen Anbieterwelt heraus zu agieren."

Der Wissensmanager liefert hierzu einen Diskussionsbeitrag nach seinem persönlichen Empfinden: „Daten zu erheben ist nicht schwer, damit etwas Sinnvolles anzufangen dagegen sehr! Im Bereich von Website-Analysen galt (gilt noch immer?) die Zahl der Besucher, sprich Seitenaufrufe, als Maß aller Dinge. Dieser Erfolgsmaßstab gerät ins Wanken, denn die Qualität eines Textes lässt sich damit kaum messen: was aber sollte man stattdessen messen? Es gäbe vielfältige Werkzeuge in großer Zahl, beispielsweise: In-Page-Analysen bilden grafisch ab, welche Wege die Besucher einer Webseite auf dieser zurücklegen,

es wird gemessen, wie lange jemand auf einer Seite verweilt, wie weit er scrollt,

es wird gemessen, welche Betriebssysteme, Browser von den jeweiligen Besuchern einer Website eingesetzt werden.

Wenn selbst hohe Abrufraten wenig Konkretes über Qualitäten aussagen, sollte sich das bisherige Klick-Web wohl besser zum Aufmerksamkeits-Weg hin entwickeln. Aufmerksamkeit wiederum lässt sich nur schwerer messen: gegenüber Durchklicken, Scrollen gewinnt hierbei die Verweildauer als aussagefähigeres Maß an Bedeutung. Trotz vieler Tücken und Ungenauigkeiten: das Niveau eines Textes hängt immer auch mit der hierbei gemessenen Verweildauer zusammen. Hohe Verweildauer ist ein Hinweis auf Tiefe und Substanz eines Textes: und nichts anderes ist es, was man von einer guten Website verlangen darf. Leute, die weniger als 15 Sekunden auf einer Website verweilen, gehören in den seltensten Fällen zur bevorzugten Zielgruppe."

Der Senior Manager löst als echter Teamworker jetzt einmal seinen Consulter im Vortrag ab und erläutert nunmehr auch Maßnahmen und Entwicklungspotenziale zu GE-1 Image und Bekanntheitsgrad: „ Zur Entwicklung dieses Erfolgsfaktors sind folgende Maßnahmen vorgesehen: Fremdbild- und Eigenbildanalyse, Analyse Werbeträgerdaten, Reputationsmanagement verbessern. Zusammenfassung der Maßnahmen- Entwicklungspotenziale: Kunden, die mit großer Sicherheit nur Gelegenheitskäufer bleiben, brauchen kostengünstigere Werbeansprachen als Stammkunden. Die operativen Einzelmaßnahmen der Werbestrategie, das heißt „wem werden wann welche Angebote gemacht", müssen sich auch immer stärker an den insgesamt über bestehende und potentielle Kunden verfügbaren Informationen orientieren. Die beschränkten Zeitbudgets der Kunden haben bei diesen eine zunehmend selektivere Wahrnehmung zur Folge. Jeder eingesetzte Werbeeuro bietet einen immer kleineren Gegenwert, da die stark wachsenden Werbeaufwendungen um die gleiche Wahrnehmungszeit des Kunden konkurrieren müssen. Die datenmäßige Analyse der Werbehistorie eines Kunden lässt wichtige Rückschlüsse auf dessen Rentabilität zu: beispielsweise ob er teure Haupt- und Spezialkataloge, eine Nachfasswerbung oder ein Neukunden-Mailing erhalten hat.

Erfasst und gespeichert werden ebenfalls telefonische Kontakte sowie die gesamte personen- und unternehmensbezogene Kommunikation einschließlich der in diesem Zusammenhang angefallenen Kosten. Die Werbeausgaben werden je Kundengruppe bis hin zu Einzelkunden ausgewertet und in Relation zu den erzielten Umsätzen gesetzt. Vorteile sind: die Kundenansprache kann gezielter gestaltet werden, bei bestehenden Kunden können zusätzliche Umsatzchancen herausgefiltert werden, es können neue potentielle Zielgruppen erkannt werden und das Timing von Werbemaßnahmen kann verbessert werden. Ergänzt werden die Daten zur Werbehistorie der Kunden durch entsprechende Reaktionsdaten. Zu konkreten Werbeimpulsen werden Daten zu Anforderungen von Informationsmaterial, Teilnahme an Umfragen, Teilnahme an Gewinnspielen, Bestellungen, Vertriebsweg über den der Kunde gewonnen wurde, erfasst. Folgeverhalten: wann, wie häufig und mit welchen Auftragswerten hat der Kunde gekauft. Welche Dienstleistungen hat der Kunde in Anspruch genommen, Zahlungsverhalten, Retouren und Reklamationen in Beziehung gesetzt.

Maßnahmen und Entwicklungspotentiale zu GE-2 Marktstellung, Wettbewerbsposition. Zur Entwicklung dieses Erfolgsfaktors sind folgende Maßnahmen vorgesehen: Frühwarnsystem aufbauen, Analyse Marktanteil und Marktausschöpfung, Bestimmung von Marktattraktivität und Wettbewerbsposition, Konkurrenzanalyse, Kaufkraftanalyse, Recherche Unternehmensregister im Internet, Branchenanalyse. Zusammenfassung der Maßnahmen-Entwicklungspotenziale: Als Grundlage für zukünftige Entscheidungen werden Daten zu Kundenbindung und -kaufverhalten verwendet. Messung der Kaufreihenfolge: hierbei wird die Markentreue eines Konsumenten anhand der Abfolge der von ihm innerhalb eines bestimmten Zeitraumes gekauften Marken gemessen: ungeteilte Markentreue = der Kunde hat innerhalb einer bestimmten Periode nur eine Marke gekauft, geteilte Markentreue = der Kunde kauft in zwei aufeinanderfolgenden Perioden unterschiedliche Marken, instabile Markentreue = nach dem mehrmaligem Wiederkauf einer Marke in der untersuchten Periode kauft der Kunde wiederholt auch eine andere Marke, ohne Markentreue = der Kunde kauft nach dem Zufallsprinzip.

Messung des Marken-Anteils am gesamten Einkaufsvolumen: als Maßgröße der Kundenbindung/ Markentreue wird der Anteil der von einem Kunden in einer bestimmten Zeit am häufigsten erworbenen Marke an seinem Gesamteinkaufswert dieser Produktkategorie gemessen. Schätzung der Wiederkaufwahrscheinlichkeit: hierbei wird Kundenbindung durch das Maß an Wahrscheinlichkeit definiert, mit der ein Kunde ein von ihm in der Vergangenheit gekauftes Produkt auch beim nächsten Mal wieder kaufen wird. Dabei wird die chronologische Folge der in der Vergangenheit getätigten Käufe als Stichprobenfunktion eines stochastischen Prozesses angesehen. Warenkorbanalyse: Die Warenkorbanalyse beschäftigt sich im Rahmen des Category Management mit der Frage, welche Produkte gleichzeitig mit den eigenen Produkten gekauft werden, man erhält warengruppenübergreifende Aussagen über das Kaufverhalten und Informationen zum Einfluss durchgeführter Aktionen auf die Kundenfrequenz. Analyse der Käuferkumulation und -penetration: Für die Beurteilung einer Marke wird untersucht, ob diese bei Neueinführung oder

Relaunch genügend Käufer dazu bringt, diese zumindest einmal zu kaufen (ein Käufer, der in einer Periode gekauft hat, kann in den folgenden Perioden nicht mehr als Käufer gezählt werden).

Der Vertriebsmanager bemerkt dazu: „Es geht darum, das Kundenverhalten nachhaltig zu verstehen, um die Kundengewinnung, Kundenbindung und damit letztlich vor allem die Kundenrentabilität nachhaltig zu verbessern. In der heutigen Marktsituation ist es unerlässlich geworden, durch eine systematische Datensammlung zu allen Transaktionen die den Kontakt eines Kunden mit unserem Unternehmen repräsentieren, das Wissen und Verstehen grundlegend zu verbessern, um darauf basierend durchdachte Strategien und Maßnahmen definieren zu können, die der Erwartungshaltung dieser Kundengruppen entsprechen und somit zur dauerhaften Bindung an unser Unternehmen beitragen. Als Orientierungsrahmen hierfür könnten u.a. folgende Einzelpunkte herangezogen werden: Zufriedenheit ist keine 100-Prozent-Garantie, vom Undifferenzierten zum Individuellen, Anreicherung durch qualifizierte Indikatoren, Wissensbilanz-Rahmengerüst - Kundenzufriedenheit konkret, Dauerthema Kundenbindung - das Wesentliche vom Unwesentlichen trennen, rechenbare Auftragswahrscheinlichkeiten, Geschäftsbeziehung – Wirtschaftlichkeit, im Portfolio und Wirkungsgeflecht der Firma,

Kundenbeziehungs-Lifecycle, strategische Perspektiven, Bestimmung und Bewertung von Einzelfaktoren, dynamische Potential-Wirkungsbeziehungen, Datenumwandlung in Wissen ist unverzichtbar, verborgene Informationsadern aufspüren."

Nach dieser Einlassung kommt der Senior Manager nun auf Maßnahmen und Entwicklungspotentiale zu GE-3 Entwicklungspotentiale, Umfeld- und Kundenbeobachtung zu sprechen: „Zur Entwicklung dieses Erfolgsfaktors sind folgende Maßnahmen vorgesehen: Umfeldbeobachtung, Economic Value Added (EVA), Return on Capital Employed (ROCE), Potentialanalyse, Außenorientierung der Unternehmensplanung. Zusammenfassung der Maßnahmen-Entwicklungspotenziale: Selten ist heute noch eine in die Zukunft gerichtete Kundenbewertung, also die Frage danach, was ein Kunde morgen und übermorgen Ihnen an Gewinn einbringen wird. Informationen über Kundenpotentiale oder Kundenlebenszyklen sind gar nicht oder nur sehr lückenhaft verfügbar. Ihr Unternehmen will deshalb eine kundenwertbezogene Strategie verfolgen: anhand von Informationen über Nutzen und Kosten sollen sich damit Kundenbindungsstrategien zielgenauer umsetzen lassen.

Schwierigkeiten für die Ermittlung von Kundenwerten ergeben sich unter anderem dadurch, dass die Daten im

Rechnungswesen eher abteilungs- und produktorientiert als kundenorientiert aufgebaut sind und in der Kundendatenbank nur wenig Informationen über Kosten und Nutzen von Geschäftsbeziehungen gespeichert werden. Eine nach Kunden- Deckungsbeiträgen erstellte Rangliste soll deshalb zu einer Optimierung der Preis- und Konditionspolitik führen. Dies hätte dann gleichzeitig auch positive Auswirkungen auf die absoluten und relativen Deckungsbeiträge. Für eine optimale Kundensegmentsteuerung braucht man deshalb neben artikel- zusätzlich auch kundenspezifische Deckungsbeiträge. Da Kundenbeziehungen in der Regel mit zunehmender Dauer profitabler gestaltet werden können, muss das Ermittlungs-Schema für Kunden-Deckungsbeiträge zusätzlich für einen Betrachtungszeitraum von mehreren Perioden (Jahren) zu einer mehrperiodigen Analyse erweitert werden. Der Lebenszeitwert (Customer lifetime value) eines Kunden gibt die Höhe des abgezinsten Ertrages an, den Ihr Unternehmen aus einer Beziehung zu einem Kunden über eine bestimmte Anzahl von Jahren hinweg generiert hat. Das Instrument der Kunden-Portfolioanalyse ermöglicht die Bestimmung der Priorität von Kundenbeziehungen anhand von Messgrößen wie Kaufvolumen, Umsatz, Einkaufspotential, Bonität, Zahlungsverhalten, Image, Preissensibilität, Reklamationsverhalten, benötigte Beratungsintensität, Kundenwachstum, Deckungsbeitrag, Qualitätsanforderungen, Innovationspotentiale.

Maßnahmen und Entwicklungspotentiale zu Geschäftserfolgsfaktor GE-4 Leistungsqualität. Zur Entwicklung dieses Erfolgsfaktors sind folgende Maßnahmen vorgesehen: Servicequalität-Management Cockpit, Optimierung/ Verkürzung Durchlaufzeit, Qualitäts- Reifegradkonzept, Management der Ressource "Zeit". Zusammenfassung der Maßnahmen-Entwicklungspotenziale: Das Qualitätsmanagement soll ein sichtbareren Beitrag zum Unternehmenserfolg leisten. Zielsetzungen hierfür wie beispielsweise "Höhe der Kosteneinsparungen", "Steigerung von Umsatz/Gewinn" sollen zu einem Paket des "Return on Quality" geschnürt werden.

Internetgläubige, Cyber-Utopisten und mögliche Arbeitswelten von morgen Einschwörung auf Geist und Ziel –Vernetzung total: warum überhaupt Multitasking, sich gleichzeitig mit zwei oder mehr Sachen beschäftigen wenn die gehetzte Gesellschaft sich selbst hetzt

Jedem, dessen Karriere einmal für längere Zeit in US-Unternehmen des High-Tech-Sektors verlaufen ist, könnten manche (viele, alle) der folgenden Anmerkungen bekannt vorkommen und realistisch erscheinen. Chefs als stetige, lange Zeit begleitende Eckpfeiler gibt es eher selten: sie verschwinden, wechseln, kommen ganz nach Bedarf eines jeweiligen Projektes. Anwesenheitspflichten während Kernarbeitszeiten: Fehlanzeige. Fest zugewiesene Arbeitsplätze oder Büros: Fehlanzeige. Da alles mobil erledigt wird, treffen sich die Mitarbeiter einer Belegschaft unregelmäßig und eher zufällig. In dieser sehr frei und selbstbestimmt erscheinenden Arbeitswelt wird von jedem Einzelnen voller Einsatz und ein hohes Maß an Managementkompetenz erwartet (vorausgesetzt).

Nicht selten wird die Nächte durchgearbeitet und Müdigkeit mit Unmengen Kaffee nieder gedrückt: für oft nur kurzlebige Erfolge müssen persönliche Ressourcen bis zum Anschlag (manchmal darüber hinaus) ausgeschöpft werden. Ganz unmerklich, manchmal auch offen ausgesprochen, verschwinden die Grenzen zwischen Arbeitszeit und Freizeit. Der Preis für den persönlichen Freiheitsgewinn ist mit dem uneingeschränkten Einsatz der ganzen Person zu bezahlen. Und der unbedingten Begeisterung für alle Vorgaben und Unternehmensziele: die Einschwörung hierauf erfolgt u.a. per Firmen-Party oder –Events. Solche Veranstaltungen, haben manchmal schon etwas Sektenzüge: wer hier nicht auf totale Begeisterung gepolt ist oder es gar wagen sollte, einmal fernzubleiben, hat es im Arbeitsalltag nicht unbedingt leichter, bei Wiederholung droht eine Karrierebremse. Und man hat –einschließlich des Ehepartners- totale Transparenz zu demonstrieren.

Trotzdem ist diese hierarchiefreien, selbstbestimmten Arbeitswelt
ohne feste Chefs,
ohne feste Arbeitszeiten,
ohne feste Büros oder Arbeitsplätze,
mitnichten so transparent, wie es vielleicht nach außen hin scheinen mag: speziell bei strategischen Interna gibt es (manchmal schwer durchschaubare) Hierarchien. In einer Arbeitswelt der Zukunft, einer Arbeitswelt der Netzgläubigen und Cyber-Anhänger, gibt es nur noch wenige Hauptfächer:
hundertprozentig vernetzt,
lebenslanges Lernen und agieren am Limit,
unbedingte Unterwerfung unter vorgegebene Ziele,

grenzenloses Engagement (total involvement), allseitige Transparenz.

Die Ironie eines so gezeichneten Bildes: eine derart stringente Welt scheint weniger für Mindestlohn-Empfänger sondern viel eher für die Allerklügsten und Beweglichsten vorgezeichnet zu sein. Es sei denn, man lässt ihnen noch (sie selbst finden noch) ein kleines, schattiges Nischenplätzchen.

In Lebensläufen von Bewerbern wird Multitasking zum positiven Merkmal pervertiert. Höher, schneller, weiter, das scheint die Maxime des Arbeitslebens zu sein. „Das beweist der Ampeltest auf dem Weg zur Arbeit: Rechts und links wird telefoniert, losgefahren, in Wisch-und-Weg-Hektik das Smartphone bearbeitet, der Motor abgewürgt, noch bei Dunkelgeld über die Kreuzung gefegt, sich flüchtig auf den Verkehr konzentriert, um an der nächsten Ecke abermals seine Facebook-Updates zu kontrollieren. Mancher überschätzt dabei sich und seine Flexibilität: nur weil es die Technik gibt, heißt das noch nicht, dass man sie auch simultan beherrschen muss.

Wenn Studenten, während sie einer Vorlesung folgen, gleichzeitig auf ihrem Laptop im Internet surfen und auf ihrem Smartphone chatten, laufen sie leicht Gefahr, kognitiv überfrachtet zu werden. Denn junge Multitasker werden von manchen bewundert und sind bei Arbeitgebern wegen dieser Eigenschaften meistens gerne gesehen. Doch selbst das Gehirn des Gescheitesten nimmt irgendwann mehr Reize auf, als es auf einen Schlag verarbeiten kann. Doch wo werden solche Meister des Multitasking wirklich gebraucht? Wer arbeitet tatsächlich als Notfallmediziner, Investmentbanker mit Milliarden-Deals, muss Leben retten oder als Top-Manager Millionen oder Arbeitsplätze retten? Wie viele stehen wirklich in der Pflicht, sekündlich erreichbar zu sein? Die anderen sollten öfter lieber einmal abschalten und versuchen, einen Schritt nach dem anderen zu tun.

Zwischen Ökonomen und Nichtökonomen gibt es oft auch erhebliche Meinungsunterschiede in ihren politischen Einstellungen. Ausgebildete Ökonomen haben bei Wirtschaftsthemen wie beispielsweise Außenhandel, Ourtsourcing, Preisbildung, Wohlfahrt oft andere Ansichten als Nichtökonomen. Solche Einstellungen werden verstärkt zwischen dem 18. und 28. Lebensjahr (oder mit dem ersten Gang zur Wahlkabine) geprägt. Die politische Sozialisierung beginnt mit dem politischen Interesse. Experten äußern hierzu die Idee, dass politische Grundhaltungen von Menschen sich stark danach ausrichten, was Menschen in dieser prägenden Zeit von 18-28 Alter tun. Fundamentale Weltanschauungen (die sich später zu einer einheitlichen Lebensphilosophie verdichten) werden noch früher, nämlich bereits im Elternhaus, angelegt. Es braucht jedoch einige Zeit der Differenzierung und Konsolidierung bis fundamentale Werte sich weiter verdichten. In früher Kindheit gelegte Wertevorstellungen werden im Laufe der Zeit weiter differenziert und verfeinert.

In dieser Phase gibt es neben dem anfangs dominierenden Elternhaus noch weitere Einflussfaktoren. Forscher versuchen diesem Vorgang mehr Transparenz zu geben. Und vermuten hierbei ein möglicherweise durchlaufenes Studium als wichtigsten Impulsgeber. Damit stellt sich die Frage: „prägt ein Studium, speziell das Studium der Ökonomie, die politischen Einstellungen eines Studenten nachhaltig? Wird man konservativ, weil man Ökonomie studiert, links, weil man sich der Soziologie widmet? Haben Studenten eine bestimmte Lebensphilosophie oder Einstellung, weil sie von ihrem Fach geprägt werden, oder wählen sie dieses Fach aufgrund ihrer bereits vorhandenen Einstellungen?"

Bei der Suche nach Antworten auf die Frage, welchen Einfluss auf die Haltung des Studenten hat ergab sich folgendes Bild: „Medizinstudenten und Juristen verändern ihre politische Einstellung während des Studiums praktisch nicht, bei Natur- und Geisteswissenschaftlern kann man einen leichten Linksrutsch sehen. Bei den Ökonomen ist das anders: Im Verlauf ihres Studiums werden ihre Ansichten deutlich liberaler undmarktfreundlicher; sozialdemokratische Positionen verlieren an Boden". Der Grund hierfür sei: Ökonomie-Studenten erwerben analytische Fähigkeiten, die sie viele Dinge in einem anderen Licht sehen lassen (als jemand, der diese Fähigkeiten nicht hat).

Eine entscheidende Frage lautet: wie rentabel sind die von einem Unternehmen investierten Gelder angelegt? Dabei sind es die Aktiva, mit denen ein Unternehmen operiert, mit ihnen wird gearbeitet und Gewinn erwirtschaftet. Sie charakterisieren gewissermaßen die Infrastruktur. Ein geplantes Projekt kann erst einen strategischen Ergebnisbeitrag leisten, wenn ein Geschäftsproblem auf Beschreibungs- oder Vorhersageproblemen beruht

Rentabilität des Kapitals. Die Gesamtkapitalrentabilität gibt an, wie gut mit den auf der linken Seite der Bilanz investierten Mitteln (Geld, Debitoren, Lager, Maschinen, Gebäude u.a.) gewirtschaftet wird. Gesamtrentabilität = r_{GK}= ((RG + FK − Zinsen)/GK) * 100% = ROA. r=Rentabilität, RG=Reingewinn, GK=Gesamtkapital, FK=Fremdkapital, ROA= Return On Assets. Während die Gesamtkapitalrentabilität anzeigt, wie gut das insgesamt eingesetzte Kapital wertvermehrend genutzt wird, zeigt sich in der Eigenkapitalrentabilität, wie wirkungsvoll die Mittel der >Inhaber vermehrt werden konnten: Eigenkapitalrentabilität = r_{EK} = RG/EK * 100% = ROE. r=Rentabilität, RG=Reingewinn, EK=Eigenkapital, ROE= Return On Equity. Die Rentabilität ist ein Maßstab dafür, wie gut die getroffenen Entscheidungen waren.

Bei der Rentabilitätsanalyse sollte die Erhöhung von stillen Reserven heraus gerechnet werden, da durch sie ein Reingewinn ausgewiesen werden könnte, der nicht das tatsächliche Geschehen wiedergibt. Gleiches gilt für außerordentliche (und allenfalls neutrale) Positionen, wenn es darum geht, eine nachhaltige Rentabilität zu ermitteln. Rentabilität sollten zudem grundsätzlich nach Steuern berechnet werden. Bei dem sogenannten RONA-Verfahren (RONA= Return On Net Assets) wird die Gesamtrentabilität ermittelt, indem man das sogenannte betriebliche FK, in jedem Fall aber die Kreditoren, vom Gesamtkapital in Abzug bringt. Man betrachtet also nur den Teil des Kapitals, der nicht unmittelbar auf die normalen Geschäftsaktivitäten (Umsatz) zurückzuführen ist.

Beispiel: Vergleich von zwei Unternehmen, die beide einen Reingewinn nach Steuern von 8 und Fremdkapitalzinsen von 2 ausweisen. D.h. Kapitalstruktur A: Kreditoren = 40, übriges FK = 40, EK = 20, Summe = 100. Kapitalstruktur B: Kreditoren = 10, übriges FK = 40, EK = 50, Summe = 100. r_{GK} beträgt für beide also jeweils genau gleich 10 %. Auf der Basis von net assets würde das Ergebnis jedoch unterschiedlich ausfallen. Nämlich für A =((8 + 2)/60) * 100 % = 16,7%. Und im Vergleich hierzu für B =((8 + 2)/90) * 100 % = 11,1%.

Multipliziert man Zähler und Nenner der Gesamtkapitalrentabilität mit dem Nettoumsatz, errechnen sich daraus Kapitalumschlag und Nettomarge: r_{GK} =((RG + FK − Zinsen)/GK) * 100% = Nettoumsatz/Nettoumsatz = ((RG + FK – Zinsen)/Nettoumsatz) * 100 % = Nettoumsatz/GK.

Kapitalumschlag = CTO (Capital Turnover) = Nettoumsatz/Gesamtkapital. Der Kapitalumschlag zeigt an, wie oft sich das gesamte Kapital pro Jahr im Verhältnis zum Umsatz umschlägt, beziehungsweise wie viel Umsatz pro eingesetztem Euro erzielt wird (je größer der Kapitalumschlag desto besser wird das eingesetzte Kapital genutzt. Umsatzgewinnrate = ROS (Return On Sale) = Nettomarge = Reingewinn/Nettoumsatz * 100 %. Die Umsatzgewinnrate zeigt an, wie viel von einem Umsatz Euro für Reingewinn und Zinsen verbleibt.

Die Gesamtkapitalrentabilität errechnet sich als Produkt aus Kapitalumschlag und Nettomarge. Die Gesamtkapitalrentabilität kann, obwohl vom Ergebnis optisch gleich, auf ganz unterschiedliche Weise erzeugt worden sein. Beispiel Unternehmen A: Umsatz = 5.000.000, Reingewinn = 500.000, Gesamtkapital 5.000.000, Umsatzgewinne 10%, Kapitalumschlag =1, Gesamtrentabilität = 10%. Unternehmen B: Umsatz = 10.000.000, Reingewinn = 500.000, Gesamtkapital = 5.000.000, Umsatzgewinne = 5 %, Kapitalumschlag = 2, Gesamtrentabilität ebenfalls = 10%. Unternehmen C: Umsatz = 10.000.000, Reingewinn = 100.000, Gesamtkapital = 1.000.000, Umsatzgewinne =

1%, Kapitalumschlag = 10, Gesamtrentabilität ebenfalls wieder 10 %.

Der erste Schritt bei der Lösung eines betriebswirtschaftlichen Geschäftsproblems besteht in der Modellierung eines adäquaten Lösungspfades. Als Demo-Beispiel wird hier von einem Softwareprojekt, genauer gesagt: einem Projekt zur Implementierung eines Data Miningsystems ausgegangen. Zur weiteren Vorgehensweise gehört ein Phasenkonzept, das meistens eine oder mehrere Prototypstufen umfasst:

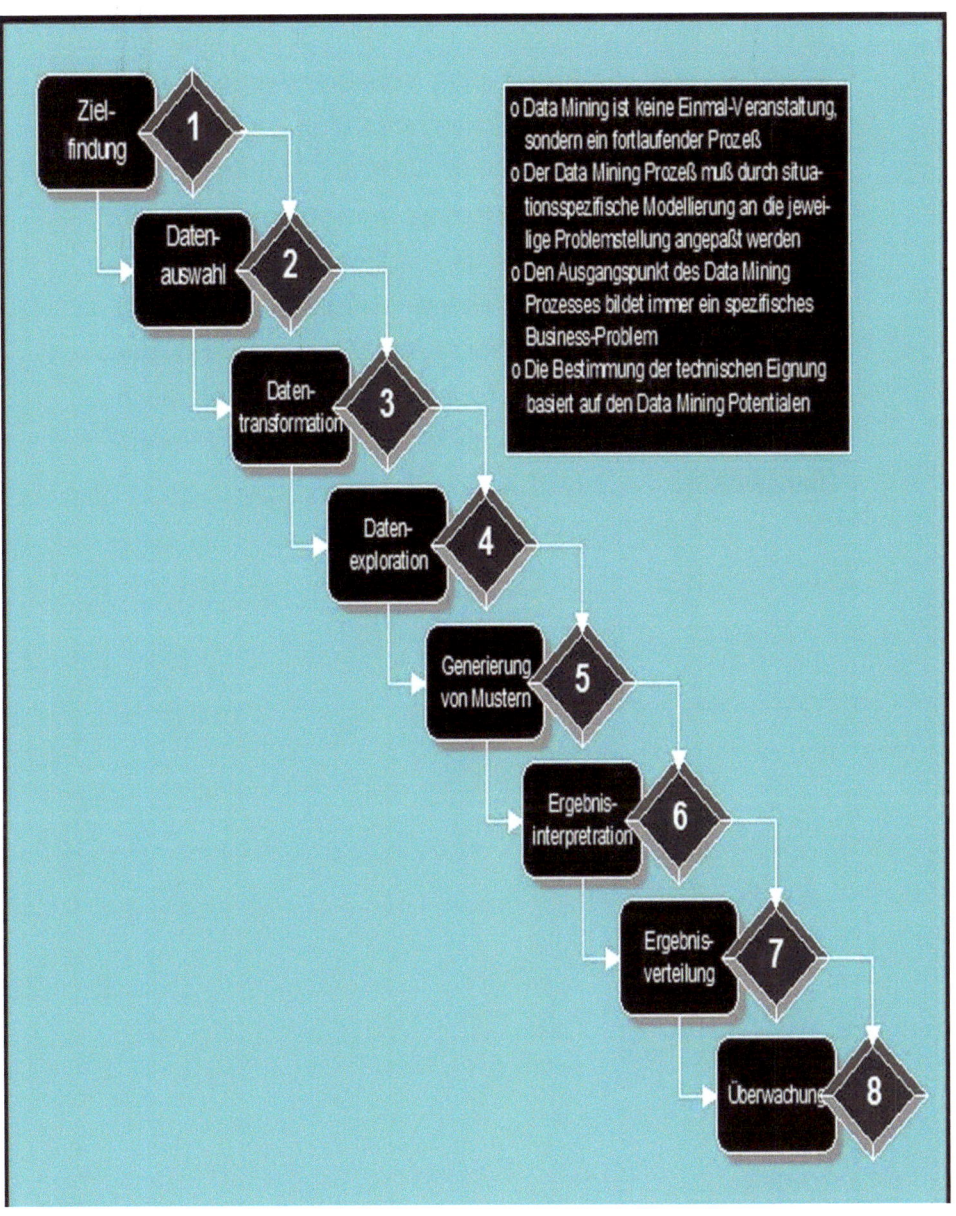

Vorgeschaltetes Prototyping mit einem überschaubaren (Teil-) System: die Prototyping Vorgehensweise ermöglicht, kurzfristig ein überschaubares (Teil-) System produktiv einzusetzen, um damit auch die Akzeptanz, den Datentransfer, die praktischen Anwendungsoptionen real testen zu können. Die dabei gewonnenen Erfahrungen können beim anschließend realisierten Zielsystem berücksichtigt werden. Dieses Vorgehen ist nicht nur erheblich kostengünstiger, sondern ermöglicht auch kürzere Einführungszeiten als die konventionelle Vorgehensweise:

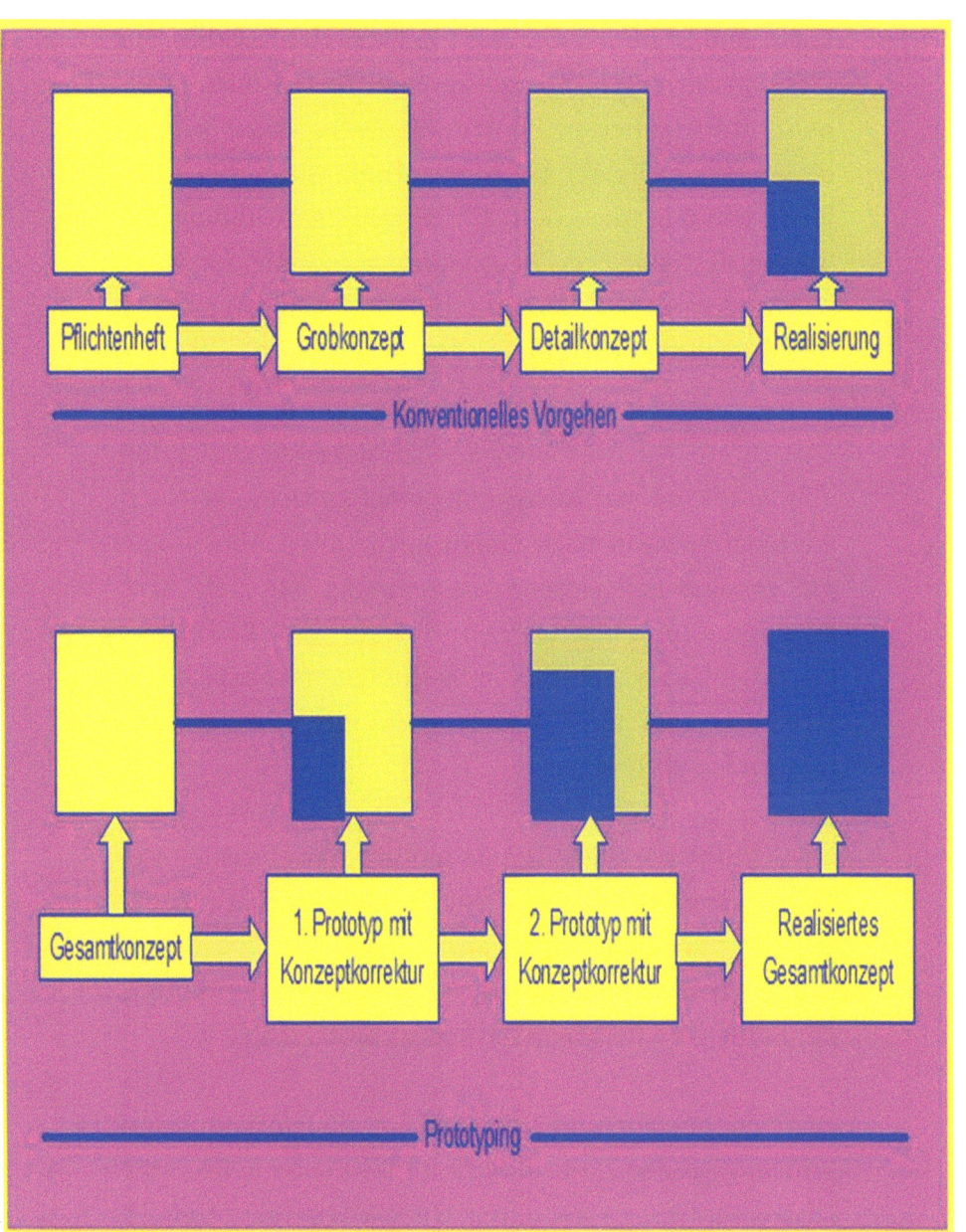

Ergänzend ist der Nutzen des Projektes zu bewerten. Für jedes der alternativ in Frage kommenden Lösungen werden kriterienbezogen Punkte vergeben. Dabei werden die Punkte auf einer beliebigen Punkteskala, beispielsweise von 0-5 oder von 0-10, je nach dem Grad der Erfüllung des jeweiligen Beurteilungskriteriums durch die Software vergeben (0 = Kriterium nicht erfüllt, 5 oder 10 = bestmögliche Erfüllung des Kriteriums).

Gewichtete Nutzwertanalyse – Zielkriterien und Erfüllungsgrade: bei der Anwendung einer gewichteten Nutzwertanalyse kann nach einem bestimmten Ablaufschema vorgegangen werden. Bestimmung der Ziele bzw. Kriterien: Zunächst werden die für die Bewertung heranziehbaren Kriterien möglichst umfassend aufgeschrieben und auf eventuell vorhandene Überschneidungen hin untersucht.

Gewichtung der Ziele: Die Bedeutung der einzelnen Bewertungsziele wird durch eine im Allgemeinen prozentuale Gewichtung festgelegt. Dieser Schritt ist wegen der Gefahr zu starker subjektiver Wertvorstellungen seitens der beteiligten Personen besonders problematisch.

Wahl der geeigneten Skalierung: Für die Zuordnung von Erfüllungsgraden der Zielkriterien und für die Zusammenfassung der unterschiedlichen Teilnutzen ist eine geeignete Skalierung erforderlich, beispielsweise eine Schulnotenskala von 1 bis 6 für sehr gut bis ungenügend oder eine Skalierung von 1 bis 10.

Festlegung und Bewertung der Entscheidungsalternativen: Um eine möglichst unbeeinflusste Auswahl und Gewichtung der Ziele sicherzustellen, werden erst in dieser Phase die in Frage kommenden Alternativen festgelegt. Danach schließt sich ihre Bewertung an, d.h. die Festlegung des Grades (Zielwert), mit dem die geforderte Eigenschaft durch die jeweilige Alternative erfüllt wird.

Ermittlung der Nutzwerte: Der Gesamtnutzen einer Alternative ergibt sich aus der Addition der gewichteten Zielwerte (= Nutzwertbeiträge). Durch den so ermittelten Gesamtnutzen lassen sich die einzelnen Alternativen in eine Rangfolge bringen. Die vorher festgelegten Beurteilungskriterien werden mit einer Gewichtungskennziffer versehen, die dem Anforderungsprofil entsprechend festgelegt wird. Durch die Multiplikation von Gewichtskennziffer mit o.a. Punktzahlen wird für die jeweiligen Bewertungskriterien der Software jeweils eine nunmehr gewichtete Bewertungsziffer errechnet. Die Software mit der höchsten Gesamt-Bewertungszahl ist die jeweils am besten geeignete. Die ursprüngliche Rangfolge kann sich aufgrund Einbeziehung zusätzlicher Gewichtungsfaktoren noch ändern.

Ergänzung einer zweiten Analysestufe mit Gruppenbewertungsziffern: werden für die Bewertung eine Vielzahl von Einzelkriterien innerhalb von Kriteriengruppen benotet und gewichtet, kann sich durch die reine Addition der hieraus errechneten Bewertungsziffern ein Ungleichgewicht ergeben. Unter Umständen besteht die Möglichkeit, dass nicht die optimale Software ermittelt wird. Es sollte daher noch eine zweite Beurteilungsstufe durchlaufen werden, bei der die Kriteriengruppen als Ganzes gewichtet und mit den relativierten Gruppenbewertungsziffern multipliziert werden. Die Addition dieser Werte ergibt eine Gesamtbewertungsziffer mit höherer Aussagekraft:

Bewertungskriterium	Punktwerte 0-10 Software					Gewichtstufe in Prozent						
	A	B	C	D	E	1.	2.	A	B	C	D	E
Kundenprofile	3,0	9,0	2,0	5,0	8,0	60		1,8	5,4	1,2	3,0	4,8
Behavioural Modeling	4,0	4,0	4,5	5,0	5,0	20		0,8	0,8	0,9	1,0	1,0
Kredit Scoring	5,0	5,0	4,5	5,0	5,0	10		0,5	0,5	0,5	0,5	0,5
Risikoanalyse	3,5	4,0	2,0	5,0	6,0	10		0,4	0,4	0,2	0,5	0,6
						100		3,5	7,1	2,8	5,0	6,9
1. Kriteriengruppe:							40	1,4	2,8	1,1	2,0	2,8
Marktsegmentierung	8,0	9,5	3,0	8,0	6,0	50		4,0	4,8	1,5	4,0	3,0
Market Basket Analyse	7,5	8,5	5,0	5,0	7,5	25		1,9	2,1	1,3	1,3	1,9
Category Management	5,0	2,0	2,5	3,5	7,0	15		0,8	0,3	0,4	0,5	1,1
Fraud Detection	6,0	5,5	7,5	7,0	6,0	10		0,6	0,6	0,8	0,7	0,6
						100		7,2	7,7	3,9	6,5	6,5
2. Kriteriengruppe							10	0,7	0,8	0,4	0,6	0,7
Kampagnen Analyse	3,0	4,0	3,0	7,0	3,5	10		0,3	0,4	0,3	0,7	0,4
Kundenpofitabilität	9,0	9,0	9,0	8,5	5,5	30		2,7	2,7	2,7	2,6	1,7
Kundenzufriedenheit	7,0	8,0	8,0	7,0	4,0	30		2,1	2,4	2,4	2,1	1,2
Kosten-Leistungsverhältnis	5,0	4,0	4,0	5,0	6,5	30		1,5	1,2	1,2	1,5	2,0
						100		6,6	6,7	6,6	6,9	5,2
							50	3,3	3,4	3,3	3,4	2,6
GESAMTBEWERTUNG							100	5,4	7,0	4,8	6,1	6,0

2-stufiges Gewicht-Bewertungsverfahren

Das durch Analysen freigelegte Wissen gewinnt erst dadurch an Wert, dass die relevanten Entscheider Zugang zu den Informationen erhalten - Mustererkennung mit Datentransformation, -exploration

Geschäftsplanung und Wissensbilanz - Ressourcen, Planungsbegriffe und Indikatoren – Faktorentableau und Leistungsprofile – Wirkungsbeziehungen und Erfolgspotenziale – Marketing- und Vertriebscontrolling – Leitbild und Strategie – Kompetenz und Mitarbeiterzufriedenheit – Qualifikation und Wissensmanagement – Risiko und Frühwarnung – Planung und Controlling. Planung als Vorausabwägen verschiedener Entscheidungsmöglichkeiten ist heute mehr denn je eine Wurzel des Geschäftserfolges. Manchmal wird einer Forderung danach der Einwand entgegen gehalten, dass eine präzise Form der Planung unmöglich sei, da niemand in die Zukunft schauen könne. Gerade aber weil diese ungewiss ist, müssen die Maßnahmenplanungen konkret gesetzt werden, um über notwendige Orientierungsmarken für grundsätzliche Entscheidungen verfügen zu können. Neben „harten" quantitativen Daten müssen für die Geschäftsplanung auch sogenannte „weiche" qualitative Einschätzungen, beispielsweise unter Zuhilfenahme einer Wissensbilanz, bereitgestellt werden. Dazu regt eine Wissensbilanz immer wieder auf ein Neues dazu an, niemals das Ganze aus dem Blickfeld zu verlieren und jede Maßnahme über ihre gesamte Wirkungskette hinweg eng mit allen sie umgebenden Einflussfaktoren zu vernetzen und eng zu überwachen.

Für die Entwicklung einer individuellen Wissensbilanz zur Entscheidungsunterstützung der Geschäftsplanung könnte man sich für einen ersten Anhaltspunkt u.a. an folgenden Einzelschritten orientieren:
Wissensressourcen mit Zukunftsperspektive
Ausblick für Wissensbilanzen
Wissenskapital im Zentrum der Geschäftsplanung
Qualität der Geschäftsplanung
Ausgangssituation für Maßnahmenplanungen
Ableitung erfolgversprechender Maßnahmen
Übernahme Demo-Beispiel Faktoren-Tableau
Beispiel: bereits analysierte Leistungsprofile
Beispiel: bereits analysierte Wirkungsbeziehungen
Beispiel: bereits analysierte Erfolgspotenziale
Empfehlungen zur Maßnahmen-Vorgehensweise
Maßnahmenbeispiele im Bereich der Prozessfaktoren
im Bereich: Leitbild und Unternehmensstrategie
im Bereich: Innovationsmanagement
im Bereich: Customer Relation Management
im Bereich: Marketingcontrolling
Maßnahmenbeispiele im Bereich der Erfolgsfaktoren
im Bereich: Image und Bekanntheitsgrad
im Bereich: Marktattraktivität – Marktposition
im Bereich: Entwicklungspotential – Umfeld

im Bereich: Leistungsqualität
Maßnahmenbeispiele im Bereich der Humanfaktoren
im Bereich: Unternehmerische Kompetenz
im Bereich: Aus-, Weiterbildung, Fachqualifikation
im Bereich: Mitarbeiterzufriedenheit, -motivation
im Bereich: Wissensmanagement
Maßnahmenbeispiele im Bereich der Strukturfaktoren
im Bereich: Informationssystem und Anwendungen
im Bereich: Planungs- und Controlling-Tools
im Bereich: Frühwarn- und Risikokontrollsystem
im Bereich: Standortfaktoren
Maßnahmenbeispiele im Bereich der Beziehungsfaktoren
im Bereich: Kunden- und Lieferantenbeziehungen
im Bereich: Kommunikationsbeziehungen
im Bereich: Kompetenznetzwerkbeziehungen
im Bereich: Logistikbeziehungen
Ausblick
Wissensbilanz-Arbeitsprogramm
Planungsbegriffe
Indikatoren

Datenauswahl-Phase: Identifikation aktueller und potentieller Daten für Data Mining. Dabei wird definiert, welche Daten idealerweise zur Verfügung stehen müssten, um das vorliegende Geschäftsproblem angemessen lösen zu können. Für fehlende Datenbestände muss überlegt werden, ob diese extern beschafft werden können. Datentransformation-Phase: Generierung von Data Mining-Tabellen und Bearbeitung der Input-Daten, beispielsweise fehlende Werte eliminieren oder durch statistische Schätzwerte ersetzen. Datenexploration-Phase: den Endbenutzer vor der Mustererzeugung mit den zugrunde liegenden Daten vertraut machen. Generierung von Mustern: ist der Kern des eigentlichen Data Mining Prozesses, wobei die einzelnen Schritte im Wesentlichen von der benutzten Software abhängig sind. Es besteht die Wahlmöglichkeit zwischen automatischem und interaktivem Data Mining. Im interaktiven Data Mining Programm können verschiedene Einstellungen verändert werden (z.B. für Verzweigungskriterien, Darstellung der Ergebnisse).

Phase der Ergebnisinterpretation: bevor erkannte Muster im Rahmen des Problemlösungsprozesses verwendet werden können, müssen sie validiert und interpretiert werden. Beispielsweise muss ausgeschlossen werden, dazu allzu auffällige Muster auf Fehlern bei der Datentransformation beruhen. Verteilung der Ergebnisse: das durch den Data Mining Prozess freigelegte Wissen gewinnt erst dadurch an Wert, dass die relevanten Entscheider Zugang zu den Informationen erhalten. Es kann ein Datenwürfel zusammengestellt werden, der die wichtigsten Informationen an Mitarbeiter verteilt, die dann damit auch eigene, weiterführende Analysen durchführen können.

Kostenvergleichsrechnung. Unter den verschiedenen, u.a. statischen Verfahren der Investitionsrechnung ist die Kostenvergleichsrechnung das einfachste Verfahren der Investitionsplanung: die Kosten der einzelnen zur Entscheidung anstehenden Alternativen werden gegenübergestellt. Als Ergebnis erhält man eine Auswahl des kostengünstigsten Projektes. Da die Information fehlt, ob die erzielbaren Erlöse über den ermittelten Kosten liegen, ist zwar ein absoluter Vorteilhaftigkeitsvergleich nicht möglich. Dafür wird durch die starken Vereinfachungen aber die Anwendbarkeit des Verfahrens erleichtert. Voraussetzung für die Anwendbarkeit der Methode ist, dass die Investitionsalternativen die gleiche quantitative und qualitative Leistung abgeben.

Schema zur Ermittlung der Projektkosten:

	Projekt A	Projekt B	Projekt C	Projekt D
Anschaffungspreis	120.000 €	90.000 €	140.000 €	165.000 €
Feste Betriebskosten pro Jahr ohne Abschreibung + Zinsen	15.000 €	20.000 €	10.000 €	10.000 €
Variable Betriebskosten	6.000 €	12.000 €	8.000 €	9.500 €
Geplante Nutzungsdauer in Jahren	3,5	4,0	5,0	6,0
Restverkaufserlös am Ende der geplanten Nutzungsdauer	25.000 €	20.000 €	10.000 €	15.000 €
Finanzierung mit Fremdkapital	60%	60%	60%	60%
Kalkulatorischer Zinssatz in %	10,00	10,00	10,00	10,00
Ermittlung der durchschnittl. Gesamtkosten pro Periode:				
Feste Kosten	15.000 €	20.000 €	10.000 €	10.000 €
Abschreibung p.a.	27.143 €	17.500 €	26.000 €	25.000 €
Zinsen p.a.	8.607 €	6.375 €	8.800 €	10.250 €
Variable Kosten	6.000 €	12.000 €	8.000 €	9.500 €
Gesamtkosten p.a.:	56.750 €	55.875 €	52.800 €	54.750 €

Bei den Kosten ist zu unterscheiden zwischen a) einmaligen Kosten, die nur einmal -in den meisten Fällen zu Beginn- anfallen (z.b. Investitionen für Hard- und Software, Entwicklungs-, Umstellungskosten). b) wiederkehrenden (laufenden) Kosten, die zur Aufrechterhaltung des Betriebs notwendig sind. Einmalige und wiederkehrende Kosten dürfen nicht einfach addiert werden, da aus den einmaligen Kosten zunächst getrennt die jährlichen Abschreibungen und die Verzinsung des investierten Kapitals ermittelt werden müssen.

Rentabilitätsvergleichsrechnung - Verhältnis von Periodengewinn zu eingesetztem Kapital: Vorteilhaftigkeitskriterium ist bei diesem Rechenverfahren die Rentabilität der analysierten Projekte. Die Rentabilität wird aus dem Verhältnis von Periodengewinn zu eingesetztem Kapital errechnet. Damit lässt sich ermitteln, welche Rendite das durchschnittlich gebundene Gesamtkapital über die Verzinsung des Fremdkapitals und die kalkulatorische Verzinsung des Eigenkapitals hinaus erzielt. Ein Projekt ist dann vorteilhaft, wenn die durchschnittliche Überrendite > 0 ist, bei mehreren Projekten ist dasjenige mit der höchsten Überrendite am vorteilhaftesten. Zusätzlich zur Überrendite können ergänzend Kennziffern für die Gesamtkapitalverzinsung berechnet werden. Das durchschnittlich gebundene Gesamtkapital wird als einfaches arithmetisches Mittel zwischen der Kapitalbindung am Anfang der 1. Nutzungsdauerperiode und der

Kapitalbindung am Anfang der letzten Nutzungsdauerperiode ermittelt. Aus Vereinfachungsgründen wird zusätzlich die Annahme einer über die Nutzungsdauer der Projekte gleichbleibenden Finanzierungsstruktur (Verhältnis Eigen- zu Fremdkapital) getroffen. Zu beachten ist, dass Projekte stark voneinander abweichende durchschnittliche Kapitalbindungen aufweisen können. Daraus folgt, dass ein Vergleich der Projekt- Vorteilhaftigkeit auf Basis der Renditevergleichsrechnung nur bei gleicher Kapitalbindung der Alternativen sinnvoll ist.

Amortisations- und Payback-Rechnung für die Amortisation einer Projektinvestition: diese Technik misst die Zeitspanne, die notwendig ist, um eine Projekt-Investition zu amortisieren, d.h. durch Bargeldrückfluss abzuzahlen. Dies ist die Zeitdauer, die bis zur Wiedergewinnung der Anschaffungsausgabe aus den Einnahmeüberschüssen des Projektes verstreicht. Wenn der Bargeldrückfluss für jedes Jahr einheitlich ist, kann die Payback-Periode durch die Teilung der Investition mit dem jährlichen Cashflow errechnet werden. Aufgrund der Durchschnittsbildung könnte der Fall eintreten, dass für ein Projekt eine sehr kurze Pay-off-Dauer errechnet wird, obwohl alle Einzahlungsüberschüsse erst gegen Ende der Nutzungsdauer anfallen.

Die Amortisationsrechnung wird in der Praxis sowohl zur Beurteilung einer einzelnen Investition als auch zum

Alternativenvergleich herangezogen. Bei Einzelprojekten lässt sich lediglich ermitteln, ob die Anschaffungsausgabe innerhalb der geplanten Nutzungsdauer zurückgewonnen werden kann. Zwar ist damit noch keine rechnerische Aussage über die Wirtschaftlichkeit möglich. Eine solche wird dadurch gewonnen, dass sich in der Praxis oft branchenspezifische Erfahrungswerte herausgefiltert haben, welche darauf hinweisen, ob ein Projekt als wirtschaftlich anzusehen ist, beispielsweise: die Pay-off-Periode darf maximal 50% der geplanten Nutzungsdauer betragen. Für Entscheider stehen bei dieser Art der Rechnung grundsätzliche Sicherheitsziele, weniger exakt quantifizierbare Einkommensziele, im Vordergrund der Betrachtung. Entscheidend für die Projektbeurteilung ist nicht nur die absolute Zeit der Rückgewinnungsdauer in Jahren. Diese ist zusätzlich zur technischen Lebenserwartung oder der geplanten Nutzungsdauer des Projektes ins Verhältnis zu setzen.

Interner Zinsfuß-Rechnung -- mit welchem Prozentsatz pro Jahr sich das eingesetzte Kapital verzinst. Der Kapitalwert einer Investition ergibt sich aus der Summe der diskontierten Ein- bzw. Auszahlungsüberschüsse der einzelnen Perioden. Projektbezogene Kapitalbedarfsplanung – Planungsgrundlage Ablaufplan. Umfangreiche Projekte (beispielsweise wie Data Mining u.a.) zeichnen sich aus durch u.a.

hohen Organisationsaufwand,
eine ggf. über mehrere Rechnungsperioden hinweg andauernde Laufzeit,
hohen Vorfinanzierungsbedarf.

Unter Finanzbedarf fällt unabhängig von der Deckung jede Art der Verpflichtung zur Zahlung. Der Kapitalbedarf errechnet sich als Saldo des Finanzbedarfs mit den Einzahlungen. Als Planungsinstrument wird der Projektablaufplan herangezogen, in dem die zeitliche Struktur des Projektes abzubilden ist:

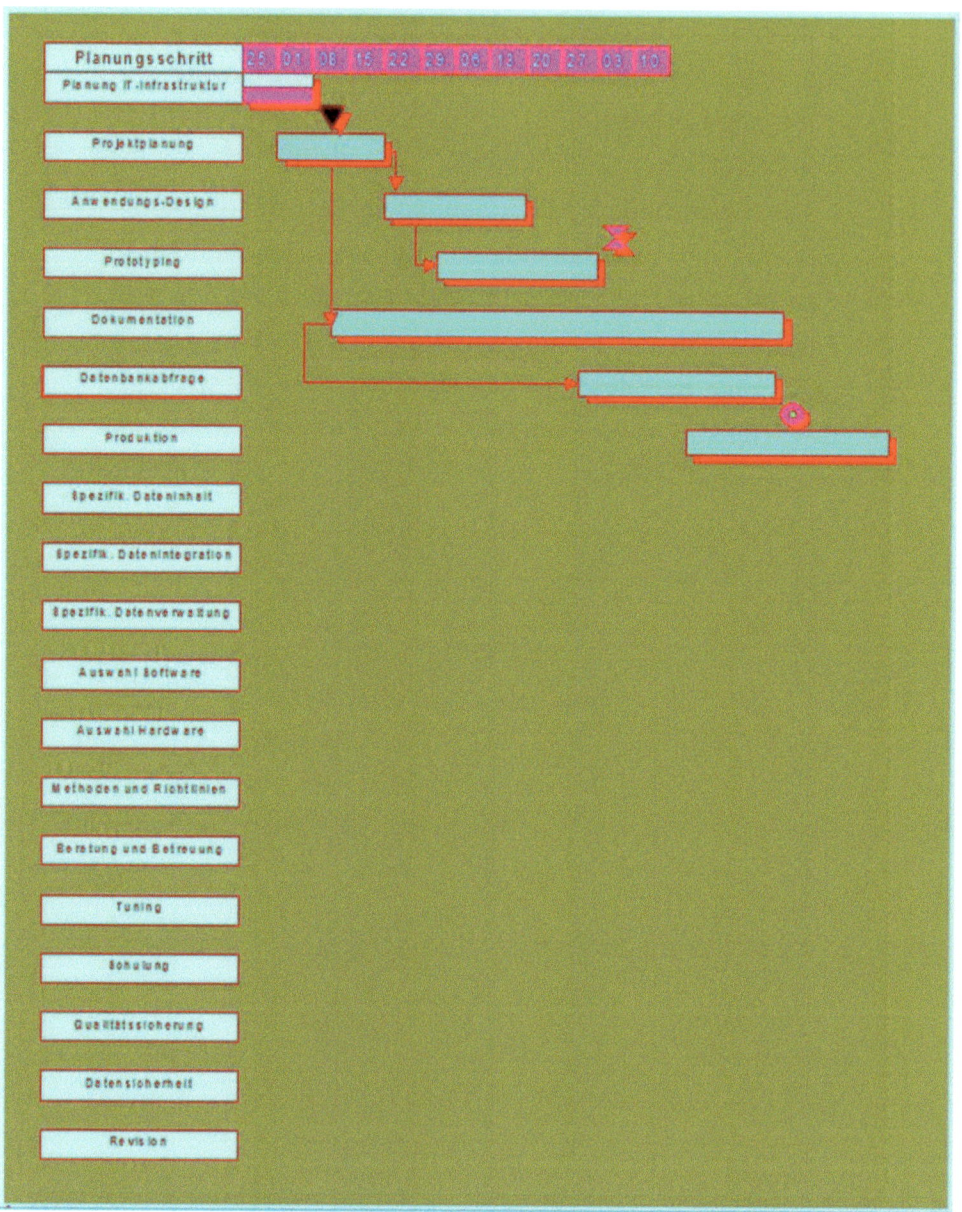

Nach Möglichkeit sollten bei der Aufstellung des Projektablaufplanes auch zeitliche Interdependenzen zwischen einzelnen Planungsschritten berücksichtigt werden. Zeitkritische Vorgänge, deren Verzögerung sich unmittelbar auf den Endtermin auswirken würde sollten ebenso festgestellt werden wie Schritte, in denen Pufferzeiten vorhanden sind. Allen Schritten des Projektablaufplans können dann auszahlungsrelevante Positionen zugeordnet werden. Hierbei finden zunächst nur die variablen Projektkosten, d.h. nur direkt durch das Projekt hervorgerufene Zahlungsströme, Berücksichtigung. Lohnzahlungen werden, falls sich Das Projekt nicht unmittelbar auf den Personalbestand auswirkt, zunächst nicht mit aufgenommen. Kurzfristig von außen zugekaufte Fremdleistungen oder Manpower-Stunden sind jedoch zu erfassen. Je nach geplanter Deckung des Kapitalbedarfs können die Zahlungsströme um Fremdkapitalzinsen und Tilgungszahlungen ergänzt werden. Werden die Planrechnungen der Einzelprojekte zu einem Gesamtplan zusammengefasst, können auch die Überschüsse an liquiden Mitteln bereits abgeschlossener Projekte für die Finanzierung neuer Projekte herangezogen werden.

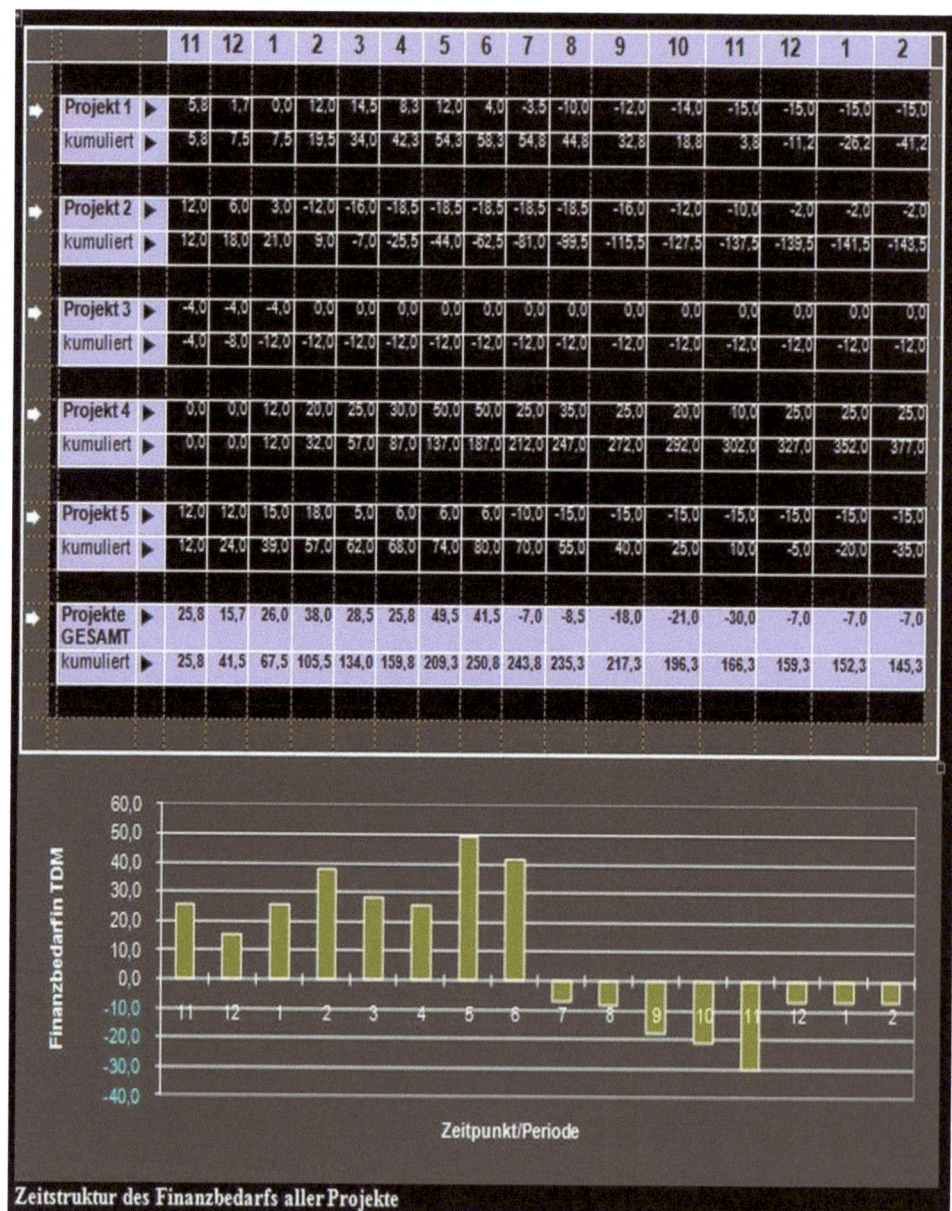

Zeitstruktur des Finanzbedarfs aller Projekte

Strategie-Check und Wissensbilanz –Wissensintensive Märkte – Management of Change mit Controller-Toolbox. Für strategiebezogene Projekte (Beispiel Customer Relation Management CRM) wird ein ganzheitlicher Ansatz gebraucht

Strategisches Denken weckt auch das Denken in Alternativen: ein Strategie-Check soll dabei Hilfestellung bieten, diese zu erkennen und mit ihren Potenzialen auszuloten. Da der Rohstoff „Wissen" zum wertvollsten gehört, was ein Unternehmen besitzt, muss dieser auch mit seinen strategischen Inhalten identifiziert und ausgeschöpft werden: Dabei gelingen wirksame Strategien besonders dann, wenn ihre Wurzeln im „Unternehmens-Gedächtnis" fest verankert sind. Bei der Verbindung von Strategie-Check und Wissensbilanz können nachfolgende Einzelpunkte als Orientierung dienen: Geschäftsumfeld für wissensintensive Märkte, strategische Dimension „Intellektuelles Kapital", Gestaltungsfelder des Wissensmanagements ausloten, Produkte mit „gefrorenem" Wissen, Turning Knowledge into Cash, Strategiefrage: Ist Unternehmenswissen messbar? Strategischer Zukunfts-Rohstoff „Wissen, Vision und Leitbild, strategisches Gut „Wissen", Strategie und Ziele, Bündelung Strategiefaktoren, strategische Prozessfaktoren, strategische Erfolgsfaktoren, Cluster Strategische Prozessfaktoren, Leitbild - Unternehmensstrategie, Management of Change, Customer Relation Management, Marketingcontrolling,

Cluster Strategische Erfolgsfaktoren, Image und Bekanntheitsgrad, Marktattraktivität, Marktposition, Entwicklungspotenzial-Benchmarking, Leistungsqualität, Cluster Strategische Humanfaktoren, unternehmerische Kompetenz, Aus-, Weiterbildung, Fachqualifikation, Mitarbeiterzufriedenheit, -motivation, Wissensmanagement, -bilanzierung, Cluster Strategische Strukturfaktoren, Informationssysteme, Anwendungen, Planungs- und Controlling-Toolbox, Frühwarn- und Risikokontrollsystem, Standortfaktoren, Cluster Strategische Beziehungsfaktoren, Kunden- und Lieferantenbeziehungen, Unternehmenskommunikation, Kompetenznetzwerke, Logistikbeziehungen.

Wirkungsbeziehungen transparent machen:
Grundsätzliche Systematik
Wie stark und schnell wirken Prozessfaktoren
Wirkungsbeziehungen zwischen Clustern
Zusammenfassung der Wirkungsstärken
Zusammenfassung der Wirkungsdauer
Ermittlung der Aktivsummen
Ermittlung der Passivsummen
Erfolgspotenziale ausloten
Strategischer Ausblick auf Maßnahmenpotenziale.
In Verbindung mit einer Wissensbilanz können mit dem Strategie-Check Freiräume für neue, kreative Lösungswege gefunden werden. Der Strategie-Check bestimmt

den „kritischen Weg", denn wenn man nicht weiß, wohin man geht, landet man sehr leicht anderswo! Beispielsweise sind CRM-Projekte strategiebezogen und erfordern deshalb einen ganzheitlichen Ansatz aus Funktionen, Verantwortlichkeiten, Prozessen und Technologien. In der nachfolgenden Grafik wird der ganzheitliche Ansatz für CRM-Projekte näher abgebildet:

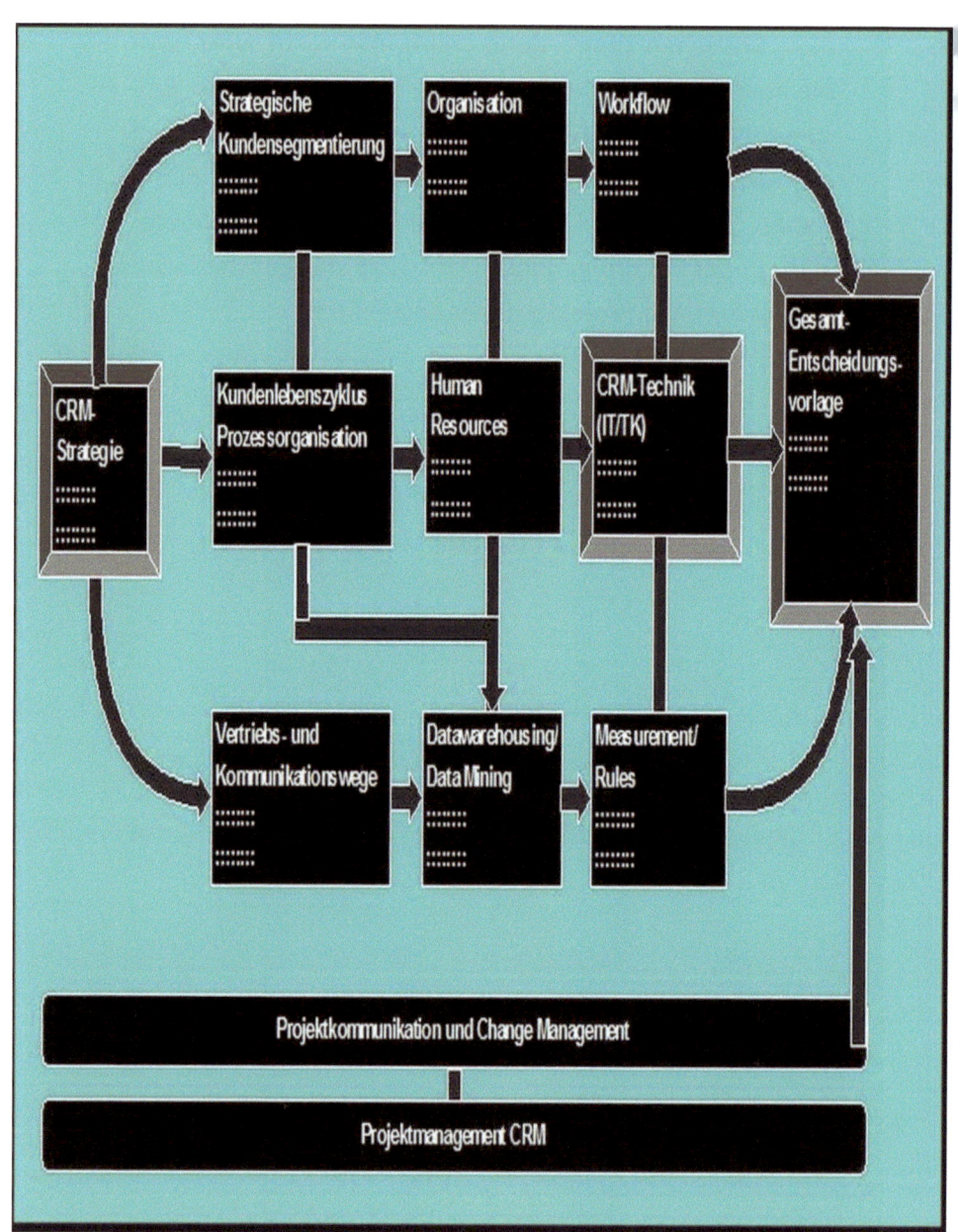

CRM-Projekte weisen aufgrund der Strategiebezogenheit eine im Vergleich zu anderen Projekten höhere Komplexität auf,

CRM-Projekte erfordern deshalb i.d.R.: längere Zeitdauer, intensivere Inanspruchnahme der Mitarbeiter, höheren Aufwand, stärkere Einbeziehung und Beteiligung des Managements und höhere Veränderungsbereitschaft (Change Management),

bereits vor dem Start des CRM-Projektes sollte deshalb auch das Management über die wesentlichen Ziele und zu erwartenden Projektschritte informiert werden.

Während der gesamten Projektlaufzeit sollte sich das Projektteam sowohl auf die Information der betroffenen Mitarbeiter als auch auf die Einbeziehung ggf. der verschiedenen Geschäftsstellen konzentrieren.

Die Ziele des CRM-Projektes sollten sich streng an den Kundenbedürfnissen ausrichten/orientieren.

Das CRM-Projekt sollte auf wesentliche und klar definierte Prozesse ausgerichtet werden,

ggf. unterschiedliche Informationssysteme sollten soweit wie möglich in einer einheitlichen Softwarelösung integriert werden (Collaboratives CRM).

Der Start des Projektes sollte nach dem „Quick-Win"-Konzept auf ein priorisiertes Teilprojekt beschränkt/konzentriert werden.

CRM-Projekte unterscheiden sich in wesentlichen Punkten von anderen Projekten:
CRM-Projekte sind keine Insellösungen,
CRM-Projekte sind immer abteilungsübergreifend umzusetzen,
CRM-Projekte sind konsequent aus Kundensicht her umzusetzen: da die Differenzierung gegenüber dem Wettbewerb vorrangig über Prozesse (weniger über Produkte) erfolgt, müssen bereits zum Projektbeginn detaillierte Konzepte u.a. zu Vertriebs- und Kommunikationswegen, Akquisitionsverfahren, Kundenbetreuungsverfahren und Kundenbindungsverfahren vorliegen.

Environmental Scanning : mit Hilfe von CRM-Projekten lassen sich gleichzeitig sowohl Qualität als auch Aussagekraft des Analyse-Datenmaterials verbessern. Außerdem unterstützen Data Warehouse-Werkzeuge in vertriebsnahen und marketingnahen Analyseprozessen die Integration externer Datenbestände. Da die operativen Datenbestände vergangenheitsorientiert sind, können sie allenfalls statische Prognosen auf zukunftsorientierte Szenarien unterstützen. In einem CRM-Projekt kann diese Restriktion umgangen werden: durch Korrelation externer Datenpools wie beispielsweise Adressen, demographische Daten, Verbraucherstatistiken mit operativen, unternehmensinternen Datenbeständen. Durch entsprechende Korrelation mit den aggregierten operativen

Daten kann ein erhebliches Informationsmehrwert-Potenzial erschlossen werden. Beispielsweise: Analyse von Trends, Beurteilung des Erfolgs einer Marketingaktion, Grafik eines Produktzyklus, Überwachung von kritischen Erfolgsfaktoren. Kundenbezogene Daten alleine reichen aber für Marketinganwendungen nicht aus: sie müssen durch qualifizierte Zusatzdaten angereichert werden. Beispielsweise Gebäudedaten, Daten des Wohnumfeldes, soziodemographische Daten, Lifestyle-Daten, Regional- und Kommunikationsdaten.

In einem CRM-Projekt müssen deshalb immer auch genau die betrieblichen Umfeldfaktoren beobachtet werden. Dieses „environmental scanning" ist besonders für länderübergreifend agierende Unternehmen unerlässlich, um eine Vielzahl von Daten in aktuelle Informationen zur Entwicklung von strategierelevanten Umfeldfaktoren auszuwerten. Für exportabhängige Unternehmen sowie Unternehmen mit Auslandsstandorten geht es um das Erkennen sowohl von Chancen als auch von Gefährdungspotentialen, d.h. neben quantitativen indexbasierten Informationen muss auch eine große Anzahl qualitativer Informationen in das CRM-System eingespeist werden.

Korrelation mit externen Daten für die Informations-„Endmontage": Marketingentscheidungen basieren einerseits auf unternehmensinternen Informationen (Kunden, Produkte, Zulieferer), andererseits müssen auch externe Informationen (Konjunktur-, Markt-, Konkurrenzdaten, demographische und geographische Daten) mit einbezogen werden. Dabei dient ein Datenwarehouse als „Informationslager" für alle Arten analyse- und entscheidungsrelevanter Daten. Das Aufgabenspektrum lässt sich mit einem Zwischenlager in einem produzierenden Betrieb vergleichen: analog bis zur Weiterverarbeitung zwischen den Produktionsstufen gelagerten Halbzeugen liefern die in den operativen/ transaktionsorientierten Systemen gespeicherten Daten den Rohstoff zur „Endmontage" der entscheidungsunterstützenden Informationsverarbeitung. Kennzeichnend für das Data Warehouse ist die ganzheitliche, stärker nach außen gerichtete und kundenorientierte Datensicht. Dabei werden Daten in verständliche, entscheidungsorientierte Informationseinheiten transformiert, Aggregationen vorgenommen und zugleich Unternehmensdaten aus mehreren, heterogenen und inkonsistenten Datenquellen zusammengespielt.

Projekt-Design nach einem Phasenkonzept mit Prototypstufen:
Zur Vorgehensweise der Projektabwicklung gehört ein klares Phasenkonzept, das meistens auch eine oder mehrere Prototypstufen umfasst. Für den Erfolg des CRM-Projektes ist somit eine unabdingbare Vorausset-

zung, dass die Abfolge der einzelnen Aktivitäten in einem Vorgehensmodell genau an-/zugeordnet werden. Dieser vollständige Projekt-Design umfasst in detaillierter Form:
Problemfeldanalyse
Zielfindung
Stakeholder-Analyse mit Machbarkeitsstudie
Planung Zeit/Ressourcen/Sachmittel/Budgets
Grobes Fachkonzept mit „Paketisierung" und Priorisierung des Gesamtprojektes in Teilprojekte
Feinplanung der Teilprojekte mit detailliertem Fachkonzept
Detailliertes technisches Konzept
Realisierung mit technischer/ organisatorischer Pilotierung
Einführung, d.h. Roll-out in die Organisation (z.B. mit Prototyping),
Übergabe der Verantwortung an die Linie.
Dabei kann jede der o.a. Phasen für sich gesehen auch als ein eigenes Projekt gesehen werden.

Problemfeldanalyse – Initialphase: zum Beginn eines CRM-Projektes muss zunächst der aktuelle Ist-Zustand aufgenommen werden. Damit wird durch die detaillierte Kenntnis der Problemstellung die für das Projekt notwendige Transparenz geschaffen: Grundlage kann die Analyse aller bereits vorhandenen Informationen aus verwandten Projekten, vorherigen Studien u.a. bilden. Hierauf aufbauend können (z.B. in mehrtägigen Workshops, Diskussionsrunden in Kleingruppen, u.a.) die aktuellen Prozesse, Stärken und Schwächen, größten Verbesserungspotenziale erhoben werden. Die Resultate aus der Erhebung können (ggf. in Zusammenarbeit mit externen Beratern/Fachexperten) zusammengestellt und nach ihrer voraussichtlichen Erarbeitungs- und Einführungsdauer in kurz- und langfristige Maßnahmen gegliedert, auf ihre Strategieverträglichkeit geprüft werden.

Hinsichtlich der Zielfindung sollen mit Hilfe des CRM-Projektes beispielsweise erreicht werden: Schnellere Reaktion der Informationsverarbeitung auf Veränderung der Geschäftsprozesse, gezielte Identifikation von Risikofaktoren, Wettbewerbsvorteile durch Realtime- Verarbeitung mit globalem Zugriff Anbindung großer Kunden und Lieferanten, Wissen über Kunden und ihr Verhalten (d.h. interne und externe Kunden besser bedienen, Kundengeschehen über Zahlen hinaus transparent machen können), Supply Chain Management (u.a.: Lagerbestände reduzieren, Beschleunigung der eigenen Geschäftsprozesse). Entwicklung und Kontrolle von Marketingplänen und -strategie unterstützen, Ergebnisse und Effektivität von Werbeaktionen evaluieren, integrierte Rangfolgeanalysen (z.B. Top 10-Analyse der umsatzstärksten Produkte) erstellen, Ausnahmeberichtsoptionen (z.B.

herausragende Gewinn- oder Verlustbringer) unterstützen, Zeitreihenanalysen mit freier Wahl der Dimension im Datenwürfel (z.B.: vergleichende Analyse von Umsatz, Absatz, Auftragseingänge, wie entwickelt sich der Trend?) Ausreißer im Sortiment sowie bei Kunden aufspüren (z.b.: auffällige Verlängerungen oder Verkürzungen von Kaufzyklen, Hinweise auf Veränderungen im Bestellverhalten oder auf geänderte Bedarfssituationen), Verursacher von Umsatzrückgängen identifizieren, analysieren wie sich die Marktdurchdringung entwickelt, Kunden oder Produkte identifizieren die besondere Aufmerksamkeit durch den Außendienst erfordern, Neuronale Netze für Creditscoring und Bonitätsanalyse, Clusteranalyse für Marktsegmentierung, Regressions-/ Diskriminanzanalyse für Creditscoring oder Responseanalyse, Assoziationsanalysen für Warenkorb- und Bonanalysen, Korrelations- und Faktorenanalysen für Missbrauchsanalysen (beispielsweise bei Kreditkarten- und Kundensegmentierungen).

Wichtig ist eine Stakeholder-Analyse, mit der die wesentlichen Interessenträger in dem Projekt identifiziert werden. Dieser Teilnehmerkreis sollte von einer fachkundigen Person (beispielsweise im Rahmen eines Lenkungsausschusses) moderiert werden, die selbst keine eigenen Interessen hat, beispielsweise von einem unabhängigen externen Berater. Interessenträger sind: Sponsoren, welche die Projektziele aktiv unterstützen, Bedenkenträger, die sich aus verschiedenen Gründen (z.B. befürchteter Kompetenzverlust) gegen das Projekt wenden. Da sich CRM-Projekte in einem sich dynamisch verändernden, häufig zeitkritischen Umfeld bewegen, sollte auch die Stakeholder-Analyse kontinuierlich fortgeschrieben und gemäß der jeweiligen Situation aktualisiert werden, d.h.: oft wird das Beharrungsvermögen der Organisation unterschätzt, nur ein aktives Veränderungsmanagement führt zur Adaptionsfähigkeit der Organisation und damit zur Erreichung der Projektziele.

Entscheidungsfelder gemäß Vorsichtslinie, Wertstellungseigenschaften und Risikoneigung: es gibt Situationen, in denen Entscheidungen unter Zeitdruck schlechter sind als die in gelassener Stimmung getroffenen Entscheidungen

Oft sind es gerade jene außerhalb des eigenen Entscheidungsbereiches liegende Risikoeinflüsse wie beispielsweise wirtschaftspolitische, sozialpolitische, soziologische und demographische Daten, die neben dem internen Erfolgspotenzial den Gesamterfolg wesentlich mitbestimmen und den eigentlich vorhandenen Handlungsspielraum festlegen. Das Konzept hierfür lautet: Risiken erkennen, Ursachen und Wahrscheinlichkeiten bewerten, Sicherheitsinstrumente planen, Kosten-/Nutzen analysieren. Risikoanalysen können als vorgeschaltete gedankliche Drehscheibe Entscheidungsprozesse unterstützen: sicht- und quantifizierbar gemachte Risiken werden eher bejaht als eine Zukunft, die im Dunkeln liegt: Eine Vorsichtslinie markiert zunehmende Risikointensität, beispielsweise durch Fragezeichen = Verlassen des Knowhow-Bereiches.

In Verbindung mit dem Konzept einer umfassenden Wissensbilanz könnten u.a. folgende Entscheidungspunkte eingehender geprüft werden:
Wissens-, Personen-, Standortbilanz im Hintergrund, Kombination von Qualität und Stärken,

Ausgangslage: Entscheiderprofil,
weites Entscheidungsfeld des Mittelstandes,
Entscheidungsmatrix schafft Übersicht,
Technik der Polarprofile,
Entscheidungsbaumtechnik,
Risiko-Entscheidungsrechnung mit Quantilen,
Entscheidungshilfen von Auftragsinformationen,
Entscheidungshilfen von Liquiditätsinformationen,
persönliche Potentialfaktoren des Entscheiders,
Business Intelligence – Entscheidungspotentiale,
Durchblick im Entscheiderfaktoren-Wirkungsnetz,
Wirkungsanalyse für Einzelfaktoren,
Aktiv- und Passivsummen der Faktorwirkungen,
Wahrnehmung des wahrscheinlichen Risikos,
Risikoanalyse statt Kristallkugel,
Entscheidungs-Tool Customer Retention,
Szenariotechniken für mehrere Zukünfte,
Konzept der Vorsichtslinie,
Entscheidung: Offensiv agieren oder defensiv reagieren?
Scanning mit 360-Grad-Suchverfahren,
RoI-Entscheidungsrechnung,
RoI-Sensitivitätsrechnung,
Entscheidungstechnik Gewichtsverfahren,
Es geht um Risikobewusstmachung bei allen Entscheidungen und Handlungen: je nach Unternehmensphilosophie müssen möglichst die vorhandenen Wertstellungsprofile und Risikoneigungen der Entscheidungsträ-

ger erfasst werden: die Extrempunkte bilden einerseits risikofreudige sowie andererseits risikoscheue Einstellungen. Beeinflusst werden diese u.U. durch die sich als Gegenpol bietenden Chancenprofile. Ausgelotet werden sollte, ob und wo unter Umständen Unsicherheiten im Datenkranz der Planung liegen bzw. welcher Art diese Risiken sind. Risikomodelle liefern Informationen für die risikoorientierte Steuerung, machen aber die bewusste Entscheidung der Verantwortlichen nicht überflüssig, d.h. sie sind nur Abstraktionen von der Realität: Ergebnisse können nicht verabsolutiert werden, sondern sollten laufend kritisch hinterfragt werden.

Dabei geht es auch um die Möglichkeiten zur Quantifizierung der einzelnen Risiken: obwohl fast immer eine Vorstellung existiert, was risikobehaftet ist, ist es ungleich schwieriger, dieses Risikobewusstsein im Detail mit konkreten, quantitativen Daten zu operationalisieren. Ziele hierfür sind: Erkennen von Gefahren, die durch Strategieanpassungen zu vermeiden sind oder umgangen werden können, Herausfiltern von strategischen Schlüsselproblemen.

Dazu kommt es auch öfter vor, dass die besseren Entscheidungen unter Zeitdruck getroffen werden. Man sollte also versuchen herauszufinden, in welchen Entscheidungssituationen sich Zeitdruck eher als gut oder eher als schlecht auswirken kann. Das Problem: jeder empfindet Zeitdruck aber einem unterschiedlichen Punkt (der mit der tatsächlich verfügbaren Zeit manchmal gar nichts zu tun haben muss). Die einen werden bereits schon dann nervös, wenn eine Deadline erst in einigen Wochen ansteht. Andere würden sich daran überhaupt nicht stören, d.h. Zeitdruck ist eine sehr subjektive Angelegenheit. Unter Zeitdruck verlaufen Entscheidungsprozesse oft nach quasi automatisierten Mustern. Zuerst eintreffende Informationen lösen eine Art Signal aus und werden am stärksten bewertet. Nachfolgende Informationen gehen bei dieser Reduktion von Komplexität unter oder werden einfach überblendet.

In komplexen Entscheidungssituationen führt Zeitdruck oft dazu, dass man hinterher mit seiner getroffenen Entscheidung zufriedener ist. Bei vermeintlich einfachen Fragen dagegen, werden unter Zeitdruck manchmal Entscheidungen getroffen, die im Nachhinein teuer werden als gedacht. Grundsätzlich aber empfinden es viele Personen zunächst als eher unangenehm, Entscheidungen innerhalb einer relativ kurz bemessenen Zeit treffen zu müssen. Oft wäre es besser, weniger Zeit zu haben: denn je länger man nachdenkt desto stärker werden Vor- und Nachteile gegeneinander abgewägt. Vielleicht solange, bis am Ende nur noch die negativen Aspekte im

Kopf herumschwirren (und die Entscheidung am Ende einen bitteren Beigeschmack hinterlässt).

Make or Buy:

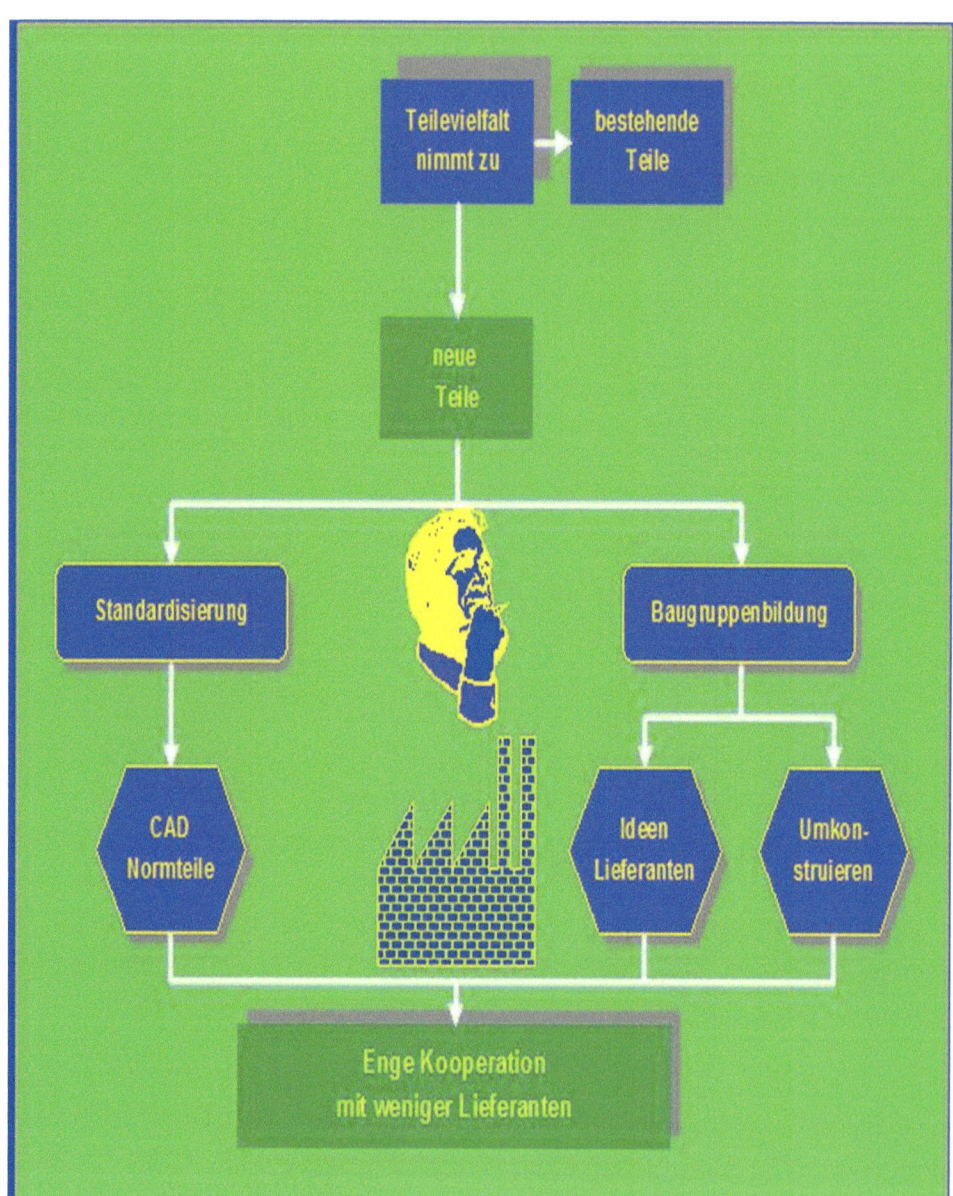

Kalkulation der Bezugsalternativen mit Bewertungsziffern:
Schritt: Festlegung der Bezugsziele - Entwicklungs-, Fertigungs-, Logistikqualität..........
Schritt: Gewichtung der Bezugsziele - Summe = 100 Prozent
Schritt: Vergabe von Punktwerten (z.B. 0 = mangelhaft bis 8 = sehr gut) für die jeweiligen Bezugsalternativen:
Eigenentwicklung und Eigenfertigung
Eigenentwicklung und Fremdfertigung
Fremdentwicklung und Fremdfertigung
Kooperationsentwicklung und Fremdfertigung
Schritt: Errechnung der Gesamt-Nutzwerte für die jeweilige Bezugsalternative.

Bewertung von Bezugsalternativen

	Gewicht in Prozent	Eigenentwicklung mit Eigenfertigung Punkte 0-8	Eigenentwicklung mit Fremdfertigung Punkte 0-8	Fremdentwicklung mit Fremdfertigung Punkte 0-8	Kooperationsentwicklung mit Fremdfertigung Punkte 0-8
Kapitalwert	28,00	2	3	5	7
Nutzwert=Punkte x Gewicht		0,56	0,84	1,40	1,96
Entwicklungsqualität	14,00	6	4	4	5
Nutzwert=Punkte x Gewicht		0,84	0,56	0,56	0,70
Fertigungsqualität	12,00	4	6	8	5
Nutzwert=Punkte x Gewicht		0,48	0,72	0,96	0,6
Logistikqualität	7,00	4	2	7	8
Nutzwert=Punkte x Gewicht		0,28	0,14	0,49	0,56
Liefersicherheit	9,00	6	4	5	5
Nutzwert=Punkte x Gewicht		0,54	0,36	0,45	0,45
Systemsicherheit	6,00	6	6	6	6
Nutzwert=Punkte x Gewicht		0,36	0,36	0,36	0,36
Innovationsfähigkeit	8,00	4	2	2	3
Nutzwert=Punkte x Gewicht		0,32	0,16	0,16	0,24
Unabhängigkeit	7,00	6	8	8	6
Nutzwert=Punkte x Gewicht		0,42	0,56	0,56	0,42
Umweltverträglichkeit	9,00	4	2	1	1
Nutzwert=Punkte x Gewicht		0,36	0,18	0,09	0,09
GESAMT-NUTZWERT	100,00	4,16	3,88	5,03	5,38

Nutzwert je Bezugsalternative durch Transformation in Punktwerte

Rechnerische Kalkulation der Lieferantenanalyse.
Schritt: Erstellung einer Kriterien-Checkliste nach Bewertungsgruppen
Allgemein
Einkauf
Produktion
Qualitätssicherung
Logistik
Entwicklung
Schritt: Gewichtung der Bewertungskriterien jeweils pro Gruppe (Summe - jeweils 100% für jede Gruppe)
Schritt: Gewichtung der Bewertungsgruppen innerhalb GESAMT - 100 %
Schritt: Benotung der Lieferanten (z.B. von 0= mangelhaft bis 10= sehr gut) nach Einzelkriterien innerhalb jeder Bewertungsgruppe
Schritt: Errechnung der Punktesumme/Lieferant für jede der Bewertungsgruppen
Schritt: Gewichtung der Punktesumme/Lieferant und pro Bewertungsgruppe mit dem Gew.Faktor 2 für jede Bewertungsgruppe
Schritt: Errechnung der Punkte-Gesamtsumme für jeden Lieferanten (=Summe der gewichteten Einzelpunkt-Summen)

Summary. Bei der Anwendung einer gewichteten Nutzwertanalyse kann nach einem bestimmten Ablaufschema vorgegangen werden. Bestimmung der Ziele bzw. Kriterien: Zunächst werden die für die Bewertung heranziehbaren Kriterien möglichst umfassend aufgeschrieben und auf eventuell vorhandene Überschneidungen hin untersucht.

Gewichtung der Ziele: Die Bedeutung der einzelnen Bewertungsziele wird durch eine im Allgemeinen prozentuale Gewichtung festgelegt. Dieser Schritt ist wegen der Gefahr zu starker subjektiver Wertvorstellungen seitens der beteiligten Personen besonders problematisch.

Wahl der geeigneten Skalierung: Für die Zuordnung von Erfüllungsgraden der Zielkriterien und für die Zusammenfassung der unterschiedlichen Teilnutzen ist eine geeignete Skalierung erforderlich, beispielsweise eine Schulnotenskala von 1 bis 6 für sehr gut bis ungenügend oder eine Skalierung von 1 bis 10.

Unter den verschiedenen, u.a. statischen Verfahren der Investitionsrechnung ist die Kostenvergleichsrechnung das einfachste Verfahren der Investitionsplanung: die Kosten der einzelnen zur Entscheidung anstehenden Alternativen werden gegenübergestellt. Als Ergebnis erhält man eine Auswahl des kostengünstigsten Projektes. Mit der Amortisations- oder Payback-Methode wird die Zeitspanne gemessen, die notwendig ist, um eine

Projekt-Investition zu amortisieren, d.h. durch Bargeldrückfluss abzuzahlen. Dies ist die Zeitdauer, die bis zur Wiedergewinnung der Anschaffungsausgabe aus den Einnahmeüberschüssen des Projektes verstreicht. Nach Möglichkeit sollten bei der Aufstellung des Projektablaufplanes auch zeitliche Interdependenzen zwischen einzelnen Planungsschritten berücksichtigt werden. Zeitkritische Vorgänge, deren Verzögerung sich unmittelbar auf den Endtermin auswirken würde sollten ebenso festgestellt werden wie Schritte, in denen Pufferzeiten vorhanden sind.

Identifizierung der Werttreiber - erkennbar machen, wo im Unternehmen einerseits Geld erwirtschaftet wird und wo andererseits Handlungs- und Verbesserungsbedarf besteht

Zentrale Größen der wertorientierten Unternehmenssteuerung sind die zukünftig erwarteten Zahlungsüberschüsse (Cash Flow), die Planungsperiode, über die der Cash Flow ermittelt wird, und die Kapitalkosten, die zur Diskontierung des Cash Flow auf den heutigen Zeitpunkt angesetzt werden. Der Grundgedanke ist einfach: Investitionen erfordern Geld, das auf dem Kapitalmarkt verzinst wird: deshalb werden beim Wertmanagement die Bedingungen des globalen Kapitalmarkts zugrunde gelegt. Jede Investition muss dem Unternehmen mindestens den Ertrag bringen, den die marktübliche Verzinsung des eingesetzten Kapitals verspricht, und der die Reproduktion des abgenutzten Wirtschaftsguts ermöglicht: Diese Mindestrendite wird auch als „hurdle = Hürde" bezeichnet, d.h. es gilt, diese jährlich neu definierte „Hürde" -mit möglichst deutlichem- Abstand zu überspringen. Eine detaillierte, weit in die Zukunft gerichtete Cashflow-Rechnung soll den „Wert" der Investition für das Unternehmen sicherstellen, d.h. soll auf Basis der Rohstoff-, Fertigungs- und Vertriebskosten sowie vieler anderer Einflussfaktoren die zukünftigen Erlöse in Relation zu den Investitionsausgaben bringen. D.h. für ein integriertes Wertmanagementsystem ist Weitblick, statt kurzfristiges Anpeilen einzelner Ziele gefragt.

Mit Hilfe der Orientierung am Unternehmenswert soll wieder derjenige Geldbetrag in den Vordergrund rücken, der durch eine Investition als Cash Flow verfügbar ist oder nach Abschluss eines Geschäfts übrig bleibt, das komplexe handels- und steuerrechtliche Rechenwerk wieder auf seine Grundlagen, nämlich die Zahlungsgrößen, zurückgeführt werden, die Mindestverzinsung des eingesetzten Kapitals vom Risiko der jeweiligen Investition abhängig gemacht werden. Für die Erzielung von Wertsteigerung stehen prinzipiell zwei Wege offen: Erhöhung der Rentabilität oder Veränderung des Investitionswertes (entweder durch profitables Wachstum oder durch Rückzug aus unrentablen Geschäften). Dafür muss sich das wertorientierte Denken und Handeln auf allen Ebenen des Unternehmens etablieren.

Das erfordert Transparenz: die finanzielle Kennziffer wird mit den Werthebeln und Werttreibern im operativen Geschäft verknüpft (und dadurch besser verständlich). Sind diese Einflussfaktoren erkannt und transparent gemacht, kann man auch im täglichen Geschäft auf diese Größen gezielt einwirken, um so einen Beitrag zur Wertschaffung zu leisten.

Die Identifizierung der Werttreiber kann mit Hilfe einer „Value Improvement Analysis (VIA)" erfolgen. Dabei geht man von der einfachen Erkenntnis aus, dass es auf jeder Ebene des Unternehmens Einflussgrößen gibt, die für die Wertschaffung wichtig sind. D.h., operative Steuerungsgrößen wie Qualität, Liefertreue, Kundenzufriedenheit, Anzahl kostenintensiver Umrüstvorgänge in der Produktion (die bereits auf der unteren Ebene der Wertschöpfungs-Pyramide Einfluss auf die Rendite nehmen). Die VIA-Methode hilft, diese Werttreiber zu ermitteln und transparent zu machen, sodass jeder Mitarbeiter das Zusammenspiel der Faktoren erkennt und entsprechend handeln kann.

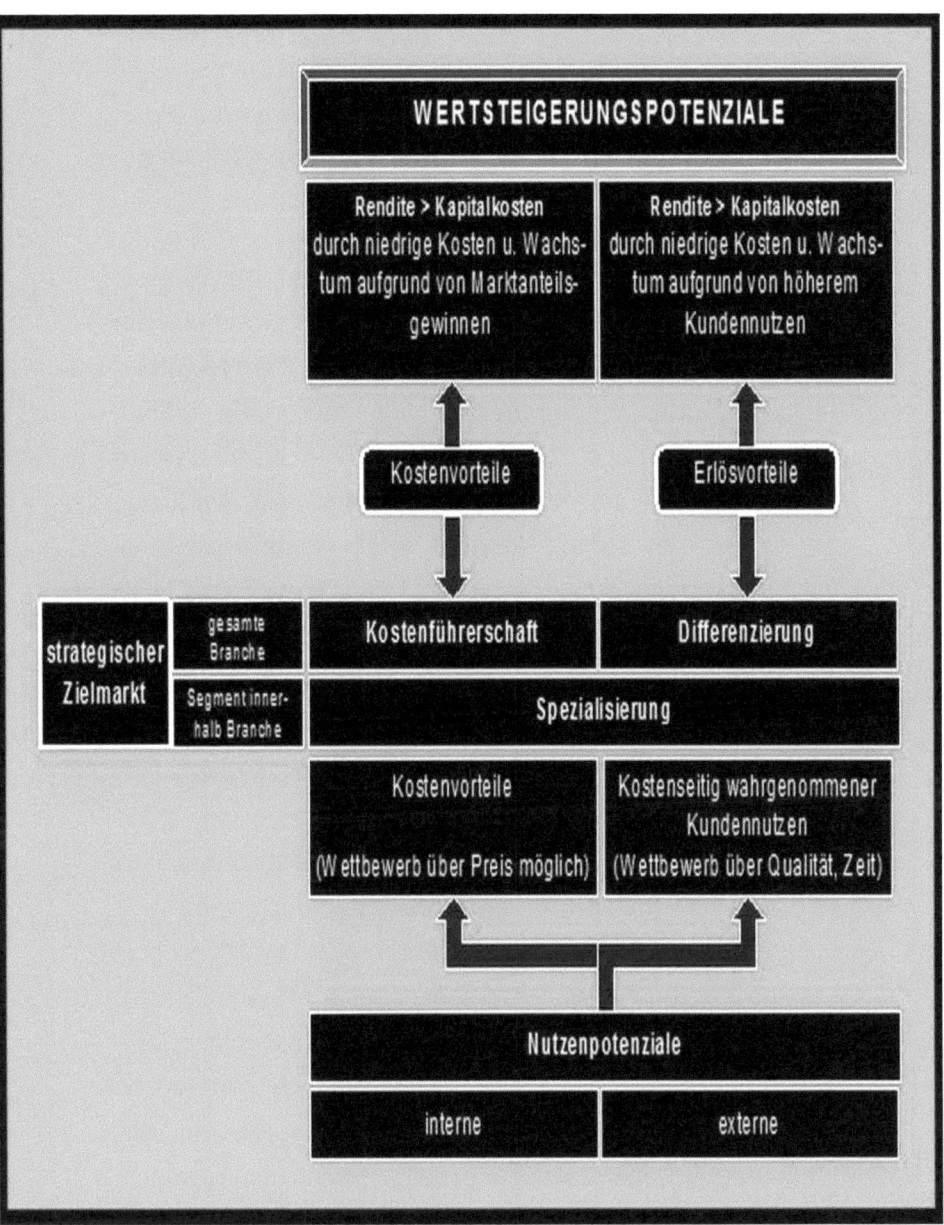

Im Vorfeld Schieflagen und „worst-case"-Situationen begegnen - Strategie ist nicht alles, aber ohne Strategie ist alles nichts – den „Wert" einer Investition mit einer weit in die Zukunft gerichteten Cashflow-Rechnung sicherstellen

Es kommt darauf an bereits die Strategiekrise als erste Stufe einer aufziehenden Schieflage -zunehmender Wettbewerbsdruck, Veränderung der Marktposition, nachlassendes Kundeninteresse u.a.- rechtzeitig zu identifizieren. Oft liegen zwischen dem Erkennen einer Krise und dem Konkurs nur wenige Wochen, d.h. wird eine Krise erst im späten Stadium einer dann manchmal schon Liquiditätskrise erkannt, ist eine Rettung oft nicht mehr möglich. Die Insolvenzgefährdung wird durch verschiedene Faktoren bestimmt. Zwar lassen sich Insolvenzen nur sehr selten auf eine Ursache zurückführen, dennoch ist ein maßgeblicher Faktor auf die Insolvenzentwicklung die Ertragslage und ihre Veränderung. Insolvenzen stellen immer einen Ausnahmetatbestand dar. Vor allem kleine Unternehmen scheiden durch eine stille Liquidation ohne Insolvenzverfahren aus dem Markt aus. Unternehmensrisiken entstehen aber nicht über Nacht: vielmehr kündigen sie sich mit mehr oder weniger zahlreichen und zum Teil nicht direkt sichtbaren Symptomen an. Wer Risiken und strategische Fehler bereits im Vorfeld erkennt, kann Krisen bereits im Vorfeld meistern und so nicht zuletzt auch den Absturz in eine „worst-case"-Insolvenz vermeiden.

Zentrale Größen der wertorientierten Unternehmenssteuerung sind:
die zukünftig erwarteten Zahlungsüberschüsse (Cash Flow),
die Planungsperiode, über die der Cash Flow ermittelt wird, und
die Kapitalkosten, die zur Diskontierung des Cash Flow auf den heutigen Zeitpunkt angesetzt werden.
Der Grundgedanke ist einfach: Investitionen erfordern Geld, das auf dem Kapitalmarkt verzinst wird. Deshalb werden beim Wertmanagement die Bedingungen des globalen Kapitalmarkts zugrunde gelegt. Jede Investition muss dem Unternehmen mindestens den Ertrag bringen, den die marktübliche Verzinsung des eingesetzten Kapitals verspricht, und der die Reproduktion des abgenutzten Wirtschaftsguts ermöglicht. Diese Mindestrendite wird auch als „hurdle = Hürde" bezeichnet, d.h. es gilt, diese jährlich neu definierte „Hürde" -mit möglichst deutlichem- Abstand zu überspringen.

Eine detaillierte, weit in die Zukunft gerichtete Cashflow-Rechnung soll den „Wert" der Investition für das Unternehmen sicherstellen, d.h. soll auf Basis der Rohstoff-, Fertigungs- und Vertriebskosten sowie vieler anderer

Einflussfaktoren die zukünftigen Erlöse in Relation zu den Investitionsausgaben bringen. D.h. für ein integriertes Wertmanagementsystem ist Weitblick, statt kurzfristiges Anpeilen einzelner Ziele gefragt. Mit Hilfe des Wertmanagements können wichtige Steuerungsgrößen erarbeitet werden:

Operativer Cashflow
Netto Cashflow
Freier Cashflow
Discounted Cashflow
Cashflow-Return-on-Investment (CFRoI)
Gesamtkapitalkosten
Cash Value Added (CVA)
Economic Value Added (EVA)
Return on Capital Employed (ROCE)
Return on Net Assets (RONA)

Der Cash Flow:
errechnet sich aus der Differenz betrieblicher Ein- u. Auszahlungen,
stellt über die Verwendung der Zahlungsgrößen einen direkten Bezug zu dem im Unternehmen erwirtschafteten Geldbetrag her,
ist frei von handels- und steuerrechtlich bedingten Verzerrungen,
abstrahiert von periodisierten Erträgen und Aufwendungen, und

kann sowohl aus dem eigentlichen Kerngeschäft als auch aus betriebsfremden Geschäften stammen.

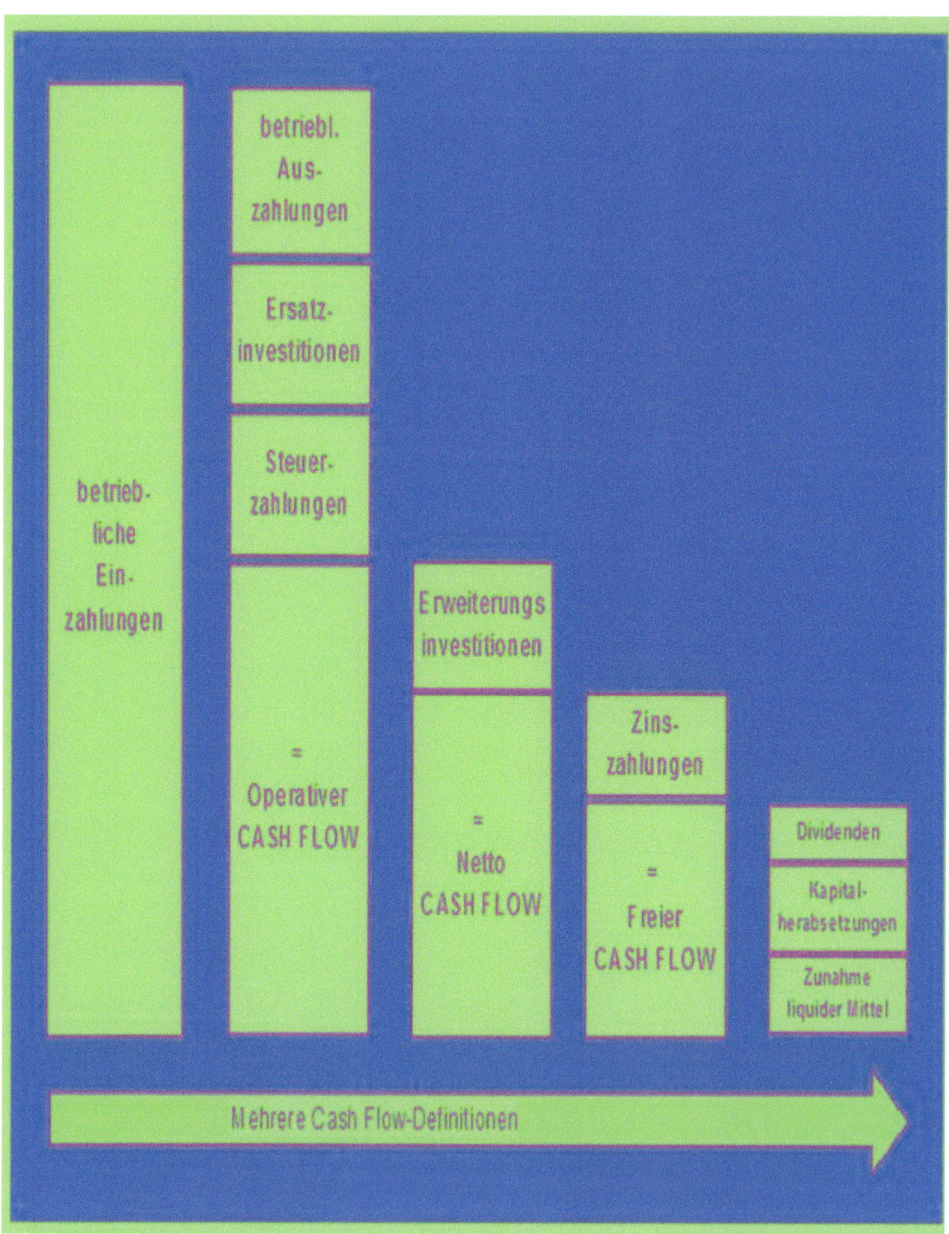

Aus einer solchen Analyse lassen sich u.a. für die Unternehmenssteuerung ableiten:
die Anlaufphase soweit als möglich (z.b. durch Verkürzung der Entwicklungszeiten) zu stauchen,
die Anlaufkosten zu reduzieren bzw. in die Zukunft zu verlagern (z.b. durch Leasing statt Kauf),
die Phase mit positivem freien Cash Flow (d.h. den Marktzyklus) soweit als möglich vor zu verlagern (z.b. durch Zukauf von Knowhow, Vertriebskanälen),
den freien Cash Flow zu erhöhen (z.b. durch Kostenmanagement, Reduktion von Bestandsreichweiten, u.a.),
den Vermarktungszyklus soweit als möglich auszudehnen (z.b. durch Relaunch, durch Erhöhung von Eintrittsbarrieren, u.a.).

Discounted Cashflow Analyse (DCF) - die freien Cash Flows über einen strategisch relevanten Zeitraum mit den Kapitalkosten diskontieren: als Grundgedanke dieser Methode wird ein Unternehmen als eine besondere Art der Investition der Kapitalgeber gesehen. D.h. eine Investition rechnet sich nur dann, wenn die durch sie erwirtschafteten Mittel zur Rückführung an die Kapitalgeber nachhaltig hoch sind (nur dann würden Kapitalgeber auch bereit sein, dem Unternehmen Mittel zur Verfügung zu stellen). Mit der Methode der Ertragswertbestimmung werden die frei disponiblen Mittelüberschüsse (Cash Flow) auf den Beginn der Planungsperio-

de/Kaufzeitpunkt abgezinst. Im Rahmen des Wertmanagements wird davon ausgegangen, dass Maßnahmen umso erfolgreicher sind, je stärker sie den Unternehmenswert über einen gewissen Planungshorizont hinweg erhöhen können. Bei Anwendung der Discounted Cash-Flow Analyse (DCF) ergibt sich der Unternehmenswert:
indem die freien Cash Flows über einen strategisch relevanten Zeitraum mit den Kapitalkosten diskontiert werden,
wobei ein angemessener Restwert oder Fortführungswert zu berücksichtigen ist.

Mit Hilfe der DCF-Analyse wird also aus den freien Cash Flows eine diskontierte Zahlungsreihe gebildet. Für die Berechnung des Ertragswertes ist zuvor noch der geeignete Zinssatz für die Diskontierung zu finden. Die Diskontierung erfolgt mit Hilfe von gewichteten Kapitalkosten (Ermittlung wird in einem nachfolgenden Abschnitt dargestellt). Diskontieren mit gewichteten Kapitalkosten:

Alle Projekte, in die ein Unternehmen investiert, müssen sich „rechnen" - Maßstab hierfür sind die Kapitalkosten, d.h. erst wenn die Kapitalkosten verdient sind, wird zusätzlicher Wert geschafft. Es stellt sich damit die Frage, welcher Zinssatz für den Verzinsungsanspruch des Ei-

genkapitals angemessen wäre (um diesen Zinssatz zu ermitteln, gibt es unterschiedliche Theorien). Für die Ermittlung der Fremdkapitalkosten wird das Fremdkapital in die Bestandteile:
verzinsliches Fremdkapital,
Pensionsrückstellungen (als Sonderfall des verzinslichen Fremdkapitals), und
nicht verzinsliches Fremdkapital
unterteilt. Für die Ermittlung des Fremdkapitalkostensatzes können der konsolidierte Zinsaufwand (aus verfügbaren Ist-Daten der laufenden Controlling- Berichterstattung) eines Geschäftsjahres sowie kalkulatorische Zinsen auf die Pensionsrückstellungen dem bilanziellen Fremdkapital gegenübergestellt werden.

Cashflow-Return-on-Investment (CFRoI) – basiert auf internem Zinsfuß einer Zahlungsreihe. Wertmanagement zielt auf ein rentables Wachstum. Messlatte dafür ist u.a. der Cashflow, der zur Verzinsung und Reproduktion erforderlich ist und durch die CFRoI-Hurdle ausgedrückt werden kann. Basis für die Berechnung der Steuerungsgröße Cashflow-Return-on- Investment (CFRoI) bildet ein interner Zinsfuß, der für eine simulierte Zahlungsreihe ermittelt wird. Bezugsgrößen sind: eine Anfangsinvestition (= Bruttoinvestitionsbasis), mit der während einer Planungsperiode als konstant angenommene Rückflüsse (Cash Flows) erwirtschaftet werden, sowie der Restwert nach Ablauf der Planungsperiode. Die Planungsperiode ergibt sich aus der Anzahl der zur Bestimmung des Cash Flow herangezogenen Perioden, d.h. ist gleich der Nutzungsdauer des in der Bruttoinvestitionsbasis gebundenen Vermögens, errechnet sich aus dem Quotienten des Anlagevermögens (zu historischen Anschaffungskosten) und dem jährlichen, linearisierten Abschreibungsbetrag. Der Rest-wert gibt den geschätzten Liquidationserlös der nicht abschreibbaren Aktiva am Ende der Planungsperiode an und wird zum Cash Flow der letzten Einheit der Planungsperiode addiert. Aus dem Cash Flow Return on Investment ergibt sich ein interner Verzinsungssatz, der den gewichteten Kapitalkosten gegenüberzustellen ist: je höher die positive Differenz zwischen interner Verzinsung und Kapitalkosten, desto grösser ist die aus der Brutto-Investitionsbasis resultierende Wertsteigerung. Das von der Boston Consulting Group und HOLT Planning Associates entwickelte Steuerungsmaß CFRoI wird als die Realisation eines „nachhaltigen" Cash Flows zur -mit historischen und inflationsangepassten ermittelten- Bruttoinvestitionsbasis (Anlagevermögen und Working Capital) errechnet:

- „nachhaltiger" Cash Flow = Brutto-Cash Flow minus sog. „ökonomische Abschreibung"

$$CFRoI = \frac{\text{Brutto Cash Flow} - \text{Ökonomische Abschreibung}}{\text{Bruttoinvestitionsbasis}}$$

- Ökonomische Abschreibung = der mit den Kapitalkosten zu verzinsende Betrag, der einbehalten werden muss, damit am Ende der „ökonomischen" Nutzungsdauer der ursprüngliche Investmentbetrag zur Verfügung steht

CFRoI > gewichtete Gesamtkapitalkosten

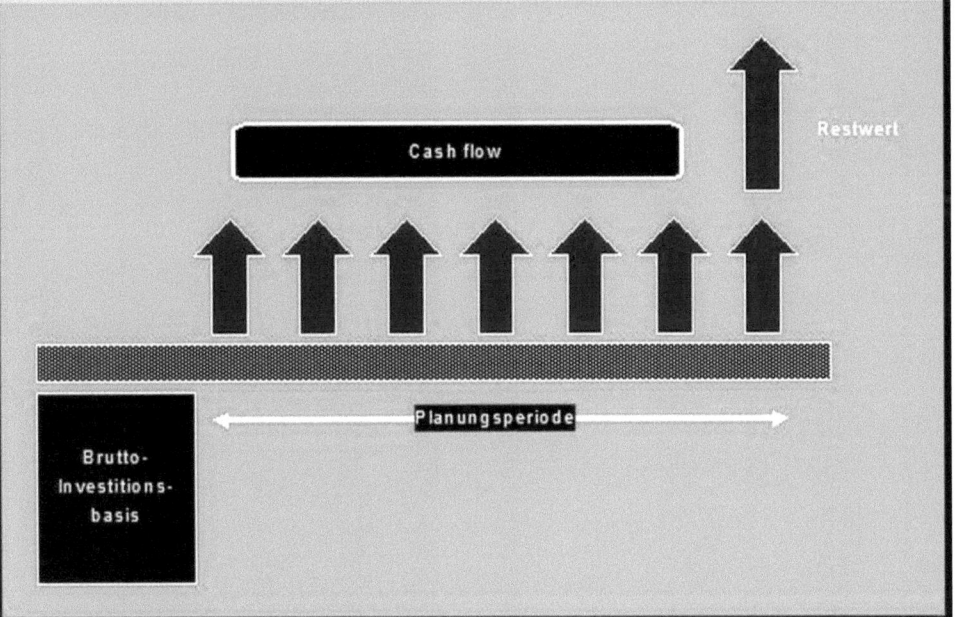

Beispielsweise kann der Cash Flow Return on Investment dadurch für die Unternehmenssteuerung verwendet werden, indem man den CFRoI einzelner Geschäftseinheiten der Wachstumsquote (Investitionen : Abschreibungen) gegenübergestellt:
auf der senkrechten Achse wird der CFRoI abgetragen, auf der waagrechten Achse wird die Wachstumsquote angezeigt.

Schwachstellen und Potenziale aufdecken, strategische Räume erkennen: Ermittlung der Geschäfte mit hohem Cash-Beitrag - Übergewinngrösse Cash Value Added (CVA)

Möglichst detaillierte Erfassung der immateriellen Faktoren, Zusammenhänge erfolgskritischer Faktoren untereinander analysieren, Stärken und Schwächen analysieren, Wertschöpfungszusammenhänge transparent machen, aufzeigen, wie wichtig eine Ressource für den Geschäftserfolg ist, mit welchen Unwägbarkeiten, Zeithorizonten, Veränderungen bei deren Entwicklung zu rechnen ist. Durch konsequentes Identifizieren von internem und externem Wissen soll dieses besser überwach- und steuerbar gemacht werden und über die Stärkung der spezifischen Kernkompetenzen des Unternehmens somit in dessen Wertschöpfung einfließen. Durch Identifizierung von Interdependenzen in der eigenen Wertschöpfung wird Abteilungs- und „Silo"-Denken überwunden. Mit Hilfe einer Wissensbilanz kann aufgezeigt werden, wie alles zusammenhängt und welche Hebel mit bestimmten Erfolgsfaktoren eingesetzt werden können. Spezifische Stärken und Innovationspotentiale können gezielt weiterentwickelt werden, durch mehr Transparenz über das vorhandene Wissen lässt sich der zu schließende Wissensbedarf exakter ermitteln.

Zusammen mit der Geschäftsleitung sollte entschieden werden, wofür eine Wissensbilanz eingesetzt werden soll. Für Kunden und Partner sind vor allem die Stärken herauszustellen und die Inhalte ggf. in den Kontext von laufenden Marketingaktivitäten zu stellen. Kapitalgeber wollen nachhaltig wirksame Indikatoren sehen. So mühsam der Entwicklungsprozess einer professionellen Wissensbilanz auch sein mag: der Aufwand lohnt sich schon allein deshalb, weil alle Beteiligten neue Erkenntnisse über Zusammenhänge gewinnen und das Verständnis für Probleme anderer Funktionsbereiche wächst. Das integrierte Modell einer Wissensbilanz, bestehend aus Humankapital, Strukturkapital, Beziehungskapital, Intellektuellem Kapital und Finanzkapital, schafft viel Raum für differenzierte Strategien. Hauptaufgabe des Managements: hierbei die richtigen Schwerpunkte zu finden und Prioritäten zu setzen.

Durch Markierung der CFRoI-Mindestzielvorgaben und der Investitionsquote von 1 (Investitionen = Abschreibungen) können die einzelnen Geschäfte danach sortiert werden, welchen Cash-Beitrag sie über die eigenen Investitionen hinaus generieren:
Geschäfte im linken, oberen Teil benötigen wenig Investitionsmittel und erbringen einen hohen Cash-Beitrag,

Geschäfte im rechten, unteren Teil benötigen hohe Investitionsmittel und erbringen einen geringen Cash-Beitrag.

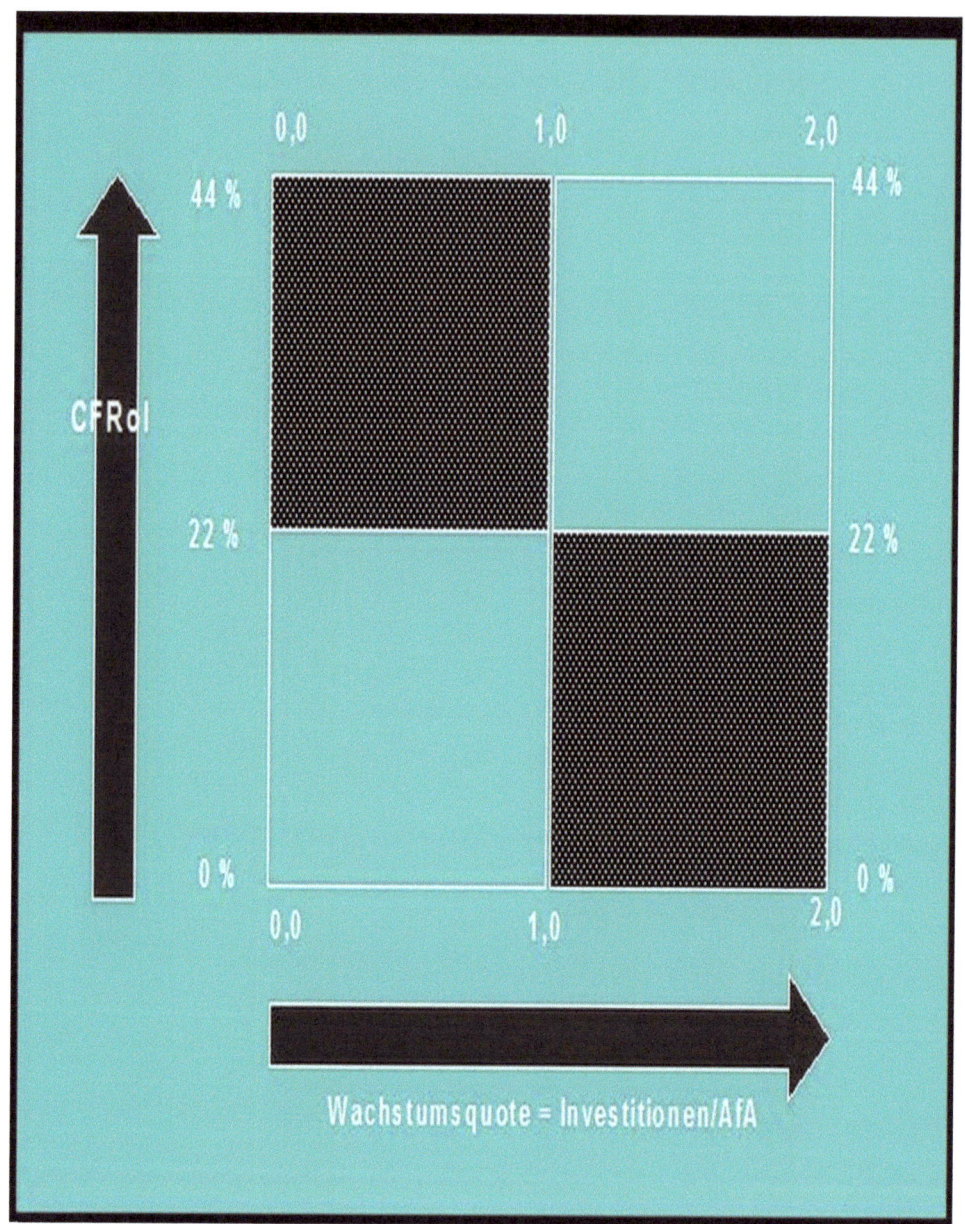

Für ein Unternehmen auf Wachstumskurs ist die alleinige Betrachtung der Renditekomponente auf Dauer nicht ausreichend. Als Ergänzung kann deshalb eine so genannte „Übergewinngrösse" entwickelt werden: diese entsteht nach Abzug des Cashflows, der für Verzinsung und Reproduktion des eingesetzten Kapitals notwendig ist. Übertrifft der Cashflow den Betrag, der erforderlich ist, um das investierte Kapital zu verzinsen und zu amortisieren, kann von einem positiven „Unterschieds- Brutto-Cashflow = Cash Value Added" gesprochen werden. Der CVA-Wert bezieht sich nur auf ein Jahr, rentables Wachstum zeigt sich jedoch erst im Periodenvergleich. Deshalb sollte es Ziel eines wachstumsorientierten Unternehmens sein, auch auf Dauer mehr zu verdienen als die Kapitalkosten und die Reproduktion, d.h.: der Unterschieds-Brutto-Cashflow soll wachsen (im 2. Jahr höher sein als im 1. Jahr, im 3. Jahr höher sein als im 2. Jahr), die Differenz (= Delta) zwischen den jeweiligen Unterschieds-Brutto-Cashflows wird kurz als DUB (= Delta-Unterschieds-Brutto-Cashflow) bezeichnet, d.h. der DUB soll als Ziel jeweils positiv sein.

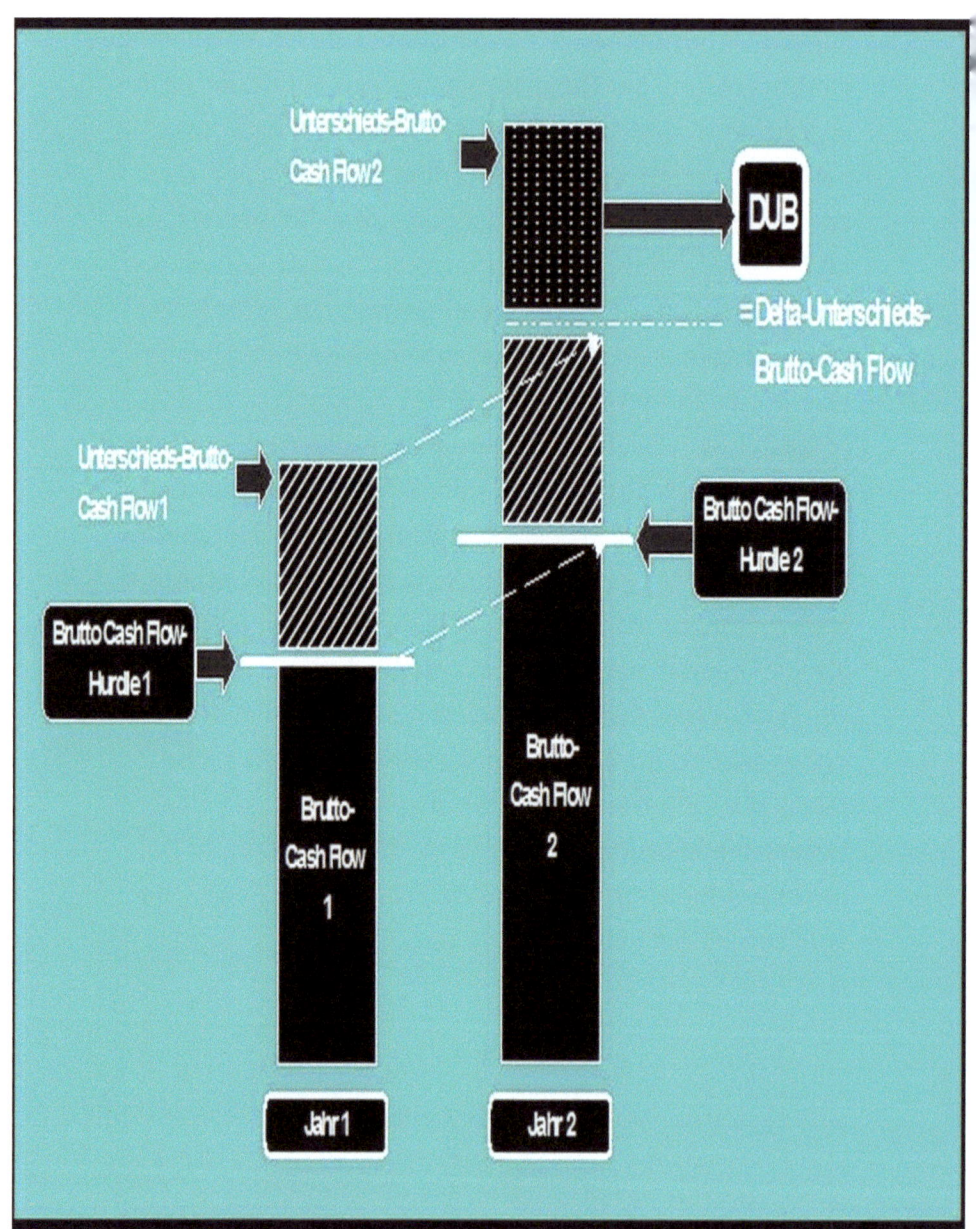

Entscheidungsprozesse durchlaufen verschiedene Entwicklungsstufen: von der Daten- über die Informations- bis hin zur höchsten Wissensstufe. Den Schwierigkeitsgrad einer Entscheidung erfasst man u.a. dadurch, indem man auf das Verhältnis von Daten, Informationen und Wissen schaut. Informationsbasierte Entscheidungen sind eher besser als solche, die ohne Informationen auskommen müssen. Wissensmanagement erfordert auf der Entscheidungsebene die Bewertung von zirkulierenden Informationen. Im Vergleich zu gut strukturierten Daten werden Wissen und Erfahrungen in der Regel nicht explizit dargestellt. Genau diese Informationen sind aber für den Entscheidungserfolg von Bedeutung. Schwach strukturierte Prozesse, deren Ablauf nicht genau vorhersehbar ist, werden meist nur einmal in der gleichen Form durchgeführt. Während bei der Vermittlung von Wissen zunächst kognitiven Fähigkeiten im Vordergrund stehen, werden bei der praktischen Umsetzung dieses Wissens in Entscheidungen auch persönliche, soziale und kommunikative Kompetenz benötigt, um erkennen zu können, was sich im digitalen Möglichkeitsraum in Datenform abgelagert hat. Denn Daten sind noch keine Informationen: und auch diese sind zunächst erst nur Samenkapseln, aus denen Wissen für Entscheidungen gewonnen und wachsen kann.

Symbiose zwischen Management der Chancen und Management der Risiken optimieren: Konzept der zukunftsorientierten Entscheidungsrechnung: Economic Value Added (EVA) als Maßgröße für den Wertzuwachs

Um Erfolg zu haben, wird bei vielen zielorientierten Sachverhalten zunächst versucht, alle irgendwie damit zusammenhängenden Risiken zu identifizieren und nach Möglichkeit zu umgehen oder ganz auszuschalten. Einseitige Fokussierung auf das Risikomanagement drängt möglicherweise aber gleichzeitig vorhandene Chancen mit einer Ausschöpfung möglicher Potentiale zu sehr in den Hintergrund. Richtet sich alle Konzentration einseitig nur auf Ziele, hat man zwar einen Kompass mit klarer vor Augen und kann sich an einer klaren Marschrichtung ausrichten und orientieren. Der Preis hierfür ist unter Umständen aber eine Verengung des Handlungs- und Entscheidungsfeldes, da der Blick auf möglicherweise vorhandene Optionen verstellt ist. Allzu leicht und bequem wird eine Lösung dann als alternativlos bewertet und befolgt.

Eine SWOT-Analyse berücksichtigt daher neben Stärken (= Strengths) und Schwächen (= Weaknesses) auch Gelegenheiten/Chancen (= Opportunities) und Bedrohungen/Risiken (= Threats). Auf dieser Grundlage kann versucht werden, für strategische Sachverhalte geeignete Stoßrichtungen zu entwickeln, die zur Übersicht und

Abstimmung in einer 4-Felder-Matrix abgetragen werden können. Ressourcen und Erfolgspotenziale eines strategischen Sachverhaltes lassen sich zunächst allgemein mit der Methode der Stärken-/Schwächenanalyse bewerten. Unter Zuhilfenahme einer SWOT-Matrix kann eine der angelegten Achsen in ein positiv besetztes Feld (= Opportunities) und in ein negativ besetztes Feld (= Threats) unterteilt werden. Analog wird eine weitere Achse in ein positiv besetztes Feld (= Strengths) und in ein negativ besetztes Feld (= Weaknesses) unterteilt. Der Begriff SWOT setzt sich dann aus den Anfangsbuchstaben dieser 4 Felder zusammen.

Im Feld für die Strengths-Opportunities-Kombination werden somit SO-Strategien eingetragen, mit denen vorhandene Stärken eingesetzt werden sollen, um die Chancen zu nutzen. Im Feld für die Strengths-Threats-Kombination werden ST-Strategien eingetragen, mit denen die eigenen Stärken zur Abwehr möglicher Risiken eingesetzt werden sollen. Im Feld für die Weaknesses-Opportunities-Kombination werden WO-Strategien eingetragen, mit denen durch Nutzungen von Gelegenheiten/ Chancen die eigenen Schwächen überwunden werden sollen. Im Feld für die Weakness-Threat-Kombination werden WT-Strategien eingetragen, mit denen die eigenen Schwächen gemildert und Risiken vermieden werden sollen. Die SWOT-Analyse ist abgeschlossen, wenn in jedem Kombinationsfeld entsprechende Strategien enthalten sind.

In einer Welt der Entscheidungen unter Unsicherheit schwächen durch Außerachtlassung von Möglichkeiten und Chancen verkürzte Szenarien die eigene Position. Auf die Dynamik eines sich laufend ändernden Umfeldes kann man sich am besten durch ein nach allen Seiten offenes System einstellen. Strategisches Denken ist daher einen fortlaufender Optimierungsprozess aus geistigen und kreativen Anstrengungen. Hierbei können nicht nur bestehende, sondern vor allem auch alle ansonsten potentiellen Chancen umfassend identifiziert und analysiert werden. Der Lohn ist nicht zuletzt auch mehr Entscheidungsfreiheit. Mit dem methodischen Ansatz einer hierfür zu entwickelnden Wissensbilanz kann für die Chancen als Grundlage des Erfolges ein Spiel der Möglichkeiten eröffnet werden.

Als Maßgröße für den Wertzuwachs gewinnt das von George Stewart entwickelte „Economic Value Added (EVA)"-Konzept als unternehmensinterner Leistungsmaßstab zunehmend an Bedeutung. Grundlage für die Ermittlung der in einer Periode geschaffenen Wertänderung ist die Differenz aus operativem Gewinn nach Steuern und Finanzierungskosten des betrieblich gebundenen Vermögens. Ein positiver EVA drückt aus, dass in der betreffenden Periode auch die Kapitalkosten erwirtschaftet wurden. Entscheidend ist nicht die absolute Höhe von EVA, sondern dessen Veränderung im Zeitablauf. Im Gegensatz zu klassischen Renditezahlen wie Return on Investment (ROI) oder Cashflow Return on Investment (CFROI) handelt es sich beim Economic Value Added (EVA) um einen Absolutwert:

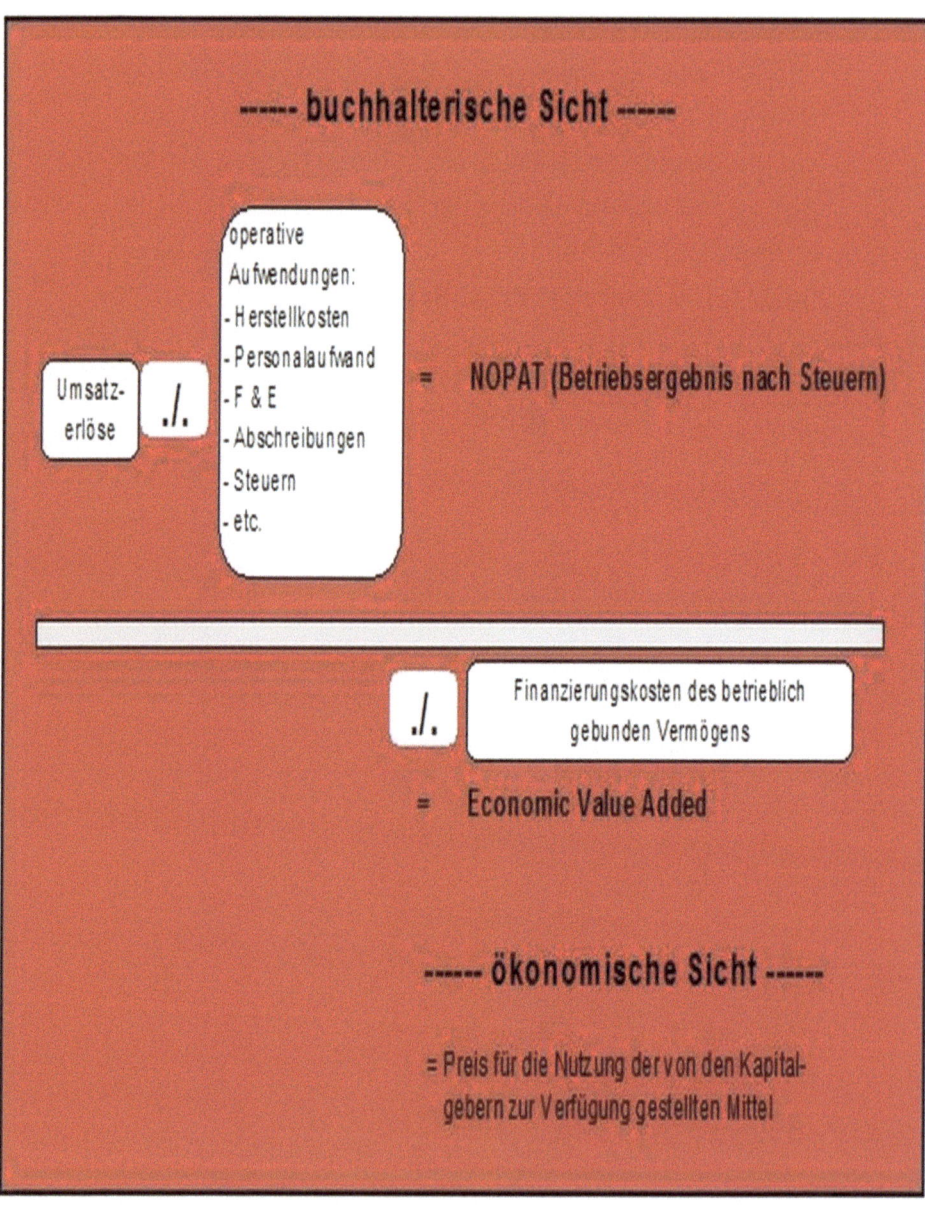

Gebildet wird EVA als Produkt aus:
dem Gesamtkapital und der Differenz aus den Rückflüssen aus dem eingesetzten Kapital „Return On Capital Employed (ROCE)", und
den gewichteten Kapitalkosten „Weighted Average Cost of Capital (WACC)".

Zukünftige Cashflows diskontieren: EVA als ein Konzept der zukunftsorientierten Entscheidungsrechnung diskontiert auch zukünftige Cashflows und ergänzt damit vergangenheitsgerichtete Kontrollrechnungen. Da neben den Abschreibungen auch Kapitalkosten von Eigen- und Fremdkapital abgezogen werden, misst EVA einen periodischen Übergewinn. Aus der Diskontierung von EVA kann unmittelbar ein Netto-Barwert errechnet werden. Aufgrund der zusätzlichen Verrechnung von Kapitalkosten (kalkulatorischen Zinsen) führt die Diskontierung von EVA zum gleichen Ergebnis wie die Diskontierung der Cashflows, d.h. Netto-Barwert der Cashflows = Barwert EVA. Im Kapitalkostensatz WACC wird angezeigt, wie hoch die Rendite ist, die von den Kapitalgebern auf den Marktwert des eingesetzten Kapitals gefordert wird. Diese Renditeforderungen müssen deshalb mit den anteiligen Marktwerten des Eigen- und Fremdkapitals gewichtet werden. Die Summe der diskontierten Abschreibungen und Kapitalkosten entspricht genau der Investitionsausgabe:

Diskontierte Abschreibungen und Kapitalkosten

	Periode	0	1	2	3
	Abschreibungen		30,00	30,00	30,00
+	Kapitalkosten		7,52	5,01	2,51
=	"Cost of Ownership"		**37,52**	**35,01**	**32,51**
	Barwerte "Cost of Ownership"		34,62	29,82	25,55
=	BARWERT	**90,00**			

„Cost of Ownership"

Wenn ein Unternehmen genau seine Kapitalkosten erwirtschaftet, heißt das, dass kein zusätzlicher Wert geschaffen werden konnte und somit der Unternehmenswert dem investierten Kapital entspricht. Die Summe der diskontierten EVAs wird daher auch als Market Value Added (MVA) bezeichnet. Dieser MVA drückt die Einschätzung des Marktes hinsichtlich des Netto-Barwertes eines bestehenden Geschäfts aus.

Return on Capital Employed (ROCE) - Return-on-Net-Assets (RONA): die Kennzahl ROCE drückt als Beurteilungsmaß für das Wirtschaften mit der Ressource Kapital die periodenbezogene Verzinsung des eingesetzten Kapitals aus. Der Return-on-Capital-Employed ermöglicht durch die Relativierung des Mitteleinsatzes den Vergleich von Geschäften unterschiedlicher Größenordnungen. Weist eine Unternehmenseinheit eine niedrige Rentabilität des eingesetzten Kapitals auf, werden Kapitalressourcen nicht optimal eingesetzt. Dabei entspricht ROCE dem betrieblichen Return-on-Investment (ROI) - bereinigt um Finanz- und Steuerpositionen- bezogen auf die in Frage kommende Geschäftseinheit. Welche der beiden Kennzahlen ROCE oder ROI eingesetzt werden sollte, hängt auch von den in der praktischen Umsetzung zugrunde liegenden Rechnungswesenstandards ab.

Zieht man die ermittelten Kapitalkosten eines Geschäfts (= WACC) vom jährlich ermittelten ROCE (Return on Capital Employed) ab, so würde ein sich dabei errechnender positiver Saldo (Spread) anzeigen, dass mehr als die Kosten des eingesetzten Kapitals verdient wurden und somit der Wert gesteigert wurde. Ein negativer Spread würde Wertvernichtung bedeuten und somit entsprechende operative oder strategische Maßnahmen erfordern. Als Maßzahl der jährlichen Wertveränderung unterstützt ROCE somit die Optimierung des Ressourceneinsatzes. Während der Cash Value eher als Bewertungsinstrument bei Akquisitionen/Devestitionen dient, wird ROCE eher als Instrument der Unternehmensführung eingesetzt.

Als Ergebnis einer ständig betriebenen Optimierung können somit die Erträge eines Unternehmens kontinuierlich gesteigert werden. In dem hierbei verfolgten Konzept hat dies nicht nur etwas mit der Schaffung von Unternehmenswert zu tun, sondern auch mit dem Eindämmen von Risiken, die zu Wertvernichtung führen können. Im Rahmen einer Optimierung können beispielsweise die Geschäftsfelder eines Unternehmens in verschiedene Risikoklassen mit unterschiedlichen Renditeanforderungen eingeteilt werden. Die Mindestverzinsung pro Einheit ergibt sich aus dem Kapitalmarktzins zuzüglich eines Zuschlages je nach Risikoklasse, d.h. je grösser in einem Geschäftsfeld potenzielle Schwankungen sind, desto mehr muss dort erwirtschaftet werden. Die Kennzahl RONA (Return-on-Net-Assets) wird durch Division des Net-Operating-Income durch die Net Assets ermittelt:

WAAC als Messzahl für die Kosten des eingesetzten Kapitals – nur positiv wird Wert geschaffen: Berechnungsbeispiel für den %-Satz der gewichteten durchschnittlichen Kapitalkosten: die praktische Berechnung des WAAC als Messzahl für die Kosten des eingesetzten Kapitals ist u.a. deshalb von Bedeutung, da die Barwerte der freien Cash Flows durch Abzinsung mit dem WAAC-Satz errechnet werden, und der WAAC die Maßgröße für die Wertsteigerung (Vgl. Economic Value Added EVA) ist. D.h. nur wenn der Wert aus den Kennzahlen WAAC ./. ROCE positiv ist, wurde Wert geschaffen. D.h. wenn o.a. Differenz nachhaltig negativ wäre, würde eine Wertevernichtung stattfinden, die operative, strategische Maßnahmen erforderlich machen würde. Die Berechnung der einzelnen Komponenten sowie das WAAC-Ergebnis selbst werden nochmals anhand des nachfolgenden Berechnungsbaums näher verdeutlicht:

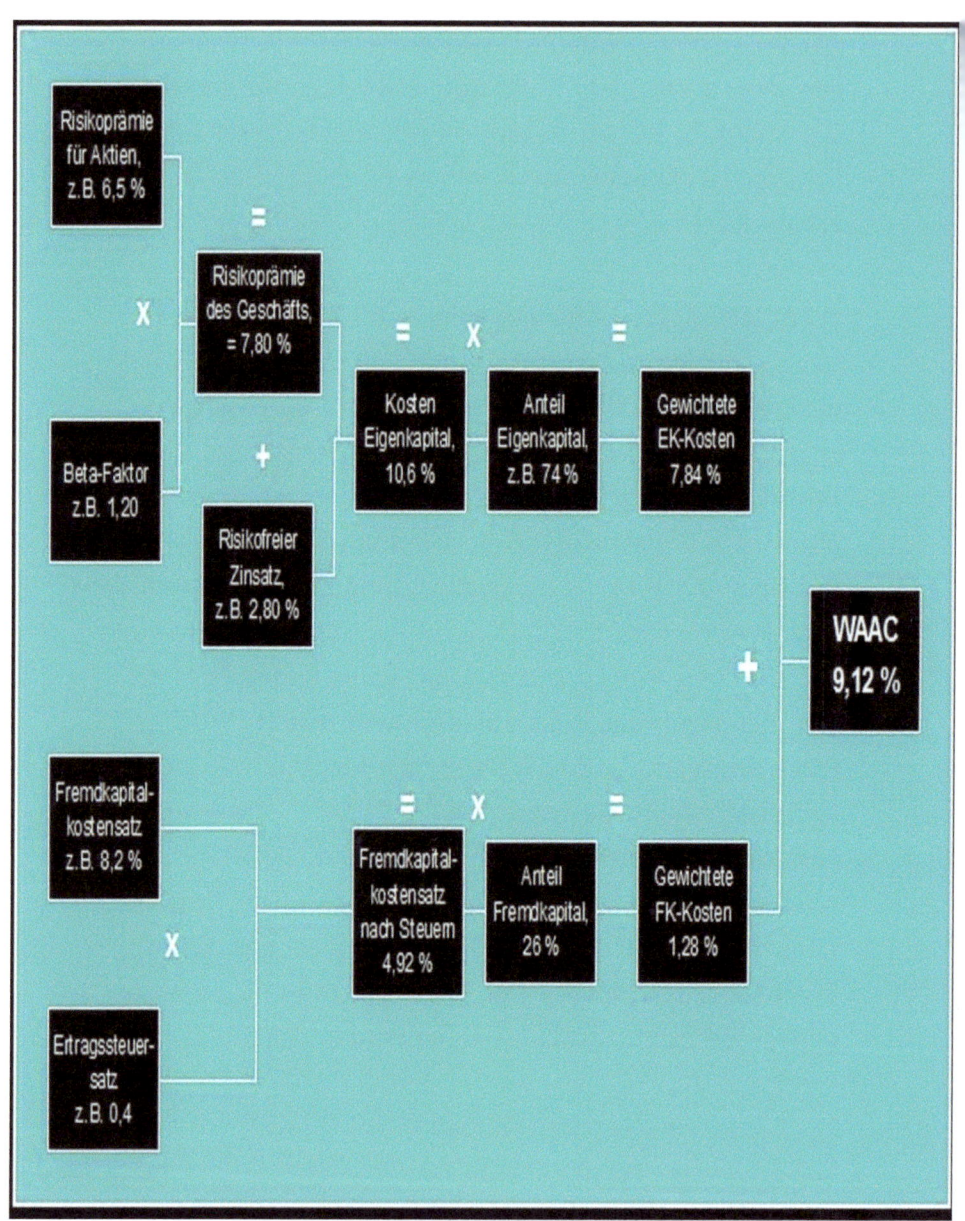

Daten kombinieren, selektieren, ausblenden – Informationsmüll und Kommunikationsrauschen - Cash Flow als Maß für die Selbstfinanzierungskraft

Auf der Basis von datenzentrischen Produkten (Sammlung und Aufbereitung von Daten) sind neue Geschäftsmodelle entstanden. Dabei geht es um die Fähigkeit, externe Daten- und Wissenssammlungen mit der eigenen Informationsbasis zu verknüpfen: durch die bedarfsgerechte immer wieder neue Kombination von Daten entstehen neue Möglichkeiten und Wertschöpfungsnetze. Der Fokus liegt nicht mehr auf der Produktion physischer Güter, sondern konzentriert sich im Sinne einer immateriellen Wertschöpfung auf die Sammlung und Aufbereitung von Informationen. Der Schlüssel ist die Evaluierung und Auswahl relevanter Informationen. Das weltweite Informationsvolumen verdoppelte sich etwa alle zwei Jahre. Es kommt also darauf an, Ordnung zu schaffen und den geschäftlichen Wert der Daten für bessere Entscheidungen und Prozesse zu erschließen. Die Qualität von Informationen steht und fällt mit der Qualität der Datenbasis (sowohl inhaltlich als auch bezüglich der Darstellung). „Wenn Datenqualität und Informationsqualität auseinanderklaffen, versinken wir im Treibsand der Daten".

Datenmenge und Gedankenmenge verhalten sich nicht proportional zueinander: Informationen verursachen

Reaktionen, d.h. die Datenmenge steigt täglich an, weil aus Informationen als Folgewirkung mehr Information wird. Ein einzelner Mensch kann unmöglich auch nur einen Bruchteil dieser Informationsflut bewältigen. Der Einzelne muss nicht nur immer mehr Informationen bewältigen, er muss sie auch immer schneller aufnehmen und bearbeiten, und es bleibt ihm immer weniger Zeit für die gedankliche Auseinandersetzung damit. Es gibt keinen festen Halt mehr, keine sicheren Orientierungspunkte. Je mehr Daten es gibt desto sorgfältiger muss geprüft werden, wie wichtig, relevant, nützliche diese Daten sind. Hierfür braucht es neben Zeit auch Kompetenz.

Da die Kapazität der Informationsverarbeitung eines Menschen begrenzt ist (nur etwa zwei Prozent der ihm zur Verfügung stehenden Informationen können nach Erkenntnissen der Wahrnehmungspsychologie überhaupt wahrgenommen und verarbeitet werden) hilft nur ausblenden, verwerfen und gewichten. Überschüssiges ist individuell betrachtet „Informationsmüll" der im allgemeinen Kommunikationsrauschen verschwindet. Auch wenn wird dank selektiver Mechanismen auswählen können, „müssen wir mit unseren vorhandenen kognitiven Kapazitäten unter einem immer größeren Informationsangebot auswählen; auch wenn wir ausblenden, werden wir gefordert, einen immer größeren Teil auszublenden". Es ist somit eine wichtige Fähigkeit, verwerfen und gewichten zu können und auch mit der Mehrdeutigkeit von Informationen leben zu können, die sich nicht sofort und genau 1:1 einordnen lassen.

Der Cash Flow ist ein Maß für die Selbstfinanzierungskraft des Unternehmens. Als Differenz zwischen den laufenden betriebsbedingten Ein- und Auszahlungen ist dieser Wert sowohl maßgeblich für die Unternehmensführung selbst als auch für eine Bewertung seitens der Banken. Während die zahlungswirksamen Komponenten des Cash Flow wie Personal- und Materialkosten, Kostensteuern, betriebsbedingte Fremdkapitalzinsen meist nur kleineren Schwankungen unterliegen, verhält sich der generierte Umsatz -da direkt vom Markt beeinflusst- eher dynamisch. Insofern konzentriert sich die Planung auf den dynamischen Teil, d.h. die in das Unternehmen hereinfließenden Mittel, d.h. den Cash Inflow.

Cashinflow- Prognoserechnung: die in das Unternehmen hineinfließenden Mittel können in einer Cash-Inflow-Prognose erfasst werden. Die Ausgangszahlen hierfür sind prognostizierter Auftragseingang, Wert des Auftragsbestandes, aktuell bezahlte Debitorenrechnungen.

C. Cash Flow aus betriebl. Erfolgsvorgängen (A. ./. B.)	34,8	555,1	422,3	-72,0	-5,0	-14,0	632,7	1553,9
D. Summe finanzieller Erfolgseinnahmen	10,2	11,0	12,0	14,0	10,0	8,0	18,0	83,2
E. Summe finanzieller Erfolgsausgaben	0,5	0,8	1,0	1,2	0,8	4,0	4,0	12,3
F. Cash Flow aus finanziellen Erfolgsvorgängen (D. ./. E.)	9,7	10,2	11,0	12,8	9,2	4,0	14,0	70,9
G. Cash Flow aus gewöhnlicher Geschäftstätigkeit (C. + F.)	44,5	565,3	433,3	-59,2	4,2	-10,0	646,7	1624,8

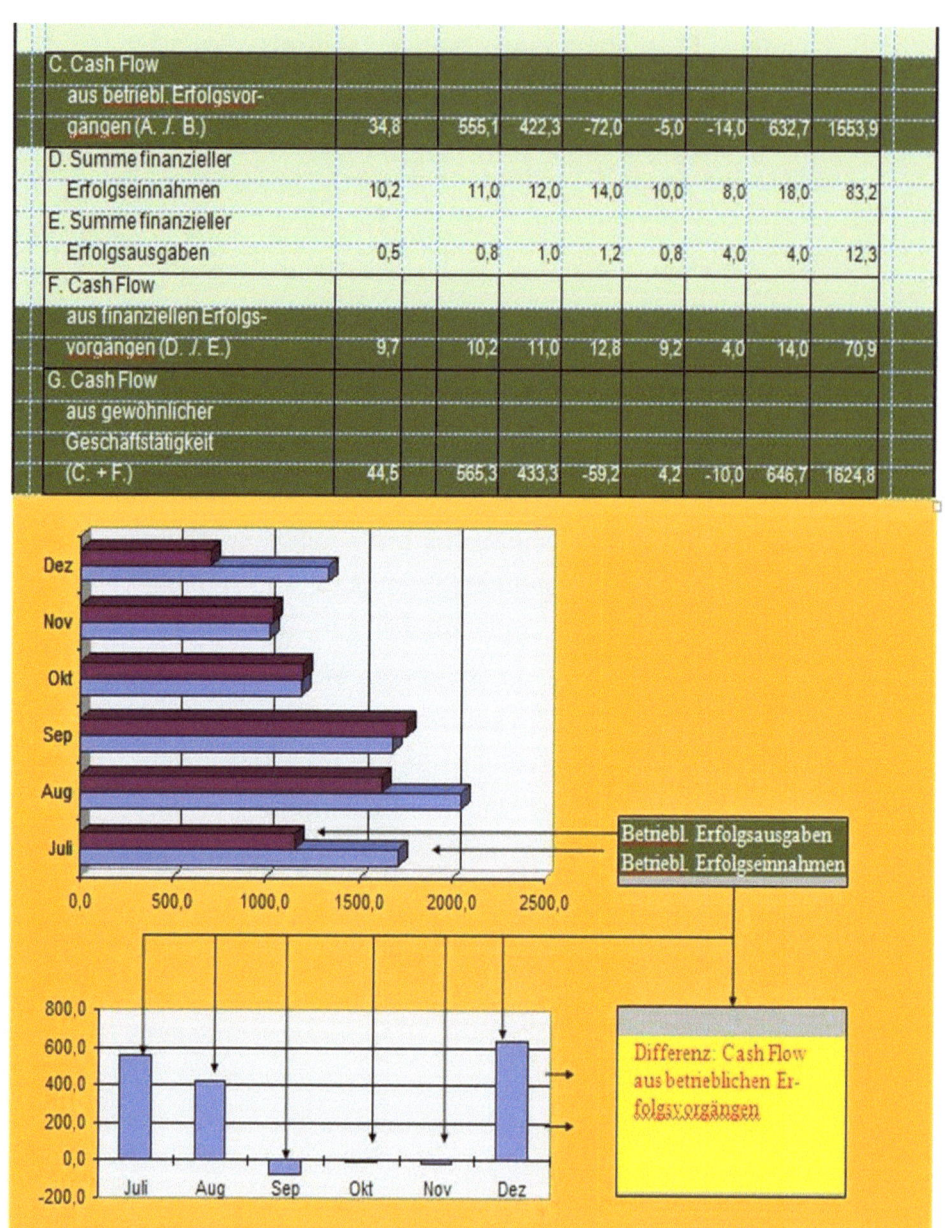

Kalkulation eines Cashflow-Cycle: es wird die normale Geschäftsumschlagsperiode berechnet, d. die benötigte Zeitdauer, um investiertes Geld wieder zurück in Cash zu verwandeln. Im Rahmen des Cashmanagement geht es darum, den Cash Cycle so kurz wie möglich zu gestalten. Die Schnelligkeit, mit der sich Forderungen umschlagen, errechnet sich aus Formel:

$$\text{Umschlagshäufigkeit Forderungen} = \frac{\text{Jahresumsatz}}{\text{Durchschn. Forderung.}}$$

Das Alter der Außenstände errechnet sich hieraus abgeleitet nach der Formel:

$$\text{Alter Außenstände} = \frac{360}{\text{Umschlagshäufigkeit Forderungen}}$$

oder nach der Formel:

$$= \frac{360 \times \text{Durchschnitt Forderungen}}{\text{Jahresumsatz}}$$

Für die Verankerung der schnellen Leistungsbereitschaft wird Big Data zur neuen Realität, geschäftsfeldspezifische Erfolgspositionen werden zu einer gemeinsamen Potenzialposition

Mit Einzug des Internets wurde viel versprochen und erhofft: unbegrenzter Zugang zu allem Wissen der Welt, totale Freiheit und Selbstverwirklichung, zahllose Freundschaften und Kontakte u.a. Und dass diese schöne Welt rund um die Uhr und überall auf ewig zum Nulltarif zu haben sei. Für viele ist dies auch so gekommen: vielleicht aber doch nicht ganz auf eine Weise, wie man es geglaubt und sich vorgestellt hatte. Big Data verselbständigt sich mehr und mehr und schafft sich seine eigenen Strukturen. Die neue Währung sind Klicks, die auf der Basis von Benutzerführung und Aufmerksamkeit zunehmend Inhalte, Prozesse, Geschäftsmodelle, Werbung oder ganze Wertschöpfungsketten umgestalten. Der Überbau der Daten wird selbst zur neuen Realität anstatt diese einfach nur abzubilden, mehr oder weniger unbewusst müssen (wollen) wir uns der neuen Logik des Netzes beugen.

Menschen passen Verhalten und Gedanken dieser Netzlogik an und verhalten sich anders, seit ihnen bewusst wurde, dass sie permanent beobachtet und ausgeforscht werden: Gedankengänge und Reaktionsmuster werden von Algorithmen berechnet, sogar vorausberechnet.

Dutzende gespeicherter Parameter sorgen dafür, dass Nutzer nur solche Informationen (manchmal sogar Nachrichten) vorgesetzt erhalten, die jene im Verborgenen wirkenden Algorithmen für sie als am besten geeignet ansehen und beurteilen: „Das Ideal des selbstbestimmten Individuums droht, in den digitalen Mühlen zerrieben zu werden". Es könnte also durchaus geschehen, dass das Wissen der Menschheit von der Logik der Klicks eingeholt und in Form klickgetriebener Inhalte überrollt werden könnte.

Planungskompetenz Potenzialanalyse. Ziel, Ergebnis: Die Potenzialperspektive ist ein strategisches Kernelement. Die Schwierigkeit des Erkennens von Potenzialen liegt vor allem darin, dass sie häufig mehr in Form von Visionen als in Form von exakt mess- und kontrollierbaren Zahlenwerten fassbar gemacht werden können. Synergiepotenziale: Umwandlung und Aggregation verschiedener geschäftsfeldspezifischer Erfolgspositionen zu einer gemeinsamen Potenzialposition des Unternehmens, Potenziale des Human Kapitals: Nutzung brachliegender Leistungs-/Kreativitätsressourcen von Mitarbeitern, Ausschöpfung von Mitarbeiterpotenzialen mit Einsatz von potenzialorientierten, flexiblen Anreizsystemen, Knowhow-Potenziale: gezielte Nutzung der internen Wissens- und Expertenbasis, gezielte Ausrichtung auf Lernkurven- und Erfahrungskurveneffekte, Verwertung interner Wissenspotenziale über Vergabe von Lizenzen, Kostensenkungs-Potenziale: technische Rationalisierung, Lean Production, Lean Marketing, Ertragsverbesserungsprogramme. Organisations-Potenziale: Ausrichtung nach Geschäftsprozessen, Verkürzung der Durchlauf- und Reaktionszeiten, Kundenorientierung der Informationssysteme. Potenziale der Finanzressourcen: Möglichkeiten zur günstigen Kapitalbeschaffung, Optimierung des Cash Flows, Reaktionsmöglichkeiten auf Zins- und Wechselkursveränderungen, Optimierung der Investitionsalternativen. Externe Humanpotenziale: Möglichkeit zur Rekrutierung externer Fachkräfte, Anreizmodelle für qualifiziertes Verkaufspersonal, Bindung von kreativen F+E-Managern. Beschaffungspotenziale: Zugang zu restriktiven Rohstoffquellen, innovative Beschaffungskonzepte, Optimierung der Zulieferketten. Kommunikationspotenziale: Verständlichmachung eigener Wertvorstellungen und Unternehmensziele an eine breitere Öffentlichkeit, Erreichung der Zielgruppen mit den gewünschten Produktinformationen und Leistungsangeboten, Sicherstellung der externen Informationsversorgung. IT-Potenziale: Nutzung von Informationstechnologien entsprechend der spezifischen Technikposition des Unternehmens, Steuerung des IT-Einsatzes entsprechend der Wertschöpfungsaktivitäten, Nutzung des Application Service Providing-Konzeptes. Restrukturierungspotenziale: Zusammenlegung/Verlagerung von Produktionsstätten, Prozessorientierung der Logistikabläufe, Asset-Redeployment (Neuverwendung der Unternehmensaktiva), Neuakquisition von Vertriebskanälen. Wirkungsprognose: Potenziale, seien es nun wissenschaftliche, produkttechnologische, logistische, kommunikative, personelle oder marktliche Potenziale, sind keine statischen, zeitpunktbezogenen sondern in der Langfristbetrachtung immer zeitraumbezogene, dynamische Größen. D.h. es werden gezielte Investitionen in die Entwicklung von Kernkompetenzen und die Qualifizierung der Mitarbeiter geplant. Dabei geht es insbesondere darum, die betriebliche Infrastruktur einschl. der Informationssysteme so weiterzuentwickeln, dass die Umsetzung der Unternehmensstrategie am Markt gefördert wird.

Planungskompetenz Außenorientierung der Unternehmensplanung. Ziel, Ergebnis: Die zunehmende Globalisierung erfordert insbesondere auch mehr Außenorientierung der Unternehmensplanung. Eine wichtige Planungskomponente ist die Projektion globaler Trends in die wichtigsten Märkte, in denen das Unternehmen tätig ist. Die Prognose externer Einflussgrößen muss auf eine Früherkennung von möglichen Störfällen und Strukturbrüchen der zukünftigen Entwicklung ausgerichtet werden. Vorgehen: Die Umfeldanalyse beginnt in der Regel mit einem wirtschaftlichen Szenario, das die wahrscheinlichsten Trends im nächsten Planungszyklus aufzeigt. Hierfür müssen aktuelle und möglichst detaillierte Informationen zu Konjunkturentwicklung, Bruttosozialprodukt und dessen wesentliche Einflussfaktoren, Inflationsrate, Diskontsatz, Arbeitslosigkeit, Überblick über Auslandsmärkte und Währungskurse, Indikatoren zu Euromärkten, Bevölkerungsentwicklung und verfügbares Einkommen beschafften werden. Wirkungsprognose: Die Qualität der Planung insgesamt wird auch durch die Qualität der ermittelten Umfeldinformationen bestimmt. Viele Planungen weisen vor allem deshalb eine zu große Realitätslücke auf, weil Entwicklungen in der Umwelt falsch eingeschätzt oder überhaupt nicht berücksichtigt wurden. Vielfach scheut man sich davor, da planungsrelevante Umfeldinformationen nicht erreichbar wären oder nur mit sehr großem Aufwand ermittelt werden könnten. Mit dem sich beschleunigenden Strukturwandel führt diese Einstellung jedoch zur bedrohlichen Gefahr. D.h. alle externe Faktoren und Indikatoren mit Einfluss auf die Unternehmensplanung müssen umfangmäßig erfasst und inhaltlich aufgeschlüsselt werden.

Planungskompetenz kundenwertbezogene Strategie. Selten ist eine in die Zukunft gerichtete Kundenbewertung, d.h. die Frage danach, was ein Kunde morgen und übermorgen dem Unternehmen an Gewinn einbringen wird. Informationen über Kundenpotentiale oder Kundenlebenszyklen sind gar nicht oder nur sehr lückenhaft verfügbar. Die Planung verfolgt deshalb eine kundenwertbezogene Strategie: anhand von Informationen über Nutzen und Kosten sollen sich Kundenbindungsstrategien zielgenauer umsetzen lassen. Schwierigkeiten für die Ermittlung von Kundenwerten ergeben sich u.a. dadurch, dass die Daten im Rechnungswesen eher abteilungs- und produktorientiert als kundenorientiert aufgebaut sind und in der Kundendatenbank nur wenig Informationen über Kosten und Nutzen von Geschäftsbeziehungen gespeichert werden. Eine nach Kunden-Deckungsbeiträgen erstellte Rangliste soll deshalb zu einer Optimierung der Preis- und Konditionspolitik führen. Dies hätte dann gleichzeitig positive Auswirkungen auf die absoluten und relativen Deckungsbeiträge. Für eine optimale Kundensegmentsteuerung braucht man deshalb neben artikel- zusätzlich auch kundenspezifische Deckungsbeiträge. Da Kundenbeziehungen in der Regel mit zunehmender Dauer profitabler gestaltet werden können, muss das Ermittlungs-Schema für Kunden-Deckungsbeiträge zusätzlich für einen Betrachtungszeitraum von mehreren Perioden (Jahren) zu einer mehrperiodigen Analyse erweitert werden. Der Lebenszeitwert (Customer lifetime value) eines Kunden gibt die Höhe des abgezinsten Ertrages an, den ein Unternehmen aus einer Beziehung zu einem Kunden über eine bestimmte Anzahl von Jahren hinweg generiert hat. Das

Instrument der Kunden-Portfolioanalyse ermöglicht die Bestimmung der Priorität von Kundenbeziehungen anhand von Messgrößen wie Kaufvolumen, Umsatz, Einkaufspotential, Bonität, Zahlungsverhalten, Image, Preissensibilität, Reklamationsverhalten, benötigte Beratungsintensität, Kundenwachstum, Deckungsbeitrag, Qualitätsanforderungen, Innovationspotentiale.

Planungskompetenz Servicequalität und Durchlaufzeit. Ziel, Ergebnis: Effektives Steuerungsinstrument, um die Servicequalität deutlich und nachhaltig zu erhöhen. Vorgehen: Verantwortliche im Contact Center messen die Qualität ihrer Kundenbetreuung häufig nur punktuell, eine durchgängige Betrachtung der Prozesse und Kennzahlen findet kaum statt. Zum Beispiel wird der Änderungswunsch eines Kunden erfolgreich entgegengenommen, jedoch nicht korrekt ausgeführt, so dass er erneut Kontakt aufnehmen muss. Die durchschnittliche Rate der Kundenanfragen, die mit dem ersten Anruf abschließend beantwortet werden, ist zu niedrig. Damit das Contact Center diese Rate erheblich steigern und ihren wirtschaftlichen Erfolg ausbauen zu können, wird ein Instrument konzipiert, das wirkliche Steuerung und messbare Erfolgskontrolle gewährleistet. Wirkungsprognose: Das Instrument erhebt und analysiert verschiedene Kennzahlen in Echtzeit und setzt diese miteinander in Beziehung. Es verbindet Grunddaten aus der Telefonanlage wie Wartezeit, Gesprächsdauer mit Informationen aus dem CRM-System sowie dem Backoffice, etwa zu Versandstatus von Produktbroschüren, Angeboten, Verträgen u.a. Im Ergebnis lassen sich daraus dynamische Zusammenhänge und Wechselwirkungen darstellen.

Planungskompetenz Durchlaufzeit. Ziel, Ergebnis: Die Durchlaufzeit setzt sich aus allen Zeiten zusammen, die für Herstellung, Lieferung und Verrechnung von Produkten benötigt werden. Vorgehen: Durchlaufzeit = Datum Verrechnung des Auftrages ./. Datum Auftragseingang, Durchlaufzeit = Vorlaufzeit + Materialliegezeit + Produktionsdurchlaufzeit + Nachlaufzeit, Vorlaufzeit = Zeiten für Auftragsbearbeitung, techn. Klärung, Entwicklung, Konstruktion, Erstellen von Arbeitsplänen, Erstellen von Stücklisten, Materialbeschaffung. Produktionsdurchlaufzeit = Datum FE-Einlagerung/-Versand ./. Datum Betriebsauftragsvorgabe/Bereitstellung = Zeiten für Materialabrufe, Auftragsvorgabe, Fertigung, Zwischenlagerung Halbfertigerzeugnisse, Prüfung, Packerei, Ablieferung. Nachlaufzeit = Datum Ablieferung/Verrechnung ./. Datum Anlieferung an FE-Lager/ Versand. Wirkungsprognose: Ziele für die Verkürzung der Durchlaufzeit sind u.a.: Erhöhung der Flexibilität, Erhöhung der Liefertreue, Verringerung der Kapitalbindung, Verringerung der Lagerkosten, Erhöhung der Lieferfähigkeit/-qualität, Verkürzung der Lieferzeit. Mögliche Störquellen und Ursachen für zu lange Durchlaufzeiten sind u.a.: große Puffer, lange Rüstzeiten, inflexible Kapazitäten, mangelhafte Kapazitätsabstimmung, Schwankungen im Auftragseingang. Zu niedrig angesetzte Plandurchlaufzeiten können beispielsweise zur Folge haben: verspäteter Auftragsstart, Fehlteile, Fertigstellungverzögerungen, erhöhte Staubestände. Zu hoch angesetzte Plandurchlaufzeiten können beispielsweise zur Folge haben: verfrühter Auftragsstart, künstlich erhöhter Arbeitsvorrat, überhöhte Bestände an unfertigen Erzeugnissen.

Planungskompetenz Qualitäts-Reifegrad Konzept. Ziel, Ergebnis: Das Konzept ist stark mitarbeiter- und kundenbezogen, d.h. geht davon aus, dass Qualität zum großen Teil auf individuellen Fähigkeiten von Mitarbeitern beruht. Vorgehen: Chaotischer Urzustand - Improvisation: es gibt keine genaue Vorstellung, wie die Qualität von Leistungen zu fassen ist, Qualitätsmaßnahmen beschränken sich in erster Linie auf Mängelbeseitigung und Behebung der Fehlerursachen. Man beschränkt sich auf punktuelle Anstrengungen. Orientierung: Bewusstsein für die Bedeutung der Qualität steigt. Vorstellungen zu Verbesserungen sind jedoch vom Engagement einzelner Mitarbeiter abhängig. Festlegung: für qualitätsrelevante Vorgänge existieren eindeutige Festlegungen (z.B. gem. DIN ISO 9000 ff.), es fehlt eine systematische Messung des Erfolgs und der Einhaltung der vereinbarten Regeln. Umsetzung: im gesamten Unternehmen wird Qualität gemessen und nachgewiesen, ein bereits sehr hohes Niveau kann nur noch in kleinen Schritten weiter verbessert werden. Optimierung: das System wird von allen Mitarbeitern getragen sowie permanent und systematisch weiterentwickelt (unter Einbeziehung von Kunden und Mitarbeitern). Wirkungsprognose: Bestimmte Qualitätsbereiche können gezielt nach den im Vorgehen definierten 5 verschiedenen Reifegraden bewertet werden. Für alle relevanten Bereiche sollte mindestens der Reifegrad der 3. Stufe, d.h. Festlegung/ Umsetzung erreicht werden. Wenn das Unternehmen Qualität aber als zentralen Erfolgsfaktor bestimmt hat, sollte es auch die oberste Stufe 5 des Reifegrades (Optimierung) anstreben.

Planungskompetenz Management der Ressource „Zeit". Ziel, Ergebnis: Die Ziele des Zeit-Managements zur Erzielung von Wettbewerbsvorteilen sind: Verankerung der schnellen Leistungsbereitschaft des Unternehmens, Suche nach zeitorientierten Wettbewerbsfaktoren für die Planungsunterstützung, organisatorische Planung hin zu beweglichen und am Markt direkt messbaren Leistungseinheiten, Vereinfachung der Planungs- und Konsensprozesse auf der Entscheidungsebene, Reduktion der Durchlaufzeiten für Angebots- und Auftragsabwicklung,

Verkürzung der Zyklen für Produkt- und Verfahrensinnovationen, Flexibilisierung der Produktion und Konzentration auf wenige Leistungsschwerpunkte sowie durchgehender Materialflusses vom Lieferanten bis zum Abnehmer. Vorgehen: Wer am Markt beweglicher sein will, d.h. Kundenwünsche schneller in konkrete Produkte umsetzen muss, kann nur im Rahmen eines progressiven Change Management dafür sorgen, mit innovativen Produkten als erster am Markt zu sein. Eine abwartende Haltung können sich nur Unternehmen leisten, die quasi „aus der zweiten Startreihe" heraus den Markt beherrschen. Hier wird im Rahmen dieser Strategie manchmal auch bewusst mit Veränderungen gewartet: d.h. parallel dazu werden Eigenentwicklungen forciert, um den Markt mit einem qualitativ besseren Produkt zu überraschen, sobald der Wettbewerber aus der Deckung gekommen ist. Nur ein zeitorientiertes, simultan verknüpftes Change Management kann somit auch gewährleisten, dass die richtigen Dinge zum richtigen Zeitpunkt getan werden. Konsequente Ausschöpfung des Zeitpotenzials: Die Suche nach der Einzigartigkeit durch Spezialisierung bzw. durch die Bildung von besonderen Markt-Produkt-Segmenten ist derzeit im vollen Gang. Durch die fünf Freiheiten, nämlich Informations- und Kapitalfluss, Güter- und Dienstleistungsbewegungen sowie Arbeitsplatzwahl sind für alle Beteiligten Zugänge zu unterschiedlichen Leistungen und Technologien möglich, d.h.

die Marktdynamik nimmt weiter dramatisch zu. Der Aspekt der Veränderungsgeschwindigkeit gewinnt im Hinblick auf die Wettbewerbsfähigkeit des Unternehmens somit immer mehr an Bedeutung. Die Karte, mit Veränderungsgeschwindigkeit Wettbewerbsvorteile zu erzielen, scheint im Change Management noch nicht voll ausgereizt. Wirkungsprognose: Die Ressource „Zeit" kann maßgebend für die Überlebenschance des Unternehmens sein: in vielen Märkten werden 70 bis 90 Prozent der Gesamterträge eines Produktes bereits in der ersten Hälfte der Produktlaufzeit erzielt. Der Zeitfaktor muss deshalb neben dem klassischen Preis-/ Leistungsverhältnis als ebenso veränderungskritische Variable geplant werden. Eine eher konservative Haltung zeigt ein Unternehmen, das den bisherigen Weg der langen Entwicklungszeiten mit sporadischen, aber großen Innovationsschritten beibehält. Dabei könnte es in kleine Marktnischen mit kleinem Absatzpotenzial verdrängt werden und dann auf diese Weise langfristig nicht überleben.

Ideenmanagement und Erfahrungsaustausch: mit der Szenariotechnik werden zwischen allen Beteiligten kreative Ideenfindungs- und Erfahrungsaustauschprozesse in Gang gesetzt. Erkennbar wird, dass innerhalb des abgesteckten Spektrums der Zukunftsmöglichkeiten auch ein gangbarer Entwicklungspfad in die tatsächliche Zukunft vorhersehbarer wird. Hierbei entwickelte Szenarien stellen keine unumstößlichen Voraussagen der Zukunft auf: vielmehr liefern sie auf der Basis der erfassten Einflusskräfte in sich stimmige Bilder denkbarer Möglichkeiten, gegenseitige Wechselbeziehungen zwischen Einflussfaktoren werden klarer. Je dynamischer die Entwicklungen im Umfeld sind, desto mehr wird der Entscheider mit der Erfassung relevanter Einflussfaktoren einschließlich allen damit verbundenen Risiken, Interdependenzen und Unsicherheiten unterstützt.

Strategien mit spezifischen Szenario-Wirkungsgraden bewerten: Global-Szenarien setzen sich mit unternehmensübergreifenden Themen für eine ganze Branche oder auch für mehrere Branchen gleichzeitig auseinander. Diese Szenarien müssen auf der Grundlage von weit abstrahierenden Daten entwickelt werden. Firmenspezifische Szenarien werden wie ein Maßanzug entwickelt und gehen von konkreten Stärken-Schwächen-Ziel-Analysen aus.

Risikomodelle liefern Informationen für die risikoorientierte Steuerung, machen aber die bewusste Entscheidung der Verantwortlichen nicht überflüssig - kritische Risikoschwellen im Blickfeld

Es geht um Risikobewusstmachung bei allen Entscheidungen und Handlungen. Es sollten möglichst die vorhandenen Wertstellungsprofile und Risikoneigungen der Entscheidungsträger erfasst werden: die Extrempunkte bilden einerseits risikofreudige sowie andererseits risikoscheue Einstellungen. Beeinflusst werden diese u.U. durch die sich als Gegenpol bietenden Chancenprofile. Ausgelotet werden sollte, ob und wo unter Umständen Unsicherheiten im Datenkranz der Planung liegen bzw. welcher Art diese Risiken sind. Dabei geht es auch um die Möglichkeiten zur Quantifizierung der einzelnen Risiken: obwohl fast immer eine Vorstellung existiert, was risikobehaftet ist, ist es ungleich schwieriger, dieses Risikobewusstsein im Detail mit konkreten, quantitativen Daten zu operationalisieren. Mit Hilfe von Risikoanalysen sollen vorausblickende Sicherheitskonzepte entwickelt werden. Analyse der kritischen Risikoschwellen:

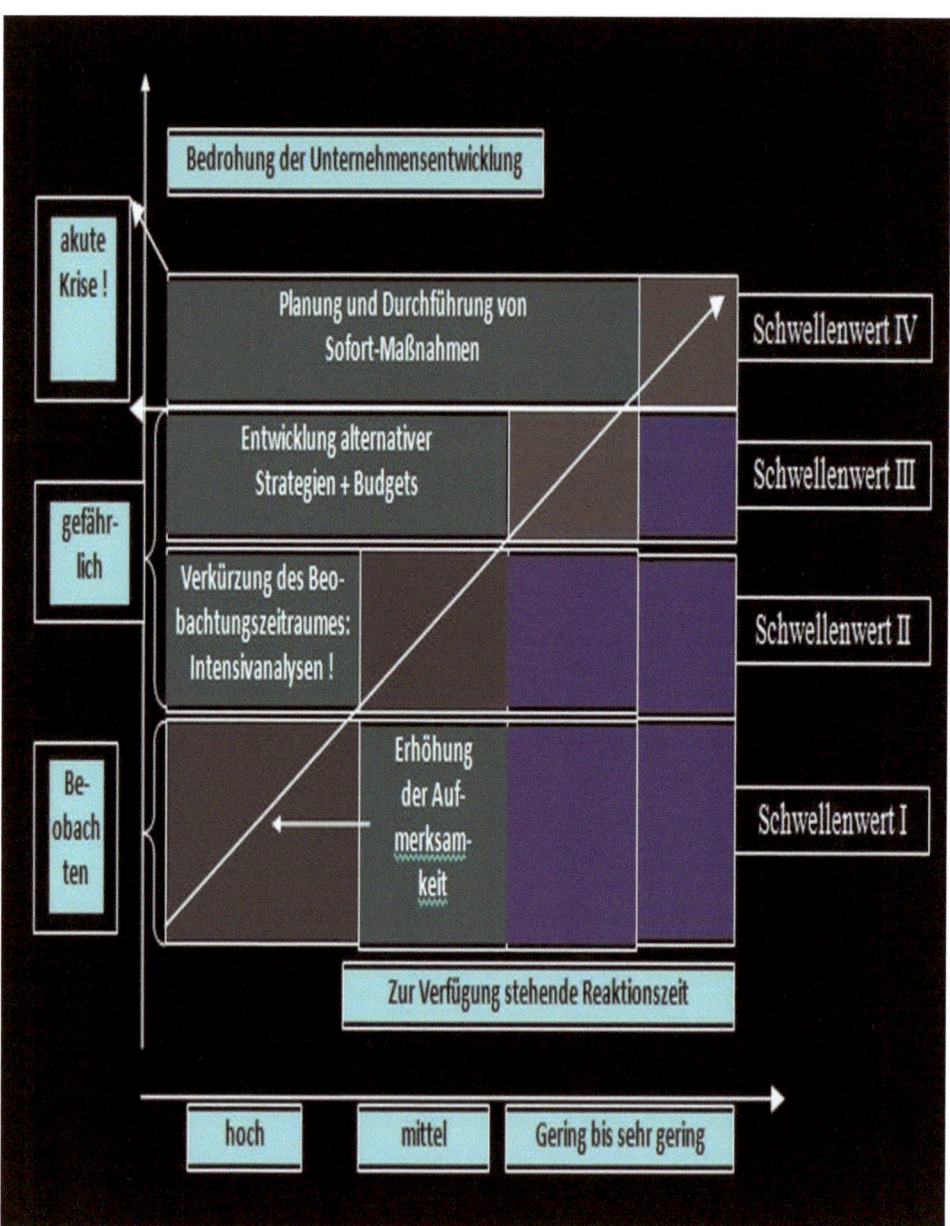

Konzept der Vorsichtslinie. Risikomodelle sind nur Abstraktionen von der Realität. Ergebnisse können nicht verabsolutiert werden, sondern sollten laufend kritisch hinterfragt werden. Risikoanalysen können als vorgeschaltete gedankliche Drehscheibe Entscheidungsprozesse unterstützen: sicht- und quantifizierbar gemachte Risiken werden eher bejaht als eine Zukunft, die im Dunkeln liegt. Eine Vorsichtslinie markiert zunehmende Risikointensität, beispielsweise durch Fragezeichen = Verlassen des Knowhow-Bereiches. Nachfolgend hierzu eine schematische „Quo vadis-Matrix":

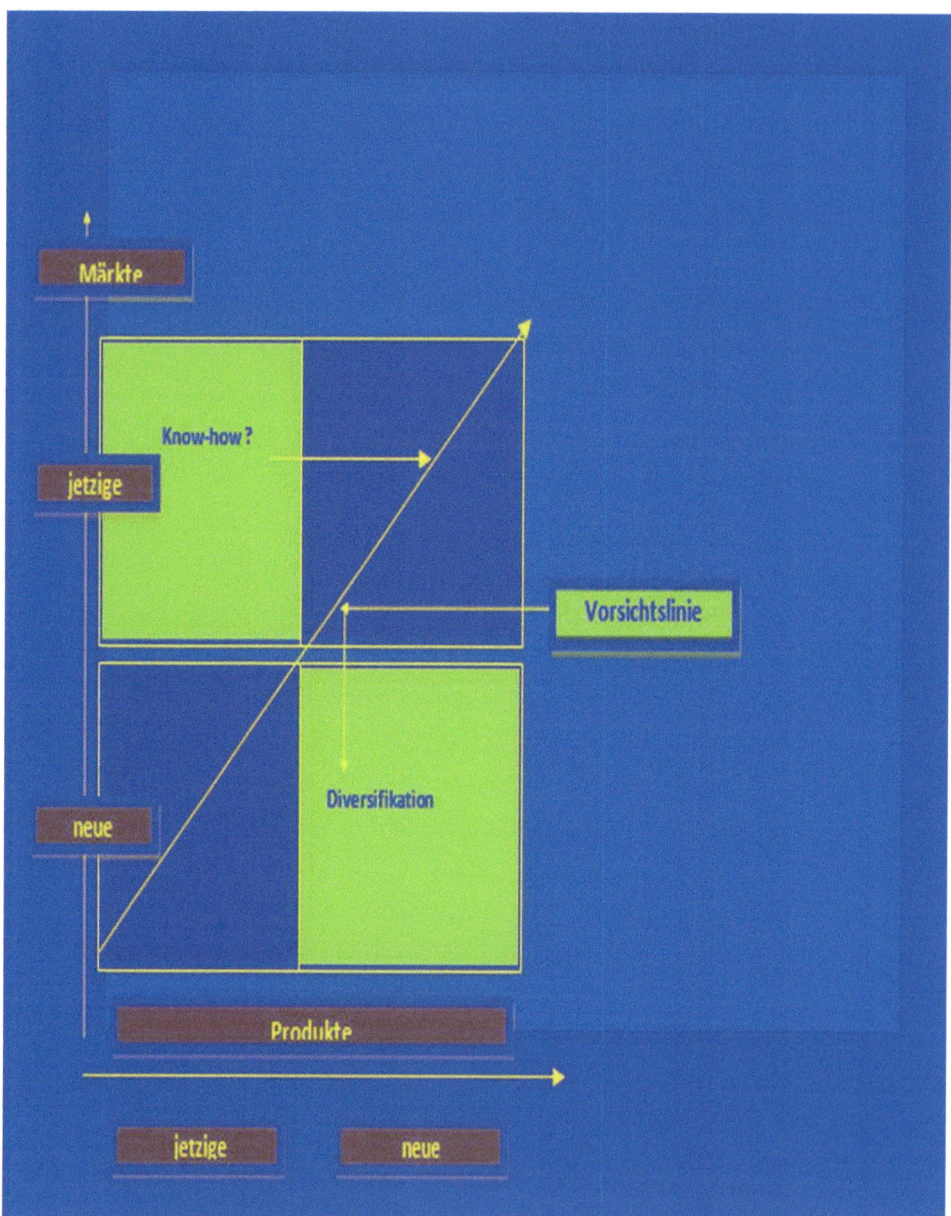

Für die Früherkennung erlangen sog. „weiche Faktoren" –beispielsweise Auftragseingang der Branche, Inflationsrate, Kundenzufriedenheits-Index, Cash Flow - eine zunehmende Bedeutung. Bilanz und BWA liefern nur vergangenheitsbezogene Daten. Daraus nicht ableiten lassen sich u.a. Trends und Innovationen, die sich nicht im Produkt- oder Dienstleistungsangebot des Unternehmens wiederfinden und damit wichtige Signale einer aufziehenden Krise sein können. Neben vergangenheitsbezogenen Finanzzahlen wichtig sind u.a. Daten zu Alter des Maschinenparks, Ausfallzeiten, Reparaturkosten, F+E-Kosten im Vergleich zur Konkurrenz oder Patentanmeldungen.

Offensiv oder defensiv agieren? Die immer mehr zunehmende Dynamik der Märkte verstärkt gleichzeitig den Druck auf eine perspektivisch ausgerichtete Entscheidungsbasis. Es geht darum sich schneller als die Konkurrenz auf das zukünftige Umfeld einstellen zu können, d.h. in Zeiten des schnellen Wandels wird Früherkennung immer mehr zum Königsweg: Gefahren und Risiken werden dadurch aufgespürt, bevor sie für das Unternehmen bedrohliche Folgen zeigen, Gelegenheiten/Potenziale können erfasst werden, bevor sie verlorengehen. Frühwarnsignale aus dem Markt sind Zersplitterung des Marktes, Abnahme des Marktes aufgrund Substitutionstendenzen, stagnierende oder schrumpfende Mengennachfrage, abnehmende Preiselastizität, zunehmender Importdruck, verschlechterte Exportmöglichkeiten, absinkende Eintrittsbarrieren für Newcomer, steigende Marktaustrittsbarrieren aufgrund zunehmender Kapitalintensität, Trend zur Vereinheitlichung von Produkten; abnehmendes Differenzierungspotential, abnehmende Kundenloyalität, mehr Wettbewerber und Überkapazitäten, Zunahme des Preiswettbewerbs, Veränderung der Kundenstruktur, immer kleiner werdende Marktnischen werden von einer zunehmenden Zahl von Wettbewerbern besetzt. Der Entscheider braucht ein radarähnliches System, welches ihm solche Störgrößen frühzeitig signalisiert. Je weniger Zeit verbleibt, desto geringer der Spielraum für Gegenmaßnahmen, d.h. es ist günstiger den zu erwartenden Wandel offensiv anzugehen anstatt unter Druck externer Störereignisse nur noch reagieren zu können. Der Zweck für den Einsatz von Frühwarntools: Trendwenden nicht erst dann bemerken, wenn diese entstanden sind.

Frühwarntools sind nicht auf Daten aus Geschäftsaktivitäten gerichtet, die bereits stattgefunden haben. Vielmehr geht es um Analyse und dadurch Erkennen von Ereignissen, deren Wirkungen mit einem zeitlichen Versatz wichtig für die spätere Ergebnis- und Wachstumssicherung des Unternehmens sind. Deshalb sind Frühwarntools auch Bestandteil der Planung mit der Maßgabe, mit zeitlichem Vorlauf mögliche Störereignisse für die Unternehmensentwicklung zu signalisieren. Frühwarnsignale bezüglich Preise und Wettbewerb sind: Preiserhöhungen sind schwerer durchsetzbar, Wettbewerb verhindert Mengenwachstum und Marktanteilsgewinne, Preisdifferenzierungspotenzial wird nicht ausgeschöpft, abnehmender durchschnittlicher Auftragswert, Verhandlungsmacht der Kunden nimmt zu, Verlängerung der Zahlungsziele, erhöhte Garantieleistungen, zunehmende Zahl verlorener Aufträge, Innovationsrate sinkt, Reaktionszeiten bei Marktveränderungen nehmen zu.

Option, um sich Zeit kaufen zu können. Frühwarnindikatoren sind ein Instrument, um sich Zeit einkaufen zu können. Dabei lassen sich für Vorlaufzeiten, d.h. die Zeitspanne , in der aus einem schwachen Signale ein „hard fact" wird meist nur grobe Anhaltspunkte finden. Frühwarnsignale Vertrieb und Sortiment sind: zunehmende Abschlussdauer, steigende Anzahl von Fehlbesuchen, Rate der Neukundengewinnung sinkt, Durchschnittsumsatz pro Kunde sinkt, Anzahl von Kundenverlusten steigt, steigende Vertriebskosten bei stagnierendem Umsatz, trotz zunehmender Sortimentsbreite und Sortenvielfalt keine Umsatzsteigerung. Zu den möglichen Vorgehensweisen zählen: es werden Frühwarninformationen entweder durch Zeitvergleich von Kennzahlen oder innerjährliche Hochrechnungen von Über-

und/oder Unterschreitungen bestehender Planungen ermittelt, es werden Frühwarnindikatoren, die mit zeitlichem Vorlauf Informationen über latente, mit den herkömmlichen Instrumentarien nicht oder erst zu spät wahrnehmbare Entwicklungen, ermittelt.

Indikatoren sollen sich dabei nicht mehr an vergangenheitsorientierten Größen ausrichten, sondern verstärkt auf die Beschreibung latenter Chancen und Risiken abzielen. Es geht darum, positive oder negative Entwicklungen möglichst frühzeitig zu erkennen, die sich in einer Veränderung der jeweiligen Indikatoren im Zeitablauf über oder unter bestimmte Schwellenwerte hinaus ausdrücken. Im Rahmen pyramidenhaft aufgebauter Informationssysteme ist dabei die Wahrscheinlichkeit größer, bedrohliche Entwicklungen im unteren Teil der Pyramide, d.h. in weniger aggregierten Daten- früher zu erkennen als direkt an der Spitze eines Kennzahlenbündels. Mit den einzelnen Ausprägungsstufen von Frühwarninstrumenten wie beispielsweise Soll-Ist- Abweichungsanalyse, Ausbau von Kennziffernsystemen zu Indikator-Katalogen und Strategisches „Radar" zur Erfassung auch schwacher Signale lassen sich viele Aufgaben der Risikoüberwachung unterstützen. Signale: sowohl Unternehmens- als auch Umfeldsignale, auch in schwacher Form erfassen und bereitstellen. Veränderungen: Hinweis auf Veränderungen der bisherigen oder der neuen Erfolgspotenziale. Ursachen: Analyse der Zusammenhänge zwischen beobachteten Signalen und Entwicklungen. Bewertung: Beurteilung der Signale nach ihrer Bedeutung für das Unternehmen. Planung: Umsetzung der gewonnenen Erkenntnisse in Ziel- und Planprozesse.

Dauerhafter Erfolg wird zunehmend nur noch dem beschieden sein, der sich den ständig komplexer werdenden Problemen, ihrer wachsenden Dynamik und Vernetzung proaktiv stellt

Über aktuelle Probleme hinausreichende Lösungskonzepte und damit verbundene Flexibilität im Denken und Handeln erfordern mehr als nur Fachwissen und Expertentum. Es geht um strategisches Gespür, eine Kombination strategischer Systematik mit flexibler Anpassungs- und Veränderungsbereitschaft. Dabei ist Wissensmanagement für alle ein Muss, die ihre Position in einer Wissensgesellschaft behaupten und ausbauen wollen. Die Menschheit beginnt sich zu teilen: in die äußerst kleine Gruppe derjenigen, die den Computern sagen, was sie zu tun haben und in die immens große Gruppe derjenigen, denen die Computer sagen werden, was sie zu tun haben. Es geht u.a. um

Kognitive Kosten und Zeiten
Unbegrenzte Datenkombinationen
Knappe Wissensressourcen messen und bewerten
Auf kritische Wissensbestände achten
Auch immaterielles Kapital muss berichtet werden
Statistische Daten alleine liefern noch keine tragfähigen Aussagen
Erfolgsrelevante Einflussfaktoren im Zusammenspiel mit Intellektuellem Kapital
Einflussfaktoren in eine überschaubare Ordnung bringen

Humankapital der Eigenschaften und Fähigkeiten
Nur die Sache ist verloren, die man aufgibt,
rein quantitative und monetäre Erfassung ist oft schwierig
Führungskompetenzen sind nicht alltäglich
Für erfolgreiches Agieren wird ganzheitliche Qualifizierung gebraucht
Zufriedene Mitarbeiter sind gute Mitarbeiter
Wissensmanagement – sammeln, speichern, verteilen
Rahmengerüst mit Bewertungszonen
Vergangenheits-, gegenwarts- und zukunftsbezogene Bewertungszonen
Beispiel Bewertung – unternehmerische Kompetenz
Führungsverhalten und Führungsstil
Beispiel Bewertung – Weiterbildung, Fachqualifikation
Gelerntes an den Arbeitsplatz transferieren
Beispiel Bewertung – Motivation und Mitarbeiterzufriedenheit
Mitarbeitergespräche können zum besseren Betriebsklima beitragen
Beispiel Bewertung – Wissensmanagement
Management von Erfahrungswissen
Ampeln erzeugen Erkenntniswissen
Profilerweiterung mit Portfolios
Quantität-Portfolio Humanfaktoren
Qualität-Portfolio Humanfaktoren
Gesamtbewertung Humanfaktoren auf einen Blick

Die vernetzte Welt scheint komplexer geworden: es bedarf intellektueller Anstrengungen, um wenigstens einige der Zusammenhänge noch zu begreifen, als Voraussetzung um überhaupt etwas gestalten zu können.

Kognitive Kosten und Zeiten, Aufmerksamkeit als Flaschenhals. Multitasking ist Alltag: wer im Arbeitsleben mehrere Aufgaben gleichzeitig erledigen kann, für den ist das nicht nur schick: er vermeint auch demjenigen weit überlegen zu sein, der Aufgaben sequentiell nacheinander abarbeitet. Es gibt allerdings Ökonomen, die einer solchen These ernst widersprechen. So wissen Hirnforscher, dass echtes Multitasking dem Menschen überhaupt nicht möglich sei. Denn mit der Aufmerksamkeit verhalte es sich wie mit einem Flaschenhals: muss eine Entscheidung getroffen werden, so sind die zuständigen Nervenzellen beschäftigt und können im Moment keine zweite treffen. Was nur möglich ist: zwischen verschiedenen Aufgaben zu wechseln (der eine schneller, der andere langsamer): das erreichbare Wechseltempo ist auch eine Sache des Trainings.

In Experimenten wurde herausgefunden: wenn Probanden gezwungen waren, sequentiell zu arbeiten (also eins nach dem anderen zu erledigen), erzielten sie bessere Ergebnisse als unter Zwang multitaskende Vergleichspersonen. So verursacht Multitasking kognitive Kosten, um sich immer wieder erneut in die alte Aufgabe hineinzudenken, sich Details ins Gedächtnis zurückzurufen um darüber erneut nachzudenken, was man schon herausgefunden hatte. Personen, die sich einen eigenen Arbeitsplan basteln, reiben sich eher zwischen Aufgaben auf und werden dann effizienter, wenn ihnen jemand von außen vorgibt, nicht alles auf einmal zu erledigen. Im Arbeitsleben kommt es nicht allein darauf an, einen Aufgabe gut zu erledigen: meist spielt auch die benötigte Zeit eine wichtige Rolle.

Eine Statistik des Multitasking bringt es ans Licht: Paralleles statt sequentielles Arbeiten braucht durchschnittlich mehr Zeit. Beispiel: Aufgabe 1 dauert vier und Aufgabe 2 dauert acht Stunden. Werden sie sequentiell erledigt, ist man mit Aufgabe 1 nach vier Stunden fertig, mit Aufgabe 2 nach zwölf Stunden. Im Schnitt braucht man im sequentiellen Modus daher acht Stunden je Aufgabe ((4+12)/2). Wird dagegen kontinuierlich zwischen der Erledigung der beiden Aufgaben gewechselt, werden beide erst nach zwölf Stunden erledigt, d.h. im Multitasking-Modus werden im Durchschnitt zwölf Stunden je Aufgabe ((12+12)/2) benötigt. In vielen Fällen wäre man daher gut beraten, nicht immer gleich mit neuen Aufgaben zu beginnen, bevor man bereits begonnene Aufgaben noch nicht erledigt hat.

Unbegrenzte Datenkombinationen. Daten, die in mannigfaltige Verwendungszusammenhänge überführbar sind – Volkszählung 1983 und Wandel der Gefahrenlage – Gefahren für jedermann, in unbekannte Raster zu fallen. Alle Lebensbereiche und Arbeitswelten sind mittlerweile von Digitalisiertem durchdrungen: mit welchen Folgen für das Private? wie sieht die Zukunft aus? Was passiert in den Köpfen der Menschen, wenn sich alles mit immer größerer Geschwindigkeit ändert, wenn alle mit allen in ständiger Kommunikation sind und jeder immer über alles informiert ist?

Die Menschheit beginnt sich zu teilen: in die äußerst kleine Gruppe derjenigen, die den Computern sagen, was sie zu tun haben und in die immens große Gruppe derjenigen, denen die Computer sagen werden, was sie zu tun haben. Was konnte sich die Bevölkerung damals anno 1983 noch über eine Volkszählung erregen, die das reinste Kinderspiel war, verglichen mit dem, was heute an Datensammlungen gang und gäbe ist. Von der Preisgabe von Privatheit war man seinerzeit noch entfernt und wenn, hätte es für solche Preisgabe noch eine Einwilligung gebraucht. Heute dagegen hat sich die Welt soweit gedreht, dass Daten gar freiwillig preisgegeben werden: wie gebannt richten sich die Blicke auf angeblich unverzichtbare Zusatznutzen zahlloser Apps, die damit im Gegenzug verbundenen Gefahren werden nicht wahrgenommen oder ausgeblendet. Die Gefahrenlage gegenüber der so heiß kritisierten Volkszählung von 1983 hat sich gravierend gewandelt: es werden kaum Gedanken daran verschwendet, wenn freiwillig preisgegebene Daten in immer neue, teilweise überhaupt noch nicht absehbare Verwendungszwecke überführt werden.

Unterschiedlichste Daten und selbst noch kleinste Datenschnipsel werden mosaikartig zusammen gesetzt: was in einem Zusammenhang noch als nicht sensible Daten erscheinen mag, kann in einem anderen Mosaik höchst relevant werden. Es kommt immer auf den Verwendungszusammenhang an, der sich aufgrund der technischen Möglichkeiten in praktische unendlich vielen Variationen und Kombinationen herstellen lässt. Es drohen ungebremste Persönlichkeitsprofile mit schwerwiegenden Folgemöglichkeiten (wenn z.B. Gesundheitsprofile erstellt und verfügbar gemacht werden, Bewegungsprofile, Verhaltensprofile und so weiter und so weiter). Jedermann könnte dabei allerlei passieren, sollte er aufgrund einer dieser schier unbegrenzten Datenkombinationen in einem angeblich ungünstig scheinenden Raster hängen bleiben.

Knappe Wissensressourcen bewerten und messen, Die Zukunft liegt im Rohstoff „Wissen": der Anteil des Wissens an der Gesamtwertschöpfung von Unternehmen wird mittlerweile auf über sechzig Prozent geschätzt. Unternehmen unterliegen dadurch einem dynamischen Wandel und Anpassungsdruck: insbesondere der Umgang mit Wissen als Ressource wird für die Zukunft immer mehr zum entscheidenden Erfolgsfaktor, d.h. die Wettbewerbsfähigkeit wird vom bewussten und gezielten Umgang mit diesem immateriellen Rohstoff abhängen. Die vorhandenen Ressourcen müssen somit auf den Erhalt und Ausbau von Innovation und Wissen optimiert werden. Wissen manifestiert sich sowohl in internen Kommunikationsnetzwerken, dem „Unternehmensgedächtnis", als auch im Verbund mit externen Kooperationspartnern. Gegenüber dem Management klassischer Produktionsfaktoren hat das Management des Wissens seine Zukunft noch vor sich: es wird zunehmend wichtiger, auch über die Einflussfaktoren des Intellektuellen Kapitals im Unternehmen genau Bescheid zu wissen.

Durch mehr Transparenz und nachvollziehbare Bewertung/ Messung knapper Wissensressourcen können diese im Wettbewerb zielgerichteter genutzt werden. Denn es wird immer mehr darauf ankommen, dass man vor allem wissensgestützte Produkte und Dienstleistungen nutzt: der Marktwert heutiger Produkte und Dienstleistungen basiert zu einem immer größeren Teil auf deren Informationsgehalt. Dabei werden verschiedene Entwicklungsstufen durchlaufen: von der Daten- über die

Informations- bis hin zur Wissensstufe. Den Wert eines Unternehmens ermittelt man immer mehr dadurch, indem man auf das Verhältnis von Daten, Informationen und Wissen schaut. Unternehmen, die sich „informationalisieren" können, werden besser dastehen als solche, die dies nicht können. Wenn sie darüber hinaus vorhandene Wissensbestände zu nutzen wissen, werden sie sogar noch stärker und wertvoller sein als die, die nur auf Informationen basieren. Zwischen Informationsproduzenten und Informationskonsumenten werden neue Interaktionsformen realisiert. Es geht um die Lösung der Fragen: wie können Unternehmen mit der Dynamik des sie umgebenden Umfeldes mithalten? aus welchen individuellen und kollektiven Wissensbeständen setzt sich die Wissensbasis zusammen, auf die ein Unternehmen zur Lösung seiner Aufgaben zugreifen kann? besitzen die Mitarbeiter die notwendigen Fähigkeiten, um das vorhandene Informationsangebot produktiv nutzen zu können?

Wissensmanagement ist für alle ein Muss, die ihre Markt- und Wettbewerbsposition in der heutigen Wissensgesellschaft behaupten und ausbauen wollen: in der informationsbasierten Arbeitswelt finden gewaltige Umstrukturierungen statt, d.h.: wenn der Wettbewerb immer weniger über Faktoren wie Kosten oder Finanzmittel gewonnen werden kann, muss nach anderen, tiefer liegenden, bisher noch ungenutzten Faktoren gesucht werden. Während das Management klassischer Produktionsfaktoren schon sehr weit ausgeschöpft ist, wird das Management der Wissens-Rohstoffe seine Zukunft noch vor sich haben. Achtung Zeitfaktor !: Wenn bei der Nutzung von Wissen gegenüber der Konkurrenz zu viel an Zeit verloren geht, kann es vielleicht schon zu spät sein (brachliegende Wissensressourcen werden nicht in entsprechende Wettbewerbsvorteile umgesetzt). Im täglichen Geschäft ist Schnelligkeit meist gleichbedeutend mit Erfolg, d.h. man muss sein Geschäftsmodell schneller als Konkurrenten durch die Wertekette hindurch bewegen.

Auf kritische Wissensbestände achten : statistische Daten alleine liefern noch keine sicheren Aussagen, auch Immaterielles Kapital muss berichtet werden

Marketingprozesse sind durch ein hohes Maß an Komplexität gekennzeichnet. Die Gestaltung der einzelnen Prozesse muss daran gemessen werden, inwieweit sie dazu beitragen können, relevante Markt-, Kunden- und Ressourcenpotenziale auszuschöpfen. Die Gefahr, das Unternehmen an den Marktrealitäten vorbei zu steuern besteht immer dann, wenn die Reaktionszeiten zu lang und das Informationsinstrumentarium zu sehr auf die Fortschreibung der Vergangenheit statt auf die Beherrschung der Zukunft ausgerichtet ist.

Das Marketingcontrolling muss daher die Instrumente immer so ausrichten, dass sie ein Gleichgewicht zwischen einerseits dem Denkbaren und andererseits dem Machbaren herstellen. In der heutigen Wirtschaftswelt ist die Entwicklung und Analyse von Voraussagen und Plänen von vitaler Bedeutung. Methodisch durchdachte und daher in sich stimmige und abstimmfähige Wissens- und Personalbilanzen können hierbei wertvolle Dienste leisten. Hierfür ist Kapital nicht gleich Kapital: das materielle Kapital steht in der Bilanz. Darüber hinaus sind aber auch Wissen, Prozesse, Beziehungen etc. auch Kapital, das in der Regel aber nicht in der Bilanz steht. In keiner Bilanz taucht auf, wenn eine nur schwer ersetzbare Spitzenkraft das Unternehmen verlässt. Es geht damit um die Fähigkeit, mit internem und externem Wissen optimal umzugehen. In manchen Unternehmen wird oft mehr als die Hälfte des vorhandenen Intellektuellen Kapitals nicht genutzt. Auch gibt es gelegentlich Schwierigkeiten bei der Übertragung von Wissen an den Ort der Anwendung, d.h. dorthin wo dieses Wissen benötigt wird. Grund ist nicht nur eine mangelnde Intransparenz kritischer Wissensbestände: oft konzentrieren sich diese zudem nur auf eine (zu) kleine Anzahl von Wissensträgern.

Bislang gibt es nur vereinzelte Ansätze wie die immateriellen Ressourcen eines Unternehmens zu messen sind. Entwicklung und Implementierung einer europäisch einheitlichen und vergleichbaren Wissensbilanz-Methode ist Aufgabe eines von der Europäischen Kommission geförderten Forschungsprojektes "InCas-Intellectual Capital Statement" unter wissenschaftlicher Leitung der Fraunhofer Instituts. Die Behandlung allein der finanziellen Werttreiber genügt heute nicht mehr, um den Erfolg des Unternehmens sicherzustellen. D.h. die finanzielle Berichterstattung muss um das Intellektuelle Kapital erweitert werden (in internationalen Rechnungslegungsstandards wird als Anhang zum Geschäftsbericht eine strukturierte Darstellung auch immaterieller Vermögenswerte empfohlen). Oder anders ausgedrückt: die nichtfinanziellen Werttreiber sind wie ein Sockel (Vermögenswerte, die einen Beitrag zum Unternehmenswert leisten und weder materielle Güter noch Finanzanlagen sind) unter der Wasseroberfläche, der oft den größeren Teil des Eisberges der Unternehmensperformance ausmacht.

Zudem erhalten Mitarbeiter über rein finanzielle Vermessungssysteme oft keine ausreichende Rückmeldung zu ihrem persönlichen Erfolgsbeitrag. Das Rechenwerk des Unternehmens muss somit maßgeschneidert um nichtfinanzielle Werttreiber erweitert werden, um schneller und erfolgreicher auf Änderungen des Umfeldes reagieren zu können. Neben der systematischen Erfassung der relevanten nichtfinanziellen Werttreiber ist allerdings die Darstellung von Zusammenhängen anspruchsvoll, mit der ihre Auswirkungen auf Ergebnis und Unternehmenswert auch quantitativ nachvollziehbar gemacht werden sollen. Aber nur so lassen sich die wichtigsten Hebel zur Wertsteigerung erkennen, um die Ressourcen gezielt dorthin lenken zu können.

Die wichtigsten Vermögenswerte des Unternehmens, nämlich seine Mitarbeiter, sein Ruf und seine Kunden sind in keiner Bilanz enthalten. Alle fünf Jahre verdoppelt sich das Wissen der Menschheit. Dieser Sachverhalt wird ausgedrückt durch den Begriff der Halbwertzeit des

Wissens. Leistungsfähige Mitarbeiter zeichnen sich dadurch aus, dass sie schnell lernen können: jeder einzelne für sich wie auch im Team. Das bedeutet auch, dass es idealerweise eine Verknüpfung geben muss zwischen dem individuellen Lernen des einzelner Mitarbeiters und dem Lernen des Unternehmens. Mit der Wissensbilanz soll dargestellt werden, wie sich der Mittelstand entsprechend seinem zur Verfügung stehenden Intellektuellen Kapital positioniert. Im Bilanzierungsbereich wird definiert, welche Teile des Startup mit der Wissensbilanz betrachtet werden sollen: mit der Wissensbilanz sollen alle immateriellen Kapitalien und Vermögenswerte betrachtet werden.

Für den Mittelstand geht es besonders um Erlangung von Wettbewerbsvorsprüngen durch Wissensvorsprünge und Identifizierung von Intellektuellem Kapital mit Wissensbilanzen. Grundsätzlich vorteilhaft ist die Erfassung des Intellektuellen Kapitals (Wissen, Kreativität u.a.) vor allem deshalb, weil übliche Bilanzen nur die finanzielle und materielle Vergangenheit widerspiegeln. Zahlen vermitteln den Leuten offenbar ein stärkeres Gefühl der Sicherheit: also wartet jedermann mit ein paar Statistiken und Analysen auf, so sinnlos diese immer auch sein mögen.

Es ist auch immer das Ungewisse, d.h. die sogenannten „weichen" Faktoren, die Märkte vorantreiben. Statistische Daten vermitteln mit ihrer vorgegaukelten Sicherheit meist nur ein falsches Bild, d.h. man muss sich über den Weg der Wissensbilanz die Sensibilität für Veränderungen bewahren. Unternehmen, die sich einzig auf materielle Faktoren verlassen, werden träge und weniger sensibel gegenüber Marktveränderungen. Ein wissensintensives Unternehmen setzt in dieser schnelllebigen Zeit daher für seine Zukunft vor allem auf erfolgsrelevantes Wissen, d.h. immaterielle Vermögenswerte, über die i.d.R. wenige oder keine verlässliche Daten vorliegen.

Das Gefühl für den Markt muss in einer Kombination aus Intuition und scharfem Gespür entwickelt werden (man muss den Markt erleben und einatmen). Um Business-Probleme und -Entscheidungen nicht einfach aus dem Bauch heraus anzugehen, müssen die immateriellen Ressourcen systematisch gesteuert und entwickelt werden. Bei solchen qualitativen Informationsprozessen muss man sich vor allem um Verhaltensweisen, Trends und Zusammenhänge kümmern. Erfolgsrelevante Einflussfaktoren im Zusammenspiel mit Intellektuellem Kapital: Intellektuelles Kapital bestimmt viele Lebensbereiche und ist für viele Unternehmensebenen von Bedeutung. Jeder kann somit auch nur für sich selbst herausfinden und entscheiden, welche erfolgsrelevanten Einflussfaktoren im Zusammenhang mit Intellektuellem Kapital analysiert und bewertet werden sollen. Als Beispiel werden diese hier mit folgenden rein fiktiven Faktoren unterlegt:

Unternehmenskommunikation
Unternehmerische Kompetenz
Marketingcontrolling
Leistungsqualität
Planungs- und Controlling-Toolbox
Kompetenznetzwerke
Leitbild und Unternehmensstrategie
Mitarbeiterzufriedenheit und –motivation
Logistikleistungen
Entwicklungspotentiale - Benchmarking
Image und Bekanntheitsgrad
Kunden- und Lieferantenbeziehungen
Standortfaktoren
Frühwarn- und Risikokontrollsystem
Management of Change
Informationssysteme und Anwendungen
Customer Relationship Management
Aus-, Weiterbildung und Fachqualifikation
Marktattraktivität - Marktposition
Wissensmanagement, -bilanzierung

Wird diese Faktoren-Liste in ein 4-Felder-Portfolio übertragen, so ergibt sich daraus zunächst nur eine mehr oder weniger unübersichtliche und eher willkürlich erscheinende Darstellung:

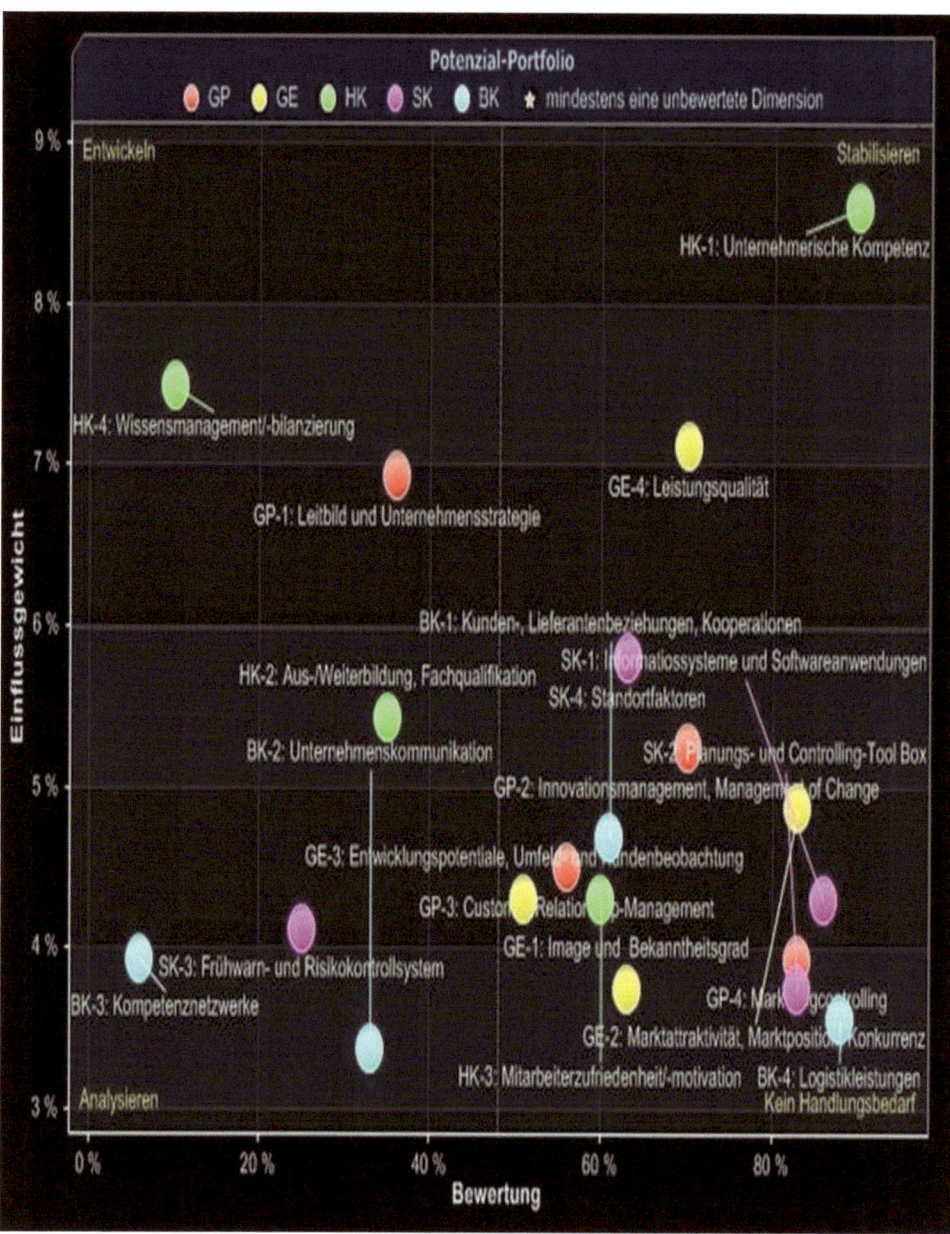

Einflussfaktoren in eine überschaubare Ordnung bringen: um die zahlreichen Verbindungen und dynamischen Wechselbeziehungen zwischen Einzelfaktoren des Intellektuellen Kapitals analysieren und transparent nachvollziehbar aufzeigen zu können, müssen hierfür geeignete Werkzeuge gefunden und genutzt werden. Einen auch für die Unternehmenspraxis umsetzbaren Ansatzpunkte liefern hierfür Wissens- und Personalbilanzen mit ihrem durchgängig in sich stimmigen und damit auch zu anderen Managementinstrumenten abstimmfähigen Methoden. Die Wissensbilanz hilft dabei, in das zuvor geschilderte etwas chaotische Faktoren-Tableau eine überschaubarere Ordnung zu bringen:v es wird nach Gruppierungsmerkmalen gesucht, mit denen die sich auf einer ähnlichen Ebene bewegenden Faktoren zu Clustern zusammengefasst werden können. In Wissensbilanzen wird hierbei üblicherweise eine Unterscheidung nach

Geschäftsprozessen (GP)

Geschäftserfolgen (GE)

Humankapital (HK)

Strukturkapital (SK)

Beziehungskapital (BK)

vorgenommen. Gegenüber dem zuvor ungeordneten Faktoren-Spielfeld könnte hieraus nunmehr folgendes Tableau entwickelt werden:

		Prozessfaktoren
GP-1		Leitbild – Unternehmensstrategie
GP-2		Innovationsmanagement
GP-3		Customer Relation Management
GP-4		Marketingcontrolling
		Erfolgsfaktoren
GE-1		Image und Bekanntheitsgrad
GE-2		Marktattraktivität – Marktposition
GE-3		Entwicklungspotential – Umfeldbeobachtung
GE-4		Leistungsqualität
		Humankapital
HK-1		Unternehmerische Kompetenz
HK-2		Aus-, Weiterbildung, Fachqualifikation
HK-3		Mitarbeiterzufriedenheit, -motivation
HK-4		Wissensmanagement
		Strukturkapital
SK-1		Informationssysteme und Anwendungen
SK-2		Planungs- und Controlling-Tools
SK-3		Frühwarn-, Risikokontrollsystem
SK-4		Standortfaktoren
		Beziehungskapital
BK-1		Kunden- und Lieferantenbeziehungen
BK-2		Kommunikationsbeziehungen
BK-3		Kompetenznetzwerkbeziehungen
BK-4		Logistikbeziehungen

Führungskompetenzen sind nicht alltäglich: Wissensgesellschaft, Personalwesen und Lernkultur - nur wer weiß, wo er steht, kann richtig entscheiden

Allein die Tatsache, sich einmal umfassend und vollständig mit allen in Frage kommenden Personalfaktoren auseinanderzusetzen, vermag Im Rahmen von Personalbeschaffung, Personalauswahl, Personalbewertung oder Personalentwicklung zu Erkenntnisgewinnen und vielleicht neuen Einsichten verhelfen. Beispielsweise die Fragen:
was ist überhaupt ein Personalfaktor?
was zeichnet einen Personalfaktor aus?
welche Merkmale müssen gegeben sein, um von einem Personalfaktor zu sprechen?
wo liegen wesentliche Unterschiede zwischen Personalfaktoren?
welche Gemeinsamkeiten gibt es zwischen einzelnen Personalfaktoren?
warum gibt es so viele unterschiedliche Meinungen und Auffassungen zu Personalfaktoren?
können Personalfaktoren gemessen werden?

Antworten gibt es im umfassenden Gesamtkonzept einer Personalbilanz: folgende Analyseschritte können hierbei als Orientierungshilfen dienen:
Personal-Teilfunktionen – Ziele und Indikatoren
Personalwirtschaft – Kennzahlen

Personalbeschaffungswege – Effizienz
Wirkungsbeziehungen, Hebel- und Rückkoppelungseffekte
Woraus besteht der Kern von Personalfaktoren?
Wissensmanagement ist entscheidend für Markterfolge
Geeignete Anpassungsstrategien entwickeln
Orientierung auf der operativen Ebene
Personalberichte aufbereiten – Kennzahlen auswerten
Personalinformationssystem
Der Weg in eine Lern- und Wissensgesellschaft
Stärkung der Lernkultur
Wandel der Qualifizierungs-Herausforderungen
Kunden- und Projektorientierte Lernformen
Qualifizierungserfolg mit Eigeninitiative
Verbindung von operativen und strategischen Werkzeugen
Flexibilität ist Trumpf
Dynamische Potenzialprozesse
Effektive Informationslogistik bringt was
Explizites – implizites Wissen
Individuelles Lernen und Lernen als Ganzes
Wissen erzeugen, teilen, anwenden
Prüfung externer Qualifizierungsangebote
Mindeststandards zur Qualitätssicherung
Management Rohstoff „Wissen"
Vermessung wissensintensiver Sachverhalte.

Vor dem Hintergrund eines umfassenden Personalbilanzkonzeptes geht es im Kern u.a. neben den Fähigkeiten auch um die Eigenschaften von Mitarbeitern, d.h. u.a.:
welche Personalfaktoren sind wichtig oder unwichtig?
gelten Personalfaktoren immer für alle Stellenbesetzungen oder gibt es Faktoren für eine Stellenbesetzung, die es bei einer anderen nicht gibt?
können sich Personalfaktoren gegenseitig beeinflussen?
können zwischen Personalfaktoren auch negative Wirkungsbeziehungen auftreten?
wie groß ist die Anpassungsfähigkeit und –geschwindigkeit von Personalfaktoren auf sich ändernde Umfeldbedingungen?
gibt es Unterschiede zwischen „harten" und „weichen" Personalfaktoren?

Das Humankapital (HK) umfasst alle Eigenschaften und Fähigkeiten, die einzelne Personen in ein Unternehmen einbringen, z.B.: Mitarbeiterqualifikation, Soziale Kompetenz, Mitarbeitermotivation, Führungskompetenz. Humankapital ist im Besitz der betreffenden Person und verlässt mit ihr das Unternehmen. D.h. das spezifische Wissen eines Unternehmens ist zu einem bedeutenden Teil in Köpfen gespeichert. Je wissensintensiver die Leistungen des Unternehmens sind, um größer ist die Bedeutung dieses in Köpfen gespeicherten Wissens. Somit sind Mitarbeiter immer auch Produzenten und Inhaber immaterieller Vermögenswerte. D.h. Verlust von Wissensarbeitern bedeutet somit immer auch Kompetenzeinbußen.

Wann ist ein Unternehmen erfolgreich? In jedem Fall spielt der menschliche Faktor des Erfolgs eine große Rolle: dauerhafter Erfolg hängt zuerst immer von Mitarbeitern und Kunden, d.h. Menschen ab. Diesen ist wichtig, dass sie sich ernst genommen und gerecht behandelt fühlen. Als Mitarbeiter sind sie dann motivierter, engagierter und fester in das Unternehmen eingebunden. Sie fühlen sich auch für den Erfolg verantwortlich. Auch Kunden wollen sich in ihren Wünschen verstanden fühlen. Die Ressource "Humankapital" weist somit eine Reihe charakteristischer Merkmale auf.

Wertschöpfung: menschliche Arbeit wird zunehmend als Quelle für betriebliche Wertschöpfung erkannt, sie ist jedoch nicht von den Personen, die sie leisten, zu trennen. Wertvorstellungen: Menschen in Organisationen sind keine passiven Gestaltungsobjekte, sondern Träger von Zielen, Bedürfnissen, Wertvorstellungen und der Möglichkeit des (re-)aktiven Handelns, was sich u.a. in der Aversion gegenüber (zusätzlicher) Steuerung und Kontrolle manifestiert. Entscheidungen: Personalentscheidungen haben einen hohen internen politischen

Charakter und lösen im Gegensatz zu Sachentscheidungen längerfristige, nicht-lineare Wirkungsketten aus.

Nur die Sache ist verloren, die man aufgibt:
Luftschlösser wie im Märchen gaukelten wir uns einst vor.
Auch diese sind heute erheblich bescheidener geworden.
Der äußerlich aufgezwungenen Anspruchslosigkeit
gesellt sich nun auch die Innere zu.
Doch trotzdem – wir brauchen deshalb
uns kein geistiges Armutszeugnis ausstellen.
Dazu ein weiteres Plus: die Armut.
Es heißt: nicht wer wenig hat, sondern wer viel wünscht, ist arm.
Was wünschten wir einst, was wünschen wir jetzt?
Bleiben wir doch real im Denken
und verlieren wir nicht den Sinn für Wirklichkeit –
die Kraft zum „Dennoch" liegt in uns.
Schöpfen aus unserem Inneren den Reichtum unserer Herzen
und etwas Glanz in die Dunkelheit dieser Tage.
Dann ist das Leben lebenswert, dennoch lebenswert!
Das Wissen vom Leben, das wir Erwachsenen
der Jugend mitzuteilen haben, lautet also nicht:
„Die Wirklichkeit wird schon unter euren Idealen aufräumen –

sondern wachset hinein in eure Ideale,
dass das Leben sie euch nicht nehmen kann.
Wenn die Menschen das würden,
was sie mit 14 Jahren sind,
wie anders wäre die Welt!

Ernst Becker

Messprobleme: viele personalwirtschaftliche Tatbestände entziehen sich einer quantitativen oder gar monetären Erfassung und erfordern die Berücksichtigung qualitativer Daten und Indikatoren. Einflussfaktoren für Humankapital sind beispielsweise: Aus- und Weiterbildung, Erfahrungen und Kompetenzen aufbauen, Mitarbeiter motivieren. Nichtwissen/Nichtbeachtung in diesen Fragen/ Einflussfaktoren kann sich heutzutage kein Unternehmen mehr leisten. Fragen:
Welches Wissen und welche Kompetenzen sind relevant?
Welches Verhalten und welche Einstellungen sind für erfolgreiches Arbeiten wichtig/ notwendig?
Was müssen Mitarbeiter bei einer Neueinstellung mitbringen?
Was müssen Mitarbeiter lernen?
Wie werden geeignete Mitarbeiter gefunden, eingestellt, gehalten?

Wie werden Mitarbeiter ausgebildet und weiter qualifiziert?
Wie werden die Kompetenzen der Mitarbeiter gestärkt und systematisch weiterentwickelt?
Wie wird die Mitarbeitermotivation und -zufriedenheit sichergestellt?
Wie wird die Leistung der Mitarbeiter gefordert und gefördert?

Die vorgefundenen Problemstellungen werden gruppiert und zu größeren Problemkategorien zusammengefasst. Maßnahmen der externen Wissensidentifikation beziehen sich auf die Analyse und Beschreibung des Wissensumfeldes des Unternehmens. Es soll ein aktueller und detaillierter Überblick über die internen Fähigkeiten und Wissensbestände geschaffen werden. Im Modell-Beispiel wird hier folgendes Wissen-Humankapital angenommen:

HK-1: Unternehmerische Kompetenz
HK-2: Aus-/Weiterbildung, Fachqualifikation
HK-3: Mitarbeiterzufriedenheit, -motivation
HK-4: Wissensmanagement

Gute Führungskräfte müssen eine Reihe von Kernkompetenzen mitbringen. Diese beginnen mit der Fähigkeit zur erfolgreichen Mitarbeiterauswahl. Früher legte man großen Wert auf Fachkompetenz. Heute sind eher Flexibilität, Lernfähigkeit und eine hohe Einsatzbereitschaft oft wichtiger als das reine Fachwissen. Gute Führungskräfte müssen das Potential ihrer Mitarbeiter schon im Auswahlprozess erkennen. Eine weitere wichtige Kompetenz der guten Führungskraft ist der gelungene Aufbau von Erwartungen. D.h. den Mitarbeitern muss gezeigt werden, welche Ziele das Unternehmen hat, welche Visionen und Strategien verfolgt werden (Führungskräfte müssen dazu in der Lage sein, mit ihren Mitarbeitern intensiv zu kommunizieren).

Eine weitere Kernkompetenz für Führungskräfte besteht in ihrer Motivationsfähigkeit, d.h. Mitarbeiter auch individuell motivieren zu können. Effektiver als die bisher noch im Vordergrund stehenden finanziellen Anreize ist es, den Mitarbeitern Aufgaben zu übertragen, die im Einklang mit dem stehen, was ihnen wichtig ist. Eng hiermit zusammenhängt die Kompetenz zur Mitarbeiterentwicklung. Aber nicht die klassische Personalentwicklung mit Workshops oder Seminaren, sondern anspruchsvolle Aufgaben, die Mitarbeiter herausfordern und sie mit Aufgaben betrauen, an denen sie wachsen können. Unternehmerische Kompetenz bedeutet auch eine umfassende Sicht der Dinge, die Fähigkeit, den Wald und die Bäume zu sehen. Die Führungskraft muss ein scharfes Gespür für Trends haben: insbesondere dann wenn eine bevorstehende Umwälzung die gesamte bisherige Strategie in Frage zu stellen droht.

Für erfolgreiches Agieren wird ganzheitliche Qualifizierung gebraucht: wenn die Qualifizierungsmaßnahmen durch die betrieblichen Abläufe und Erfordernisse gestaltet werden und im Rahmen dieses Prozesses Training, Personal- und Organisationsentwicklung immer stärker verschmelzen, muss auch der Mittelstand auf integrierte Bildungs- und Entwicklungskonzepte setzen, um eine ganzheitliche Qualifizierung einzelner Mitarbeitergruppen oder ganzer Bereiche zu erzielen. Gleichwohl wird der einzelne Mitarbeiter stärker als bisher gefordert sein. Nicht nur deswegen, weil eine kontinuierliche Weiterbildung aus eigenem Antrieb vorausgesetzt werden muss und der Mitarbeiter in Zukunft von sich aus mehr Freizeit für die eigene Qualifizierung investieren muss.

Qualifikationsmaßnahmen müssen, was immer sie auch sonst den Mitarbeitern bieten mögen, den Fähigkeiten verpflichtet sein, die ein Unternehmen für erfolgreiches Agieren benötigt. Eine Qualifikationsbedarfsanalyse ist deshalb keine einmalige Angelegenheit, die nur einmal durchgeführt wird und dann damit erledigt ist. Wenn sich durch einen verändernden Markt neue Chancen zur Gewinnung von Kunden auftun, verändern sich damit gleichzeitig auch die Anforderungen an die Mitarbeiter und ebenso das, was Mitarbeiter lernen müssen und wie sie was tun müssen, damit das Unternehmen die erforderlichen Fähigkeiten erlangt.

Nur zufriedene Mitarbeiter sind gute Mitarbeiter: engagierte Mitarbeiter haben Interesse und Lust an der Sache, sie konzentrieren sich weniger auf Positionen und Karrieren. Sie bleiben auch am Ball, wenn es der Firma einmal weniger gut geht oder die Arbeitstage einmal länger werden. Jeder hat andere Ansichten darüber, was ihm in seiner Arbeitsumwelt wichtig ist. Nachfolgend werden deshalb eine Reihe von an die Mitarbeiter zu stellenden Fragen aufgelistet, von denen anzunehmen ist, dass sie vielleicht für die Arbeit von Bedeutung sind:
Wie wichtig sind für Sie: gesicherter Arbeitsplatz, Beschäftigungsgarantie u.a.?
Wie wichtig ist für Sie die Möglichkeit in einem Gebiet zu wohnen, das von Ihnen und Ihrer Familie bevorzugt wird?
Wie wichtig ist für Sie die Freiheit, Ihre eigenen Ansichten und Einstellungen in die Arbeit einbringen zu können?
Wie wichtig sind für Sie Fortbildungsmöglichkeiten, um Ihre Fähigkeiten zu verbessern oder neue Kenntnisse zu erwerben?
Wie wichtig ist für Sie eine Tätigkeit auszuüben, die es ermöglicht, einen echten Beitrag zum Erfolg des Unternehmens zu leisten?

Wie wichtig sind für Sie gute Arbeitsbedingungen: gute Lüftung und Beleuchtung, angemessener Arbeitsraum, keine Lärmbelästigung u.a.?

Wie wichtig ist es für Sie die Anerkennung zu erhalten, die Sie verdienen, wenn Sie gute Arbeit geleistet haben?

Wie wichtig ist für Sie ein gutes Verhältnis zu Ihrem Vorgesetzten?

Wie wichtig ist es für Sie eine Tätigkeit zu haben, bei der Sie Ihre Kenntnisse und Fähigkeiten einsetzen können?

Wie wichtig ist es für Sie ein Gehalt zu beziehen, das Ihrer Verantwortung entspricht?

Ohne regelnde Strukturen, Filterfunktionen oder Suchmaschinen ist die große Menge an Informationen in der Praxis nicht zu bewältigen: Wissensmanagement ist das Sammeln, Speichern und Verteilen von Informationen

Wissensmanagement erfordert zunächst auf Führungsebene die Bewertung von im Unternehmen zirkulierenden Informationen. In der konkreten Umsetzung muss dieser Prozess von der IT durch das Sammeln, Speichern und Verteilen des Knowhows unterstützt werden. Insbesondere Führungsebenen können bei ihrer Entscheidungsfindung von Wissensdatenbanken profitieren. Da teilweise bis zu 80 Prozent des Business-Wissens in Informationssystemen steckt, ist es eine Herausforderung an die IT, dieses Wissen zusammenzuführen. Das Wissen über die Planung, Steuerung, Durchführung und Kontrolle von Geschäftsprozessen ist in der Software gespeichert. Außerhalb der Software ist dieses Wissen nur bruchstückhaft dokumentiert oder nur in Köpfen von wenigen Mitarbeitern eingeschränkt verfügbar.

Im Rahmen von Funktionen des Wissensmanagement ist der Knowledge Enabler für die nötigen Werkzeuge und Methoden zuständig, um das für die Durchführung von Prozessen notwendige Wissen abrufen zu können, daraus eigenes Wissen abzuleiten und dieses Wissen über die gemeinschaftliche Wissensbasis wiederum anderen bereitzustellen.

Der sog. Knowledge Processor wiederum ist die Nahstelle zwischen technischer Wissensbasis während der Knowledge Enabler Informationen und Regeln so umsetzen muss, dass sie als Wissen im System vorgehalten werden können.

Der Knowledge Creator recherchiert im Markt nach zusätzlichen relevanten Informationen, die dann in die Wissensbasis eingeflochten werden, der Knowledge Engineer sammelt das vorhandene Informations- und Wissenspotenzial und erzeugt strukturiertes Wissen, indem er für einzelne Prozesse verbindliche Regeln aufstellt.

Um dem Ganzen ein Rahmengerüst zu geben, werden zunächst folgende vier Bewertungszonen unterteilt:
Bewertungszone rot 0 % - 30 % = schlecht
Bewertungszone gelb > 30 % - 60 % = teils-teils
Bewertungszone grün > 60 % - 100 % = gut
Bewertungszone rot > 100 % = Übererfüllung
Je nachdem, ob ein Faktor hinsichtlich seiner Quantität, Qualität oder Systematik beurteilt und bewertet wird, ermöglicht dies einen schnellen „Ampel"-Eindruck. Die Bewertungszone von > 100 % - 120 % wurde deshalb vorgesehen, um für einen bestimmten Einflussfaktor gegebenenfalls auch eine „Übererfüllung" anzeigen zu

können. Beispielsweise um darauf hinzuweisen, dass mit über das Optimum hinausreichenden Ressourcen über einen Umleitung zu anderen Faktoren ein vielleicht größerer Vorteil für das Gesamtsystem zu erreichen wäre.

Vergangenheits-, gegenwarts- und zukunftsbezogene Bewertungsdimensionen: im Rahmen von Personal- und Wissensbilanz wird jeder Faktor nicht nur aus dem verengten Blickwinkel einer einzigen Dimension betrachtet. Vielmehr wird versucht, der Wirklichkeit dadurch besser gerecht zu werden, dass jeder Faktor aus drei unterschiedlichen Blickwinkeln heraus in Augenschein genommen wird. D.h. in einem ersten Schritt wird zunächst das rein mengenmäßige Vorhandensein eines Faktors danach beurteilt, wie weit dieser den Anforderungen zu entsprechen vermag. Vor dem Hintergrund, dass in vielen Fällen das bloße Vorhandensein vielleicht nicht ausreichen mag, wird zusätzlich die Qualität des Faktors beurteilt. In manchen Fällen mag es durchaus vorkommen, dass fehlende Quantität durch bessere Qualität ausgeglichen werden kann. Sowohl die Dimension Quantität als auch die einer Qualität sind jedoch immer nur vergangenheits- oder bestenfalls gegenwartsbezogene Bewertungsdimensionen. Was darüber hinaus also noch interessiert, ist eine zukunftsbezogene Beurteilungsbetrachtung, der mit einer weiterführenden dritten Systematik-Bewertung nachgekommen werden soll. D.h. unter diesem Blickwinkel soll ein Faktor zusätzlich noch danach beurteilt werden, wie er sich voraussichtlich in der nächsten Zukunft weiter entwickeln wird bzw. wie stabil und sicher vergangenheits- und gegenwartsbezogene Bewertungen auch für die Zukunft fortgeschrieben werden können. Wird das Bewertungsbild aus diesen drei Dimensionen zusammengesetzt, so wird auch die Wahrscheinlichkeit größer, dass es besser der Realität entsprechen kann.

Eine fiktive Beispiel-Bewertung der unternehmerische Kompetenz könnte beispielsweise mit folgenden Indikatoren unterstützt werden:
Bekanntheitsgrad Leitbild extern
Akzeptanzgrad Leitbild extern
Wirkungsgrad Leitbild extern
Eigenkapitalrendite
Innovationsstärke
Entwicklung des Marktanteils
Zufriedenheit mit Unternehmen und Vorgesetzten
Pressekonferenzen pro Jahr
Kritikfähigkeit
Durchsetzungsvermögen
verständliche Anweisungen und Aufgabenübertragungen,
Überzeugungs- und Argumentationsstärke.

Das Schwergewicht verlagert sich von fachlichen mehr und mehr zu überfachlichen Kompetenzen. 50 bis 70 Prozent der Arbeitszeit entfällt auf zwischenmenschliche Situationen wie Kundenverhandlungen, Mitarbeitergespräche, Meetings oder Telefongespräche. Hinzu kommt die leistungs- und budgetorientierte Planung und Kontrolle der im jeweiligen Verantwortungsbereich liegenden Abteilungen sowie die Erarbeitung von strategischen Planungen und Zielen.

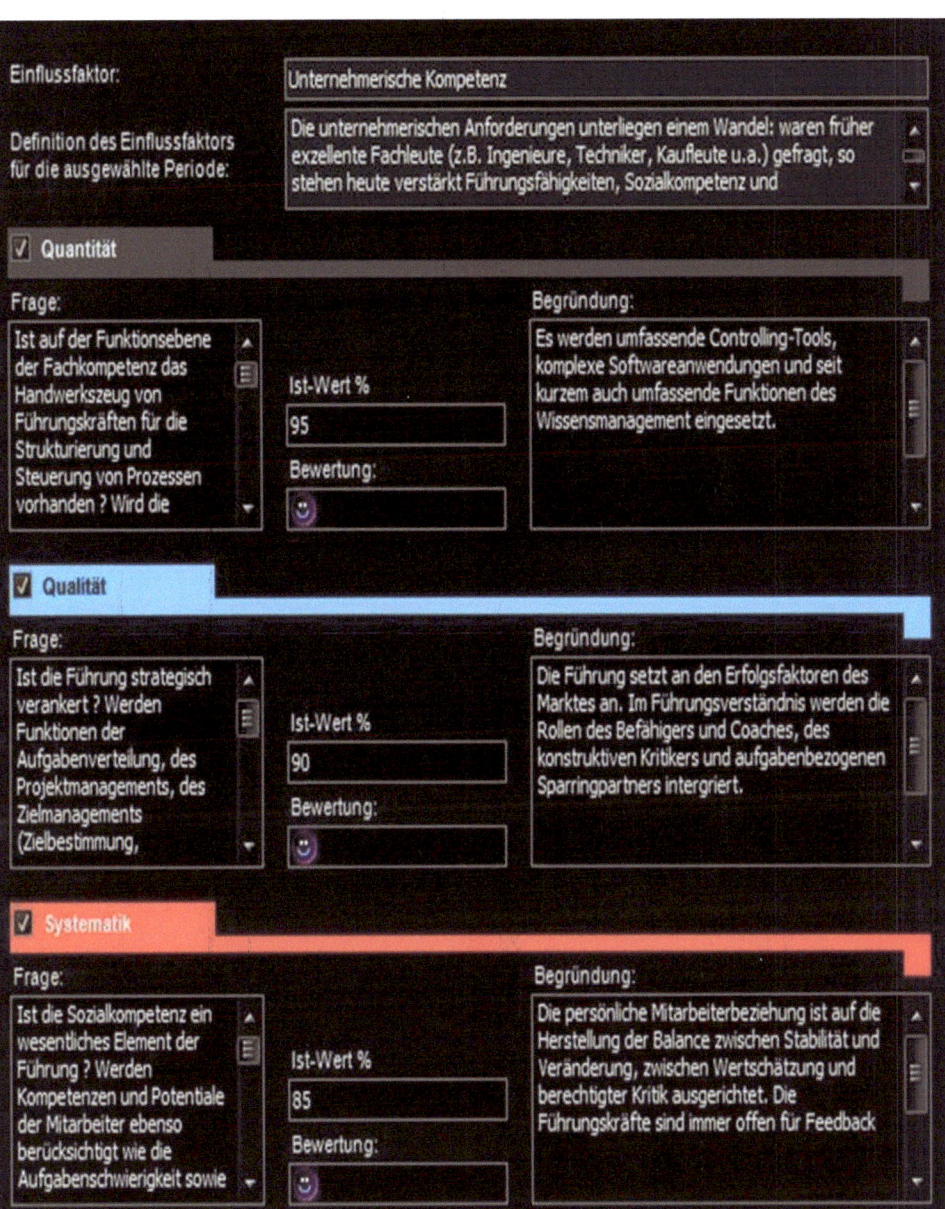

Zum Selbstverständnis der Führungsfunktionen gehören: es den Mitarbeitern ermöglichen sich entsprechend ihren Stärken zu entfalten, Ergebnis- und Leistungserwartungen an die Mitarbeiter konkret formulieren (Zielvereinbarungen), auf Negativentwicklungen kurzfristig reagieren, den eigenen Verantwortungsbereich konsequent anhand der strategischen Geschäftsfeldplanung steuern, Vorbildrolle wahrnehmen, eine wertschätzende Leistungskultur aufbauen, eindeutige Prioritäten setzen, gegenüber Mitarbeitern glaubwürdig sein, im Bedarfsfall Hilfestellung für Mitarbeiter geben, auf soziale Distanz und statusorientiertes Verhalten verzichten, Potenzialträger und Nachwuchsleute gezielt aufbauen, überzeugend kommunizieren, persönlich Veränderungsbereitschaft zeigen, Verantwortung in Veränderungsprozessen übernehmen.

Führungsverhalten und Führungsstil: die Selbsteinschätzung der Vorgesetzten und ihre Bewertung durch die Mitarbeiter driften aber oft deutlich auseinander. Viele Befragungen legen offen, dass Manager ihren Führungsstil oft völlig anders einschätzen und gerne in einem zu günstigen Licht darstellen wollen. Der hohen Diskrepanz zwischen Selbstbild und Fremdbild liegt ein Kommunikationsdefizit zugrunde, das mit Hilfe von Mitarbeiterbefragungen abgebaut werden kann.

Kundenorientierung wird für Unternehmen immer mehr zum zentralen Strategiethema. Das Unternehmen hat aber nicht nur externe Kunden, sondern auch interne Kunden, nämlich die Unternehmensleitung, Mitarbeitervertreter/innen, Führungskräfte und Mitarbeiter. Diese internen Kunden haben ähnliche Eigenschaften und Bedürfnisse wie die externen Kunden. Unzufriedene Mitarbeiter erhöhen die Fluktuation und Fehlzeiten: die Leistungsträger wandern ab. Mitarbeiter, die mit Verve und Freude bei der Sache sind, leisten wesentlich bessere Arbeit. Ein gutes Betriebsklima gehört zum wichtigen Kapital eines Unternehmens, das allerdings in keiner Bilanz aufgeführt wird. Das Personalführungsinstrument der Mitarbeiterbefragung kommt keineswegs nur für Konzerne in Betracht, sondern eignet sich für alle Betriebe, die mehr als fünfzig Beschäftigte haben.

Wichtige Fragestellungen, um dem Betriebsklima auf die Spur zu kommen, sind:
Kooperation: Wird Ihr Team von Spannungen und Misstrauen behindert oder durch gegenseitige Hilfsbereitschaft gestärkt? Führungsstil: Begegnen Sie Ihren Mitarbeitern als Partner oder als Despot?
Freiräume: Schnürt ein dichtes Netz von Arbeitsrichtlinien jede Eigeninitiative ab oder werden Kompetenzen delegiert? Entgelt- und Anreizsysteme: Ist Ihre Entgeltstruktur so beschaffen, dass man sich möglichst fair be-

zahlt fühlt ? Oder klaffen die Gehaltsspannen unverhältnismäßig weit auseinander? Karriere: Gibt es eine vernünftige Personalentwicklung oder bleibt der Aufstieg dem Zufall überlassen ? Organisation: Werden Jobrotation, Gruppenarbeit oder Job Enrichment praktiziert oder versauern Mitarbeiter an ein und demselben Arbeitsplatz?

Eine Mitarbeiterbefragung ist nicht mit der Veröffentlichung ihrer Ergebnisse beendet: denn die Mitarbeiter erwarten, dass ihre Aussagen zu Veränderungen führen. Zu kritischen Bereichen müssen sich deshalb weitere Untersuchungen anschließen und dann in erkennbare Verbesserungen umgesetzt werden. Im Mittelpunkt stehen die Leistungs- und Motivationspotenziale der Mitarbeiter. Mitarbeiterbefragungen sind nicht zuletzt auch eine Feedback-Aktion für Führungskräfte. Die Schwierigkeit einer solchen Beurteilung „von unten" mit einer Konfrontation von unterschiedlichen Selbst- und Fremdbildern liegt darin, Mitarbeitern die Angst zu nehmen, dass ihre Aussagen negativ auf sie zurückfallen können.

Eine Beispiel-Bewertung Aus-/Weiterbildung, Fachqualifikation könnte beispielsweise mit folgenden Indikatoren unterstützt werden: Weiterbildungszeit pro Mitarbeiter, Weiterbildungsrendite/-faktor, Struktur der Weiterbildungsmaßnahmen, Struktur der Prüfungsergebnisse. Zu den strategischen Instrumenten des Qualifizierungsmanagements zählen qualitative Bedarfsschätzungen, Trendexplorationen, personalwirtschaftliche Technologiefolgeabschätzungen, Stärken-Schwächen-Analysen, Chancen-Risiken-Analysen, Kennzahlenanalysen, Szenario-Techniken, Frühwarnsysteme und Mitarbeiter-Portfolios. Die Anwendung von Szenariomethoden ermöglicht eine ganzheitliche Problemsicht und zeigt die Handlungsbedarfe in den verschiedenen Teilbereichen auf. Unter Berücksichtigung der relevanten Faktoren im Bereich der betrieblichen Planung können spezifische Personalszenarios entwickelt werden. Die Qualifikationsbedarfsanalyse ist gleichzeitig Bestandteil der umfassenden Unternehmensplanung. Auf der strategischen Ebene ist es daher sinnvoll, eine enge Verknüpfung zwischen Personalentwicklungs- und Unternehmensplanung herbeizuführen. Anhand von Personal-Portfolios geht es um die Fragen: wie sieht das aktuelle Leistungsverhalten aus? wie soll das zukünftige Entwicklungspotential aussehen?

Gelerntes an den Arbeitsplatz transferieren: Bildungsmaßnahmen erfüllen nur dann voll ihren Zweck, wenn durch das Gelernte dann auch das Aufgabenspektrum im beruflichen Kontext besser gelöst werden kann, d.h. das Unternehmen ist nicht nur an positiven Lernzuwächsen sondern vielmehr daran interessiert, dass das Gelernte an den Arbeitsplatz transferiert wird. D.h. für das Unternehmen geht es weniger darum, ob der Teilnehmer an Bildungsmaßnahmen einen Lernerfolg erworben hat, sondern vielmehr darum, mit welcher Transferquote dieser Lernerfolg in die betriebliche Praxis umgesetzt werden kann. Lerntransferquoten von unter 50 % rechtfertigen meist nicht den dafür zu erbringenden finanziellen Aufwand.

Erst ein ausgefeiltes Management der Weiterbildungsmaßnahmen führt zu einer höheren Effizienz der Schulungen. Hierbei geht es um die Frage, welchen Beitrag zum Unternehmenserfolg die Bildungsprozesse erbringen. Ein einheitliches Kriterium für die Erfolgsmessung von Weiterbildung gibt es nicht, da sich der Input aufgrund unterschiedlicher Messmethoden nicht direkt mit dem erzielten Output vergleichen lässt. Die Messung des Weiterbildungs-Outputs wird u.a. dadurch erschwert, dass der Erfolg oft nicht unmittelbar nach dem Ende der Bildungsmaßnahme eintritt. Der Erfolg von Weiterbildungsmaßnahmen geht über das Erfassen von Kennzahlen aus der Kostenrechnung und der Summe der Seminartage hinaus. Die Rentabilität der Investitionen in den Bildungsbereich kann u.a. mit Arbeitsproduktivitätskennziffern gemessen werden. Weiterhin kann der Erfolg von Weiterbildungsmaßnahmen daran gemessen werden, in welchem Umfang sie zur Deckung des Weiterbildungsbedarfs beigetragen haben. Weiter in der

Bildungsstrategie berücksichtigt werden müssen auch qualitative Meßgrößen wie Daten aus Prozessmessungen, Mitarbeiter-Befragungen und der Weiterbildungsbedarfsanalyse.

Am einfachsten können aus der Lohn- und Gehaltsabrechnung, der Kostenrechnung und Finanzbuchbuchhaltung sowie auf Grundlage personalwirtschaftlicher Statistiken die Kosten der Weiterbildungsaktivitäten ermittelt werden. Zu den direkten Kosten zählen u.a. Kosten des Weiterbildungspersonals, Dozentenhonorare, Raumkosten, Sachkosten für Maschinen- und Geräteausstattung, Lehrmaterialien, Lehrgangsgebühren und Reisekosten. Zu den indirekten Kosten zählen u.a. Kosten für Lohnfortzahlungen. Der diesen Kosten gegenüberzustellende Nutzen ermittelt sich u.a. aus Kennzahlen wie dem Grad der Erreichung der angestrebten Lern- und Transferziele (Bildungswert = Lernwert + Transferwert), Fluktuations-, Fehlzeiten- oder Beschwerdequote.

Eine vielseitige Qualifikation der Mitarbeiter wertet gleichzeitig den einzelnen Arbeitsplatz auch durch Jobenlargement und Job-enrichment auf und verhindert, dass durch die Abwerbung von ausgebildeten Arbeitskräften durch nichtausbildende Unternehmen die Ausbildungserträge extern anfallen. Umso mehr die vermittelte Qualifikation unternehmensspezifisch ist, reduziert sich aber auch das Problem dieser externen Effekte (Verminderung der Fluktuationsrate). Meßprobleme treten weiter dadurch auf, dass Produktivitätseffekte wie beispielsweise Loyalität, Leistungsmotivation, Teamgeist, Verbesserungsvorschläge oder verstärkte Innovationsorientierung sich oft nur längerfristig und nur in indirekter Form auswirken. Wenn die unternehmensspezifische Weiterbildung in erster Linie die Produktivität im ausbildenden Unternehmen erhöht, erhält sie dadurch einen zusätzlichen Optionswert, der bis zu einem gewissen Grad auch tatsächliche Einkommens- und Positionsanhebungen ersetzen kann.

Eine Beispiel-Bewertung Mitarbeiterzufriedenheit, -motivation könnte beispielsweise mit folgenden Indikatoren unterstützt werden: Fluktuationsrate, Quote der effektiven Arbeitszeit, Krankheits-Ausfallquote, Zufriedenheit mit Unternehme und Vorgesetzten, Zufriedenheit mit Arbeit und beruflichen Anforderungen, Zufriedenheit mit Gehalt und Nebenleistungen, Zufriedenheit mit persönlicher Weiterentwicklung, Motivator motiviert Team/ Mitarbeiter. Kundenorientierung wird für das Unternehmen immer mehr zum zentralen Strategiethema. Das Unternehmen hat aber nicht nur externe Kunden, sondern auch interne Kunden, nämlich die Mitarbeiter. Diese Human-Ressourcen sind der einzige Produktionsfaktor, der aus sich selbst heraus wachsen kann, d.h. alle anderen unterliegen einem ständigen, abzuschreibenden Werteverzehr. Die Selbsteinschätzung der Vorgesetzten und ihre Bewertung durch die Mitarbeiter driften oft auseinander. Der hohen Diskrepanz zwischen Selbstbild und Fremdbild liegt ein Kommunikationsdefizit zugrunde, das mit Hilfe von Mitarbeiterbefragungen abgebaut werden kann. Ein gutes Betriebsklima gehört zum wichtigen Kapital eines Unternehmens, das allerdings in keiner bisherigen Bilanz aufgeführt wird.

Mitarbeitergespräche können zum besseren Betriebsklima beitragen. Die internen Kunden des Unternehmens, nämlich die Mitarbeiter, haben in manchen Punkten durchaus ähnliche Eigenschaften und Bedürfnisse wie die externen Kunden. Unzufriedene Mitarbeiter erhöhen die Fluktuation und Fehlzeiten: die Leistungsträger wandern ab. Mitarbeiter, die mit Verve und Freude bei der Sache sind, leisten wesentlich bessere Arbeit. Ein gutes Betriebsklima gehört zum wichtigen Kapital eines Unternehmens, das allerdings in keiner Bilanz aufgeführt wird. Fragestellungen hierzu wären beispielsweise:
Führungsstil: Beggnen Sie Ihren Mitarbeitern als Partner oder als Despot?
Kooperation: Wird Ihr Team von Spannungen und Misstrauen behindert oder durch gegenseitige Hilfsbereitschaft gestärkt?

Freiräume: Schnürt ein dichtes Netz von Arbeitsrichtlinien Eigeninitiativen ab oder werden Kompetenzen delegiert?

Entgelt- und Anreizsysteme: Ist Ihre Entgeltstruktur so beschaffen, dass man sich möglichst fair bezahlt fühlt? Oder klaffen die Gehaltsspannen unverhältnismäßig weit auseinander?

Karriere: Gibt es eine vernünftige Personalentwicklung oder bleibt der Aufstieg dem Zufall überlassen?

Organisation: Werden Jobrotation, Gruppenarbeit oder Job Enrichment praktiziert oder versauern Mitarbeiter an ein und demselben Arbeitsplatz?

Ziele des Mitarbeitergesprächs sind u.a.: Analyse der Stärken und Schwächen aus Sicht der befragten Mitarbeiter, Beurteilung von persönlichen Mitarbeitersituationen, Verbesserung der Kommunikation, Abbau von Kommunikationsdefiziten/ -barrieren, Schaffung einer Basis für notwendige Aktionen und Maßnahmen (verbesserte Akzeptanz), Verbesserung von Führungsverhalten und Arbeitszufriedenheit/ -motivation. Ein gut aufgebautes und vorbereitetes Mitarbeitergespräch ist ein Gradmesser, der zeigt, wie der Mitarbeiter auf seiner weiteren Wegstrecke vorangekommen ist.

Die Situation eines solchen Grundsatzgespräches ähnelt in vielen Dingen einem Einstellungsgespräch. Es könnte somit hilfreich sein, wenn sich die beteiligten Parteien, d.h. Vorgesetzter und Mitarbeiter jeweils aus ihrer Sicht in diese Lage hinein zu versetzen suchten. Der Vorgesetzte würde also sein Mitarbeitergespräch so vorbereiten, als ob er noch einmal vor der Entscheidung stünde, seinen Mitarbeiter neu einzustellen oder nicht. Der Mitarbeiter seinerseits würde sich innerlich vorstellen, sich noch einmal um seine Stelle bewerben zu müssen und diese jeweils ablehnen oder annehmen zu können. Falls vor allem der Mitarbeiter solche Gedankenspiele als nicht nur unangenehm oder wirklichkeitsfremd ablehnt, mag er für sich selbst beantworten, ob sich sein Vorgesetzter nicht doch solche Fragen bereits gestellt hat oder vielleicht bald einmal stellen könnte.

Ein Wissensmanagement umfasst hierbei alle Maßnahmen, die auf eine Ausweitung von Wissen oder auf eine verbesserte Nutzung gerichtet sind. Denn im Unternehmen verfügbare Wissensbestände erfüllen nur dann ihren Zweck, wenn durch sie das Aufgabenspektrum im beruflichen Kontext besser gelöst werden kann, d.h. das Unternehmen ist nicht nur an positiven Wissenszuwächsen sondern vielmehr daran interessiert, dass das Wissen an den Arbeitsplatz transferiert wird. Hierbei geht es um die Frage, welchen Beitrag zum Unternehmenserfolg der Erwerb von zusätzlichem Wissen erbringt. Wissensmanagement soll die Problemlösungskapazität des

Unternehmens aufgrund der vorhandenen Fähigkeiten und Praktiken erhöhen und durch gezielte Beeinflussung die Wissensbasis verbessern.

Management von Erfahrungswissen: zu unterscheiden ist zwischen explizitem Wissen, das sich anhand von Regeln abbilden lässt und implizitem Wissen, das sich aus Problemlösungskompetenz und Erfahrungsschatz der Mitarbeiter zusammensetzt. D.h. zunächst muss das Wissen der einzelnen Mitarbeiter sowie des gesamten Unternehmens in einer Wissens-Landkarte zusammengefasst werden. Diese verzeichnet Wissensquellen und Wissenssenken: wo sitzen Experten zu welchen Themen, wo besteht Bedarf für welche Informationen.

Integriertes Wissensmanagement-Konzept: Wer effizientes Wissensmanagement betreiben will, muss die Prozesse im Unternehmen genau kennen. Dazu gehören die zur Durchführung einzelner Prozesse benötigten Informationen ebenso wie die an diesen Prozessen beteiligten Mitarbeiter. Die technische Infrastruktur muss gut skalierbar sein, da mit Zusammenführung des kompletten Wissensbestandes die Zugriffshäufigkeiten auf diesen zunehmen. Wissen und Erfahrungen sind an Personen gebunden und daher können nur die Knowhow-Träger selbst diese Potentiale erschließen.

Wer sind die Erfahrungsträger? Bezüglich Erfahrungswissen bei der Projektarbeit ist es wichtig, dass für den notwendigen Wissenstransfer Erfahrungsprofile der Mitarbeiter dokumentiert und gepflegt werden. Für die Zusammenstellung von Projektteams sind diese Erfahrungsprofile eigentlich unabdingbar. Gespeichert werden Daten über die Expertise von Mitarbeitern, Universitäts- und Industriekontakten. Damit ist ein erster Schritt zur Verknüpfung von Projekt- und Wissensmanagement getan. Oft ist es hilfreich, Berichte vergangener Projekte zu durchforsten und zugänglich zu machen. Es geht um die Verknüpfung des internen methodischen Knowhows mit dem jeweiligen Anwendungsbereich. Eine erfahrungssichernde Projektdokumentation erfordert zwar Zeit. Aber nur wer schnell und einfach auf Vorhandenes zurückgreifen kann, gewinnt Freiräume für kreative neue Lösungswege. Eine Hauptaufgabe wird in Zukunft sein, Wissen zu erzeugen, zu dokumentieren, auszutauschen und anzuwenden

Vernetztes Lernen: alle fünf Jahre verdoppelt sich das Wissen der Menschheit. Dieser Sachverhalt wird ausgedrückt durch den Begriff der Halbwertzeit des Wissens. Leistungsfähige Unternehmern zeichnen sich dadurch aus, dass sie schnell lernen können: jeder einzelne für sich wie auch im Team. Das bedeutet auch, dass es idealerweise eine Verknüpfung geben muss zwischen dem individuellen Lernen des einzelner Mitarbeiters und dem Lernen des Unternehmens. Ergänzt werden kann dieser Wissenspool durch handlungsgesteuertes Wissen. Das sind beispielsweise Erfahrungen und Lösungsansätze, die von jedem Mitarbeiter eingegeben werden können und dann auch allen anderen zur Verfügung stehen (Alle haben das Wissen aller).

Gesamt-Bewertung auf einen Blick:

QQS-Bewertung

ID	Einflussfaktor	Ak...	Qn-Ist %	Ql-Ist %	Sy-Ist %
GP-1	Leitbild und Unternehmensstrategie	✓	55	30	25
GP-2	Innovationsmanagement, Management of Change	✓	60	65	85
GP-3	Customer-Relationship-Management	✓	60	40	70
GP-4	Marketingcontrolling	✓	90	80	80
GE-1	Image und Bekanntheitsgrad	✓	75	50	65
GE-2	Marktattraktivität, Marktposition, Konkurrenz	✓	90	80	80
GE-3	Entwicklungspotentiale, Umfeld- und Kundenbeobachtung	✓	75	55	25
GE-4	Leistungsqualität	✓	85	80	45
HK-1	Unternehmerische Kompetenz	✓	95	90	85
HK-2	Aus-/Weiterbildung, Fachqualifikation	✓	55	35	15
HK-3	Mitarbeiterzufriedenheit/-motivation	✓	65	70	45
HK-4	Wissensmanagement/-bilanzierung	✓	15	10	5
SK-1	Informationssysteme und Softwareanwendungen	✓	95	80	85
SK-2	Planungs- und Controlling-Tool Box	✓	65	95	90
SK-3	Frühwarn- und Risikokontrollsystem	✓	15	35	25
SK-4	Standortfaktoren	✓	75	65	50
BK-1	Kunden-, Lieferantenbeziehungen, Kooperationen	✓	90	70	25
BK-2	Unternehmenskommunikation	✓	35	25	40
BK-3	Kompetenznetzwerke	✓	5	10	5
BK-4	Logistikleistungen	✓	85	90	90

GP-1: Leitbild und Unternehmensstrategie
GP-2: Innovationsmanagement, Management of Change
GP-3: Customer Relation Management
GP-4: Marketingcontrolling
GE-1: Image und Bekanntheitsgrad
GE-2: Marktattraktivität, Marktposition, Konkurrenz
GE-3: Entwicklungspotentiale, Umfeld- und Kundenbeobachtung
GE-4: Leistungsqualität
HK-1: Unternehmerische Kompetenz
HK-2: Aus-/Weiterbildung, Fachqualifikation
HK-3: Mitarbeiterzufriedenheit, -motivation
HK-4: Wissensmanagement, -bilanzierung
SK-1: Informationssysteme und Anwendungen
SK-2: Planungs- und Controlling-Toolbox
SK-3: Frühwarn-, Risikokontrollsystem
SK-4: Standortfaktoren
BK-1; Kunden- und Lieferantenbeziehungen, Kooperationen
BK-2: Unternehmenskommunikation
BK-3: Kompetenznetzwerke
BK-4: Logistikbeziehungen

In einer wissensintensiven Wirtschaftswelt sind Markterfolge eng mit dem Zukunfts-Rohstoff „Wissen" verknüpft. Eine ebenso enge Verbindung ist daher auch zwischen Marketingprozessen und Prozessen anzunehmen, die unter den allgemeinen Oberbegriff von Intellektuellem Kapital und Wissensbilanzen eingeordnet werden können. In vielen Unternehmen agieren Marketingcontrolling und immaterielle Assets des Intellektuellen Kapitals gewissermaßen als Parallelwelten. Ein erster Schritt, die Schnittstellen zwischen verschiedenen Betrachtungsweisen der gleichen Marktphänomene auszuloten, ist mit der Identifikation und Bewertung der hierbei wirkenden Einflussfaktoren getan. Gleichzeitig wird damit eine solide Grundlage für anschließend gegebenenfalls folgende Strategie-Checks gelegt.

Fiktives Gesamt-Profil Quantität auf einen Blick:

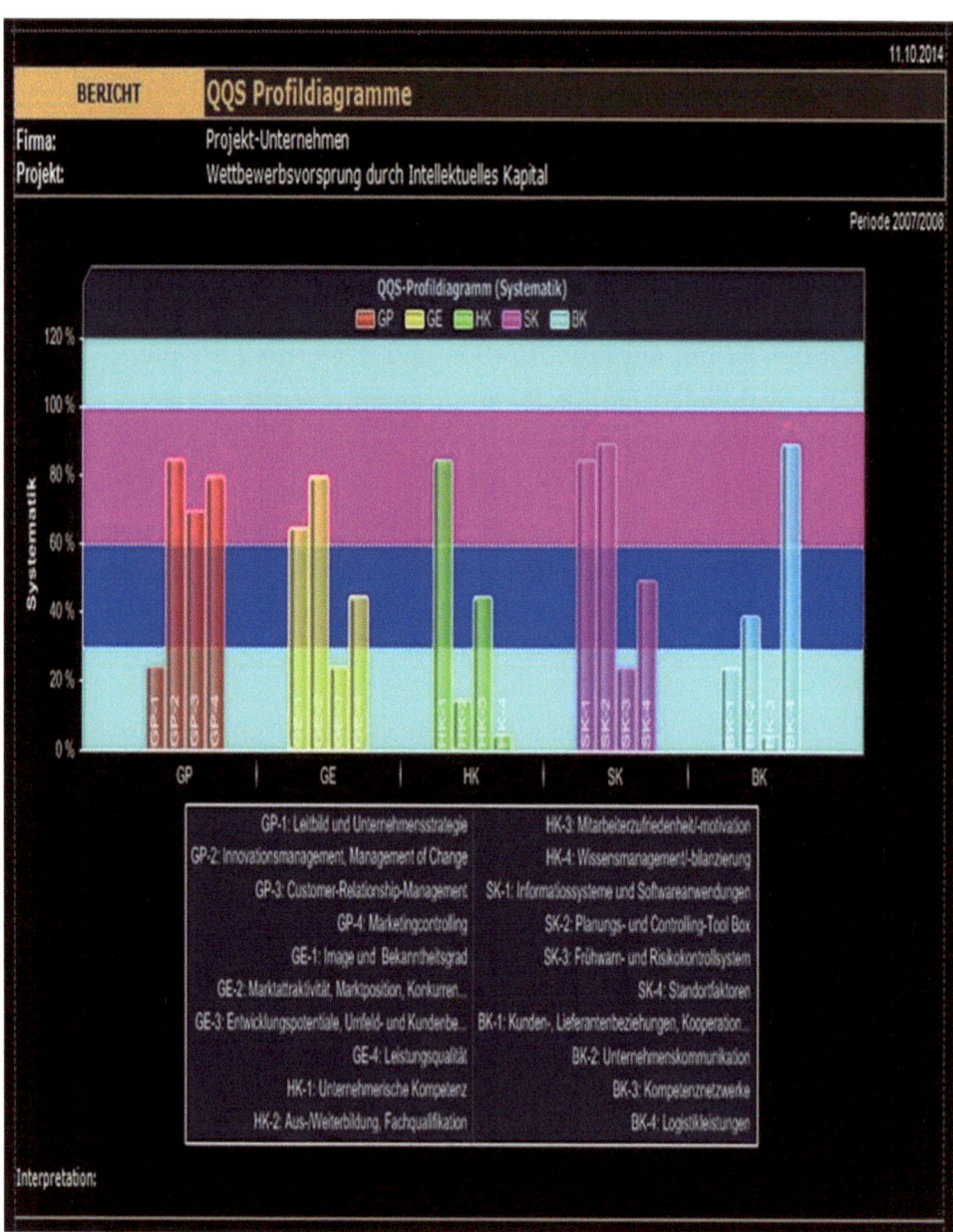

Fiktives Gesamt-Portfolio Quantität auf einen Blick:

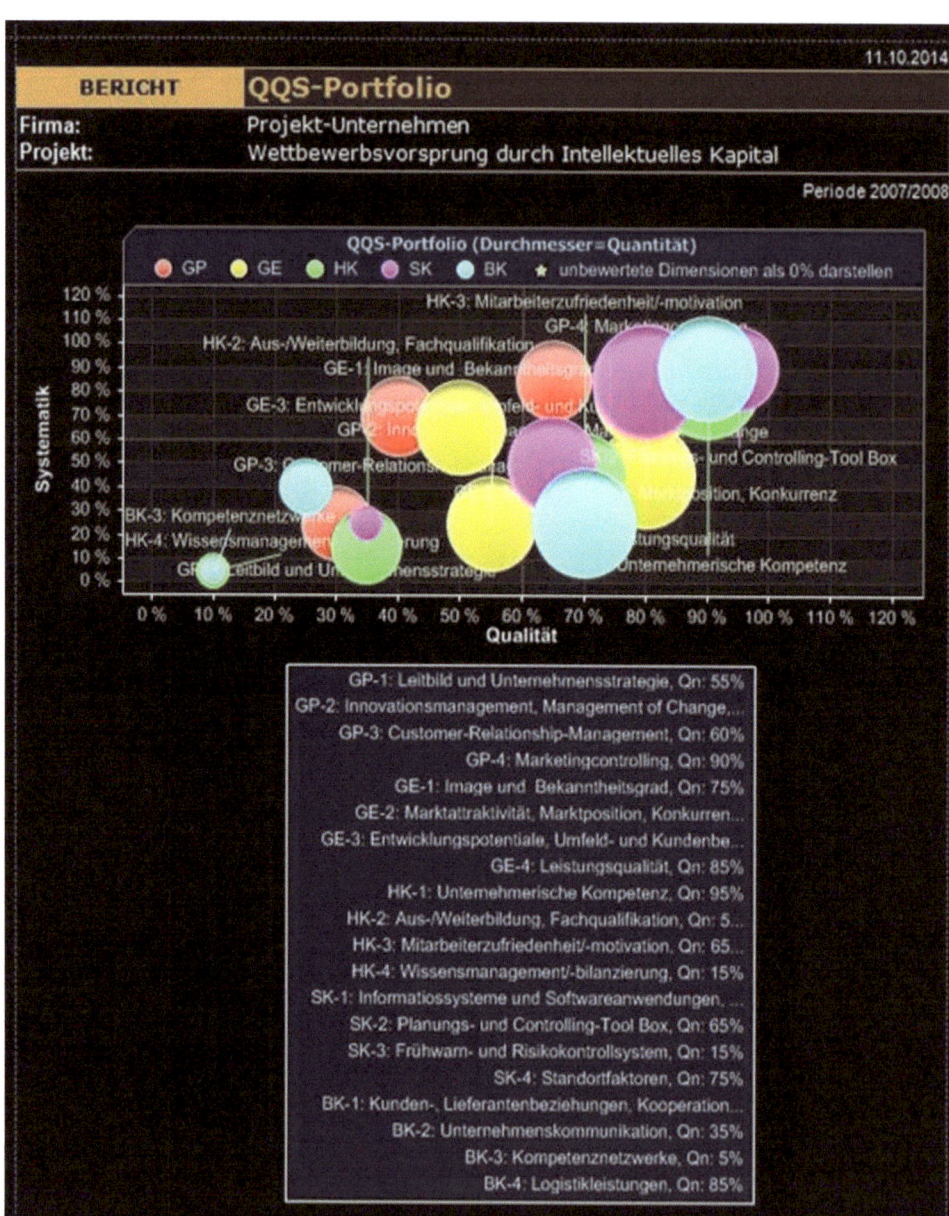

Ein Weg in diese Richtung kann dadurch geebnet werden, dass die oft nur in Marktnischen auffindbaren Wissensbilanz-Instrumente für breitere Anwendungen hin geöffnet und nutzbar gemacht werden. Bereits eine intensivere Beschäftigung mit den Gesamtzusammenhängen zwischen Marketing und Intellektuellem Kapital kann zu neuen, bisher vielleicht nicht so zielgerichtet durchdachten Hinweisen auf Stärken, Schwachstellen und Verbesserungspotentiale führen.

Da es zum Intellektuellen Kapital keinen vergleichbaren Rohstoff gibt, der sich durch wiederholten Gebrauch vermehren ließe, lohnt allein die Beschäftigung mit diesem. Der Ansatz, Prozesse und Erfolgsfaktoren des Marketingcontrolling in Richtung hin auf eine Wissensbilanz zu entwickeln, kann darüber hinaus einen Anreiz zu notwendiger ganzheitlicher Denkweise liefern. Die mehrdimensionalen Bewertungen sowohl nach Quantität und Verfügbarkeit als auch nach qualitativen und zukunftsbezogenen Systematik-Aspekten tragen zur Transparenz meist komplexer Marketing-Sachverhalte bei. D.h. Bewertungen werden auch für Dritte nachvollziehbar gestaltet, zwischen den Beteiligten wird eine gemeinsame Kommunikationsplattform geschaffen.

Ganze Geschäftsmodelle hängen am Tropf von anonymen Algorithmen - virtuelle Reality Doppelgänger des eigenen Ich - Homo Mobilis mit Verschiebung im Denken - Hüten sollte man sich vor der Illusion einer Automatisierung des Geistes, d.h. der Ablösung menschlicher Hirntätigkeit durch Software und Algorithmen

Etablierte Lebens-, Arbeits- und Denkweisen sind innerhalb nur weniger Jahre teilweise obsolet geworden. Mit der digitalen Revolution des Netzes stehen alle an einem Wendepunkt technologisch-gesellschaftlichen Wandels: es geht um den Eintritt in die Risikozone digitaler Technologien. In der Digitalökonomie lassen wir uns von anonymen Algorithmen durch das Netz lotsen. Wissensmanagement ist ein Muss, wenn man in der Wissensgesellschaft seine Markt-/ Wettbewerbsposition noch ausbauen will: in der informationsbasierten Arbeitswelt finden gewaltige Umstrukturierungen statt, d.h.: wenn der Wettbewerb immer weniger über Faktoren wie Kosten oder Finanzmittel gewonnen werden kann, muss nach anderen, tiefer liegenden, bisher noch ungenutzten Faktoren gesucht werden. Während das Management klassischer Produktionsfaktoren schon sehr weit ausgeschöpft ist, wird das Management der Wissens-Rohstoffe seine Zukunft noch vor sich haben. Data Sharing, Open Data, Open Access gestalten eine digitale Welt. In Echtzeitprozessen bleibt kaum mehr die Zeit, einmal gründlich nachzudenken und komplexe

Sachverhalte sorgfältig aufzuarbeiten. Das Leben vollzieht sich in einer datenüberwachten Gesellschaft, Riesenmaschinen saugen in einer Art von ewigem Gedächtnis unaufhörlich alle Daten auf, deren sie nur irgendwie habhaft werden können. Eines der wirkungsvollsten Schlupflöcher, um digitalen Zwängen noch entfliehen zu können, scheinen Unberechenbarkeit und Willkür von menschlichem Verhalten zu sein. Vor dem Irrationalen des Menschen müssten eigentlich auch die komplexesten Algorithmen erst einmal an ihre Grenzen stoßen. Wenn ein perfekter Algorithmus gerade durch die Unperfektheit des Menschen ins Leere läuft, so könnte gerade der „homo nonoeconomicus" zum Bollwerk gegen die totale Kontrolle werden. Trotz aller noch so atemberaubender Technologien braucht es immer wieder Menschen, die bereits sind und den Mut haben, auch angesichts von informationsgesättigtem Sachverstand Vernunft walten zu lassen. Wissen und Intuition lassen sich nicht einfach durch Software nachbilden oder durch Statistik-, Wahrscheinlichkeits- oder Optimierungsrechnungen ersetzen; und seien diese auch noch so gescheit. Es geht u.a. um:

Homo Mobilis – Verschiebung im Denken
Eine Personalbilanz ist eine zentrale Studie
Intergläubige und Cyber-Utopisten
Verhaltenswährung Berechenbarkeit

Weniger ist mehr – was zählt, ist das Wissen über sich selbst
Anreicherung der Wissensbilanz mit mehrdimensionaler Datenanalyse
Daten und Beschreibung der Abbildungsregeln
Partionierung der Datenbestände
Aktionsradius von Analysefunktionen
Analyseverfahren, Variable, Funktionen
Im Cluster ähnliche Eigenschaften bündeln
Parameter der Ähnlichkeitsfunktion
Partionierendes und hierarchisches
Indikator für Verschiedenheit
Im Sucher der Datenmuster
Value at Risk
Simulation von Risikofaktoren
Aus Sicht eines Entscheidungsbaums
Lebensmuster und neue Realitäten
Regime Big Data unantastbar?
Wissen, was Daten tun
Personalbilanz identifiziert Hebel- und Rückkoppelungskräfte
Wissensmanagement ist „der" Stellhebel für Zukunftsfähigkeit.

Soziale und räumliche Mobilität – Virtuelle Räumlichkeiten – Arbeitsorganisation und Lebensgestaltung – Freiheit und Effizienz – Mobile Kommunikationstechnolo-

gien. Der technologische Umbruch durch Digitalisierung, Vernetzung und beschleunigte Kommunikation beeinflusst direkt auch
die Gesellschaft,
das Zusammenleben,
die Kommunikation,
die Arbeit.
Etablierte Lebens-, Arbeits- und Denkweisen sind innerhalb nur weniger Jahre teilweise obsolet geworden. Mobilität hat zwei grundsätzliche Aspekte: zum einen die räumliche Beweglichkeit und zum anderen die soziale Mobilität. Unter die soziale Mobilität fallen insbesondere berufliche und soziale Aufstiegschancen innerhalb der Gesellschaft. Gleichzeitig aber auch die Abstiegsgefahren als Gegenstück hierzu. Beide Mobilitätsfaktoren sind fundamentale Erfolgsfaktoren für die Lebensqualität.

Mobile Technologien eröffnen Möglichkeitsräume, um selbstbestimmt zwischen Frei- und Arbeitszeit pendeln zu können. Mobile Kommunikationstechnologien schaffen Möglichkeiten, ganz nach individuellen Bedürfnissen physisch mobil zu sein. Der Technische Fortschritt hat neue Raum- und Zeitdimensionen erschlossen, an die vor noch gar nicht allzu langer Zeit kaum jemand zu denken gewagt hätte. Teamkollegen arbeiten nicht mehr unbedingt Tür an Tür, sondern manchmal geografisch verteilt sogar über verschiedene Zeitzonen hinweg. Man begegnet sich im virtuellen Raum, wann und wo immer es gerade gewollt ist. Nicht nur die Arbeits-, sondern die gesamte Lebenswelt haben sich verändert: die Folge ist eine Verschiebung im Denken.

Mobile Technologien haben ihre Spuren hinterlassen und etwas in Bewegung versetzt, das zuvor in relativer Ruhe zu verharren schien. Physische Mobilität gepaart mit mobiler Kommunikation verändern Geschäftsprozesse. Im Bereich der persönlichen Lebensgestaltung eröffnen sich neue Freiräume. Der traditionelle Arbeitsplatz wandelt sich: man kann auf eingrenzende, fest zugeordnete Plätze verzeichnen. Innerhalb flexiblerer Arbeitsorganisationen lassen sich berufliche Anforderungen besser in die persönliche Alltagsgestaltung integrieren. Eine Umsetzung von Work-Life-Konzepten erfährt hiermit konkrete Unterstützung.

Trotz aller noch so atemberaubender Technologien braucht es immer wieder Menschen, die bereits sind und den Mut haben, auch angesichts von informationsgesättigtem Sachverstand Vernunft walten zu lassen. Hüten sollte man sich vor der Illusion einer Automatisierung des Geistes, d.h. der Ablösung menschlicher Hirntätigkeit durch Software und Algorithmen. Wissen und Intuition lassen sich nicht einfach durch Software nachbilden oder durch Statistik-, Wahrscheinlichkeits- oder Optimierungsrechnungen ersetzen; und seien diese auch noch so gescheit.

Eine Personalbilanz wäre hierzu eine zentrale Studie und ermöglicht ermöglichte ganzheitlich ausgerichtete Standortbestimmung von individuellen Personen: die **Systematik und logische Strukturierung** der Personalbilanz bevorzugt eine Vorgehensweise, mit der Bruchstellen und Widersprüchlichkeiten in der Bewertung und Steuerung von Personalfaktoren vermieden werden können.

Die Darstellung legt auch die **Dynamik der Wirkungsbeziehungen** zwischen Personalfaktoren mit Hebel- und Rückkoppelungseffekten offen (graphische Netzdarstellung).

Der für die Erstellung einer Personalbilanz notwendige **Aufwand fällt nicht wiederholt an**, da einmal erfasste Grundstrukturen bei einer Aktualisierung nur noch ergänzt und fortgeschrieben werden müssen.

Auf der Zeitachse können durch den Vergleich fortgeschriebener Bilanzen **Entwicklungen und Trends eines Mitarbeiters ablesbar** gemacht werden. Das Monitoring der Personalbilanz ist ein **Gradmesser**, der zeigt, wie eine bestimmte Person auf ihrer weiteren Wegstrecke vorangekommen ist.

Mit Hilfe der Personalbilanz kann nicht nur das „Was-ist", sondern auch das **„Was-sein-könnte" (Potenziale, Perspektiven** von Personen) verdeutlicht werden.

Im Wettbewerb um Arbeit spielen „weiche", oft als nicht bewertbar beurteilte Einflussfaktoren eine immer wichtigere Rolle. Über die Personalbilanz können diese „Intangibles" einer **transparent nachvollziehbaren und einheitlich durchgängigen Bewertungssystematik** zugeführt werden.

Internetgläubige und Cyber-Utopisten: mögliche Arbeitswelten von morgen (oder schon von heute ?) – Grenzen zwischen Arbeitszeit und Freizeit entfallen – Selbstbestimmt und ohne Chefs – Mobil ohne fest zugeordnete Arbeitsplätze – Einschwörung auf Geist und Ziel – Einsatz bis zur Erschöpfung – Vernetzung total und allseitige Transparenz. Jedem, dessen Karriere einmal für längere Zeit in US-Unternehmen des High-Tech-Sektors verlaufen ist, könnten manche (viele, alle) der folgenden Anmerkungen bekannt vorkommen und realistisch erscheinen.

Chefs als stetige, lange Zeit begleitende Eckpfeiler gibt es eher selten: sie verschwinden, wechseln, kommen ganz nach Bedarf eines jeweiligen Projektes. Anwesenheitspflichten während Kernarbeitszeiten: Fehlanzeige. Fest zugewiesene Arbeitsplätze oder Büros: Fehlanzeige. Da alles mobil erledigt wird, treffen sich die Mitarbeiter einer Belegschaft unregelmäßig und eher zufällig. In dieser sehr frei und selbstbestimmt erscheinenden Arbeitswelt wird von jedem Einzelnen voller Einsatz und ein hohes Maß an Managementkompetenz erwartet (vorausgesetzt). Nicht selten wird die Nächte durchgearbeitet und Müdigkeit mit Unmengen Kaffee nieder gedrückt: für oft nur kurzlebige Erfolge müssen persönliche Ressourcen bis zum Anschlag (manchmal darüber hinaus) ausgeschöpft werden. Ganz unmerklich, manchmal auch offen ausgesprochen, verschwinden die Grenzen zwischen Arbeitszeit und Freizeit.

Der Preis für den persönlichen Freiheitsgewinn ist mit dem uneingeschränkten Einsatz der ganzen Person zu bezahlen. Und der unbedingten Begeisterung für alle Vorgaben und Unternehmensziele: die Einschwörung hierauf erfolgt u.a. per Firmen-Party oder –Events. Solche Veranstaltungen, haben manchmal schon etwas Sektenzüge: wer hier nicht auf totale Begeisterung gepolt ist oder es gar wagen sollte, einmal fernzubleiben, hat es im Arbeitsalltag nicht unbedingt leichter, bei

Wiederholung droht eine Karrierebremse. Und man hat –einschließlich des Ehepartners- totale Transparenz zu demonstrieren. Trotzdem ist diese hierarchiefreien, selbstbestimmten Arbeitswelt
ohne feste Chefs
ohne feste Arbeitszeiten
ohne feste Büros oder Arbeitsplätze
mitnichten so transparent, wie es vielleicht nach außen hin scheinen mag: speziell bei strategischen Interna gibt es (manchmal schwer durchschaubare) Hierarchien

In einer Arbeitswelt der Zukunft, einer Arbeitswelt der Netzgläubigen und Cyber-Anhänger, gibt es nur noch wenige Hauptfächer:
hundertprozentig vernetzt
lebenslanges Lernen und agieren am Limit
unbedingte Unterwerfung unter vorgegebene Ziele
grenzenloses Engagement (total involvement)
allseitige Transparenz.

Die Ironie eines so gezeichneten Bildes: eine derart stringente Welt scheint weniger für Mindestlohn-Empfänger sondern viel eher für die Allerklügsten und Beweglichsten vorgezeichnet zu sein. Es sei denn, man lässt ihnen noch (sie selbst finden noch) ein kleines, schattiges Nischenplätzchen. Das Bild, das sich allgegenwärtige digitale Sammler von Personen machen, bleibt diesen verborgen, dürfen diese nicht sehen: innerhalb der digitalen Welten gibt es ein und dieselbe Person oft zweimal, nicht selten vielleicht sogar mehrmals. „Im Schatten unseres rätselhaften Ichs entsteht ein berechenbarer Widerpart aus Zahlen, Entscheidungen, Bewegungen und Kontakten". Digitale Datensammler erheben den Anspruch, über Personen Dinge zu wissen, die diese selbst nicht wissen, verborgene Motive aufspüren zu können, die noch nicht einmal gedacht wurden.

Verhaltenswährung Berechenbarkeit: das Internet und seine anonymen Algorithmen — Irrational, emotional und nicht perfekt – Treibstoff Nutzerprofile - digitale Zwillinge und Realität – Suchmaschinen und Abhängigkeiten – „perfekte" Algorithmen an den Grenzen des „Unperfekten". Durch das Internet scheint nichts ist mehr wie es war: Daten werden enteignet und ausgebeutet, alles bewegt sich, alles verändert sich. In der Digitalökonomie lassen wir uns von anonymen Algorithmen durch das Netz lotsen. Data Sharing, Open Data, Open Access gestalten eine digitale Welt. In Echtzeitprozessen bleibt kaum mehr die Zeit, einmal gründlich nachzudenken und komplexe Sachverhalte sorgfältig aufzuarbeiten. Das Leben vollzieht sich in einer datenüberwachten Gesellschaft, Riesenmaschinen saugen in einer Art von ewigem Gedächtnis unaufhörlich alle Daten auf, deren sie nur irgendwie habhaft werden können. Auch journalistische Medien erhalten ihren Traffic mehr und mehr via Google. Die Google-Suchmaschine ist allein aufgrund ihres erdrückenden Marktanteils „alternativlos". Suchmaschinen, die süchtig und abhängig machen können, sollten transparent und kontrollierbar sein: also so ziemlich das Gegenteil von dem, was heute ist. Suchmaschinen bestimmen über Bekanntheitsgrad und online-Reichweiten von Wirtschaftssubjekten

Ganze Geschäftsmodelle hängen am Tropf von anonymen Algorithmen: werden diese geheimnisvoll verschleiert wann und wie auch immer verändert, ändern sich Traffic-Zahlen und Erfolgsfaktoren der Online-Welt. Von Suchmaschinen erzeugte Abhängigkeiten steigen exponentiell. Gegen das auf Servern der Internet-Konzerne angehäufte Wissen über jeden digital oder auch nicht digital aktiven Bürger ist die einstige Horrorvision von George Orwell der reinste Kindergeburtstag.

Die fossilen Brennstoffe als Treibstoff des 20 Jahrhunderts sind von Daten der Nutzerprofile als Treibstoff des 21. Jahrhunderts übertroffen worden. Durch dem Normalbürger weitgehend unbekannte „Digitalautoritäten" werden Menschen zunehmend transparenter, fremdbestimmter und manipulierbarer. In der FAZ wird von Google gar als einer „weltmarktbeherrschenden Großbank der Verhaltenswährung" gesprochen: für die Fiktion von der Gratis-Kultur im Internet hätten wir alle einen hohen (zu hohen ?) Preis mit der „Berechenbarkeit und kommerziellen Verwertbarkeit unseres Verhaltens" zu entrichten.

Aber wenn sich die digitalen Zwänge der ungebremsten Abgreiferei persönlicher Daten schon nicht mehr rückgängig oder gar überhaupt unmöglich machen lassen, so sollte jeder das Recht haben zu wissen, was man an Daten von ihm gesammelt hat und für welche passenden und unpassenden Gelegenheiten auswertet. Jeder sollte sich also selbst fragen, ob er bereits ein Gefangener des Netzes ist und erst wieder frei sein kann, wenn diese Verbindung gekappt wird, das Netz zerreißt oder zumindest noch ausreichende Schlupflöcher offen lässt.

Eines der wirkungsvollsten Schlupflöcher, um digitalen Zwängen noch entfliehen zu können, scheinen Unberechenbarkeit und Willkür von menschlichem Verhalten zu sein. Vor dem Irrationalen des Menschen müssten eigentlich auch die komplexesten Algorithmen erst einmal an ihre Grenzen stoßen. Wenn ein perfekter Algorithmus gerade durch die Unperfektheit des Menschen ins Leere läuft, so könnte gerade der „homo nonoeconomicus" zum Bollwerk gegen die totale Kontrolle werden.

Eine auf Berechenbarkeit aufgebaute Verhaltenswährung würde also umso weniger Macht verleihen, je unperfekter, irrationaler und willkürlicher sich Menschen verhalten. Solange der reale Mensch mutiger, widersprüchlicher, sprunghafter, fauler, emotionaler als sein digitaler Zwilling im Algorithmus bleibt, könnten Berechenbarkeit, Kontrolle und Manipulierbarkeit noch in Grenzen gehalten werden. Ein echter „homo oeconomicus" sollte also die Freiräume und Handlungsoptionen seiner „Unperfektheit" erhalten und pflegen.

Achtung Informationsflut – Strategisches Denken – Szenariotechnik und Risikoanalyse – Aus Informationen Wissen erzeugen – Potential Personalfaktoren – SWOT-Betrachtungen. Gerade im Mittelstand ist heute immer mehr Fach- und Expertenwissen gefragt. Klar ist: für eine gute Entscheidung braucht man nicht nur grundlegendes Fachwissen als Basis, sonder darüber hinaus auch aktuelle Informationen. Dennoch: Mittelständler leiden eher selten unter Informationsmangel. Eher wahrscheinlich ist, dass sie in einer Informationsflut zu ersticken drohen. Vor dem Hintergrund extrem schnell steigender Informationsmengen droht quasi Informationsverschmutzung, wenn man einem allgegenwärtigen Hang zum Sammeln von Informationen folgt.

Nicht selten wird der Wert zusätzlicher Informationen überschätzt und Kosten und Mühen wie die hierzu gehörige Informationsbeschaffung unterschätzt. In einem Info-Lärm des Sammelns hilft nur noch: diesen aufgehäuften Wust der Informationen sortieren und nach Wichtigem selektieren. Es wäre ein Trugschluss, möglichst viele Informationen mit Wissen gleichzusetzen. Viel zu wissen ist wichtig. Aber noch kein Garant für den Erfolg. Was mindestens genauso wichtig oder vielleicht sogar mehr zählt, ist das Wissen über sich selbst. So sollte jeder sich u.a. fragen:
Welcher Typ Mensch bin ich?
Welche Stärken und Schwächen habe ich?
Wie passen Geschäftsidee und ich zusammen?
Erfolgreiche investieren viel Zeit in die Selbstanalyse und in das Persönlichkeitstraining.

Anreicherung der Wissensbilanz durch mehrdimensionale Datenanalyse mit Beschreibung der Abbildungsregeln, Partitionierung der Datenbestände und vergrößertem Aktionsradius von Analysefunktionen

Modellbildung für die Anwendung von Data-Mining-Techniken: ähnlich wie ein Kaufhaus muss sich auch ein Data Warehouse dynamisch der Nachfrage anpassen. Vergleichbar mit einem Versandhaus, bei dem der Nutzer die für seine Aufgabenstellungen relevanten Daten bestellt, wird der Zweck des Data Warehouse umso besser erfüllt, je mehr Informationswünsche des Bestellers direkt erfüllt werden können: ohne dass weitere Datenlager durchsucht werden müssten, d.h. je vollständiger das Angebot an „Datenwaren" ist.

Zu den Techniken gehören automatische Regressionsanalysen (Scoring) für große Einflussanalysen, Entscheidungsbäume (Kundensegmentierungen) und Neuronale Netze sowie Assoziationsanalysen. Wichtige Analysefälle sind bereits vordefiniert, sodass sich Marketinganwender nicht in die technischen Details von komplizierten Data-Mining-Verfahren einarbeiten müssen, um trotzdem aussagefähige Analyseergebnisse zu erhalten. Stichproben, Datenbereitstellung: Ausgangspunkt aller Data Mining Projekte ist die Datenbereitstellung (Input Node). Nach der Festlegung der Eingabedatei folgen Einzelheiten zu den Analyse- und Zielvariablen. Die Geschwindigkeit von Auswertungen kann mit Stichproben beschleunigt werden. Mit den Möglichkeiten einer 3-dimensionalen Datenexploration für große Datenmengen können Muster und Trends erkannt sowie Ausreißer entfernt werden. Mit Clusteranalysen können Gruppen von „ähnlichen" Beobachtungen gebildet werden. Damit können auch für große Datenmengen Prognose- und Scoringmodelle entwickelt werden. Ergebnisse können an Verfahren wie Entscheidungsbäume, neuronale Netze oder beliebig andere Prozeduren übergeben werden. Bei allen Schritte können dazugehörige statistische Grundkennziffern berechnet werden.

Nach dem Data Warehouse-Prinzip konzipierte Systeme enthalten Daten und Meta-Daten. Die „Metabase", d.h. eine Datenbank in der Datenbank mit Informationen über die Information, übernimmt die Rolle des Katalogs: analog zu Versandhaus erhält ein potentieller Besteller über den Katalog entsprechende Informationen über die mit ihrer Beschreibung angebotenen Daten. Diese Metadaten enthalten zum einen die Abbildungsregeln. Daneben werden auch Hierarchien, Dimensionen und die „Würfel" für die mehrdimensionale Analyse bereitgestellt. Impliziter Bestandteil der Informationen eines Data Warehouse ist ihre zeitliche Variabilität. Im Gegensatz zu Daten, mit denen immer nur der momentane Ist-Zustand der Geschäftsaktivitäten abgebildet werden kann, lassen sich mit Data-Warehouse-Daten Trendanalysen durchführen. Denn das Data Warehouse wird mit Momentaufnahmen derselben Information zu verschiedenen Zeitpunkten gefüllt und erlaubt so Vergleiche und Aussagen über Entwicklungen bestimmter Faktoren.

Detaillierte Daten haben eine niedrige Granularität, d.h. mit steigender Verdichtung der Daten erhöht sich gleichfalls die Granularität. Es können in einem Informationssystem auch verschiedene Granulariätsgrade bestimmt werden. Beispielsweise dass mit zunehmendem Alter der Daten für diese eine steigende Datenverdichtung vorgesehen wird.

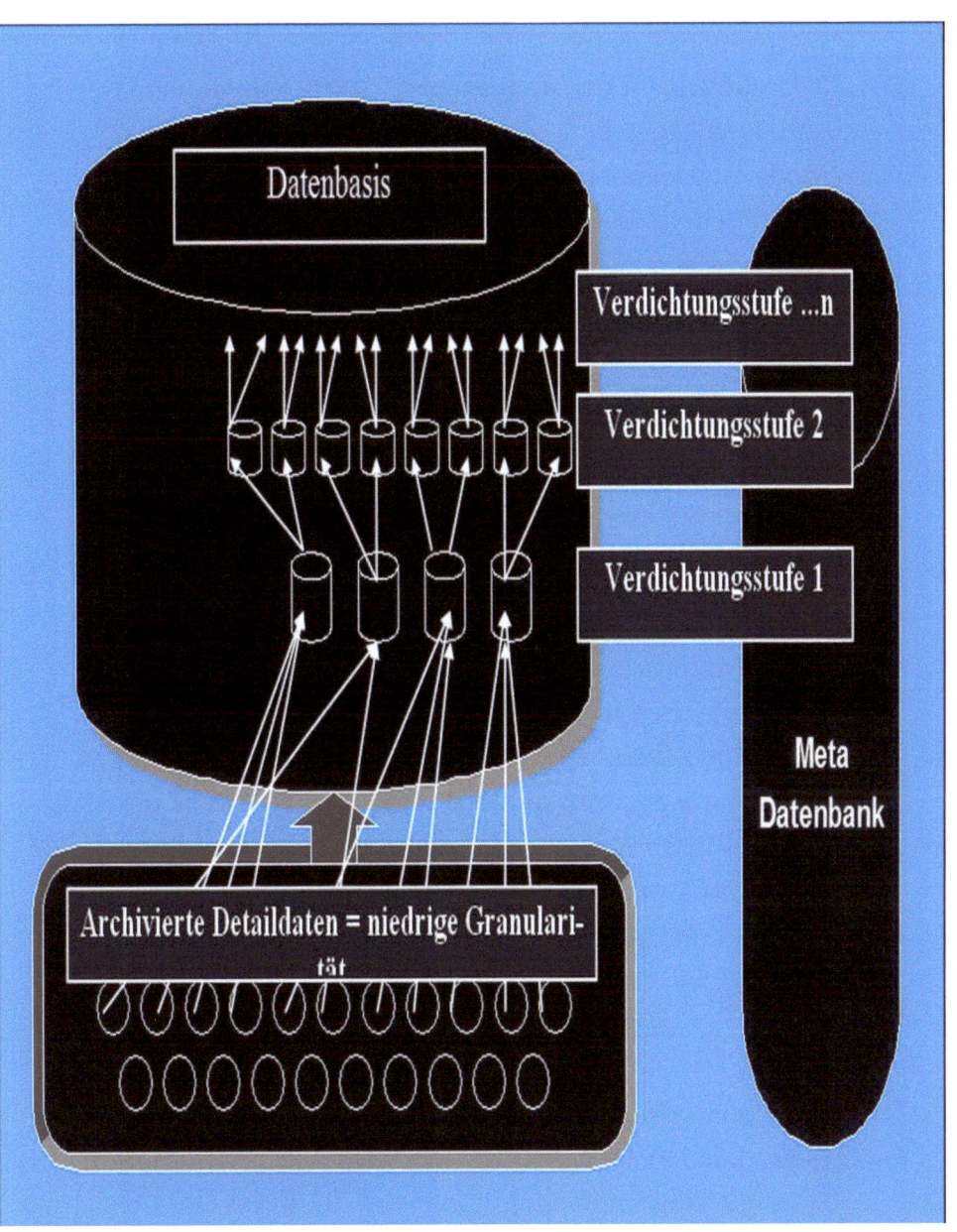

Beispielsweise liefert eine CRM-Applikation detaillierte Informationen über Kunden und deren Kaufverhalten und ermöglicht das gezielte Planen und Steuern von Marketingmaßnahmen. Die hierfür notwendigen Daten sind oft über mehrere heterogene Systeme verteilt. Data Warehouse- und Data Mining-Lösungen stellen die Schlüsseltechnologien dar, um o.a. Daten für das Marketing nutzen zu können. Das System enthält Daten und Metadaten, die hohe Anzahl der Tabellen wird reduziert. Die Metadaten enthalten zum einen die Beschreibung der Abbildungsregeln.

Die Verarbeitungseffizienz wird neben der Granularität von der Fragmentierung beeinflusst. Bei Durchführung der Partitionierung wird der Datenbestand in mehrere kleine, physisch selbständige Partitionen mit redundanzfreien Datenbeständen aufgeteilt. Derart partitionierte Datenbestände bringen Verarbeitungsvorteile hinsichtlich beispielsweise Restrukturierung, Indizierung, Reorganisation, Datensicherung oder Monitoring. Zu berücksichtigen ist, dass die Partitionierung einen höheren Aufwand bei der Erstellung der Datenmodelle mit sich bringt.

Data Mining ist der eigentliche Schlüssel zu einem effektiven Kundenmanagement, d.h. das optimale CRM-System besteht aus einem Data Warehouse mit der Datenbasis und darauf aufbauend den Data Mining Applikationen, die den Datenbestand mit Hilfe vielfältiger mathematischer und statistischer Methoden -wie multivariaten Verfahren, aber auch neuronalen Netzen- auswerten können. Erst mit Data Mining lassen sich aus den Datenbeständen bislang verborgene Verhaltensmuster und Zusammenhänge herausfiltern, die für konventionelle Abfragesysteme nicht erkennbar sind. Data Mining ermöglicht zusätzliche Extrapolationen in die Zukunft und gibt beispielsweise Hinweise darauf, wie ein neues Produkt erfolgreich am Markt platziert werden kann.

Für den Einsatz des richtigen statistischen Verfahrens sind folgende Punkte zu berücksichtigen:
Untersuchungszeitpunkt, -zeitraum,
Anzahl der Variablen (uni-, bi-, multivariat),
Dependenz und Interdependenz,
Datenniveau der Variablen (metrisch, nicht-metrisch),
Abhängige und nicht-abhängige Variablen,
Untersuchungsgegenstand.

Analyseverfahren, Variable, Faktoren. Zu den multivariaten Verfahren zählen:

Kontigenzanalyse, im Zweivariablenfall Kreuztabellenanalyse genannt: es wird von nicht-metrischen abhängigen und unabhängigen Variablen ausgegangen. Die in der Stichprobe gefundenen beobachteten Werte werden in einer mehrdimensionalen Tabelle dargestellt und die Randhäufigkeiten berechnet. Auf Basis der Randhäufigkeiten werden für jede Zelle der Tabelle die aufgrund einer Gleichverteilung erwarteten Häufigkeiten berechnet. Die Kontigenztabellenanalyse vergleicht die Unterschiede zwischen den beobachteten und den erwarteten Zellenhäufigkeiten multidimensional über alle Variablen hin weg. Analysierte Fragestellungen können beispielsweise sein: Sind einem Testmarkt unterzogene Produkte erfolgreicher als nicht getestete? oder unterscheiden sich Raucher und Nichtraucher nach Geschlecht und Schulbildung?

Regressionsanalyse: untersucht die Beziehung zwischen einer abhängigen und mindestens einer unabhängigen Variablen, beispielsweise:

hängt die Höhe des Verkaufsumsatzes von der Zahl der Kundenbesuche ab?

wie ändert sich der Marktanteil, wenn die Werbung verdoppelt wird?

gibt es einen Zusammenhang zwischen Einkommen, Alter und Konsum?

kann der Verkaufspreis eines Produktes um 10 % erhöht werden, wenn der Wert der Zusatzausstattung um 5 % und der Werbeetat um 5 % angehoben werden?

Varianzanalyse: untersucht die Streuungen (Varianzen) für die Ausprägungen von nicht-metrischen unabhängigen Variablen um deren einzelne Mittelwerte: beispielsweise soll die Wahrnehmung von Käufern untersucht werden, die sie gegenüber zwei alternativen Verpackungsformen für das gleiche Produkt empfinden; auf drei Ratingskalen wird die Attraktivität der Verpackung, die Gesamtbeurteilung des Produktes und ihre Kaufbereitschaft gemessen.

Diskriminanzanalyse: untersucht Gruppenunterschiede, wobei die abhängige Variable die Gruppenzugehörigkeit beschreibt und die unabhängigen Variablen die Gruppenelemente identifizieren, beispielsweise:
kann der Kunde anhand seines Alters, Einkommens und der Anzahl der Schufa-Einträge als kreditwürdig eingestuft werden?
hängt die Wahl eines Automodells von seiner Höchstgeschwindigkeit, seinem Verbrauch und dem Preis ab?

Faktorenanalyse: ist ein Verfahren der Datenreduktion bezüglich einer Vielzahl von gleichgerichteten Variablen: sind bestimmte Eigenschaften eines Produktes nach den Analyseergebnissen gleichgerichtet und sehr stark voneinander abhängig so können die Einzelvariable ohne großen Verlust an Aussagekraft durch einen Ober-Faktor gebündelt werden:

Multidimensionale Skalierung: Mit diesen Verfahren werden Objekte als Punkte in einem möglichst zweidimensionalen Raum so positioniert, dass eine geometrische Ähnlichkeit der Objekte abgebildet wird, beispielsweise: welche Marken sind nach Meinung der Käufer ähnlich oder unähnlich, gemessen durch ein semantisches Differential mit 15 items für 12 Marken? welche Produktpositionierung weisen nach Meinung der Käufer 5 Modelle anhand 12 für alle 5 Modelle gemessenen Kaufentscheidungsdimensionen auf?

Conjoint-Analyse: untersucht Strukturen zwischen Merkmalsausprägungen verschiedener Variablen und bringt sie in eine Reihenfolge, beispielsweise: gibt es Kombinationen von Verkaufsunterstützungsmaterial (Display, Geschenke, Seminare u.a.) welche von den Großkunden im Handel bevorzugt werden? welche Produktkombination aus 2 Design-Varianten, Ausstattung und Bildgröße bevorzugt der Käufer?

Zusammenfassung ähnlicher Eigenschaften über Parameter der Ähnlichkeitsfunktion oder Moore´s Law an den Grenzen der Physik

Für die Digitalisierung der Wertschöpfungsketten (Industrie 4.0) braucht man mehr Chips. Mehr Chips aber bedeuten: mehr Software in Maschinen und Produkten. Das Gesetz von Moore: die Zahl der auf einem Siliziumchip vorhandenen Transistoren verdoppelt sich alle 24 Monate. Experten aber datieren das Ende dieser Gesetzmäßigkeit derzeit auf das Jahr 2021. Hintergrund dieser Aussage: „die Software ist nicht mehr ganz so stark auf stetigen Ressourcenhunger programmiert, aber auch im Computer selbst konnte man zuletzt größere Geschwindigkeitsvorteile durch den Einbau einer schnelleren Festplatte erreichen als zwangsläufig durch schnellere Chips". Nach Expertenmeinung wird Software wohl die Welt beherrschen und nicht unbedingt der Chip, den sie steuert.

Ohnehin war klar, dass das Moore´sche Gesetz als eine Exponentialfunktion nicht in alle Ewigkeit so weiter fortgeschrieben werden konnte. Aber die Welt dreht sich trotzdem weiter, und zwar immer schneller: nie wieder wird sich die Welt so langsam verändern wie heute (meinte jemand auf dem Weltwirtschaftsforum). So könnten mit den Erkenntnissen von Neurowissenschaften Fortschritte erzielt werden, die derzeit noch außerhalb der menschlichen Vorstellungskraft liegen. Bis hin zu neuen Steigerung der Energieeffizienz. Vor dem Hintergrund der Tatsache, dass ein menschliches Gehirn (für manchmal unglaubliche Leistungen) nur gerade einmal zwanzig Watt verbraucht, um zu funktionieren. Oder es wird behauptet:„Jeder Dollar, der zum Beispiel in die Erforschung des Genoms gesteckt wird, hat den Kapitaleinsatz um das 200-fache zurückverdient".

Oder zurück zum eher Profanen, indem man beispielswese Kunden, Produkte, Warenkörbe u.a. zu Objekten mit Eigenschaften abstrahiert. Objekte mit gleichen oder ähnlichen Eigenschaften werden zu einer Klasse, einem Segment, d.h. zu einem Cluster zusammengefasst, unähnliche Objekte gehören demnach zu verschiedenen Clustern. Aufgrund der hohen Anzahl kombinatorischer Möglichkeiten:
schon bei nur drei Kunden gibt es bereits fünf Kombinationsmöglichkeiten (1.: alle sind ähnlich, 2.: alle sind unähnlich sowie 3. - 5.: jeweils zwei Kunden sind sich ähnlich, während der dritte ein eigenes Cluster bildet)
bei zehn Kunden gibt es bereits 115. 975 Möglichkeiten
bei 71 Kunden wird die Anzahl Möglichkeiten durch eine 75-stellige Zahl ($4{,}08 \times 10^{74}$) dargestellt.

Die Analyse hat das Ziel, einen möglichst hohen Grad von Homogenität im Cluster herzustellen: bei gleichzeitig größtmöglicher Differenzierung zu anderen Clustern. D.h. die jeweilige Anwendung wird mit Hilfe einer Ähnlichkeitsfunktion, die die Ähnlichkeit zweier Objekte beschreibt, modelliert. Danach wird nach der richtigen Zuordnung eines Objekts aufgrund seiner Eigenschaften zur definierten Klasse gefragt. Man abstrahiert von Kunden oder Transaktionen auf Objekte x, y....... einer Objektemenge (O = Population) mit Eigenschaften (M = Merkmalen), die entweder für ein Objekt gelten oder nicht gelten. Allgemein werden Eigenschaften durch Variable beschrieben mit jeweils bestimmten Ausprägungen (Werte) beschrieben. Diese Objektmenge muss nun in einer Weise zerlegt werden, indem ähnliche Objekte in dieselbe Menge und unähnliche Objekte in verschiedene Mengen, nämlich die Cluster, gebracht werden.

Die jeweilige Anwendungssituation wird durch Parameter der Ähnlichkeitsfunktion definiert. Um die Ähnlichkeitsfunktion zu bestimmen, werden zunächst die verschiedenen Typen von Merkmalen betrachtet. Dabei wird zwischen
numerischen (numerische Variable haben Werte in einer geordneten Zahlenmenge, beispielsweise reale Werte wir Zeiten Meßwerte u.a.)

kategoriellen (Werte einer kategorielle Variablen sind aus einer endlichen, nicht-numerischen Menge, wenn beispielsweise das Merkmal „Farbe" die Werte rot, grün, gelb............ annehmen kann)
binären (haben die Ausprägung 0/1 oder true/false) Variablen unterschieden. Da binäre Merkmale effizient speicherbar sind, wird versucht, nicht-binäre in binäre Merkmale umzuwandeln. Bei kategoriellen Variablen kann man aus jeder Ausprägung ein binäres Merkmal machen, bei numerischen Variablen entsteht beispielsweise mit disjunkter Intervallbildung ein kategorielles Merkmal.

Nimmt man n Objekte mit m binären Merkmalen aus einer Merkmalsmenge P an, so kann ein Objekt x als 0-1-Verktor der Länge m definiert werden. D.h. ein Datenbestand kann als eine 0-1-Matrix mit n Zeilen und m Spalten abgebildet werden. Die Menge $_{i,j}$ ist = 1, falls das Objekt i die Eigenschaft j hat, ansonsten = 0. Bei der Clusterbildung werden Zeilen und Spalten so permutiert, dass sich die Einsen in den Blöcken konzentrieren: die zu einem Block gehörenden Zeilen sind die Objekte eines Clusters, die zugehörigen Spalten die wesentlichen Eigenschaften dieses Clusters.

Clusterbildung im Datenbestand:

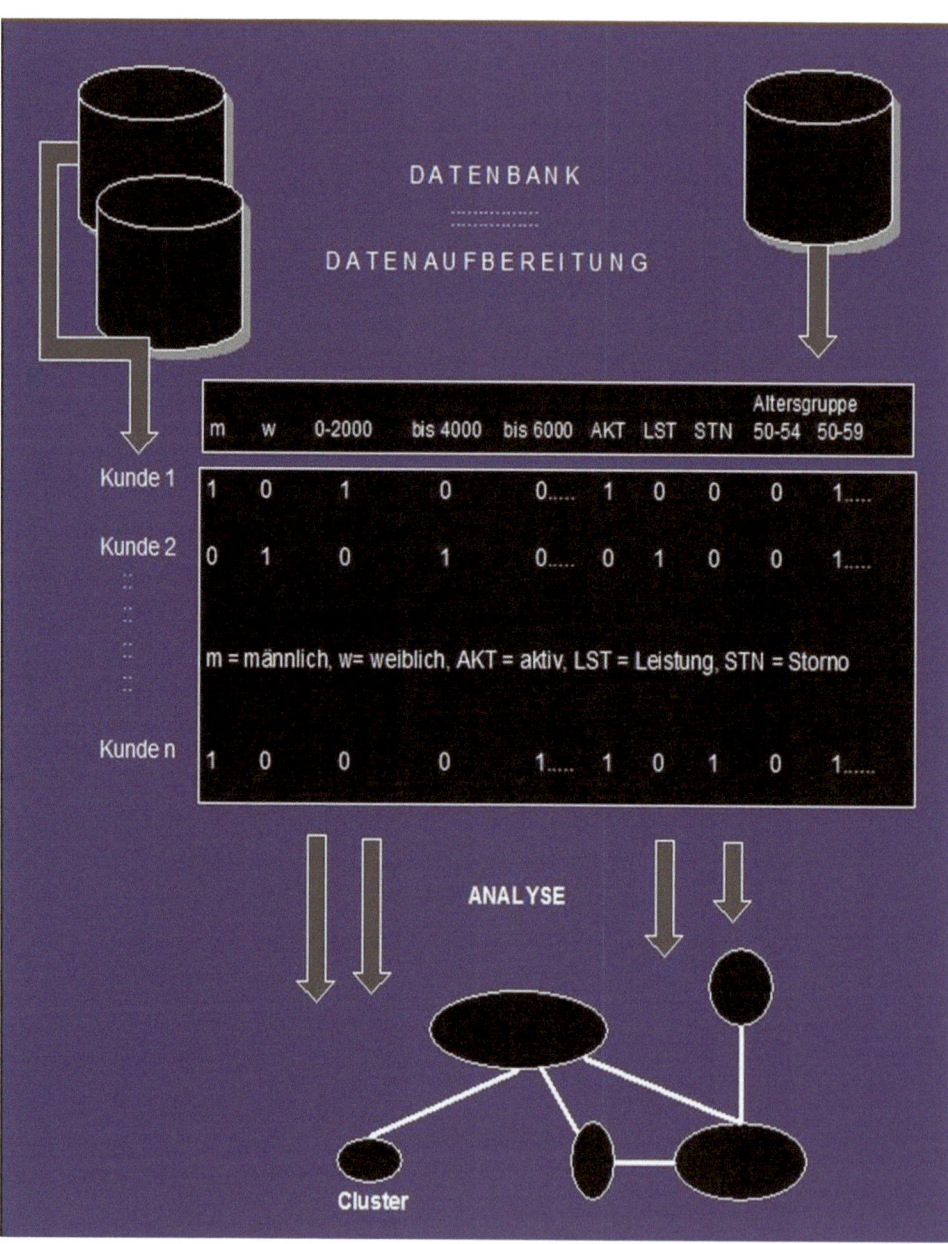

Partitionierende und hierarchische Verfahren: werden die Objekte durch gemischte Merkmale, d.h. nominal und numerisch, beschrieben, müssen die Merkmalskomponenten der Eingabevektoren in numerisch vergleichbare Werte umgesetzt werden: die meisten Algorithmen zur Musterkennung verarbeiten nur numerische Merkmale. Zu beachten ist dabei, dass durch die Umwandlung nominaler in numerische Attributwerte für die Analyse keine wichtigen Informationen verlorengehen.

Als Beispiel führt u.a. Chomoni, P. (Vgl. Chamoni, P., Gluchowski, P., Analytische Informationssysteme) an: ein Versandhaus liefert Artikel aus den Artikelgruppen A= Damentextilien, B= Herren- und Kindertextilien, C= Haushalt, D= Geschenke. Im nachfolgenden Modellbeispiel wird für 12 Kunden anhand von drei Attributen (M 1= Artikelanzahl, M2= Durchschnittspreis, M 3= Artikelgruppe) deren Kaufverhalten charakterisiert. Die vorher nicht bekannten Kundenklassen sollen durch Data Mining gefunden werden. Die herfür angewendeten Methoden der Clusteranalyse können in
partitionierende
hierarchische
Verfahren untergliedert werden. Das hierarchische Verfahren wiederum unterscheidet sich nach
agglomerativer
divisiver

Vorgehensweise. Beim agglomerativen hierarchischen Clustering wird schrittweise, beginnend mit n nur aus einem Element bestehenden Gruppen- gruppiert: bei jedem Schritt werden je zwei Gruppen zu einer zusammengefasst, bis nach $n-1$ Schritten alle Elemente in einem Cluster sind. Beim divisiven hierarchischen Clustering ist der Ausgangspunkt eine Gruppe, die alle Elemente enthält. Daraus werden dann schrittweise Untergruppen gebildet bis n Gruppen mit je einem Element vorliegen. D.h. es geht darum ob Hierarchien von Clustern, die zerlegend oder zusammenfassend gebildet werden. Die Clusterbildung erfolgt anhand der Verschiedenheit der Objekte: der „Abstand" von zwei Objekten lässt sich bei numerischen Merkmalen über Metriken definieren, d.h. die hierarchische Clusterung setzt ein Maß für die Verschiedenheit zwischen allen Objekten voraus.

Die partitionierenden Methoden suchen nach unbekannten Datenmustern: es wird eine optimale Partition (Clusterzahl) von n Objekten gesucht. Mit Algorithmen wie
K-Means-Algorithmus
FKM-Algorithmus
werden die vorhandenen Daten in möglichst trennscharfe Klassen eingeteilt. Ausgehend von Clustern, die jeweils nur eines der zu klassifizierenden Objekte enthal-

ten, werden die verbleibenden Objekte sukzessive denjenigen Clustern zugeordnet, zu deren Zentrum sie den geringsten Abstand aufweisen. Weitere typische Fragestellungen der Clusteranalyse können beispielsweise sein: welche Käufergruppen hat ein bestimmtes Produkt anhand 5 soziodemografischer Variablen? Kunden A-B-C-Analyse: gibt es drei Kundengruppen, die sich anhand des Kaufvolumens und 10 anderer Kundenmerkmale voneinander deutlich unterscheiden?

D.h. mit der Clusteranalyse können Elemente (Fälle) so in Gruppen gebündelt werden, dass einerseits die Gruppen in sich möglichst homogen sind, andererseits die Unterschiede zwischen den Gruppen möglichst hoch (heterogen) sind. Damit können im Customer Relationship Marketing Kundentypologien, d.h. Marktsegmente auf der Basis nachfragerelevanter Merkmale gebildet werden. Verfahren der Assoziierung unterstützen das Auffinden von Mustern beispielsweise im Kaufverhalten von Kunden. Mathematischer Hintergrund sind aussagenlogische Ausdrücke in Kombination mit Wahrscheinlichkeiten. Kennzeichnend für Data Mining Verfahren dieser Art ist, dass ein vollständiger Satz von Regeln automatisch aufgedeckt wird und nicht nur Einzelhypothesen verifiziert werden können. Zentrales Steuerungsinstrument für die verschiedenen Untersuchungsarten ist ein Analysebaum der anzeigt, in welchem Bereich des Datenmodells sich der Anwender jeweils befindet und welche Wege durch den Datenraum bereits zurückgelegt wurden. Die Verfahren der Data Mining Analyse müssen gegenseitig verknüpfbar sein, d.h. alle Analyseverfahren müssen voneinander Ergebnisse empfangen und zueinander senden können.

Value-at-Risk (VaR)-Verfahren: ein Instrument für die Handhabung von Risiken anhand der Gewichtung des Wertes von möglichen Verlusten mit ihrer Eintrittswahrscheinlichkeit ist der Value-at-Risk-Ansatz (VaR). Beispielsweise kann damit mittels Computersimulation analysiert werden, wie der Wert eines Portfolios auf angenommene Zieländerungen auf dem Kapitalmarkt reagiert. Unter Hinzuziehung historischer Daten kann eine Risikopräferenz definiert werden: beispielsweise mit einem Vertrauensniveau von 95 Prozent zu arbeiten. Ein vorgegebenes Verlustpotential kann dann nur mit einer Wahrscheinlichkeit von 2,5 Prozent überschritten werden. Die Ergebnisqualität ist davon abhängig, dass die in die Rechenmodelle eingehenden Vergangenheitswerte zutreffend bewertet werden.

Bei Risikosteuerungsmodellen werden mathematisch-statistische Methoden unter Verwendung von Ansätzen der Wahrscheinlichkeitsrechnung (Stochastik) zur Ermittlung der Höhe des potentiellen Risikobetrags, des sogenannten Value-at-Risk (VaR), herangezogen. Die VaR-Berechnung kann grundsätzlich für einzelne Geschäfte, bestimmte Geschäftsgruppen, verschiedene lokale oder regionale Teilportfolios, einzelne Risikobereiche wie Zins-, Aktienkurs- oder Fremdwährungsrisiko oder für alle Marktpreisrisiken vorgenommen werden. Wie stark eine Position von einem Risikofaktor abhängig ist, wird durch die Sensitivität ausgedrückt. Diese beschreibt, um wie viel der Wert der Position sich verändert, wenn sich der Risikofaktor um eine Einheit erhöht.

Volatilität des Risikofaktors = Je höher die Volatilität des Risikofaktors, desto höher ist das Risiko aus der Position, da eine größere Unsicherheit über die zukünftige Wertentwicklung besteht. Der gebräuchlichste Ansatz zur Risikoermittlung ist der Varianz-Kovarianz-Ansatz. Die Beziehung zwischen der Wertänderung des Portfolios und der Risikofaktorrenditen wird hierbei als linear angenommen, d.h. Wertänderungen des Portfolios lassen sich linear aus den Änderungen der Risikofaktoren berechnen.

Bei der **historischen Simulationsmethode** wird die Verteilung der zukünftigen Portfolio-Wertveränderungen geschätzt, indem die historischen Veränderungen der Risikofaktoren auf deren aktuellen Stand angewendet werden: für jeden Simulationsschritt wird eine Veränderung aller Risikofaktoren simuliert, wobei die Veränderung der Risikofaktoren einer historisch beobachteten Veränderung entspricht. Nach jedem Simulationsschritt erfolgt eine Neubewertung des gesamten Portfolios und es wird die Portfolio-Wertveränderung berechnet.

Bei der **Monte-Carlo-Simulationsmethode** wird die Verteilung der Portfolio- Wertveränderungen durch eine Simulation der Veränderungen der Risikofaktoren mit einem Zufallsgenerator geschätzt. Zuerst werden -wie auch beim Varianz-Kovarianz-Ansatz- die Volatilitäten und Korrelationen der Risikofaktoren ermittel. Für jeden Schritt wird eine Veränderung aller Risikofaktoren mit einem Zufallsgenerator simuliert. Nach jedem Simulationsschritt erfolgt eine Neubewertung des gesamten Portfolios und es wird die Portfolio-Wertveränderung berechnet. Der VaR ergibt sich dann aus dem 1%-Quantil der Verteilung der simulierten Portfolio- Wertveränderungen.

Modelle sind jedoch nur Abstraktionen von der Realität, d.h. ihre Ergebnisse dürfen nicht verabsolutiert werden, sondern müssen laufend kritisch hinterfragt werden. Modelle erlauben es, die oft komplizierte Struktur der Risikofaktoren und deren verwobene Zusammenhänge und ihr Ineinanderwirken zu analysieren.

Entscheidungsbaum-Verfahren: die zu klassifizierenden Objekte werden entsprechend ihren Attributwerten sukzessive Knoten eines Entscheidungsbaumes zugeordnet. Aus diesem lassen sich Entscheidungsregeln für jedes Blatt (= Klasse) ableiten, beispielsweise in nachfolgendem Modellbeispiel: *IF* Geschenkartikel = wenig *AND* Textilien = mittel *AND* Preis = mittel *THEN* T. Die damit generierten Klassifikationsregeln bilden die Basis für eine Data Mining- Mustererkennung:

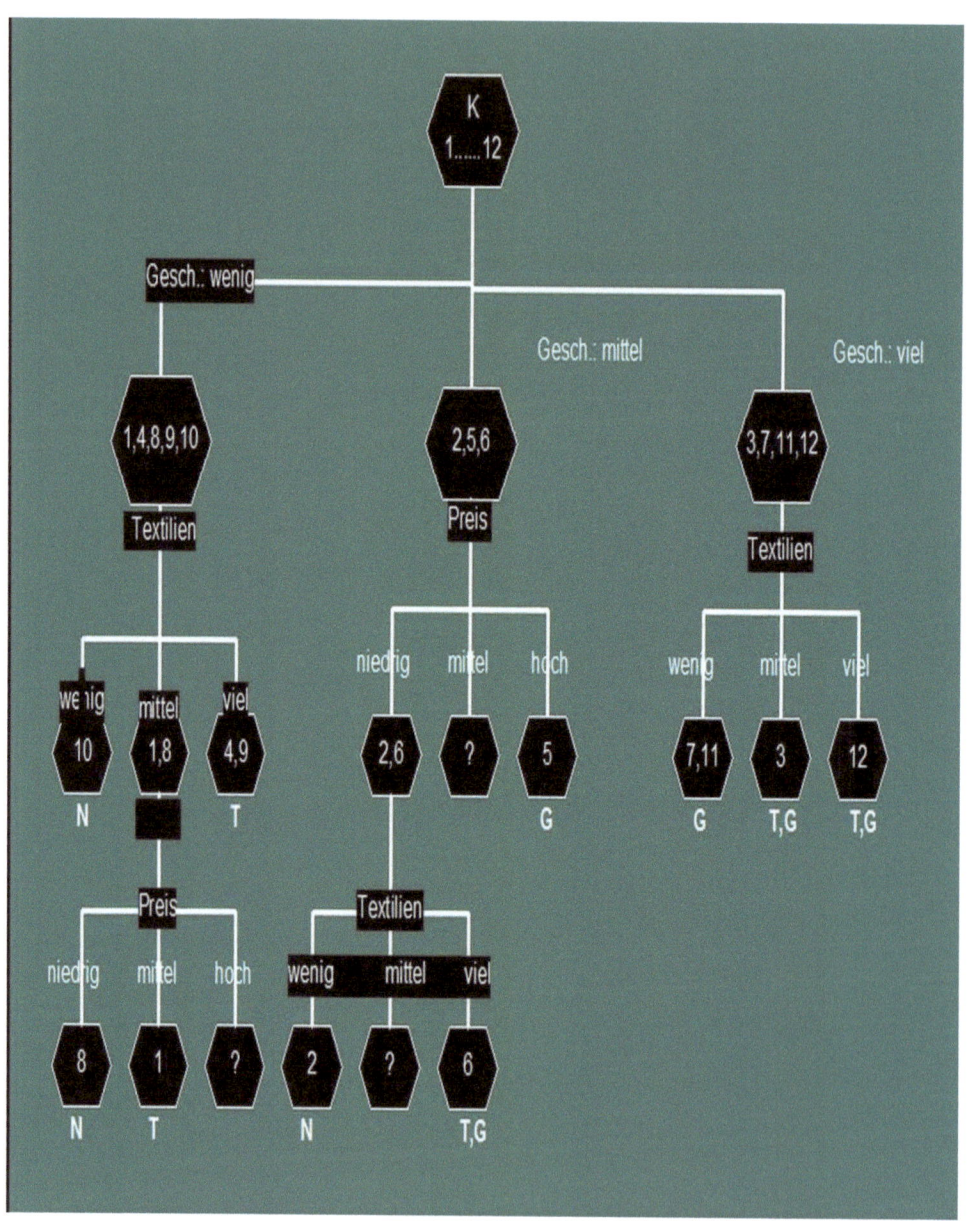

Analyse Lebensmuster und neue Realitäten - Regime Big Data unantastbar ? Wissen, was Daten tun - Personalbilanz identifiziert Hebel- und Rückeffekte - Wissensmanagement ist „der" Stellhebel für Zukunftsfähigkeit

Vom Data Mining zum Reality Mining – Umverteilung von Privatsphäre und Macht – veränderte Lebensweisen entziehen sich gewohnten geistigen Modellen – Enteignung der Datenrechte — Verlust an Kontrolle über geistige Modelle und Erwartungen. Bei werbefinanzierten Geschäftsmodellen im Internet geht es um verdeckte Erhebung von Daten, die als Währung genutzt werden (Shoshana Zuboff, Prof. Harvard Business School). Die Instrumente des Data Mining haben sich geradezu explosionsartig vermehrt: massenhaft anfallende Daten werden mit Geschwindigkeiten durchsucht und analysiert, an die vor nicht allzu langer Zeit fast niemand zu denken wagte.

Nutzer haben die Kontrolle darüber verloren, selbst zu entscheiden, was sie geheim halten wollen: dafür haben sich andere solche Rechte der Privatsphäre angeeignet, ohne zu fragen oder gar zu zahlen. Neue Geschäftsmodelle umfassen nicht nur digitale, sondern auch reale Menschen, verändern Lebensweisen und entziehen sich gewohnten geistigen Modellen und rationalen Erwartungen. Vom Data Mining vollzieht sich in Form von Reality Mining ein lautloser Übergang zur Analyse ganzer Lebensmuster realer Menschen. Die solche neuen Realitäten schaffen, Macht ausüben und damit ihr Geld verdienen, können sie selbst in kleinsten Stücken vermarkten und die eigentlichen Eigentümer der Datenrechte nicht nur enteignen, sondern sie auch kontrollieren oder gar manipulieren.

Big Data und Stichprobe – Teilerhebung und Informationsverlust – Beobachtungsziel und Merkmalsträger – repräsentative Stichprobe und Abbild der Grundgesamtheit - Durchforstung nach Mustern – Komplexität versus maschinelle Rechenleistung – Korrelationen und Algorithmen. Stichprobenverfahren liefern ein umfangreiches Instrumentarium, um aus einer zwar begrenzten Datenmenge trotzdem stichhaltige Ergebnisse für eine Gesamtheit herzuleiten. Die wichtigsten Fragen hierbei sind:
welche Merkmalsträger will man beobachten und messen?
wie viele Merkmalsträger will oder kann man beobachten, d.h. wie groß soll die Stichprobe sein?
wie groß ist der Informationsverlust im Vergleich zur Vollerhebung aller Merkmalsträger?

Wenn es hiermit gelingt, ein verkleinertes Abbild der Grundgesamtheit zu erzeugen, bezeichnet man die hierzu verwendete Stichprobe als repräsentativ. D.h. bezüglich der interessieren Merkmale wären dann die Ergebnisse einer solchen repräsentativen Stichprobe auf die Grundgesamtheit übertragbar. Mit Big Data haben diese Fragen eines gemein: es geht um so etwas wie die Berechenbarkeit der Welt. Big Data hat mit sich vervielfachenden Datenmengen und Kapazitäten mittlerweile das Heft in die Hand genommen. Unter dem neuen Regime von Big Data muss man sich nicht mehr mit Stichproben begnügen, denn man hat ja bereits alle Daten des Gesamtkollektivs erfasst.

Komplizierte theoretische Modelle werden durch direkt aus der Grundgesamtheit herausgefilterte Muster abgelöst: eine maschinell bearbeitete Empirie der Daten ersetzt die theoretische Erklärung. Soziale Prozesse werden anhand von Korrelationen berechnet, Datenmuster anhand von Algorithmen generiert. Trotzdem oder gerade deshalb bleibt nach wie vor die Frage nach der Tragfähigkeit von solchen Konzepten der Berechenbarkeit, d.h. ob sich die Komplexität unserer Welt tatsächlich nur mit maschineller Rechenleistung bändigen lässt

Wissensmanagement und digitale Mündigkeit – Wendepunkt technologisch- gesellschaftlichen Wandels - Programmieren schafft Sensibilität für Daten – Risikozone digitaler Technologien. Die Mehrzahl der Menschen ist auch nach den Enthüllungen des Herrn Snowden fest der Meinung, dies alles betreffe sie persönlich nicht im Geringsten. Jedoch sind mit der Kommerzialisierung des Internet neue Machtzentren entstanden, die Einfluss auf jedermann, ob nun bewusst oder unbewusst, haben.

Mit der digitalen Revolution des Netzes stehen alle an einem Wendepunkt technologisch-gesellschaftlichen Wandels: es geht um den Eintritt in die Risikozone digitaler Technologien. Die Hürden der klassischen Programmierung von Computern sind hoch und nach wie vor wohl eher IT-Spezialisten vorbehalten. Trotzdem ist Programmieren eigentlich nicht mehr als das Lösen von Aufgaben und die hierbei vorgenommene Übersetzung eigener Gedanken. IT- und Programmierwissen:
eröffnet Möglichkeiten darüber nachzudenken, welche Dienste man wie nutzen könnte oder sollte,
schützt davor, zu sorglos mit IT-Geräten, Apps und Daten umzugehen
stärkt das Bewusstsein, wo welche Daten wie anfallen und gespeichert werden könnten.
Um im Leben eigenständig entscheiden zu können, muss man wissen, welche Daten es über einen gibt und was diese Daten wirklich tun und bewirken können. Grundkenntnisse der Programmierung, auf welche Weise auch

immer zu erlangen, machen Informationstechnologien und deren Arbeitsweise eher verstehbar.

Personalbilanz Wirkungsbeziehungen – einheitlich durchgängige Bewertungssystematik – Transparenz der Personalfaktoren — Wiederverwendbare Grundstruktur – Monitoring Personalentwicklungen – Nachvollziehbare Gewichtungen Intangibles – Erkenntnisgewinn und Personalentscheidung. Mit Hilfe der Personalbilanz kann nicht nur das „Was-ist", sondern auch das „Was-sein-könnte" (Potenziale, Perspektiven) verdeutlicht werden. Im Wettbewerb um qualifizierte Fachkräfte spielen „weiche", oft als nicht bewertbar beurteilte Personalfaktoren eine immer wichtigere Rolle. Über die Personalbilanz können diese „Intangibles" einer transparent nachvollziehbaren und einheitlich durchgängigen Bewertungssystematik zugeführt werden. Die Personalbilanz kann aber immer nur so gut sein wie die in sie eingespeisten Strukturen, Bewertungen und Beschreibungen. Eines ist bereits im Vorfeld gesichert: die für die Erstellung einer Personalbilanz entwickelte Vorgehenssystematik erzwingt eine intensive Beschäftigung und Auseinandersetzung mit allem, was mit Personalfaktoren zusammenhängt: allein durch die hierbei geleisteten Vorarbeiten fällt ein gesicherter Gewinn an entsprechendem Erkenntniswissen zu.

Der für die Erstellung einer Personalbilanz notwendige Aufwand fällt nicht wiederholt an, da einmal erfasste Grundstrukturen bei einer Aktualisierung nur noch ergänzt und fortgeschrieben werden müssen. Auf der Zeitachse können durch den Vergleich fortgeschriebener Bilanzen Entwicklungen und Trends ablesbar gemacht werden. Das Monitoring der Personalbilanz ist ein Gradmesser, der zeigt, wie weit man auf der entsprechenden Wegstrecke bereits vorangekommen ist. Die Darstellung mit dem Instrument einer Personalbilanz legt auch die Dynamik der Wirkungsbeziehungen zwischen Personalfaktoren mit Hebel- und Rückkopplungseffekten offen (graphische Netzdarstellung).

Interaktion zwischen Informationsproduzenten und Informationskonsumenten: Den Wert eines Unternehmens ermittelt man immer mehr dadurch, indem man auf das Verhältnis von Daten, Informationen und Wissen schaut. Unternehmen, die sich „informationalisieren" können, werden besser dastehen als solche, die dies nicht können. Wenn sie darüber hinaus vorhandene Wissensbestände zu nutzen wissen, werden sie sogar noch stärker und wertvoller sein als die, die nur auf Informationen basieren. Zwischen Informationsproduzenten und Informationskonsumenten werden neue Interaktionsformen realisiert. Für den Mittelstand geht um die Lösung der Fragen:

wie können Unternehmen mit der Dynamik des sie umgebenden Umfeldes mithalten? aus welchen individuellen und kollektiven Wissensbeständen setzt sich die Wissensbasis zusammen, auf die man zur Lösung seiner Aufgaben zugreifen kann? besitzen die Mitarbeiter die notwendigen Fähigkeiten, um das vorhandene Informationsangebot produktiv nutzen zu können?

Wissensmanagement ist ein Muss, wenn man in der Wissensgesellschaft seine Markt-/ Wettbewerbsposition noch ausbauen will: in der informationsbasierten Arbeitswelt finden gewaltige Umstrukturierungen statt, d.h.: wenn der Wettbewerb immer weniger über Faktoren wie Kosten oder Finanzmittel gewonnen werden kann, muss nach anderen, tiefer liegenden, bisher noch ungenutzten Faktoren gesucht werden. Während das Management klassischer Produktionsfaktoren schon sehr weit ausgeschöpft ist, wird das Management der Wissens-Rohstoffe seine Zukunft noch vor sich haben.

Achtung Zeitfaktor!: Wenn bei der Nutzung von Wissen gegenüber der Konkurrenz zu viel an Zeit verloren geht, kann es vielleicht schon zu spät sein (brachliegende Wissensressourcen werden nicht in entsprechende Wettbewerbsvorteile umgesetzt). Beim Geschäft ist Schnelligkeit meist gleichbedeutend mit Erfolg, d.h. man muss sein Geschäftsmodell schneller als Konkurrenten durch die Wertekette hindurch bewegen.